高等院校应用型人才培养规划教材——统计学类

统计学

王丙参　刘佩莉　魏艳华　牛晓霞　**编著**

西南交通大学出版社

·成　都·

内容简介

本书由浅入深，全面、系统地阐述了统计学的基本概念、原理和方法，并结合 Excel 和 SPSS 进行实例分析，读者只需具备高等数学基础即可读懂. 全书共 13 章，第 1 ~ 6 章为描述统计，主要有：统计学基本轮廓，数据的收集、整理与显示，数据分布的描述与分析，数据变换，统计指数；第 7 章为概率论，它是统计学的理论基础；第 8 ~ 13 章为推断统计，分别为统计量及其抽样分布，参数估计，假设检验，方差分析，相关与回归分析，时间序列分析.

本教材以“培养应用型人才”为最终目标，启迪人生智慧，系统论述基本理论并跟踪学科的发展前沿，力争将社会经济统计与数理统计熔于一炉，侧重理论的软件实现，通过典型案例进行教学，读者可直接以案例为模板处理实际问题.

本书可作为普通高等院校统计类、经济类、管理类各专业的统计学课程教材，也可作为统计工作者及经济管理工作人员的自学、参考用书.

图书在版编目（CIP）数据

统计学／王丙参等编著. 一成都：西南交通大学出版社，2015.2

高等院校应用型人才培养规划教材. 统计学类

ISBN 978-7-5643-3635-6

Ⅰ. ①统… Ⅱ. ①王… Ⅲ. ①统计学－高等学校－教材 Ⅳ. ①C8

中国版本图书馆 CIP 数据核字（2015）第 004893 号

高等院校应用型人才培养规划教材 ——统计学类

统计学

编著 王丙参 刘佩莉 魏艳华 牛晓霞

责任编辑 张宝华

封面设计 何东琳设计工作室

印张 19.5 **字数** 487千

成品尺寸 185 mm × 260 mm

版本 2015年2月第1版

印次 2015年2月第1次

印刷 四川煤田地质制图印刷厂

出版 发行 西南交通大学出版社

网址 http://www.xnjdcbs.com

地址 四川省成都市金牛区交大路146号

邮政编码 610031

发行部电话 028-87600564 028-87600533

书号：ISBN 978-7-5643-3635-6

定价：38.00元

课件咨询电话：028-87600533

图书如有印装质量问题 本社负责退换

前 言

在信息经济时代，人们所依赖的不只是信息处理手段的先进与科学，更重要的是信息资料的准确收集与可靠分析，而统计学就是通过收集、整理、分析数据等手段，以达到推断所测对象的本质，预测对象未来的一门综合性科学. 所以，我国教育部将“统计学”作为高等院校统计类、经济类、管理类各专业的学科基础课程，作为研究客观社会经济现象总体数量特征和发展规律的实用性方法论学科. 统计学以丰富的背景、巧妙的思维和有趣的结论吸引着读者，使学生在浓厚的兴趣下学习和掌握基本的概念、理论和方法. 在多年教学实践中，作者深刻体会到，目前的统计学教材概念模糊，理论不系统，多偏向于社会经济统计. 为了满足普通本科院校统计专业、经管专业对统计学及培养应用型人才的要求，作者在本课程讲稿的基础上，结合同行专家的优秀成果及作者对本课程的研究，经过多次修订和补充编写了本书，力争将社会经济统计与数理统计熔于一炉.

本书科学地借鉴并整合了传统教材中的精华，力求反映现代统计学的新内容、新特点. 在编写过程中，我们博采百家之长，注重基本理论、概念、方法的叙述，坚持抽象概念形象化，关注应用能力、解题能力的培养，读者只需有高等数学基础即可读懂本书. 由于例题、习题只是加深读者对理论的理解，而不是本书的核心，故本书例题、习题在满足覆盖、巩固、加深理论的要求下尽量减少题量，希望读者把精力集中在对理论的理解上. 为保持独特之处，本书融合了编者最近对相关理论的研究、教学体会及人生体会，并理论联系实际，结合 Excel 与 SPSS 软件进行教学，提高学生运用所学的统计理论和统计方法进行数据收集、整理和分析的基本能力. 本书也参考和吸收了国内外统计学的优秀成果，从中获得了许多启发，采用了一些经典的例子和段落，在这里向这些材料的作者表示衷心的感谢！也非常感谢百度百科提供的平台，它为作者提供了大量帮助，同时也希望读者能正确、合理地利用搜索引擎. 请注意，书中人名均为化名，请勿对号入座.

全书共 13 章. 第 1 ~ 6 章为描述统计，包括统计学基本轮廓，数据的收集、整理与显示，数据分布的描述与分析，数据的变换与统计指数；第 7 章简要介绍概率论，它是统计学的理论基础，属于广义统计学；第 8 ~ 13 章为推断统计，分别为统计量及其抽样分布，参数估计，假设检验，方差分析，相关与回归分析，时间序列分析. 每个专题既有相关理论的简单讲解，也配有实用的案例分析，理论与实践相结合，案例既可以作为读者扩宽视野、提高分析水平的学习资料，也可直接作为模版应用于对实际问题的处理.

本教材初稿在我们内部使用多年，学生反映不错，定稿时，又做了较大的修改与补充，部分内容重写. 我们认为，教材内容要比教学大纲多一些，要比教师在课堂上讲授得多一些，这样能照顾到各类学校各个专业的需要，以满足不同程度学生的学习需要. 本书可作为普通高等院校统计类、经济类、管理类各专业统计学课程的教材，也可作为统计工作者及经济管理工作人员的自学、参考用书，可在 72 学时左右讲完. 若作为统计专业教材，可选择部分内容组织教学，主要侧重描述统计，大致 54 学时讲完. 任课老师可根据实际需要合适安排各章学时.

本书由天水师范学院数学与统计学院王丙参、魏艳华，商学院刘佩莉、牛晓霞共同编著，具体分工为：第 1, 3, 4, 7, 12 章由王丙参编写，第 2, 5, 10 章由魏艳华编写，第 6, 8 章及参考答案由牛晓霞编写，第 9, 11, 13 章及附录由刘佩莉编写. 我们经常讨论，切磋写法，选择例题，相互补充，经过反复讨论和修改后由王丙参定稿.

本书编写得到了天水师范学院中青年教师科研资助项目“Bootstrap 方法中的蒙特卡罗方差减少技术”（TSA1404）与天水师范学院重点建设学科“动态图像中的大数据处理”的资助，得到了学院领导的大力支持. 统计教研室同事为本书提供了很多宝贵的意见和建议. 统计专业学生为本书提供了大量数据和题材，如 2009 统计文婉君、董惠玉等，也得到了西南交通大学出版有关各方和同仁的大力支持，特在此一并致以诚挚的谢意！

虽然我们希望编写出一本质量较高、适合当前教学实际需要的教材，但限于作者水平与撰写时间，因而作者搁笔之际，仍有许多创意尚未实施. 况且书中难免存在不妥之处，恳切希望读者批评、指正，使本教材不断得以完善. 为方便广大读者，作者提供支持电子邮箱：

wangbingcan2000@163.com.

读者可通过该邮箱与作者取得联系，获取技术支持和教学资料.

作　者

2014 年 4 月

联系方式：

王丙参：

电话：15809400501 email:wangbingcan2004@163.com QQ:19555965

通信地址：甘肃天水师范学院数学与统计学院

邮编：741001

目 录

1 导 论

在日常生活中，我们经常与“数”打交道，网络、电视、报纸上的数据无处不在，例如，房价上涨30%、股票价格指数下跌8%、就业率升高6%等. 要使这些数据变为对你有用的信息，帮你决策，就需要对这些数据进行处理和分析. 统计学就是一套处理和分析数据的基本方法和技术，因此具备一些统计学知识是正确阅读并理解数据、图表等的基础. 在很多领域中，统计都有应用且成绩斐然，下面就是通过统计研究得到的一些结论：

（1）吸烟对健康有害，吸烟男性寿命减少2 250天；

（2）身材高的父母，其子女的身材也高；

（3）第一个出生的子女比第二个出生的子女聪明；

（4）上课坐在前面的学生，平均考试分数比坐在后面的学生高.

这些结论正确么？你相信么？

理解并掌握一些统计学知识对于普通大众是必要的，因为我们每天都关心生活中的一些事情，这其中就包含了很多统计知识. 比如，在外出旅游时，需要关心一段时间内的详细天气预报；在观看世界杯时，需要了解各球队的技术统计，等等. 理解并掌握一些统计学知识对于制定决策的人更为重要，在他们做出决策时，如果不懂统计，就可能闹出笑话，甚至损失巨大. 例如，在一次政府会议上，统计学者抱怨从其他部门收到的估计值没有给出标准误差，主管领导却问：“误差也有标准吗？”

在终极的分析中，一切知识都是历史；在抽象的意义下，一切科学都是数学；在理性的基础上，所有的判断都是统计学. 总有一天，统计思维会像读与写一样成为每一个有效率公民的必备能力.

本章主要介绍统计学的一些基本问题，包括统计学的含义、统计数据的分类等常用基本概念，最后给出Excel简明教程.

1.1 统计与统计学

很多人误认为“统计”与“统计学”是等价的，其实，两者的区别很大，侧重点不一样. 本节详细介绍了什么是统计与统计学，并给出了统计学的研究对象、分类及统计的应用领域.

1.1.1 统计与统计学的概念

人们在日常生活中经常接触“统计”一词，但很多人对此一知半解，甚至有很多误区. 统计一词起源于国情调查，最早意为国情学，历史悠久，可以说，自从有了国家就有了统计实践活动. 最初，统计也只是为了统治者管理国家的需要而搜集资料，弄清国家的人力、物力和财力，并作为国家管理的依据.

（1）中国：公元前22世纪的夏禹时代，中国分为九州，人口约1 352万，由此可见人口统计的久远;《书经·禹贡篇》记述了九州的基本土地情况，被西方经济学家推崇为“统计学最早的萌芽”；西周建立了较为系统的统计报告制度；秦时《商君书》中提出“强国知十三数”，其中包括粮食储备、各国人数、农业生产资料及自然资源等.

(2)外国：公元前27世纪，埃及为了建造金字塔和大型农业灌溉系统，曾进行过全国人口和财产调查；公元前15世纪，犹太人为了战争的需要进行了男丁的调查；公元前约6世纪，罗马帝国规定每5年进行一次人口、土地、牲畜和家奴的调查，并以财产总额作为划分贫富等级和征丁课税的依据.

一般认为，统计学的学理研究始于古希腊的亚里士多德，迄今已有2 300多年的历史. 今天，“统计”一词已被人们赋予了多种含义，很难给出一个简单的确切定义. 人们给统计学下的定义很多，比如，“统计学是收集、分析、表述和解释数据的科学”“统计学是一组方法，用来设计试验、获得数据，然后在这些数据的基础上组织、概括、演示、分析、解释和得出结论”. 综合来说，**统计学（statistics）就是收集、处理、分析、解释数据并从数据中得出结论的科学**. 这一定义揭示了统计学是一套处理数据的方法和技术.

在不同场合，统计一词具有不同的含义，它可以指统计数据的搜集活动，即统计工作；也可以指统计活动的结果，即统计数据资料；还可以指分析统计数据的方法和技术，即统计学.

(1)**统计工作**是指搜集、整理、分析和研究统计数据资料的工作过程. 统计工作在人类历史上出现得比较早，随着历史的发展，统计工作逐渐发展和完善起来，使统计成为国家、部门、事业和企业、公司和个人及科研单位认识与改造客观世界和主观世界的一种有力工具. 我们的各级政府机构基本上都有统计部门，比如统计局，其主要职能就是从事统计数据的收集. 大多数企业也都有专门从事统计工作的人员，负责企业生产和销售数据的记录、积累以及向上级部门报送数据的任务. 统计工作，可以简称为统计. 例如，某统计师在回答自己的工种时，会说我是干统计的，这里所说的统计指的是统计工作.

(2)**统计数据**是统计工作中进行搜集、整理、分析和研究的主体及最终成果. 我们经常会看到专门出版统计数据的出版物，如《统计年鉴》，在网络、报纸、杂志上也会见到大量统计数据. 当你看到或听到“据统计……”这样的说法时，这里的统计一词是指统计数据. 由于统计数据（statistics）在英文中以复数形式出现，表明统计数据不是指单个数字，而是指同类的较多数据. 因为单个数据如果不和其他数据比较，是不能说明问题的. 例如，某学生在统计学考试中得了86分，如果仅凭这一数字，我们很难对这位学生的知识和能力作出判断和评价，因为86分在班级中可能是最高分，也可能是中间分，还可能是低分.

(3)**统计学**是对研究对象的数据资料进行搜集、整理、分析和研究，以显示其总体的特征和规律性的学科，亦可简称为统计. 例如，我们所学的课程——统计，实际指的是“统计学”课程.

正确理解“统计”概念是十分必要的. 一提到“统计”，就想到统计工作的思维习惯是片面的、狭隘的，要针对具体情况进行具体分析，三者相辅相成，不可分割.

(1)统计数据和统计学的基础是统计工作，统计工作的成果是统计数据，统计学既是统计工作经验的理论概括，又是指导统计工作的原理、原则和方法. 原始的统计工作，即人们收集数据的原始形态，已经有几千年的历史，而它作为一门科学，则是从17世纪开始. 在英语中，统计学家和统计员是同一个单词，但统计学并不是直接产生于统计工作的经验总结. 每一门科学都有其建立、发展的客观条件，统计学是统计工作经验、社会经济理论、计量经济方法融合、提炼、发展而来的一门边缘性学科.

（2）统计数据的收集是取得统计数据的过程，是进行统计分析的基础. 离开了统计数据，统计方法就失去了用武之地，因此如何取得所需的统计数据是统计学研究的基本内容之一. 整理数据是对统计数据的加工处理过程，目的是使统计数据系统化、条理化，符合统计分析的需要，它是介于数据收集与数据分析之间的一个必要环节.

（3）统计数据的分析是统计学的核心内容，它是通过统计描述和统计推断的方法探索数据内在规律的过程. 如果不用统计方法分析，统计数据仅仅是一堆数据，甚至杂乱无章，不能得出任何有益的结论.

因此，可将统计研究的过程描述如下，如图 1.1.1 所示.

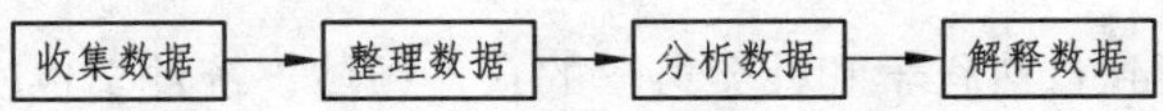

图 1.1.1 统计研究的过程

1.1.2 统计学的研究对象与分类

1）统计学的研究对象

一般来说，统计学的研究对象是自然、社会客观现象总体的数量关系. 不论是自然领域，还是社会经济领域，客观现象总体的数量方面都是统计学所要分析和研究的. 从某种意义上说，统计学是寄生的，要依靠研究其他领域内的工作而生存. 这并不是对统计学的轻视，因为对很多寄主来说，如果没有寄生虫就会死，而对有的动物来说，如果没有寄生虫，它就不能消化食物. 因此，可以说，在人类奋斗的很多领域，如果没有统计学，虽然不会死亡，但它一定会变弱，这也从一个侧面要求统计工作者要知识渊博，最好是某一领域的行家.

统计学研究对象的特点有：

（1）**数量性**. 统计学的研究对象是自然、社会经济领域中现象的数量方面，故统计学是定量分析学科. 数字是统计的语言，数据资料是统计的原料. 事物的数量是我们认识客观现实的重要方面，通过分析研究统计数据资料，方可研究和掌握统计规律性，进而达到统计分析的研究目的.

（2）**总体性**. 统计的数量研究是对总体普遍存在着的事实进行大量观察和综合分析，得出反映现象总体的数量特征和资料规律性. 一般统计分析的目的并不局限于某个个体或者小团体，而是反映更大范围内的群体在某个方面的特征和属性，比如通过抽查部分大学毕业生的就业来推断大学生的就业状况. 在一般情况下，自然、社会经济现象的数据资料和数量关系等是在一系列复杂影响因素下形成的，有些因素起主要作用，有些因素起次要作用. 由于各种原因，每个个体都具有一定的随机性质，而对于有足够多个体的总体来说又具有相对稳定的共同趋势，显示出一定的统计规律性. 例如，人的身高有高低之分，各不相同，但经分析可发现：高个子父母的子女一般比矮个子父母的子女要高.

（3）**具体性**. 统计研究的是具体现象的数量方面，而不是纯数量的研究，它具有明确的现实涵义. 这一特点也是统计学与数学的分水岭. 数学是研究事物的抽象空间和抽象数量的科学，而统计学研究的数量是客观存在的、具体实在的数量表现. 统计研究的这一特点也决定了它的实用性.

（4）**变异性**. 统计研究对象的变异性是指构成统计研究对象的总体各单位，除了在某一方面必须是同质的以外，在其他方面又要有差异，而且这些差异并不是由某种特定的原因事先给定的，否则就没有必要进行统计分析研究了. 例如，学生作为统计数据资料对象，每个学生在性别、年龄、身高等方面会有不同的表现，这样统计分析研究才能对其表现出来的差异探索统计规律性.

思考：什么是社会现象？什么是自然现象？

提示：社会现象与自然现象是一个相对的概念. 太阳东升西落，四季轮回等都称为自然现象，而社会现象强调人的参与，是指与人类活动的产生、发展、变化密切联系的现象，例如农村儿童留守现象，欺诈现象，腐败现象等.

2）统计学的分类

统计方法已被应用到自然科学和社会科学的众多领域，统计学也发展成为由若干分支学科组成的学科体系，依照不同的标准，它的分类也不同.

（1）从统计方法的构成来分可分为描述统计学与推断统计学.

① **描述统计学**是通过图表或数学方法，对数据资料进行整理、分析，并对数据的分布状态、数字特征和随机变量之间关系进行估计和描述的方法. 描述统计是一套处理和分析数据的基本方法和技术，可分为集中趋势分析、离中趋势分析和相关分析三大部分.

② **推断统计学**是研究如何根据样本数据去推断总体数量特征的方法，它是在对样本数据进行描述的基础上，对统计总体的未知数量特征做出以概率形式表述的推断. 例如，我们想研究教育背景是否会影响人的智力测验成绩，可以找 100 名 24 岁大学毕业生和 100 名 24 岁初中毕业生，采集他们的一些智力测验成绩. 用推断统计方法进行数据处理，最后会得出类似这样的结论："研究发现，大学毕业生组的成绩显著高于初中毕业生组的成绩，两者在 0.05 水平上具有显著性差异". 这说明大学毕业生组的智力测验成绩优于中学毕业生组.

值得注意的是，智力测试成绩是智商的主要标志，在相同条件下，成绩越高，智商也越高，如果条件不同，则没有可比性. 因此，虽然大学毕业生组的智力测试成绩比初中毕业生组的高，但我们不能说大学毕业生的智商比初中毕业生的智商高，因为他们的教育背景不同.

（2）从统计方法的研究和应用来分可分为理论统计学与应用统计学.

① **理论统计学**是指统计学的数学原理，主要研究统计学的一般理论和统计方法的数学理论. 现代统计学几乎用到了所有方面的数学知识，由于概率论是统计推断的数学和理论基础，因而广义地讲，统计学也应该包括概率论在内. 理论统计学是统计方法的理论基础，没有理论统计学的发展，统计学就不可能发展成为像今天这样一个完善的科学知识体系. 因此，作为从事统计理论和方法研究的人员必须要有坚实的数学基础，否则将寸步难行，这也是普通院校的学生不喜欢理论统计学的原因之一.

② **应用统计学**是研究如何应用统计方法去解决实际问题的. 在统计研究领域，相对来说，从事理论统计学研究的人占很少一部分，而大部分则从事应用统计学研究.

没有概率论，我们就无法真正理解统计；没有理论统计学，我们也无法真正理解和应用统计学. 目前，一些教育工作者一味地强调应用，不按教学规律上课，东讲一点，西讲一点，简直就是为了应用而应用. 在当时，学生感觉挺实用的，可过了几天，就忘记了，甚至稍微复杂一点的应用也学不会，原因就在于知识不系统，理论薄弱. 为此，本书非常重视统计学的理论学习，力争逻辑清晰，顺序得当，力争将理论统计学与应用统计学熔于一炉. 建议读者先修概率论，如果没学过概率论，凭借高中的概率与统计基础也可阅读本书，在前面章节中，实在遇到不甚理解的概念，可放下，我们在后面章节中会给出严格定义.

1.1.3 统计规律

统计学是探索数据内在规律的一套方法. 那么，什么是统计数据的内在规律呢？为什么统计方法能通过对数据的分析找到其内在的数量规律呢？下面通过几个例子进行说明.

1）人口性别

众所周知，就单个家庭而言，新出生婴儿的性别可能是男性，也可能是女性. 如果不限制生育，多个子女的家庭可能全部是男孩，也可能全部是女孩. 表面上看，新生婴儿的性别好像没有任何规律，但如果对大量家庭的新生婴儿进行统计分析，就会发现：新生婴儿的男孩略多于女孩，男女比例大概为 107：100. 为什么男婴的出生率会高于女婴呢？拉普拉斯从概率论的观点解释说：这是因为含 X 染色体的精子与含 Y 染色体的精子进入卵子的机会不完全相同. 其实，女性中 XX 染色体比男性中 XY 染色体的可靠性高，这是因为 XX 可以看作并联系统，而 XY 可以看作串联系统. 另外，由于雄性激素的作用，男人更易具有危险动作，如打架斗殴、酗酒. 这样，在自然状态下，男人的死亡率会略高于女人，即使男婴出生率高一点，但到了结婚年龄，两者比例很接近. 进入中老年后，男性的死亡率仍然高于女性，导致男性的平均寿命低于女性，老年男性反而少于女性.

由于生育人口在性别上保持了大致平衡，才保证了人类社会的发展和延续，所以对人口性别的研究是统计学的起源之一，也是运用统计方法探究的数量规律之一.

2）掷硬币游戏

在投掷一枚硬币时，既可能出现正面，也可能出现反面，因此预先做出确定的判断是不可能的. 但是假如硬币均匀，直观上看，出现正面与反面的机会应该相等，即在大量的试验中出现正面的频率应接近 50%. 历史上有不少人做过抛硬币试验，其结果见表 1.1.1，从表中的数据可看出：出现正面的频率逐渐稳定在 0.5.

表 1.1.1 抛掷硬币试验记录

实验者	抛硬币次数	出现正面的次数	频率
德莫根（De Morgan）	2 048	1 061	0.518 1
蒲丰（Buffon）	4 040	2 048	0.506 9
费勒（Feller）	10 000	4 979	0.497 9
皮尔逊（Person）	12 000	6 019	0.501 6
皮尔逊	24 000	12 012	0.500 5

3）英语字母的频率

在生活实践中，人们逐渐认识到，英语中某些字母出现的频率要高于其他字母. 有人对各类典型的英语书刊中字母出现的频率进行统计，发现各个字母的使用频率相当稳定. 这项研究对计算机键盘的设计（在操作方便的地方安排使用频率较高的字母键）、信息的编码（用较短的码编排使用频率最高的字母键）等都是十分有用的.

4）最佳施肥量

在进行农作物试验时，如果其他试验条件相同，我们会发现某种粮食作物的产量会随着某种施肥量的增加而增加. 在最初增加施肥量时，粮食产量增加得比较快，以后增加同量的施肥量，粮食产量的增加逐渐减少. 当施肥量增加到一定量时，粮食产量最高. 这时如果继续增加，粮食产量反而会减少. 粮食产量与施肥量的这种数量关系（边际效用递减）就是我们探索的数量规律. 如果从大量的试验数据中，用统计方法找到粮食产量与施肥量之间的数量关系，就可得到最佳施肥量，进而达到最大效益.

上述例子说明：就一次观察或试验而言，其结果往往是随机的，但在大量试验中却呈现出某种规律性，这种规律性称为**统计规律性**. 利用统计方法可以探索出其内在的数量规律，因为客观事物本身是必然性与偶然性的对立统一，必然性反映了事物的本质特征和规律，偶然性反映了事物表现形式上的差异. 如果客观事物仅有必然性的一面，则它的表现形式就会很简单. 也正是偶然性的存在，才使得事物的表现形式和必然的规律性之间产生偏差，从而形成了表面的千差万别，使得事物的必然性被掩盖在表面的差异中. 这正如恩格斯所指出的："在表面上是偶然性在起作用的地方，这种偶然性始终是受内部隐藏着的规律支配的，而问题只是在于发现这些规律". 概率论的任务就是要透过随机现象的随机性揭示其统计规律性；统计学的任务则是通过分析带随机性的统计数据来推断所研究的事物或现象固有的规律性. 两者的研究目的都是随机现象的统计规律，但其研究方法存在一定差异，概率论主要利用演绎方法，统计主要利用归纳方法.

1.1.4　统计学的应用领域

目前，统计方法已被用到自然科学与社会科学的众多领域，统计学已发展为由若干学科分支组成的学科体系. 可以这样说，统计学几乎被用到所有研究领域，比如政府部门、学术研究领域、日常生活中、企业管理等，进而也形成了众多的具有统计学应用性质的学科，如社会统计学、工业统计学、农业统计学、物理统计学、生物统计学、医药统计学、人口统计学、空间统计学，等等. 现在，就连纯文科领域的法律、历史、语言、新闻等也越来越重视对统计数据的分析，国外的人文和社会学科普遍开设了统计学课程. 可以这样说，统计方法与数学、哲学一样成为了所有学科的基础.

例 1.1.1　用统计识别作者.

1787—1788 年，Alexander Hamilton，John Jay 和 James Madison 三位作者为了说服纽约人认可宪法，匿名发表了著名的 85 篇论文. 这些论文中的大多数作者已经得到了识别，但是，其中的 12 篇论文的作者身份引起了争议. 通过对不同单词的频数进行统计分析，得出的结论是：James Madison 最有可能是这 12 篇论文的作者. 现在，对于这些存在争议的论文，认为 James Madison 是原创作者的说法占主导地位，而且几乎可以肯定这种说法是正确的.

"红楼梦"后 40 回是否为曹雪芹所写？1985—1986 年，复旦大学李贤平教授带领他的学生做了这项工作. 他们的创造性想法是将 120 回看成 120 个样本，然后确定与情节无关的虚词作为变量. 为什么要抛开情节？这是因为在一般情况下，同一情节大家描述得都差不多，但由于个人写作特点和习惯的不同，所用的虚词是不一样的. 然后，数出每一回里变量出现的次数，并作为数据，用多元分析中的聚类分析法进行分类. 分析结果果然表明，120 回分属两类，即前 80 回为一类，后 40 回为一类，这有力地证实了全书不是出自同一人的手笔. 那么后 40 回是否为高鹗所写？同样，论证结果推翻了“后 40 回是高鹗一个人所写”. 这个论证在红学界轰动很大，也支持了红学界观点，使红学界大为赞叹.

下面给出统计在工商管理中的部分应用：

（1）**产品质量管理**：质量是企业的生命，是企业持续发展的基础，统计质量管理已成为质量管理的重要手段. 在一些知名的跨国公司中，6σ 准则已经成为一个重要的管理概念，统计质量控制图已广泛应用于生产过程的检测中.

（2）**市场研究**：企业要在激烈的市场竞争中取得优势，首先必须了解市场，要了解市场，就需要做广泛的市场调查，取得所需的信息，并对这些信息进行科学的分析，以便作为生产和营销的依据. 而这些都需要统计的支持.

（3）**经济预测**：企业家要对未来的市场状况进行预测，经济学家要对宏观经济或某一行业进行预测，他们在进行预测的时候，最常用的方法就是利用各种统计信息和统计方法. 比如，企业家要对市场的潜力进行预测，以便调整生产计划，使利润最大化，这就需要通过市场调查取得数据，并进行统计分析.

（4）**人力资源管理**：利用统计方法对员工的年龄、性别、受教育程度、工资等进行分析，并作为制定工资计划、奖惩制度的依据.

当然，统计不仅在工商管理中有用，而且已经渗透到自然科学和社会科学的各个领域，为多个学科提供通用的数据分析方法. 从某种意义上说，统计仅仅是数据分析方法，必须与其他学科结合才能发挥自己的作用，于是统计工作者的知识面一定要宽广，最好擅长某一方面，比如生物、医学、农业、教育、经济等.

下面列出统计的一些应用领域，让读者简单浏览并形成一个概念：统计学非常有用.

精算　金融　农业　动物学　考古学　医学　生态学　教育学　计量经济学　管理学
人类学　博彩　地质学　心理学　质量控制　工业　工程　水文学　军事科学
物理学　市场营销学　地理学　语言学　分类学　宗教研究

统计应用上的两个极端情况是：不用或几乎不用统计；简单问题复杂化. 在统计应用中，这两种情况都是不可取的. 简单的方法不一定没用，复杂的方法也不一定有用. 正如有的学者所说的，最简单的模型往往是最有用的，统计应该恰当地应用到它能起作用的地方. 同时，我们不能把统计神秘化，更不能歪曲统计，把统计作为掩盖事实的陷阱. 统计是一种从数量上认识客观世界的有力工具，但是若运用不当，即使是科学的技术也有可能得出错误的结论，甚至会成为谬误的护身符. 实际上，在我们周围，误用统计数字或滥用统计方法的现象是不乏其例的，这不能不影响到统计科学的严肃性和统计分析的准确性.

下面举例介绍统计欺骗中的常用手法，以供读者参考.

（1）**有偏样本**：有一个装着红、白两色小球的箱子，如果你想要准确地知道这个箱子中两种小球的数量，你唯一能做的就是一颗一颗地数小球. 然而用一种更简单的方法也可以估计红球的数量：抓一把小球，假定手中红球所占的比例与箱子中红球所占的比例相同，只要数一数手中的小球即可. 如果你的样本足够大且选择方法正确，那么在大多数情况下，它能够很好地代表整体. 但是，如果以上两个条件均不满足，利用这样的样本进行推断比猜想好不到哪儿去，除了能够营造科学、精确的假象之外，其他则根本不值一提. 不幸的是，我们所看到的，或者我们自以为了解的许多事物，往往都是根据类似样本所得出的结论，这种样本由于选择方式的不合理或者容量过小，抑或两种情况同时存在，均导致样本有偏. 现在通过一个极端的例子可以马上看到有偏样本是如何形成的. 假设你向同学发放问卷，问卷中包含这样一个问题："你乐意回答调查问卷吗？"整理所有的答案，你很有可能得到下面的结论：压倒多数的人选择了"乐意". 为了能有说服力，你还可以详细列出这个比值，直至最后一位小数. 事实上，大多数持否定意见的人已经随手将你的问卷丢进垃圾篓中，即从样本中自动除名了. 哪怕最初的样本中，100 个里面有 88 个会当这种"投手"，在宣布你的结果时，你仍然会遵从惯例，忽略他们. 第二次世界大战期间，英国空军希望增加飞机的装甲厚度，但如果将装甲全部加厚，则会降低灵活性，所以最终决定只增加受攻击最多部位的装甲. 后来，工作人员经过对中弹飞机的统计，发现大部分飞机的机翼弹孔较多，所以决定增加机翼的装甲厚度. 后来一个专家说："可是机头中弹的那些飞机就没有飞回来". 这个故事里本应是对全部飞机进行分析，但统计样本没有包含已经损毁的飞机，所以得出的结论只是根据部分数据，或者说是根据具有同样特征（受伤）的某一类数据推出的，并不能代表全部类型的数据，所以得出的结果很可能是错误的.

（2）**数字欺骗**：主要是通过刻意强调"有利指标数据"，而回避"不利指标数据"，以隐瞒事实. 有一个"数字欺骗"的经典段子：西门庆正与潘金莲鬼混，恰逢武松回来. 武松怒目圆睁要抓墙上的戒刀！武大忙拉住弟弟的袖子说道，其实我已经赢了！今年 4 月，西门官人才来咱家 20 次，同比下降 17%，环比虽然上升 20%，但是增幅明显放缓；昨天和你嫂子在楼上的时间只有 68 分钟，同比下降 24%，明显是害怕我了.

（3）**误导性图表**："图表欺骗"主要是通过对图表中"不利指标数据"进行隐藏、过滤、更换颜色、更改图表类型实现、更改比例等手段实现. 比如，改变图表宽度与高度，影响性能趋势理解；改变图表默认显示方式，干扰读者理解数据图表.

（4）**故意曲解**：事实上，统计数据本身并无罪，可人们往往喜欢滥用统计工具来支撑自己的立场，而不是反映真实情况. 统计最重要的功能是数据分析，不同的人对数据分析的理解大不一样，曲解数据是常有的现象. 在某些人的心目中，数据分析就是寻找证据支持自己的结论，这恰恰曲解了数据分析的本质. 数据分析的真正本质是从数据中寻找规律，从数据中寻找启发，而不是寻找支持. 真正的数据分析是没有事先结论的，而是通过数据分析得出某种结论.

切记，统计不是万能的，它不能解决你面临的所有问题. 统计是分析数据的一门通用工具，虽然可以帮助你进行数据分析，并从分析中得出某种结论，但是如果要对统计结论进一步分析，则需要你的专业知识. 比如，吸烟可以增加患肺癌的概率，但要解释吸烟为什么能引起肺癌，这不是统计学家的任务，需要更多的医学知识才能做到.

1.2　数据的计量与类型

统计研究的是客观事物的数量方面，它离不开统计数据. 统计数据是对客观现象进行计量的结果，比如，对股票价格变动水平进行计量可以得到股票价值指数；对学生考试结果进行计量可得考试分数；对经济活动总量的计量可以得到国内生产总值（GDP）；等等．因此，在收集数据之前，我们总是要先对现象进行计量或测度，这就涉及计量尺度的问题．

1.2.1 数据的计量尺度

计量尺度（levels of measurement）是指对计量对象量化时采用的具体标准，如千克、米、美元、人民币等．由于客观事物有的比较简单，有的比较复杂；有的特征和属性是可见的（如人的外貌体征），有的则是不可见的（如人的偏好、道德、信仰）；有的表现为数量差异，有的表现为品质差异，所以有些事物只能对它的属性进行分类，比如人口性别和文化程度等；有的可以采用比较精确的数字加以计量，比如物体的长度、产品的质量等．因此，对于不同事物，我们能够计量或测度的程度是不同的，统计计量也就有定性计量和定量计量的区别，并且可分不同的层次．从对事物计量的精确程度来看，采用数字计量比采用分类计量精度更高．按照计量的精度程度，从低级到高级，从粗略到精确可分为四个层次：定类尺度、定序尺度、定距尺度和定比尺度．采用不同的计量尺度可以得到不同的统计数据，进而采用的统计分析方法也是不同的．

1）定类尺度

定类尺度（nominal scale），也称为**类别尺度**，它将数字作为现象总体中不同类别或不同组别的代码，这是最低层次的计量尺度，也是其他计量尺度的基础．这种计量尺度只能按照事物的某种属性对其进行平行的分类或分组，不同的数字仅表示不同类（组）别的品质差别，而不表示它们之间量的顺序或量的大小．这种尺度的主要数学特征是"="或"≠"．例如，人口按照性别可分为男（1）、女（0）两类，不能因为 1 > 0，就说男人大于女人，而应该说男人不等于女人．国民经济按其经济性质可以分为国有经济、集体经济、私营经济、个体经济等类，并用代码（01）表示国有经济，（02）表示集体经济，（03）表示私营经济，（04）表示个体经济．并且用（011）代表国有经济中的国有企业，（012）代表国有联营企业；用（021）表示集体经济中的集体企业，（022）表示集体联营企业；用（031）表示私营经济中的私营独资企业，（032）表示私人合伙企业，（033）表示私营有限责任公司；用（041）表示个体经济中的个体工商户，（042）表示个人合伙等．其中，前两位代码表示经济大类，而第三位代码则表示各类中的构成，代码的位数与类别数目有关，如果类别数目多，则代码位数也多．本例中，国民经济最多分为 99 大类，每一大类中最多分为 9 小类．不同代码反映同一水平的各类（组）别，并不反映其大小顺序．各类中虽然可以计算它的单位数，但不能反映第一类的一个单位可以相当于第二类的几个单位等．对于定类尺度的计量结果，我们可以通过计算每一类别中各个元素或个体出现的频数或频率来进行分析．

在使用定类尺度对事物进行分类时，必须符合**穷尽**和**互斥**的要求，即对事物进行无交完备分解．**类别穷尽**是指在所有全部的分类中，必须保证每一个元素或个体都归属于某一类别，不能遗漏；**类别互斥**是指每一个元素或个体只能归属于一个类别，不能在其他类别中重复出现．比如，按照自然两分法，一个人要么是男性，要么非男性，总有所归属，而且只能属于其中一个类别．

注：本书认为，人分为男性、女性两类，不考虑变性人、具备两套生殖系统的变异人等.

2）定序尺度

定序尺度（ordinal scale），也称为**顺序尺度**，它是对事物之间等级差或顺序差别的一种测度，不但可以用数表示量的不同类（组）别，也可反映量的大小、顺序关系，从而列出各单位、各类（组）的次序. 定序尺度对事物的计量要比定类尺度精确一些，但它只是测度了类别之间的顺序，而未测量出类别之间的准确差值，因此这种尺度的主要数学特征是“>”或“<”，其计量结果不仅能对事物分门别类，还可以比较大小，但不能进行加、减、乘、除. 例如，对合格产品按其性能和好坏，分成优等品、一等品、合格品等，这种尺度虽然也不能表明一个单位一等品等于几个单位二等品，但却明确表示一等品性能高于二等品，而二等品性能又高于三等品等.

定序尺度除了用于分类（组）外，在变量数列分析中还可以确定中位数、四分位数、众数等指标的位置.

3）定距尺度

定距尺度（interval scale），也称**间隔尺度**，是对事物类别或次序之间间距的计量，它通常使用自然或度量衡单位作为计量尺度，如收入、人民币. 定距尺度是比定序尺度高一层次的计量尺度，它不仅能将事物区分为不同类型并进行排序，而且可以准确地指出类别之间的差距是多少，可以进行加、减运算. 例如，学生“统计学”课程的考分，可以从高到低分类排序，形成 80 分、70 分、60 分，直到 0 分的序列. 它们不仅有明确的高低之分，而且可以计算差距，80 分比 70 分高 10 分，比 60 分高 20 分等. 定距尺度的计量结果表现为数值，可以进行加或减的运算，但不能进行乘或除的运算，其原因是在等级序列中没有固定的、有确定意义的“零”位. 例如，学生甲得 90 分，学生乙得 0 分，可以说甲比乙多得 90 分，却不能说甲的成绩是乙的 90 倍或无穷大. 因为“0”分在这里不是一个绝对的标准，并不意味着乙学生毫无知识，恰如我们不能说 40 °C 比 20 °C 暖和 2 倍一样. 没有确定的标准的“零”位，但有基本的确定的测量单位，如学生成绩的测量单位是 1 分，质量价差的测量单位是 1 元，温度的测量单位是 1 °C 等，这是定距尺度的显著特点.

4）定比尺度

定比尺度（ratio scale），也称为**比率尺度**，是在定距尺度的基础上，确定可以作为比较的基数，将两种相关的数加以对比，而形成新的相对数，用以反映现象的构成、比重、速度、密度等数量关系. 由于它是在比较基数上形成的尺度，所以能够显示更加深刻的意义. 但我们一般认为它与定距尺度属于同一层次，不做区分. 定比尺度的计量结果也表示为数值，主要数学特征是“÷”或“×”. 例如，将某地区人口数和土地面积对比计算人口密度指标，说明人口相对的密集程度. 甲地区人口可能比乙地区多，但甲地区的土地更广阔，用人口密度指标就可以说明相对说来甲地区人口不是多了，而是少了. 又如，将一个国家（地区）的国内生产总值与该国（地区）居民对比计算人均国内生产总值，可以反映国家（地区）的综合经济能力. 2010 年，中国国内生产总值（GDP）约占世界生产总值的 9.5%，排列世界第二位，堪称世界经济大国，但我国人口占世界总人口的 19%，如果按人均国内生产总值计算，在世界各国中又居于比较落后的位次，这说明我国仍属于发展中国家.

上述四种计量尺度对事物的计量层次是由低级到高级、由粗略到精确逐步递进的. 高层次的计量尺度具有低层次计量尺度的全部特性，但不能反过来. 显然，我们可以很容易地将高层次计量尺度的测量结果转化为低层次计量尺度的测量结果，比如将考试成绩的百分制转化为五等级分制. 在统计分析中，一般要求测量的层次越高越好，因为高层次的计量尺度包含更多的数学特性，所运用的统计分析方法也越多，分析时也就越方便，因此应尽可能使用高层次的计量尺度.

1.2.2 数据的类型

采用不同的计量尺度会得到不同类型的统计数据，它可以是数字的，也可以是文字的. 按照采用的计量尺度不同，可以将统计数据分为分类数据、顺序数据和数值型数据. 按照统计数据的收集方法，可以将其分为观测数据和实验数据；按照被描述对象与时间的关系，可以将统计数据分为截面数据和时间序列数据.

1）分类数据、顺序数据和数值型数据

（1）**分类数据**是离散数据，是反映事物类别的数据. 分类属性具有有限个（但可能很多）不同值，值之间无顺序. 例如，地理位置、工作类别和商品类型等.

（2）**顺序数据**也是对事物分类的结果，但这些类别是由顺序的，它既无相等单位，也无绝对零的数据，是由定序尺度计量形成的，也可以用数字代码来表示. 例如，考试成绩等次可分为优（4）、良（3）、中（2）、差（1）；商品按其好坏分为一等品（3）、二等品（2）、三等品（1）；一个人对某一事物的态度可以分为非常赞同（5），赞同（4），中立（3），不同意（2），坚决不同意（1）等.

（3）**数值型数据**是直接使用自然数或度量单位进行计量的具体的数值. 如用人民币度量收入、消费，用百分制度量考试成绩，用克度量物体的质量，用米度量物体的长度，等等. 对于数值型数据，我们可再细分为**间隔数据**和**比率数据**，它们分别是由定距尺度和比率尺度计量形成的

分类数据和顺序数据说明的是事物的品质特征，通常用文字来表述，其结果均表示为类别，因此也称为**定性数据**或**品质数据**. 数值型数据说明的是现象的数量特征，通常用数值来表示，因此也成为**定量数据**或**数量数据**.

2）观测数据和实验数据

（1）**观测数据**是通过调查或观测而收集到的数据，这类数据是在没有对事物人为控制的条件下得到的. 有关社会经济现象的统计数据几乎都是观测数据，因为个人几乎不可能控制社会经济现象.

（2）**实验数据**是在实验中控制实验对象而收集到的数据. 比如，对新药疗效的实验数据，对农作物品种的实验数据. 自然科学中的大多数数据都是实验数据.

3）截面数据和时间序列数据

（1）**截面数据**是在相同或近似相同的时间点上收集到的数据. 这类数据是在不同空间上获得的，用来描述现象在某一时刻的变化情况. 例如，2010 年中国各地区的国内生产总值就是截面数据.

（2）**时间序列数据**是在不同时间上收集到的数据. 这类数据反映了某一事物、现象等随时间的变化状态或程度. 如中国国内生产总值从 1949—2014 年的变化就是时间序列数据. 时间序列数据可作季度数据、月度数据等细分，其中具有代表性的季度时间序列模型就是因为其数据具有四季这样的变化规律，虽然变化周期不尽相同，但是整体的变化趋势都是按照周期变化的.

区分测量的层次和数据类型很重要，因为对不同类型的数据，需要采用不同的统计方法进行处理和分析. 比如，对分类数据通常计算各组的频数或频率，计算其众数，进行列联表分析和卡方检验等；对顺序数据可以计算中位数、四分位数、等级相关数等；对数值型数据可以使用更多的统计方法进行分析，如计算各种统计量、参数估计和假设检验等.

1.3　统计中的基本概念

统计学中的概念很多，其中几个概念经常用到，有必要简单介绍一下，这些概念包括总体与样本、参数、统计量、变量等. 在高中的学习中，我们已经接触了概率与统计，并掌握了一些基本概念，本节主要复习高中的统计基本概念，侧重描述定义，严格定义会在后面的章节中给出.

1.3.1　总体与样本

1）总体

在一个统计问题中，我们把研究对象的全体称为**总体**（population），构成总体的每个元素称为**个体**. 比如，在考察某批手机质量时，该批手机的全体就组成了一个总体，而其中每个手机就是个体.

对于实际问题，总体中的个体是一些实在的人或物. 比如我们要研究某大学的学生身高情况，则该大学的全体学生就构成了问题的总体，而每个学生是个体，切记该大学全体学生包括已经毕业及将要录取的同学，一般可认为具有无限多个. 事实上，每一个学生有许多特征：性别、年龄、身高、体重等，而在该问题中，我们关心的只是该校学生的身高如何，对其他的特征暂不考虑. 这样，每个学生（个体）所具有的数量指标——身高就是个体，而所有学生的身高组成的全体看成总体. 如果研究对象的观测值是定性的，我们也可以数量化. 比如，考察出生婴儿性别，其结果可能为男、女，是定性的，如果分别以 1, 0 表示男、女，那么试验的结果就可用数来表示了. 这样，抛开实际背景，总体就是一堆数，这堆数中有大有小，有的出现机会大，有的出现机会小，因此用一概率分布去描述和归纳总体是合适的，从这个意义上说，**总体就是一个分布，而其数量指标就是服从这个分布的随机变量，个体就是总体对应随机变量的一次观察值**.

在统计问题中，我们研究有关对象的某一数量指标时，往往需要考察与这一数量指标相联系的随机试验. 这样，总体就是试验的全部可能观测值，即**总体就是随机变量 X，个体就是随机变量 X 的一次观测值**，对总体的研究就是对一个随机变量 X 的研究. 今后我们不区分总体与相应的随机变量，统称为总体 X.

总体中所包含个体的个数称为**总体的容量**. 容量有限的总体称为**有限总体**，容量无限的总体称为**无限总体**. 对于无限总体，每次抽取一个单位，并不影响下一次的抽样结果，因此每次抽取可以看作独立的. 对于有限总体，抽取一个单位后，总体元素就会减少一个，前一次的抽样结果往往会影响后一次的抽样结果，因此每次抽取不是独立的. 这些因素会影响到抽样推断的结果.

2）样本

为了了解总体的分布，就必须从总体中进行抽样观察，即从总体 X 中随机地抽取 n 个个体，记为 $X_1,\cdots,X_n$，称为总体的一个**样本**，n 称为**样本容量**，简称**样本量**.

样本具有二重性：一方面，由于样本是从总体中随机抽取的，抽取前无法预知它们的数值，因此样本也是随机变量，用大写字母 $X_1,\cdots,X_n$ 表示；另一方面，样本在抽取以后就有确定的观测值，称为**样本观测值**，用小写字母 $x_1,\cdots,x_n$ 表示. 我们对样本及其观测值不加区分，一律采用 $x_1,\cdots,x_n$ 表示，读者可根据上下文进行区分.

例 1.3.1 瓶装白酒规定净含量为 500 g. 由于随机性，不可能使每瓶白酒净含量为 500 g. 现从某酒业生产的白酒中随机抽取 10 瓶，观测结果如下：

$$496\ 498\ 500\ 502\ 501\ 496\ 497\ 503\ 502\ 499$$

这是一个容量为 10 的样本观测值，对应的总体是该厂生产瓶装白酒的净含量.

例 1.3.2（分组样本） 考察某厂生产电子元件的寿命，我们选了 100 只进行试验. 由于某些原因，我们不可能每时每刻进行观测，而只能定期进行观测，比如规定每天早上 8 点进行观测. 于是对每个元件，我们只能观测到其寿命落入某个范围，这就产生了分组样本，见表 1.3.1.

表 1.3.1 100 只电子元件的寿命数据 （单位：天）

寿命范围	元件数	寿命范围	元件数	寿命范围	元件数
(0,1]	4	(8,9]	6	(16,17]	4
(1,2]	8	(9,10]	3	(17,18]	4
(2,3]	6	(10,11]	3	(18,19]	1
(3,4]	5	(11,12]	5	(19,20]	2
(4,5]	3	(12,13]	5	(20,21]	2
(5,6]	4	(13,14]	3	(21,22]	3
(6,7]	5	(14,15]	5	(22,23]	1
(7,8]	4	(15,16]	1	>23	13

表 1.3.1 的样本观测值没有具体数值，只有一个范围，这样的样本成为**分组样本**. 相应的，例 1.3.1 中的数据称为**完全数据**. 分组数据与完全数据相比，在信息上总有缺失，但有时我们只能获取分组数据，况且分组数据成本低、方便. 在实际问题中，如果样本容量特别大，常用分组数据代替完全样本.

从总体中抽取样本有不同的抽法，为了能对总体做出较可靠的推断，总希望样本能很好地代表总体，即要求抽取的样本能很好地反映总体的特征且便于处理，这就需要对抽样方法提出一些要求，最常用的是简单随机抽样，满足：

（1）**随机性**：每一个个体都有同等机会被选入样本，即每一样本 X_i 与总体 X 有相同的分布，也称为**代表性**.

（2）**独立性**：每一样本的取值不影响其他样本的取值，即 $X_1,\cdots,X_n$ 相互独立.

若样本 $X_1,\cdots,X_n$ 是 n 个独立同分布的随机变量，则称该样本为**简单随机样本**，简称为**样本**，即满足上述两条性质的样本称为简单随机样本. 除非特别声明，否则本书皆指简单随机样本.

对于无限总体，随机性和独立性很容易实现，困难在于排除有意或无意的人为干扰. 对于有限总体，只要总体个数很多，特别与样本量相比很大，独立性基本可以满足.

1.3.2 参数与统计量

1）参数

参数是用来描述总体特征的概括性数字度量，它是研究者想要了解的总体的某种特征值. 在统计中，研究者所关心的参数通常有总体平均数、总体标准差、总体比率等，通常用希腊字母表示. 字面上理解，参数是指可供参考的数据，但有时又不全是数据. 在指定应用时，它可以是赋予的常数值；在泛指时，它可以是一种变量，用来控制随其变化而变化的其他量. 简单来说，参数是给我们参考的.

由于总体数据通常是不知道的，所以参数是一个未知的常数. 比如我们不知道某地区所有人的平均年龄，不知道一个国家所有家庭的收入差异，不知道一批产品的合格率，等等. 正因为如此，才进行抽样，根据样本计算出某些值去估计总体参数.

2）统计量

统计量是用来描述样本特征的概括性数字度量，它是根据样本数据计算出来的一个量. 由于抽样是随机的，故**统计量是样本的函数且不含未知参数**，其作用是把样本中有关总体的信息汇集起来.

当样本给定时，统计量就是已知的. 抽样的目的就是根据样本统计量去估计总体参数，比如用样本均值 $\bar{x}$ 估计总体均值，用样本标准差 s 估计总体标准差 σ，用样本比例 p 估计总体比例 π，等等.

1.3.3 标志与变量

1）标志

标志是用来说明总体单位特征或属性的名称. 总体单位是标志的承担者，各单位标志及其表现是形成统计指标的基础. 每一个总体单位，都可以从不同角度去观察其各特征或属性，将这些特征或属性用名称的形式表达出来，就是标志. 例如，当研究中国企业的状况时，每个中国企业就是一个总体单位，中国企业的经济类型、隶属关系、职工人数、产值等都是说明企业特征的标志.

标志在每个总体单位所表现的具体属性或数量特征，叫做**标志表现**. 一般而言，每个总体单位都有相同的标志，但可通过不同的标志表现区分一个单位与另一个单位. 例如，每个企业都有职工人数这一标志，它们的具体表现就是，甲企业：8 000 人，乙企业：6 000 人等.

标志按其变异情况不同可分为可变标志和不变标志. **不变标志**是指在每个总体单位的具体表现都一样的标志. 例如，在男学生总体中，每个单位的性别都是男性，所以“性别”就是不变标志. **可变标志**是指在每个总体单位的具体表现都不完全相同的标志. 比如，企业总体中的职工人数、利润等都是可变标志. **变异**是指可变标志在各个单位总体上的不同表现，即可变标志在单位总体之间的差别表现. 这种差别可以是品质上的差别，如性别，也可以是数量上的差别，如年龄. 不变标志和可变标志是它们在总体单位身上的具体表现所决定的，因此同一个标志的可变性在研究总体不同时表现也不同. 例如，在男生总体中，标志“性别”就是不变标志，相反，在学生总体中，标志“性别”就是可变标志，取值为男性和女性.

2）变量

变量是统计学研究中对象的特征，用来说明某种特征的概念，其特点是从一次观察到下一次观察结果会呈现出差别或变化. 变量的取值称为**变量值**. 在数量标志中，不变的数量标志称为常量或参数，可变的数量标志称为变量. 由可变标志构造的各种指标也称为变量，它可以是定性的，也可以是定量的，一个定量变量要么是离散的，要么是连续的. 社会科学中研究变量的关系，通常把一个变量称为自变量（独立变量），把另一个变量称为因变量（依赖变量）.

统计数据就是统计变量的某些取值，变量可以分为以下几种类型.

（1）**分类变量**是说明事物类别的一个名称，其取值是分类数据. 如“性别”就是一个分类变量，其变量取值为“男”或“女”.

（2）**顺序变量**是说明事物有序类别的一个名称，其取值是顺序数据. 顺序变量是既无相等单位又无绝对零点的变量，其变量值仅仅是依据事物的某一属性的大小或多少按次序将事物排列，并用数字作为名次的标志. 如学生百米赛跑排的名次，速度最快的定为第 1 名，次快的定为第 2 名，以此类推，所得 1, 2, 3, …就是顺序变量. 对这类数据不能用简单的四则运算进行统计处理.

（3）**数值型变量**是说明事物数字特征的一个名称，其取值为数据型数据. 如产品质量、年龄、时间、商品销售额等. 数值型变量按其取值的特点，可分为离散变量与连续变量. **离散变量**是指其数值只能用自然数或整数单位计算的变量，它的取值都以整位数断开，可以一一列举. 例如，企业个数、职工人数、设备台数等，只能按计量单位数计数，这种变量的数值一般用计数方法取得. 反之，在一定区间内可以任意取值的变量叫**连续变量**，其数值是连续不断的，不能一一列举，相邻两个数值可作无限分割，可取无限个数值. 例如，生产零件的规格尺寸，人体测量的身高、体重、胸围等为连续变量，其数值只能用测量或计量的方法取得. 如果离散变量取值很多，可将其近似认为连续变量进行处理. 由于大部分统计方法所处理的都是数值型变量，因此有时也把数值型变量简称为变量.

以后，变量这一概念会经常用到，当然，也可从其他角度对变量进行分类，比如随机变量和非随机变量、经验变量和理论变量等. **经验变量**所描述的是周围环境中可以观察到的事物. **理论变量**是由统计学家用数学方法构造出来的变量，比如后面介绍的 t 统计量、F 统一量等.

1.4 统计软件简介

随着计算机的发展，现在很多软件可以帮助我们进行数据分析，常用的有：MATLAB、R软件、Eviews、SAS、SPSS和Excel，它们各有优缺点. 本节对统计软件做一简介，帮助读者选择适合自己的软件.

1）MATLAB

MATLAB(Matrix Laboratory)是美国Math Works公司出品的商业数学软件，用于算法开发、数据可视化、数据分析以及数值计算的高级技术计算语言和交互式环境，主要包括MATLAB和仿真工具Simulink两大部分. 随着计算机的快速发展，很多重复繁琐的计算可以由MATLAB来完成，但需要计算机编程. 目前，MATLAB已经成为国际、国内最流行的数学软件，也是理工类研究人员应该掌握的技术工具. 现在高校的很多专业都必修或选修MATLAB，因此建议理工科大学生都应尽量掌握它.

在MATLAB中，提供了专用工具箱Statistics. 该工具箱有几百个专门求解概率统计问题的功能函数，使用它们可以很方便地解决实际问题. MATLAB适用于统计研究工作，可以根据自己的需要任意修改程序. 可见，MATLAB是统计研究工作者的常用软件之一.

2）R软件

R语言在统计领域中广泛使用，诞生于1980年左右，是S语言的一个分支，是S语言的一种实现. S语言是由AT&T贝尔实验室开发的一种用来进行数据探索、统计分析、作图的解释型语言，最初S语言的实现版本主要是S-PLUS. R是一套完整的数据处理、计算和制图软件系统. 其功能包括：数据存储和处理系统；数组运算工具（其向量、矩阵运算方面功能尤其强大）；完整连贯的统计分析工具；优秀的统计制图功能；简便而强大的编程语言：可操纵数据的输入和输出，可实现分支、循环，用户可自定义功能.

R是一个免费的自由软件，它有Unix、Linux、Mac OS和Windows版本，都是可以免费下载和使用的. 与其说R是一种统计软件，还不如说R是一种数学计算的环境，因为R并不是仅仅提供若干统计程序，使用者只需指定数据库和若干参数便可进行统计分析. R的思想是：它可以提供一些集成的统计工具，但更大量的是它提供各种数学计算、统计计算的函数，从而使使用者能灵活机动地进行数据分析，甚至创造出符合需要的新的统计计算方法. 可见，R软件主要适合于统计研究工作.

3）Eviews

Eviews（Econometrics Views），直译为计量经济学观察，通常称为计量经济学软件包，它的本意是对社会经济关系和经济活动的数量规律，采用计量经济学方法和技术进行观察. Eviews的应用范围包括：科学实验数据分析与评估、金融分析、宏观经济预测、仿真、销售预测和成本分析等. 它处理的基本数据对象是时间序列，每个序列有一个名称，只要提及序列的名称就可以对序列中所有的观察值进行操作.

Eviews具有现代Windows软件可视化操作的优良性，可以使用鼠标对标准的Windows菜单和对话框进行操作，操作结果出现在窗口中并能采用标准的Windows技术对操作结果进行处理，非常适合非统计专业人士.

4）SAS

SAS 英文全称为 Statistical Analysis System，可用来分析数据和编写报告，是由美国 NORTH CAROLINA 州立大学的两位生物统计学研究生于 1966 年开发的统计分析软件. 1972 年研制出第一版，1976 年 SAS 软件研究所成立，并开始进行 SAS 系统的维护、开发、销售和培训工作. 在众多的统计软件中，SAS 以运行稳定、功能强大而著称，一直占据着统计软件的高端市场，用户遍及金融、医药卫生、生产、运输、通讯、政府和教育科研等领域. 在数据处理和统计分析领域，SAS 系统被誉为国际上的标准软件，堪称统计软件界的巨无霸. 在 SAS 系统中有一个专门模块：SAS|ETS(Econometric Time series)，用来进行计量经济和时间序列分析. 编程语言简洁，功能强大，分析结果精确. 另外，SAS 系统具有全球一流数据仓库功能，对海量数据分析具有独特优势.

在国际学术界有条不成文的规定，凡是用 SAS 统计分析的结果，在国际学术交流中可以不必说明算法，由此可见其权威性和信誉度.

5）SPSS

SPSS 原为“社会科学统计软件包”的首写字母，最近随着产品服务领域的扩大和服务深度的增加，SPSS 公司已将英文全称更改为“统计产品与服务解决方案”（Statistical Product and Service Solutions）. SPSS 是世界上最早采用图形菜单驱动界面的统计软件，它最突出的特点就是操作界面极为友好，输出结果美观漂亮. 它将几乎所有的功能都以统一、规范的界面展现出来，使用 Windows 的窗口方式展示各种管理和分析数据方法的功能，对话框展示出各种功能选择项. 用户只要掌握一定的 Windows 操作技能，粗通统计分析原理，就可以使用该软件为特定的科研工作服务. SPSS 数据接口较为通用，能方便地从其他数据库中读入数据.

SPSS 和 SAS、BMDP 并称为国际上最有影响的三大统计软件. 在国际学术界有条不成文的规定，即在国际学术交流中，凡是用 SPSS 软件完成的计算和统计分析，可以不必说明算法，由此可见，其影响之大和信誉之高. SPSS 操作容易，输出漂亮，功能齐全，价格合理，对于非专业的统计工作者而言，它是一个很好的选择，已经在我国的社会科学、自然科学的各个领域发挥了巨大作用.

6）BMDP

BMDP 是 Bio Medical Data Processing 的缩写，是世界级的统计工具软件，至今已经有 40 多年的历史. BMDP 是一个大型综合的数据统计集成系统，从简单的统计学描述到复杂的多变量分析都能应付自如，每一个 BMDP 程序的执行算法都经历了最为严酷的实际专业测试才被予以应用.

BMDP 为常规的统计分析提供了大量的完备的函数系统，如方差分析、回归分析、非参数分析、时间序列等. 此外，BMDP 特别擅长于进行生存分析. 许多年来，一大批世界范围内顶级的统计学家都曾参与过 BMDP 的开发工作，这不仅使得 BMDP 的权威性得到了保障，更使 BMDP 能够为全世界的同行提供质量极高的统计分析服务.

BMDP 第一版诞生于 1961 年，由加州大学洛杉矶分校从一个名为 BIMED 的生物医学应用软件修改而来. 起初，它是免费使用的，应用于生化、医药、农业等领域的统计分析. 1968

年由 BMDP 公司发行，是最早的综合专业统计分析软件，在国际上影响很大，它的方法全面、灵活，早期曾有很多独具特色的分析方法. 进入 20 世纪 90 年代后，BMDP 的发展不畅，从 1991 年的 7.0 版以后就没有新版本出现. 但是，“瘦死的骆驼比马大”，BMDP 统计软件作为一方霸主，在国外仍然影响巨大，国外许多大学的统计学网站均对其关照有加，几乎所有著名大学统计学系开设的多变量分析课程当中都有 BMDP 软件的教学内容，而且大型学术研究机构的服务器上也通常安装着 BMDP for Unix 软件供终端用户使用. 最后，BMDP 被 SPSS 公司并购，收购之初，SPSS 公司在开发与推广 BMDP 统计软件方面的积极性也不大. 如今，可能是由于要与 SAS 竞争专业统计领域的市场份额，BMDP 的停滞状况才有所改变. 目前最新的版本是 BMDP 2007.

7）Excel

但凡会使用计算机之人，大都熟悉 Windows 的三大办公软件：Word、Excel 和 PowerPoint. 随着信息时代的来临，三大办公软件的使用熟练与否已经成为衡量一个人是否有能力的标准，其中，Excel 则扮演着数据处理、表格制作和统计分析的独特角色.

Microsoft Excel 是微软公司的办公软件 Microsoft office 的组件之一，是一个电子表格，主要以电子表格的形式对数据进行计算、分析和管理，帮助用户从基本数据中提出更有说服力的结论，广泛地应用于管理、统计财经、金融等众多领域. 除了数据管理和数据分析的出色功能外，Excel 还可以帮助用户创建图表，从不同角度更直观地表现数据. 严格来说，Excel 并不是统计软件，但作为数据表格软件，必然有一定的统计计算功能，但要注意，有时在装 Office 时没有加载“数据分析”的功能，必须加载后才能使用，请依次选择“工具”→“加载宏”命令.

无论在科学研究、医疗教育，还是家庭活动中，Excel 都能满足大多数人的需要，因此作为当代大学生，一定要学会应用 Excel. 为了培养应用型人才及适应一般本科院校学生的需要，本书涉及的统计计算、绘图等基本上都是由 Excel 完成，部分内容由 SPSS 软件完成.

1.5 Excel 软件简明教程

Excel 版本很多，界面和操作方式也有细微差别，但其基本功能和基本操作不变. 下面，给出经典的 Excel2003 基本操作供读者参考，更高版本的 Excel 操作方式基本相同，读者可自己摸索. 本书主要侧重 Excel 操作的核心部分，即各个 Excel 版本都基本相同的部分.

1.5.1 Excel 基本概念

启动 Excel 有多种途径，比较常见的方式有以下几种：

（1）双击任何一个 Excel 工作簿文件（扩展名为.xls），均能自动启动 Excel，同时打开此工作簿.

（2）用鼠标从“我的电脑”中将 Excel 应用程序拖到桌面上，然后从快捷菜单中选择“在当前位置创建快捷方式”，以后启动时只需双击“快捷方式”即可.

退出 Excel 也有多种途径，比较常见的方式有以下几种：

（1）双击左上角图标；

（2）单击“文件”→“退出”；

（3）点右上角“关闭”按钮.

一旦启动 Excel 后，会打开用户界面窗口，该窗口自上而下有标题栏、菜单栏、常用工具栏、格式工具栏、编辑栏、工作表区等，如图 1.5.1 所示，我们在此就不一一讲解了，读者只需多尝试，慢慢就会发现各个图标的功能，进而熟练掌握.

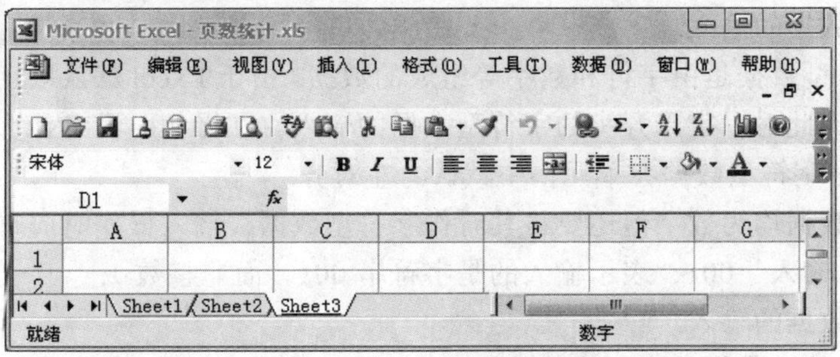

图 1.5.1 Excel 启动后界面

Excel 中的基本概念、术语有：工作簿、工作表、单元格及单元格位置等，下面我们将一一介绍.

（1）**工作簿**：在 Excel 中创建的文件叫做**工作簿**，工作簿是由一个或多个独立的工作表组成，工作表最多可有 255 个. 工作簿必须命名，如“2010 年统计 1 班统计学成绩”等，对于新建的工作簿，系统自动取名为“book1”，其扩展名为.xls. 当启动 Excel 时，系统就自动打开了工作簿，同时也打开了工作表.

（2）**工作表**：工作表就是常说的电子表格，当新建一个工作簿时，系统默认 3 个工作表：Sheet1、Sheet2、Sheet3，它们显示在工作簿窗口底部的标签栏中. 用户可以根据统计应用的需要，对各个工作表进行重新命名，也可以根据需要加入新的工作表并命名. 工作表是由许多横向和纵向的网格组成，横向的称为行，纵向的称为列，网格称为**单元格**.

（3）**单元格**：单元格是工作表的最小单位，由它所在的行号和列标所确定的坐标来标示和引用. 在标示或引用单元格时，列标在前，行号在后，如 A1 表示该单元格在第 A 列的第一行. 单元格可分为活动单元格和非活动单元格. 活动单元格是指用户当前正在使用的单元格. 该单元格会被一个黑色的方框框住，用户当前输入的数据将保存到活动单元格单元中. 某时刻只有一个单元格是活动单元格，其他单元格为非活动单元格.

（4）**行号**：工作表由 65536 行组成，每行用一个数字标示. 单击行号可选取整行单元格. 若用鼠标右键单击行号，则出现相应的快捷键，可对该行进行相应的设置及编辑. 注意，不同 Excel 版本的工作表行数可能不一样，本书给出的数字仅供参考，下同.

（5）**列标**：工作表由 256 列组成，每列分别用字母 A, B……AA, BB……来表示，单击列标可选取整列单元格. 若用鼠标右键单击列标，则出现相应的快捷键，可对该列进行相应的设置及编辑.

（6）**公式**：是对工作表数据进行运算的表达式，可以进行数学运算、比较工作表数据或合并文本等. 在公式中可以引用同一工作表中的其他单元格、同一工作簿的不同工作表的单元格、或不同工作簿的工作表的单元格. 输入公式时，公式前面要有“=”号 如果公式输入不正确，则 Excel 报错. 公式使工作表具备了“计算”能力，用户只需输入原始数据，进一步计算用公式，准确、快速又方便.

1.5.2 Excel 基本操作

1）不同类型数据输入

统计数据类型很多，Excel 对不同类型数据的输入操作存在一定的差别.

（1）字符型数据的输入.

Excel 的字符型数据是由字符和数字等组成的数据. 由于 Excel 默认以字符开头的数据均为字符型数据，因此对以字母开头的字符型数据的输入，在操作时没有什么特别的限制，直接输入数据即可. 字符型数据在单元格中默认为左对齐.

如果输入的数据均为数字但还要将其看作字符型数据，输入操作时应首先在数据内容前面添加’. 例如，输入’001，表示输入的是字符串 001，而非整数 1.

（2）数值型数据的输入.

Excel 中的数值型数据是由阿拉伯数字、+、–、( )、￥、%等组成的数据. 如果输入负数，应在数字前面添加一个负号；如果要输入百分数，只需先输入数字，再添加%.

（3）日期数据的输入.

Excel 中日期型数据通常由阿拉伯数字、斜杠(/)、连字符(-)组成，显示格式有多种. 如果要输入 2015 年 8 月 8 日，则操作时，既可输入 2015-8-8，也可输入 08/08/15.

（4）使用 Excel 的“填充”实现数据输入.

在工作表数据输入过程中，可能会遇到单元格内容按照某种规律变化的情况，这时可以通过填充功能帮助用户快捷地完成规律数据的输入工作.

如果在一行或一列中生成相同的数字，可采用如下操作：

第一步：向某单元格输入第一个数据.

第二步：鼠标指向此单元格填充句柄，此时鼠标变为+号.

第三步：按住鼠标左键不放，向下（也可以是向上、左或右）拖动.

一般填充操作步骤如下：

第一步：选择“编辑”→“填充”，假如选择子菜单“序列”命令，打开序列对话框，如图 1.5.2 所示.

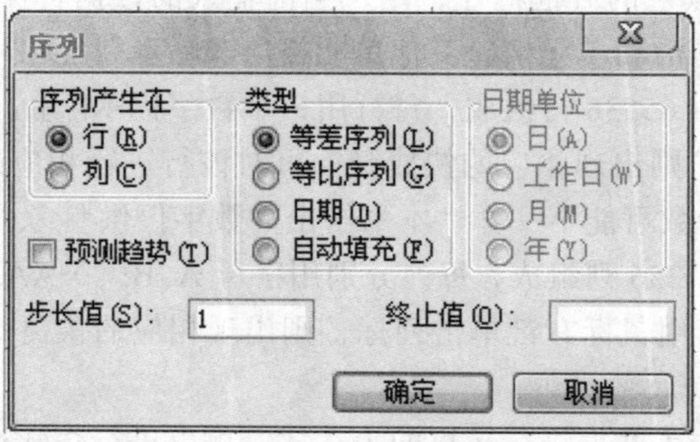

图 1.5.2　序列对话框窗口

第二步：在“序列产生在”区域中，选定是行向填充还是列向填充数据区域. 在“类型”区域中，选定要建立序列的类型. 最后单击“确定”按钮即可.

例 1.5.1 已知某次考试学生成绩数据录入在记事本中，如图 1.5.3（上）所示，请将记事本中数据转化为 Excel 电子表格文件，制成图 1.5.3（下）所示的数据表.

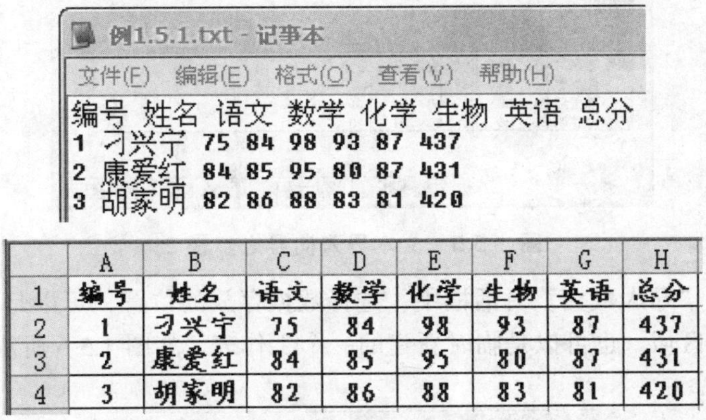

图 1.5.3 学生成绩原始数据（上）和制成数据表（下）

一般而言，可以直接在 Excel 中输入数据，但是对于已经存在的记事本等数据，Excel 提供了将结构化数据导入 Excel 工作表中的功能. 具体操作如下：

（1）新建一个空白的工作簿，使用“另存为”命令，选择保存为“Excel97-2003 工作簿”格式，以便兼容低版本，不建议直接保存为 2010 或者更高版本文件，如果对方计算机没有相应版本，会导致无法打开文件. 本书主要采用 Excel2003.

（2）在菜单栏选择“数据”→“导入外部数据”→“导入数据”，会出现“选择数据源”对话框. 选中希望导入的记事本文件“例 1.5.1.txt”，进入“文本导入向导”对话框，分为 3 步，如图 1.5.4 ~ 1.5.5 所示.

步骤之 3 的功能是对分离出来的各个数据列设置数据类型. 如果不在这个步骤设置，可以选择保留默认值，单击“完成”按钮.

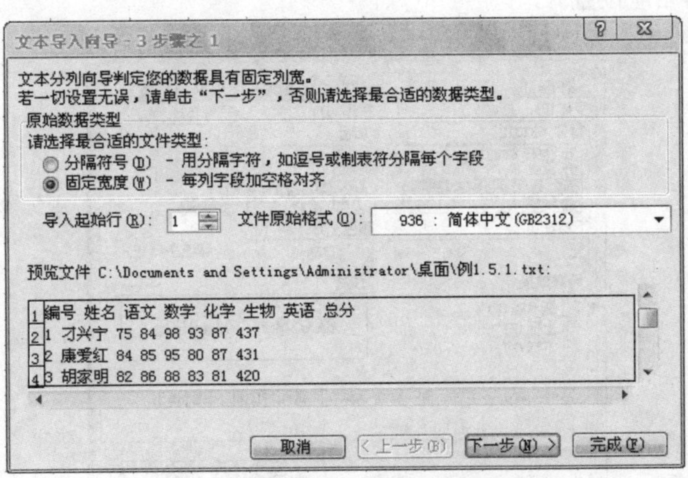

图 1.5.4 文本导入向导之步骤 1

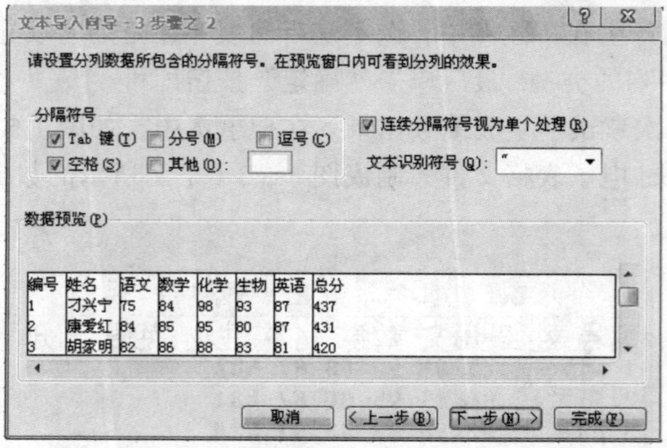

图 1.5.5　文本导入向导之步骤 2

（3）在弹出的“导入数据”对话框中，选择数据存放的位置，可以是当前工作表的某个单元格起始的一片区域，也可以是临时新建的一个工作表，如图 1.5.6 所示. 单击“确定”按钮，完成数据导入.

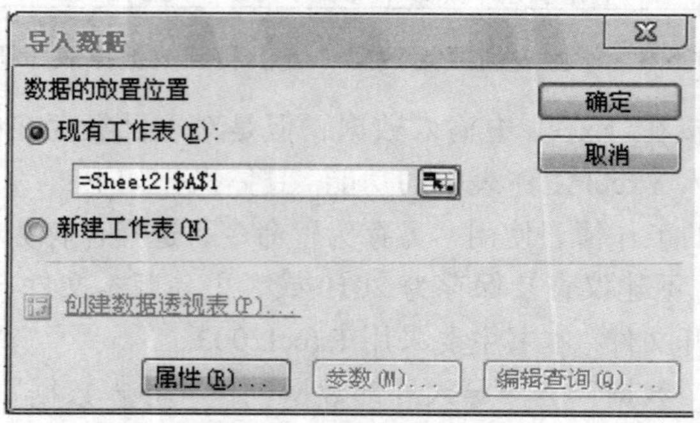

图 1.5.6　设置导入数据的位置

（4）要想形成一张清晰、美观、符合规范的工作表，必须对工作表进行修饰. 首先选中“目标区域”，选择菜单“格式”→“单元格”，打开“单元格格式”对话框，如图 1.5.7 所示，进行字体、边框等相应设置.

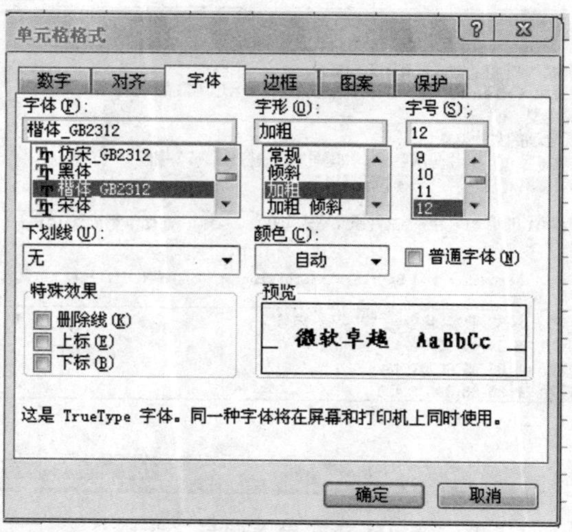

图 1.5.7　单元格格式对话框

格式刷可以快速设置格式，它使用很简单，只要点击一下格式刷，然后再选择要复制的格式，最后选择要修改的那个单元格，就可以批量修改了.

2）数据的基本编辑

（1）插入、删除字段（列或行）.

鼠标单击字段名（列号），选中一整列. 右击（或者选择“插入”→“列”），选择“插入”或“删除”命令. 对行的操作类似.

（2）查找和替换.

利用查找和替换功能，能帮助用户迅速在当前工作表或某块特定单元格区域中，找到希望查找的记录数据，从而进行其他处理.

选择“编辑”→“查找”命令，打开“查找和替换”对话框，如图 1.5.8 所示，做相应设置即可.

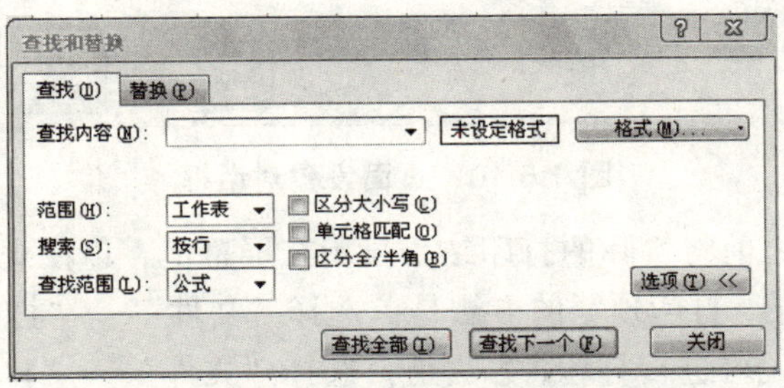

图 1.5.8 查找和替换对话框

（3）选定.

同时选择“单元格”“工作簿”时，可考虑“Ctrl”和“Shift”键，常会达到预期效果. 具体操作就是：按住“Ctrl”或“Shift”键，然后再单击目标，其中，按住“Shift”可以连续选几个目标，可以是整排或整列选取，而按住“Ctrl”可以间断选几个目标.

如果要确定目标的位置，可选择“编辑”→“定位”.

“右击”操作对象往往会产生需要的提示，从而达到预期效果.

（4）对工作表进行设置.

选择“工具”→“选项”命令，打开“选项”对话框，如图 1.5.9 所示，可对 Excel 工作表进行很多设置，读者可慢慢摸索. 利用可选择“保存”按钮，可设置“自动保存”间隔时间，以防止突然关闭 Excel 造成工作损失.

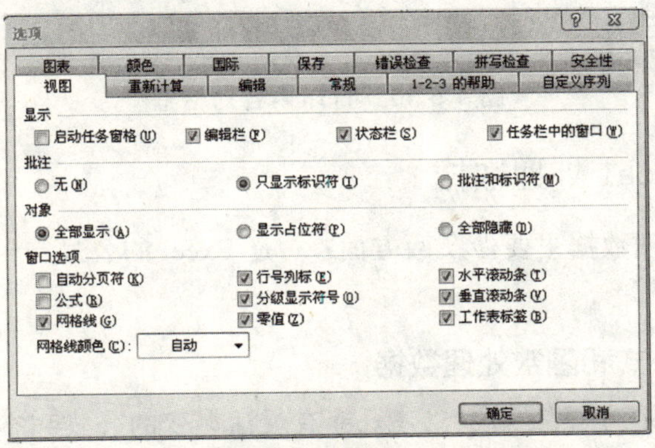

图 1.5.9 选项对话框

（5）打印输出.

在打印工作表之前，一般要对纸张进行设置. 其方法是：选择“文件”→“页面设置”命令，打开“页面设置”对话框，如图 1.5.10 所示.

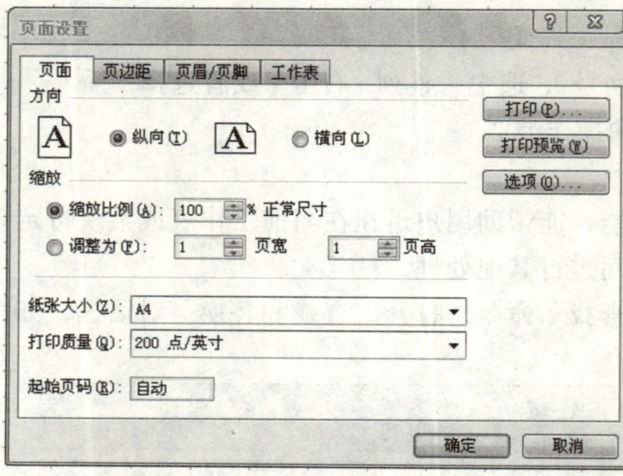

图 1.5.10　页面设置对话框

打印预览是在打印之前将实际的打印结果显示在屏幕上，以便观察实际的打印效果，达到节省时间和纸张的目的. 打印预览的方法是：选择“文件”→“打印预览”命令.

工作表设置完毕后就可进行打印. 方法是：选择“文件”→“打印”命令，打开“打印内容”对话框，如图 1.5.11 所示，做相应设置，单击“确定”按钮即可.

也可以单击工具栏上的“打印”按钮，直接打印输出.

图 1.5.11　打印内容对话框

1.5.3　使用 Excel 处理数据

我们使用 Excel 处理数据主要涉及两方面：一是 Excel 的公式与函数；二是 Excel 的数据分析工具.

1）使用 Excel 的公式和函数处理数据

公式和函数是 Excel 工作表的核心，Excel 有灵活多变的公式和丰富多彩的函数. 公式就像手工或计算器做运算那样工作，而函数只要输入相应的参数，就会自动地计算出所需要的函数值.

Excel 提供了很多内部函数进行数学、财务、统计等计算工作，基本格式为：

= SUM(A1:A6,C1:C6)

其中“SUM”是函数名称，它通过参数接收数据，参数要写在函数名字后面的括号内；“A1:A6”和“C1:C6”都是区域地址，两值之间需要用“,”分开. 每个函数要求有自己特定的参数类型，如数值、单元地址、文本或逻辑值等.

对大多数函数而言，我们很难也没有必要记住它的语法，可以使用“函数向导”完成函数的输入工作. 无论是在单元格内直接输入函数，还是在一个公式中包含的函数，都有两种方式用以导出“函数向导”：

（1）调用菜单“插入”→“函数”；

（2）单击“常用”工具栏的“ fx ”按钮.

进入函数向导后弹出“插入函数”对话框，如图 1.5.12 所示，“选择类别”栏告诉我们 Excel 将内部函数分为十三类.

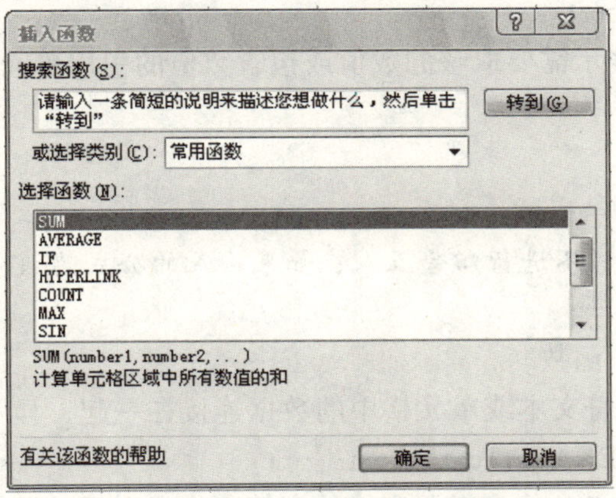

图 1.5.12 插入函数对话框

在“选择类别”中选择了要使用的函数类别后，“选择函数”栏中就列出了该类函数中所有具体的函数. 如果我们选中了“常用函数”中的“SUM”函数，单击“确定”按钮，可进入下一个对话框，如图 1.5.13 所示. 在该框内填入各参数所需的数据（可以是常量、单元格或区域引用、名称等多种形式），每个参数都给予一定的提示. 在对话框下方示出当前填入参数的计算结果.

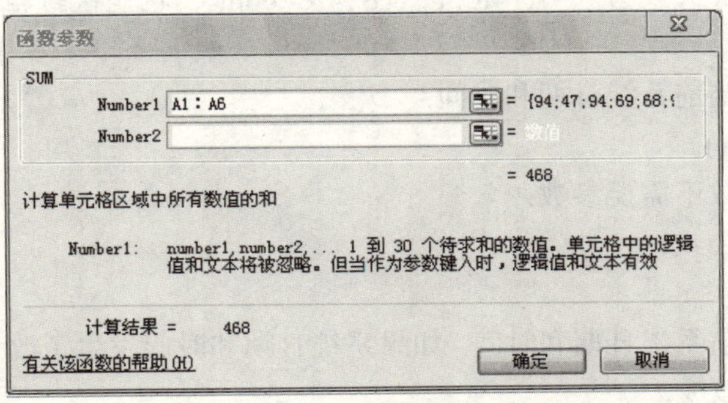

图 1.5.13 SUM 函数参数对话框

通过“函数向导”录入函数的最大优点是步步有提示，只要明确想做什么，不必考虑如何做. 下面介绍几个常见的函数供大家参考.

（1）ABS 函数.

主要功能：求出相应数字的绝对值.

使用格式：ABS(number)

参数说明：number 表示需要求绝对值的数值或引用的单元格.

应用举例：如果在 B2 单元格中输入公式：

=ABS(A2),

则在 A2 单元格中无论输入正数（如 100）还是负数（如 –100），B2 中均显示出正数（如 100）.

特别提醒：如果 number 参数不是数值，而是一些字符（如 A 等），则 B2 中返回错误值“#VALUE!”

（2）INT 函数.

主要功能：将数值向下取整为最接近的整数.

使用格式：INT(number)

参数说明：number 表示需要取整的数值或包含数值的引用单元格.

应用举例：输入公式：

=INT(60.36),

确认后显示出 60.

特别提醒：在取整时，不进行四舍五入；如果输入的公式为=INT(－60.36)，则返回结果为－61.

（3）CONCATENATE 函数.

主要功能：将多个字符文本或单元格中的数据连接在一起，显示在一个单元格中.

使用格式：CONCATENATE(Text1, Text……)

参数说明：Text1, Text2……为需要连接的字符文本或引用的单元格.

应用举例：在 C14 单元格中输入公式：

=CONCATENATE(A14,"@",B14,".com"),

确认后，即可将 A14 单元格中字符、@、B14 单元格中的字符和. com 连接成一个整体，显示在 C14 单元格中.

特别提醒：如果参数不是引用的单元格，且为文本格式的，请给参数加上英文状态下的双引号，如果将上述公式改为：=A14&"@"&B14&".com"，也能达到相同的目的.

（4）NOW 函数.

主要功能：给出当前系统日期和时间.

使用格式：NOW()

参数说明：该函数不需要参数.

应用举例：输入公式：

=NOW(),

确认后即刻显示出当前系统日期和时间. 如果系统日期和时间发生了改变，只要按一下 F9 功能键，即可让其随之改变.

特别提醒：显示出来的日期和时间格式，可以通过单元格格式进行重新设置.

(5) COUNTIF 函数.

主要功能：统计某个单元格区域中符合指定条件的单元格数目.

使用格式：COUNTIF(Range,Criteria)

参数说明：Range 表示要统计的单元格区域；Criteria 表示指定的条件表达式.

应用举例：在 C17 单元格中输入公式：

=COUNTIF(B1:B13,">=80"),

确认后，即可统计出 B1～B13 单元格区域中，数值大于等于 80 的单元格数目.

特别提醒：允许引用的单元格区域中有空白单元格出现.

(6) IF 函数.

主要功能：根据指定条件判断运算结果为 TURE 或 FALSE，返回不同的结果.

使用格式：IF(logical_test,value_if_true,value_if_false).

参数说明：

logical_test 为任意逻辑表达式或逻辑值，其计算结果为 TURE 或 FALSE；

value_if_true 是当 logical_test 为 TURE 时，返回 if 函数的值，例如，“优秀” 表示当逻辑表达式正确时显示“优秀”；

value_if_false 是当 logical_test 为 FALSE 时，返回 if 函数的值.

应用举例 在 B2 单元格中输入公式：

=IF(A2>=60,"及格","不及格")，确认以后，如果 A2 单元格中的数值大于或等于 60，则 B2 单元格显示“及格”字样，反之显示“不及格”字样.

=IF(A2>=80, "优秀",IF(A2>=60, "合格","不及格"))，确认以后，如果 A2 单元格中的数值大于或等于 80，则 B2 单元格显示“优秀”字样，如果小于 80 且大于等于 60，显示“及格”，反之显示“不及格”字样.

通过公式复制得到正确的运算结果时，需要注意区分绝对地址和相对地址的引用问题，它直接影响将公式复制时列标和行号是否跟着变化.

① 相对引用时，公式复制中列标和行号跟着变化.

② 绝对引用时，公式复制中添加了$符号的列或者行固定不变. 绝对引用符号“$”即可添加在行号前，也可添加在列号前. 下面举例介绍三种情况.

第一，$A$1：固定 A1 单元格，特指该单元格，公式复制中行、列号均不发生变化.

第二，$A1：固定 A 列，公式复制中行号会发生变化.

第三，A$1：固定 A 行，公式复制中列号会发生变化.

因此，在实际运用中，必须区分究竟是需要行、列中哪个因素固定和变动.

③ 由于可能同时操作多个工作簿，工作簿同时是由多张工作表组成的，为了区分不同工作表中的单元格，还会用到三维地址. 三维地址的形式通常是在单元格前面加上工作表的名称和感叹号. 例如，“[book2]Sheet3!A6” 表示该单元格是工作簿 book2 的 Sheet3 工作表中的 A6 单元格.

2）使用 Excel 的数据分析工具处理数据

数据分析工具实际上是一个外部宏（程序）模块，它提供了很多专门用于数据分析的实用工具. 在进行数据分析前，打开“工具”菜单，查看一下此菜单上有没有“数据分析”命令. 如果没有，表明数据分析工具库尚未安装到正在运行的 Excel 中，这时需要选择菜单“工具”→“加载宏”，打开“加载宏”对话框，从其中的宏表中选定“分析工具库”和“分析工具库 - VBA 函数”宏. 安装了数据分析工具库后，每次启动 Excel 时，“分析工具库”宏就被自动加载.

调用“数据分析工具”的操作如下:

（1）选择菜单“工具”→“数据分析”，打开对话框，如图 1.5.14 所示.

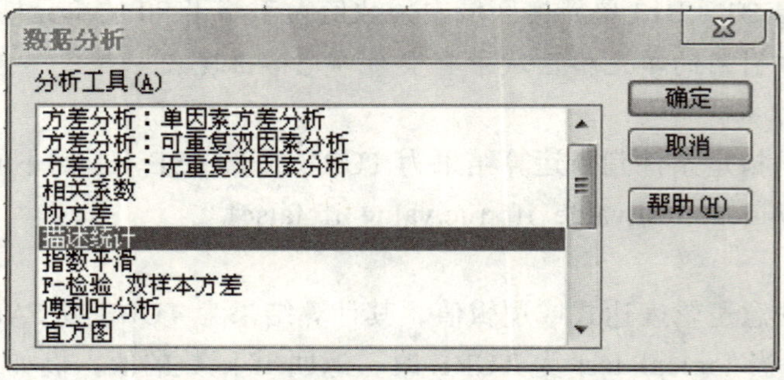

图 1.5.14　数据分析对话框

（2）从“数据分析”对话框中分析工具列表中选择一种工具，打开相应的分析工具对话框. 如，选择“描述统计”工具，打开描述统计工具对话框.

（3）按分析工具对话框的提示，将数据范围键入对话框，并设置各选项，然后单击“确定”按钮.

学习软件的关键在于操作、摸索、练习、总结，碰到不会的，可以利用搜索引擎解决.

人生思考：一个人不可能学会所有知识，总会遇到未知问题，这时我们该怎么办？如果身边有此方面的专家，询问专家是非常好的策略，但很多时候，身边既无专家，也无图书可以查询，这时怎么办呢？现在，计算机网络很发达，因此我们可以利用互联网，运用搜索引擎查出正确处理办法. 遗憾的是，对于专业问题，互联网是搜索不出有参考价值的答案，但对于一般问题，互联网完全可以解决.

搜索引擎是指根据一定的策略，运用特定的计算机程序从互联网上搜集信息，在对信息进行组织和处理后，为用户提供检索服务，将用户检索相关的信息展示给用户的系统. 搜索引擎包括全文索引、目录索引、元搜索引擎、垂直搜索引擎、集合式搜索引擎、门户搜索引擎与免费链接列表等. 百度和谷歌等是搜索引擎的代表.

习题 1

1. 借助搜索引擎和亲身经历，举例说明统计在日常生活中的用处. 依据自身情况，你会选择使用哪个统计软件？

2. 什么是统计学？怎样理解统计学与统计数据之间的关系？

3. 数据的计量尺度分为哪几种？不同计量尺度有什么优缺点？

4. 统计数据分为哪几类？不同类型的数据各有什么特点？

5. 变量可以分为哪几类？举例说明离散变量和连续变量.

6. 某研究部门准备抽取 2 000 个职工家庭推断该城市所有职工家庭的年人均收入.

要求：(1) 描述总体和样本；(2) 指出参数和统计量.

7. 为了了解某大学统计专业本科毕业生的就业情况，我们调查了某大学 40 名 2010 年毕业的统计专业本科生实习期后的月薪情况. (1) 什么是总体？(2) 什么是样本？(3) 样本量是多少？

8. 一项研究表明，消费者每月在网上购物的平均花费为 300 元，他们选择网上购物的主要原因是“价格便宜”. 回答以下问题：

(1) 这一研究的总体是什么？涉及的是截面数据还是时间序列数据？

(2)“消费者在网上购物的原因”是分类变量、顺序变量还是数值型变量？

(3) 研究者所关心的参数是什么？

(4)“消费者每月在网上购物的平均花费为 300 元”是参数，还是统计量？

(5) 研究者所使用的主要是描述统计方法还是推断统计方法？

第 2 章　数据的收集

统计数据是利用统计方法进行分析的基础，离开了统计数据，统计方法就成了“无米之炊”，就没有了用武之地. **统计数据收集**就是根据统计研究的需要，运用各种统计数据收集的方式和方法，获取统计数据的统计工作过程. 它在统计工作的整个过程中，担负着提供基础资料的任务，所有的统计计算和统计研究都是在其基础上建立起来的. 因此，统计数据收集是统计工作的基础环节，是统计分析的前提. 只有做好统计数据收集工作，才能保证下一步统计工作的顺利进行，从而达到对客观事物规律性的认识，预测未来的目的. 另外，统计数据还是制定政策的依据，并据此检查和监督政策的贯彻执行情况.

但是，我们怎样才能取得高质量的所需数据呢？这就是本章要解决的问题，包括统计数据的收集方法、调查方案的设计以及对统计数据的质量要求等.

2.1　数据的来源

从数据来源看，统计数据最初都来源于**直接调查或科学实验**，但从使用者角度看，统计数据来源主要有两个渠道：一是来源于直接调查或科学实验，称为**第一手或直接的统计数据**；二是来源于别人调查或科学实验的数据，称为**第二手或间接的统计数据**. 本节从使用者角度讲述统计数据的收集方法.

2.1.1　统计数据的间接来源

对大多数人而言，亲自去调查或实验往往是不可能的，也是不必要的，所用数据大多是别人调查或科学实验得到的数据，这些数据对使用者而言称为**二手数据**. 二手数据主要是公开出版或公开报道的数据，当然，也有些是尚未公开出版的数据. 常见的二手数据有：由国家和地方的统计部门以及各种报刊媒介提供的社会经济统计数据，如公开出版的《中国统计年鉴》、《中国统计摘要》、各省、市、地区的统计年鉴等，如《天水统计年鉴》；各类专业期刊、报纸、图书所提供的文献资料；各种会议，如博览会、展销会、交易会以及专业性、学术性研讨会上交流的有关资料；尚未公开出版的合作单位的实验数据，等等.

目前，计算机网络快速发展，我们也可以从网络上获取所需的各种数据资料. 但是网络数据的质量参差不齐，我们一定慎重甄别.

根据二手数据的来源 ，可将其分为内部二手数据和外部二手数据.

（1）**内部二手数据**是指来自于人们正为之进行市场研究的企业或组织内部的数据，如果它们是以其他一些目的而收集的(即最初不是为解决现在的问题而收集),就是内部二手数据. 内部二手数据可分为直接可用的数据和需要进一步整理才能使用的数据，主要是指来自为之进行市场调研的部门内部的资料，内部二手数据包括会计账目、销售记录和其他各类报告等.

（2）**外部二手数据**是指从公司外部获得的二手数据. 外部二手数据可以有多种不同的分

类方法，这里将其分成三个来源：由政府数据和普通商业数据所组成的公开资料、计算机数据库和辛迪加数据.

辛迪加数据指的是一种具有高度专业化，从一般数据库中所获得的外部次级资料，信息供应商把信息卖给多个信息需要者，这样使得每一个需要者获得信息的成本更为合理. 辛迪加数据的优点就是可以分摊信息的成本，且信息需要者可以非常快地获得所需的信息，原因在于信息供应商总在不间断地收集有关的营销信息. 辛迪加数据的主要应用在于：测量消费者态度以及进行民意调查，确定不同的细分市场，进行长期的市场跟踪.

对二手数据的收集和处理是有严格要求的，最基本的要求是：真实性、及时性、同质性、完整性、经济性和针对性. 收集步骤主要分为：

（1）确定希望知道主题的哪些内容及已经知道的内容.

（2）列出关键术语和姓名.

（3）通过一些图书馆信息源来开始搜寻.

（4）对已找到的文献进行编辑和评价.

（5）如果资料收集者对所发现的信息感到不满意或者有困难，而且图书管理员也不能确定合适的信息源时，可请教权威人士.

二手数据是相对于原始数据而言的，是指那些并非为正在进行的研究而是为其他目的已经收集好的统计资料. 与原始数据相比，这种二手资料的搜集比较容易，采集数据的成本低，并且能很快得到，从开始到结束可能要几个月、几周或更短的时间. 简单地说，就是省时、省力和省钱. 因此，搜集二手资料是研究者首先考虑并采用的，分析也应该先从二手资料开始. 但是二手资料也有很大的局限性，因为二手资料并不是为你特定的研究问题而产生的，所以对于你的研究问题可能有欠缺，比如资料相关性不够，计算口径不一致，数据不准确、过时，可靠性低等. 因此，对二手资料进行评估是必要的，要注意统计数据的含义、计算口径和计算方法，避免滥用、误用.

同时，在引用二手数据时，一定要注明数据来源，以尊重别人的劳动成果.

2.1.2 统计数据的直接来源

统计数据的直接来源主要有两个渠道：一是调查或观察，二是实验.

（1）**调查**是为了了解情况而进行考察，其中，**统计调查**是根据调查的目的与要求，运用科学的调查方法，有计划、有组织地搜集数据信息资料的统计工作过程. 如统计部门进行的统计调查，其他部门和机构为了特定的目的而进行的某种调查（如市场调查）. 调查通常是对社会现象而言的，例如，经济学家通过搜集经济现象的数据来分析经济形势、某种经济现象的发展趋势以及经济现象之间的联系和影响. 社会学家通过搜集有关人的数据以了解人类行为.

（2）**实验**是科学研究的基本方法之一，也是取得自然科学数据的主要手段. 例如，医学家通过实验验证新药的疗效，农学家通过实验了解水分、温度、品种对产量的影响. 实验数据是指在实验中控制实验对象而搜集到的变量的数据. 例如，对在一起饲养的一群同质小鸡，分别喂养不同的饲料以检验不同饲料对小鸡增重的影响. 实验也是检验变量间因果关系的一种方法. 在实验中，研究人员要控制某一情形的所有相关方面，操纵少数感兴趣的变量，然后观察实验结果. **市场实验调查法**是指市场实验者有目的、有意识地通过改变或控制一个或几个市场影响因素的实践活动，来观察市场现象在这些因素影响下的变动情况，认识市场现象的本质和发展变化规律.

实验法的基本逻辑是：有意识地改变某个变量的情况（不妨设为 A），然后看另一个变量变化的情况（不妨设为 B）. 如果 B 随着 A 的变化而变化，就说明 A 对 B 是有影响的. 为此，需要将研究对象分为两组：实验组和对照组. **实验组**是指随机抽选实验对象的子集，在这个子集中，每个单位接受某种特别的处理，即加入研究因素的对象组，或者自然状态下对研究因素进行实验处理的对象组，而在**对照组**，每个单位不接受实验组成员所接受的某种特别处理，即不加入任何研究因素的对象组，或者自然状态下不对研究因素做任何实验处理的对象组.

在对照实验中，主要采用以下几种对照方法：

（1）**自身对照**，指实验与对照在同一对象身上进行，不另设对照组. 自身对照实验，方法简便，判断的标准就是：实验处理前的对象状况为对照组，实验处理后的对象变化则为实验组.

例如，在“探究鱼鳍在游泳中的作用”实验中，不管是将鱼鳍剪掉，还是固定住，都是将鱼的前后泳姿作对比，通过比对得出各种鳍的作用. 处理前（正常状态）是对照组，处理后（加入研究目的的非正常状态）为实验组.

（2）**空白对照**. 实验中最经常遇到、最麻烦的就是这类对照方法. 在对照实验中，采用的方法大部分都是空白对照.

例如，“植物生长需要哪些无机盐”的实验，是探究缺氮、缺磷、缺钾情况下生长的植物叶片状况. 分别将对象组除去研究的因素——氮、磷、钾，这和常态相比是经过处理的，因此它们是实验组，而没有经过任何处理的对象组是对照组. 研究的因素是氮、磷、钾.

（3）**条件对照**，指虽然给对象施以某种实验处理，但这种处理不是针对实验假设所给定的实验变量，而是作为一种相反意义的对照，使得实验结果更具说服力.

例如，“动物激素饲喂小动物”实验，其实验设计方案是：

甲组：不饲喂药剂（空白对照组）.

乙组：饲喂甲状腺激素（实验组）.

丙组：饲喂甲状腺抑制剂（条件对照组）.

虽然二手数据具有搜集方便、成本低等优点，但一手数据也具有自身的优点，同时可以克服二手数据的缺点：

（1）一手数据针对性强，可以回答二手数据不能回答的具体问题，特别是以前从没研究过的新问题.

（2）一手数据更加及时和可信.

（3）一手数据是自己单位收集的，是属于自己的，便于保密.

总评：一手数据和二手数据各有自己的优缺点，研究者应扬长避短，根据实际情况选择适合自己的数据. 记住，适合自己的才是最好的.

2.2　统计调查

统计调查是按照预定的目的要求和统计任务，运用科学的方法，有组织、有计划地从客观实际中搜集数据资料的过程. 本节主要介绍统计调查的意义、种类和方式.

2.2.1 统计调查的意义、基本要求

统计调查在整个统计工作中具有重要的地位. 从统计工作的全过程看，统计调查处于基础阶段，是统计数据收集的直接来源，也是直接获得统计数据的重要手段，又是开展统计整理和统计分析的基础环节. 准确的统计资料是制定正确的方针政策和正确检验方针政策执行情况的依据，是编制和检验计划的正确基础. 如果统计调查做不好，搜集的资料就可能残缺或错误，必然给各项工作带来不良影响，甚至造成严重后果. 任何组织和个人所提供的统计资料都应实事求是，不应弄虚作假、虚报、瞒报，不允许伪造和篡改.

统计调查的基本任务是取得反映社会经济现象总体全部或部分单位、以数据资料为主体的信息，它的基本要求是准确性、时效性和完整性.

（1）统计资料的**准确性**就是如实地反映客观实际. 统计数据的准确性是一个国家统计机构的“生命”也是整个统计工作的“生命”. 数据是否准确，不仅影响到一个国家统计机构的形象，而且对以此数据为决策依据的后果起着至关重要的作用. 统计工作者应当本着对本职工作高度负责的精神，进行全过程的、全员参加的、以预防为主的统计数据质量控制. 要加强对统计人员的职业道德和专业水平培训以及加大统计执法力度等，以保证源头数据的准确性，使我们的统计工作更好地为现代社会经济服务.

（2）统计资料的**时效性**就是在统计调查规定的时间内尽快地提供规定的调查资料，以满足研究问题的需要. 资料一旦丧失了时效性就会丧失其应有的作用.

（3）统计资料的**完整性**就是无论是全面调查还是非全面调查，都应按调查方案的要求，尽可能全面地搜集反映事物发展过程中各方面的情况和问题，并使资料搜集全.

统计调查的三项基本要求是相互结合的，力求做到：“**准中求快，快中求准，数据完整**”. 为保证统计数据的基本要求，统计法应从哪几方面做出规定？

（1）明确要求统计调查对象要依法申报统计资料. 统计调查对象依法申报统计资料是统计机构、统计人员准确、及时、全面获得统计资料的前提.

（2）明确要求统计机构、统计人员要准确及时完成统计工作任务，保证数据质量. 对于领导人强令或者授意篡改统计资料或者编造虚假数据的行为，统计机构、统计人员应当拒绝、抵制，依法如实报送统计资料，并对所报送的统计资料的真实性负责. 事实上，很多统计人员顶不住上级压力导致数据造假，关键要限制领导的权利，制衡领导，让领导在制度上不可以乱搞，即主要政府官员应该由全体有判断能力的公民产生，而不是任命或部分人民从不认识的“代表”产生.

（3）赋予统计机构、统计人员一定的职权，以保证统计资料的提供能够准确、及时.

（4）明确要求统计人员应当坚持实事求是，恪守职业道德，具备执行统计业务所需要的专业知识.

2.2.2 统计调查的种类

统计调查的种类从不同的角度有着不同的区分方法. 读者也许会注意，有些分类方法并不严谨，可能相互包含，但这并不妨碍我们对其理解.

1）统计调查按组织形式，可分为统计报表和专门调查

（1）**统计报表**是国家统计系统和专业部门为了定期取得系统、全面的统计资料而采用的

一种搜集方式，目的在于掌握经常变动的、对国民经济有重大意义的指标的统计资料. 统计报表是由政府主管部门根据统计法规，以统计表格形式和行政手段自上而下布置，而后由企、事业单位自下而上层层汇总上报、逐级提供基本统计数据的一种调查方式. 统计报表要以一定的原始数据为基础，按照统一的表式、统一的指标、统一的报送时间和报送程序进行填报.

统计报表具有以下三个显著优点.

第一，**来源可靠**：它是根据国民经济和社会发展宏观管理的需要而周密设计的统计信息系统，从基层单位日常业务的原始记录和台账（即原始记录分门别类的系统积累和总结）到包含一系列登记项目和指标，都可以力求规范和完善，使调查资料具有可靠的基础，保证资料的统一性，便于在全国范围内汇总、综合.

第二，**回收率高**：它是依靠行政手段执行的报表制度，要求严格按照规定的时间和程序上报，因此，几乎具有 100% 的回收率；而且填报的项目和指标具有相对的稳定性，可以完整地积累形成时间序列资料，便于进行历史对比和社会经济发展变化规律的系统分析.

第三，**方式灵活**：它既可以越级汇总，也可以层层上报、逐级汇总，以便满足各级管理部门对主管系统和区域统计资料的需要.

（2）**专门调查**是为了了解和研究某种情况或问题而专门组织的统计调查，包括抽样调查、普查、重点调查和典型调查等几种调查方法.

2）统计调查按研究总体的范围，可分为全面调查和非全面调查

（1）**全面调查**是对构成调查对象的所有单位进行逐一的、无一遗漏的调查，包括全面统计报表和普查. 这种方法在以前的计划经济时期广泛使用，现在随着社会主义市场经济的发展，社会呈现多元化，已经不太适应当前的形势，只是作为一种补充性的统计调查方法. 目前主要是在各类规模以上的企业调查中运用.

全面调查的调查对象范围广，单位多，内容比较全面，但一般需要耗费大量的人力、物力和时间，因此调查内容不宜太多，一般应限于必须掌握的、能够为编制与检查国民经济和社会发展计划所必需的全社会的基本情况的指标. 应逐步改变一切都要依靠全面统计报表搜集资料的习惯，尽量采用一些非全面调查的方法.

全面调查的缺点有：

第一，全面调查只能反映事物的一般状况，不利于对事物做深入细致的调查和研究；

第二，全面调查需调查总体全部单位，涉及面广，所需要的人力、物力、时间都较多，组织起来也较困难；

第三，全面调查不够灵活；

第四，全面调查的局限性，有些只适合非全面调查.

（2）**非全面调查**是对调查对象中的一部分单位进行调查，包括非全面统计报表、抽样调查、重点调查和典型调查.

3）统计调查按调查登记的时间是否连续，分为连续调查和非连续调查

（1）**连续调查**是指对研究对象的变化进行连续不断的登记. 如工业企业总产值、产品产量、原材料消耗量等，在观察期内连续登记. 连续调查所得资料是现象在一段时间内的总量.

（2）**不连续调查**是指间隔一段相当长的时间对研究对象某一时刻的资料进行登记. 如人口数、机器设备台数等资料短期内变化不大，没有必要连续登记资料. 不连续调查所得资料

体现现象在某一瞬间所具有的水平.

4）统计调查按搜集资料的方法主要分为观察与实验、询问调查

（1）**观察与实验**是调查者通过直接的调查或实验以获得数据的一种方式.

① **观察法**是指研究者根据一定的研究目的、研究提纲或观察表，用自己的感官和辅助工具去直接观察被研究对象，从而获得资料的一种方法. 科学的观察具有目的性、计划性、系统性和可重复性. 观察法由于调查人员不是强行介入，受访者无需任何反应，因而常常能够在被观测者不察觉的情况下获得信息资料.

② **实验法**是研究者有意改变或设计的社会过程中了解研究对象的外显行为. 实验法的依据是自然和社会中现象和现象之间相当普遍存在着的一种相关关系——因果关系. 室内实验法可用于广告认知的实验等，比如，就在同一天的同一种报纸上，版面大小和位置相同，分别刊登 A、B 两种广告，然后将其散发给各位读者，以测定其反应. 市场实验法可用于消费者需求调查等，比如，新产品的市场实验，企业对一种新产品，让消费者免费使用，以得到消费者对新产品看法的资料.

（2）**询问调查法**是调查人员以询问为手段，从调查对象的回答中获得信息资料的一种方法. 它是市场调查中最常用的方法之一. 询问调查法在实际应用中，按传递询问内容的方式以及调查者与被调查者接触的方式不同，可分为访问调查、问卷调查、座谈会、个别深访等.

① **访问调查**是通过指派调查员对被调查者询问、采访，提出所要了解的问题，借以搜集资料.

访问调查的优点主要有：

第一，访问程序是标准化和具体的.

第二，访问具有较好的灵活性. 由于调查者和被调查者双方面对面交流、交谈的主题可以突破时间限制，同时对于一些新发现的问题，尤其是那些争议较大的问题，调查者可以采取灵活委婉的方式，迂回提问，逐层深入.

第三，可以在访问过程中使用图解材料，直观明了.

第四，调查资料的质量较好. 在访问过程中由于调查者在场，因而既可以对访问的环境和被调查者的表情、态度进行观察，又可以对被调查者回答问题的质量加以控制，从而使得调查资料的准确性和真实性大大提高.

访问调查的缺点主要有：

第一，每次访谈的成本是所有调查法中最高的，其成本主要包括调查者的培训费、交通费、工资以及问卷及调查提纲的制作费等.

第二，对调查者的要求较高. 调查结果的质量在很大程度上取决于调查者本人的访问技巧和应变能力.

第三，匿名性差. 因而对一些敏感性问题，往往难以用个人访问收集资料.

第四，访问调查周期较长. 因而在大规模市场调查中，这种收集方式较少见.

第五，拒访率较高，为 5%～30%.

② **问卷调查**：假定研究者已经确定所要问的问题，并以问卷形式提问，编制成书面的问题表格，交由调查对象填写，然后收回整理分析，从而得出结论. 问卷调查的运用关键在于编制问卷，选择被试对象和结果分析. 问卷调查是社会调查常用的一种数据收集手段，当一

个研究者想通过社会调查来研究一个现象时（比如什么因素影响顾客满意度），他可以用问卷调查收集数据.

问卷调查根据载体的不同可分为纸质问卷调查和网络问卷调查. **纸质问卷调查**就是传统的问卷调查，调查公司通过雇佣工人来分发这些纸质问卷，以回收答卷. 这种形式的问卷存在一些缺点，分析与统计结果比较麻烦，成本比较高. 另一种是**网络问卷调查**. 就是用户依靠一些在线调查问卷网站，这些网站提供设计问卷，发放问卷，分析结果等一系列服务. 这种方式的优点是无地域限制，成本相对低廉，缺点是答卷质量无法保证. 目前，国外的调查网站 surveymonkey 提供了这种方式，而国内的问卷网、问卷星、调查派也提供了这种方式. **电话调查**指的是调查者按照统一问卷，通过电话向被访者提问，笔录答案. 电话调查速度快，范围广，费用低，回答率高，误差小；在电话中回答问题一般较坦率，适用于不习惯面谈的人，但电话调查时间短，答案简单，难以深入，受电话设备的限制. 特别注意，电话调查的问题数量不宜过多.

③ **座谈会**是由训练有素的主持人以非结构化的自然方式对一小群调查对象进行的访谈. 主持人引导讨论，主要目的是从适当的目标市场中抽取一群人，通过听取他们谈论研究人员所感兴趣的话题来得到观点. 这一方法的价值在于自由的小组讨论经常可以得到意想不到的发现，是最重要的定性研究方法. 这种方法很常用，国内著名的定性研究机构包括思纬市场研究、新力市场研究等.

作为小组座谈会的核心，主持人的作用特别重要. 一个优秀的座谈会主持人可以点石成金，一个素质不够高的主持人会把座谈会变成聊天会. 小组座谈会主持人的三大必备基本素质如下：

第一，互动亲和能力：在小组座谈会中，一群相互之间完全陌生的人集中到一起，而且要畅所欲言，这是有相当难度的. 因此首要的工作就是要建立大家之间的信任感，特别是要建立主持人与参会人员之间的信任感. 这就要求主持人一定是一个热情的人，是一个让大家一见就感到信赖和亲切的人，是一个有着高度亲和力的人. 只有具有了合作意向，才会使大家结合在一起共同合作，才能更好地达成会议目标. 座谈会要让每个与会者都能真实地表达自己的意思，特别是遇到一些可能触及到个人价值观或判断能力的话题，小组成员往往有顾虑，或者看别人的眼色随波逐流随声附和. 最好的办法莫过于让大家进入一种忘我的境界，全心全意地投入到讨论当中，这时候，人们更多的是感性的人们，而不是一个说话要斟酌再三的“理性”的人. 对于主持人来说，就是要很快进入会议主持状态，让小组成员放下思想包袱，在无论对错、没有水平高低的担忧下充分讨论.

第二，会议过程控制能力：首先是语速控制，语言要中速，不快不慢，既不能让大家感到压抑，又不能让大家听不清楚. 其次要能够控制与会人员的谈话脉络，保证会议正常地按照既定主题发展. 如果有人跑题了、拖堂了，能够顺着发言者的意思很轻松地牵到下一个主题，而不是突兀的打断. 这个要靠平时知识的积累和修养的养成. 再次是时间进度管理，要在规定的时间内完成既定访谈任务，会前的提纲准备需将会议的主题划分为几个相关的步骤，有一条时间线；现场将每个小组成员的发言控制在合理的水平，既表达充分，又不啰嗦. 如果发现时间控制方面出现了问题，应该及时调整话题方向和过程，加快节奏，不能仓促结束；如果需要，可以再适当地延长访谈时间.

第三，提问和倾听能力：主持人的提问能力很重要. 如果没有好的提问技巧，不能就事论事，步步为营，深入挖掘，而是照本宣科，所获得的访谈成果一定是表面和肤浅的. 所以，合格的主持人应该掌握基本的提问技巧，懂得借助专业知识和恰当的问题挖掘出问题的本质和核心. 倾听能力对于座谈会主持人来讲也是非常重要的，要能认真地倾听发言者的真实意思表达，包括表面意思和隐性意思，在充分理解的基础上展开下一步的讨论. 也要能够识别小组成员的非语言行为，更好地理解每个成员的真实意见和态度.

④ **个别深访** 深度访问是一种一次只有一名受访者参加的特殊定性研究. 它是一种无结构的个人访问，调查人员运用大量的追问技巧，尽可能让受访者自由发挥，表达他的想法和感受. 这一方法最宜用于研究隐蔽的问题，如个人隐私问题，或敏感问题，如政治性问题. 对于一些因人的不同造成的观点差异大的问题，用小组讨论只能把问题搞糟，这时就可采用深度访问法.

（3）**凭证调查**是以各种原始和核算凭证为调查资料来源，依照统一的表格形式和要求，按照隶属关系，逐级向有关部门提供资料的方法.

5）根据调查工作时间周期的长短，分为经常性调查和一次性调查

（1）**经常性调查**是指结合日常登记和核实资料，通过定期报表而进行的一种经常的，连续不断的调查. 这种调查不必专门组织调查机构，而是利用原有的机构和力量，通过层层上报和汇总资料取得全面资料. 经常性调查在我国的适用范围非常广，大至全国，各省市、地区，小至一个部门、一个行业、一个单位，凡有经常登记、记录的地方，都可以用经常性调查方式调查. 调查的内容也很丰富，如职工人数、工资总额、婚育状况，乃至产品产量、原材料消耗、资金周转、能源消耗等都可以用经常性调查方式取得资料. 利用报表进行经常性调查的优点在于便于积累资料，同时只需利用原有机构的人力、物力，节省了额外开支. 但它也有局限性：一是统计报表只提供最基本的数字资料，反映社会经济生活的概貌，不能提供多彩多样的实际情况；二是有时由于对调查项目的理解和要求不一致，易被调查单位错误理解，产生登记性错误；三是表格形式相对固定，较难适应新情况；四是需要有一支经过训练的基层统计工作人员队伍，才能保证经常调查的顺利进行.

（2）**一次性调查**是间隔一定时间而进行的调查，一般间隔时间相当长，如一年以上，它是对事物在一定时点上的状态进行的登记，如工业普查、设备普查等. 一次性调查的主要目的在于获得事物在某一时间点上的水平、状态的资料，例如人口普查.

2.2.3 抽样调查与普查

统计调查是取得社会经济数据的主要来源，也是获得直接数据的主要手段. 实际中常用的统计调查方式主要有抽样调查和普查.

1）抽样调查

抽样调查是根据随机原则从总体中抽取部分实际数据进行调查，并运用概率估计方法，根据样本数据推算总体相应的数量指标的一种统计分析方法. 由于抽样调查是从研究对象的总体中抽取一部分单位作为样本进行的调查，并据此推断有关总体的数字特征，所以它具有以下特点：

（1）经济性好. 由于抽样调查的样本单位通常是总体单位中的很小一部分，调查的工作量小，可以节省人力、物力、财力和时间，调查费用低.

（2）时效性强. 抽样调查可以迅速、及时地获得所需要的信息. 由于工作量小，调查的准备时间、调查时间、数据处理时间都可以大大缩减，从而提高数据的时效性. 与全面调查相比，抽样调查可以频繁地进行，随着事物的发展及时取得有关信息，以弥补普查等全面调查的不足. 比如，在两次人口普查之间各年份的人口数据都是通过抽样调查得到的.

（3）适应面广. 抽样调查可以调查全面调查能够调查的现象，也能调查全面调查不能调查的现象，特别适合对一些特殊现象的调查，如产品质量检验、医药的临床实验等.

（4）准确性高. 因为抽样调查工作量小，可以使得各个环节的工作做得更细致，误差往往也小. 当然，用样本推断总体，不可避免地会有推断误差，但这种误差的大小是可以计算和控制的.

抽样调查的方式很多，主要分为概率抽样和非概率抽样.

（1）**概率抽样**.

概率抽样，又称**随机抽样**，以概率理论和随机原则为依据来抽取样本，总体中的每一个单位都有一个事先已知的非零概率选入样本. 它具有以下几个特点：

第一，抽样是按照一定的概率以随机原则抽取样本. 所谓的**随机原则**就是在抽取样本时排除主观上有意识地抽取调查单位，使得每一个样本都有一定的概率被抽中.

注意：随机不等于随便，随机有着严格的科学含义，可以用概率来描述，而随便有人为的主观因素.

第二，每个抽样单位被抽中的概率是已知的，或是可以计算出来的.

第三，当用样本对总体目标进行估计时，要考虑到每个样本单位被抽中的概率. 就是说，估计量不仅与样本单位的观测值有关，也与其入样概率有关.

注意，概率抽样不等于等概率抽样，概率抽样是指总体中的每个单位都有一定的非零概率被抽中，单位之间被抽中的概率可以相等，也可以不等. 若为前者，称为等概率抽样；若是后者，称为不等概率抽样. 进行概率抽样，需要抽样框，抽样框通常包括所有总体单位的信息，如企业名录（抽选企业）、学生名册（抽选学生）等. 抽样框的作用不仅在于提供备选单位的名单以供抽选，它还是计算各个单位入样概率的依据.

在调查实践中，常用的概率抽样有以下几种.

① **简单随机抽样**：又称**等概率抽样**，具体方法有直接抽选法、抽签法和随机数法. 这是一种最简单的一步抽样法，它是从总体中选择出抽样单位，从总体中抽取的每个可能样本均有同等被抽中的概率，样本的每个单位完全独立，彼此间无一定的关联性和排斥性. 抽样时，处于抽样总体中的抽样单位被编排成$1\sim n$编码，然后利用随机数确定处于$1\sim n$的随机数,那些在总体中与随机数吻合的单位便成为随机抽样的样本. 这种抽样方法简单，误差分析较容易，但是需要样本容量较多，适用于各个体之间差异较小的情况.

② **分层抽样**：又称**分类抽样**，先将总体各单位按主要标志加以分层，而后在各层中按随机的原则抽取若干样本单位，由各层的样本单位组成一个样本，是一种不等概率抽样. 分层抽样利用辅助信息分层，各层内应该同质，各层间差异尽可能大. 这样的分层抽样能够提高样本的代表性、总体估计值的精度和抽样方案的效率，抽样的操作、管理比较方便，但是抽样框较复杂，费用较高，误差分析也较为复杂. 此法主要适用于母体复杂、个体之间差异较大、数量较多的情况.

③ **系统抽样**：将总体中的所有单位按某一标志排队，然后按照事先规定好的规则确定其

他样本单位. 典型的系统抽样有**等距抽样**，又称**机械抽样**，它是将总体的全部单位按某一标志排队，而后按固定的顺序和相等间隔在总体中抽取若干样本单位，构成一个容量为n的样本. 系统抽样的最主要优点是简便易行，且当对总体结构有一定了解时，充分利用已有信息对总体单位进行排队后再抽样，可提高抽样效率和估计的精度，在调查实践中有广泛的应用. 系统抽样的缺点是对估计量方差的估计比较困难.

④ **整群抽样**：是将总体各单位划分为若干群，然后以群为单元，从总体中随机抽取一部分群，对被抽中的群内所有单位进行全面调查. 整群抽样对总体划分为群的基本要求是：第一，群与群之间不重叠，即总体中的任一单位只能属于某个群；第二，全部总体单位毫无遗漏，即总体中的任一单位必须属于某个群.

⑤ **多阶段抽样**：当总体很大时，可把抽样过程分成几个过渡阶段，最后才具体抽到样本单位. 多阶段抽样的样本分布集中，能够节省时间和经费. 调查的组织复杂，总体估计值的计算复杂.

概率抽样的基本原则是：样本量越大，抽样误差就越小，而样本量越大，成本就越高. 根据数理统计规律，样本量增加呈直线递增的情况下（样本量增加一倍，成本也增加一倍），抽样误差按样本量相对增长速度的平方根递减. 因此，样本量的设计并不是越大越好，通常会受到经济条件的制约.

（2）**非概率抽样**.

非概率抽样就是调查者根据自己的方便或主观判断抽取样本的方法. 它不是严格按随机抽样原则来抽取样本，所以失去了大数定律的存在基础，也就无法确定抽样误差，无法正确地说明样本的统计值在多大程度上适合于总体. 虽然根据样本调查的结果也可在一定程度上说明总体的性质、特征，但不能从数量上推断总体. 非概率抽样的方式有许多种，可归纳为以下几个类型.

① **方便抽样**：调查人员本着方便原则去选择样本的抽样方式. 最常见的方便抽样是**偶遇抽样**，即研究者将在某一时间和环境中所遇到的每一总体单位均作为样本成员. "街头拦人法"就是一种偶遇抽样. 某些调查对被调查者来说是不愉快的、麻烦的，这时，为方便起见就采用以自愿被调查者为调查样本的方法. 方便抽样是非随机抽样中最简单的方法，省时省钱，但样本代表性因受偶然因素的影响太大而得不到保证. 一般在调查总体中每一个体都是同质时，才能采用此类方法.

② **判断抽样**：是指研究人员根据主观经验从总体样本中选择那些被判断为最能代表总体的单位作样本的抽样方法. 例如，要对甘肃省旅游市场状况进行调查，有关部门选择天水麦积山、敦煌莫高窟等旅游风景区作为样本调查，这就是判断抽样. 实施时，根据目的不同，判断抽样可分为重点抽样和典型抽样，与之对应的调查方法就是重点调查和典型调查.

重点调查是一种专门组织的选中的重点单位进行的非全面调查方式，它是对所要调查的全部单位选择一部分重点单位进行调查，其中重点单位是指所在调查的数量特征上占有较大比重的单位. 重点调查的关键是选择好重点单位. 所谓重点单位是从标志量的方面而言的，尽管这些单位在全部单位中只是一部分，但这些单位的某一主要标志量占总体单位标志总量的很大比重. 对这些单位进行调查，就可以了解调查对象的基本情况. 例如，要了解全国钢铁企业的生产状况，可以选择产量较大的几个企业，如鞍钢、宝钢、首钢、河北钢铁、山东钢铁等，作为重点单位进行调查，以便对钢铁产量有一个大致的了解. 在重点调查中，重点单位的选择着眼于标志量的比重. 重点调查可以定期进行，也可以不定期进行. 重点调查实际上是范围比较小的全面调查.

典型调查是根据调查的任务和要求，在对被研究总体作全面分析后，有意识地从中选择若干具有代表性的单位进行调查的一种非全面调查方式，借以认识事物发展变化的规律. 例如，选取部分企业进行调查，以了解企业股份制改革后的成果及问题. 要研究工业企业的经济效益问题，可以在同行业中选择一个或几个经济效益突出的典型单位，做细致深入的调查，从中找出经济效益好的原因和经验. 典型调查的特点是：一是深入细致的调查，既可以搜集数字资料，又可以搜集不能用数字反映的实际情况；二是调查单位是有意识地选择出来的若干有代表性的单位，它更多地取决于调查者的主观判断和决策.

典型调查和重点调查相比，前者调查单位的选择取决于调查者的主观判断，后者调查单位的选择具有客观性.

③ **自愿抽样**：是指被调查者自愿参加，成为样本中的一分子，向调查人员提供信息. 例如，参与报刊上和互联网上刊登的调查问卷活动，向某类节目拨打热线电话等，都是自愿抽样. 自愿抽样与随机性无关，样本的组成往往集中在某一特定的人群，尤其集中在对该调查活动感兴趣的人群，因此样本是有偏的，我们不能依据样本信息对总体进行估计.

④ **滚雪球抽样**：是指先随机选择一些被访者并对其实施访问，再请他们提供另外一些属于所研究目标总体的调查对象，根据所形成的线索选择此后的调查对象. 例如，要研究退休老人的生活，可以清晨到公园去结识几位散步老人，再通过他们结识其朋友. 不用很久，你就可以交上一大批老年朋友. 但是这种方法偏误很大，那些不好活动、不爱去公园、不爱和别人交往、喜欢一个人在家里活动的老人，你就很难把雪球滚到他们那里去，而他们却代表着另外一种退休生活方式.

⑤ **配额抽样**：类似于概率抽样中的分层抽样，它首先将调查总体中的样本按一定标志分类或分层，确定各类（层）单位的样本数额，在配额内采用方便抽样或判断抽样方式选择样本. 它与分层抽样的区别：分层抽样是按随机原则在层内抽选样本，而配额抽样则是由调查人员在配额内主观判断选定样本.

抽样调查的适用范围：

第一，不能进行全面调查的事物. 有些事物在测量或试验时有破坏性，不可能进行全面调查，如，楼房的抗震试验，灯泡的耐用时间试验，导弹的命中率等.

第二，有些总体从理论上讲可以进行全面调查，但实际上不能进行全面调查的事物. 如了解某个森林有多少棵树，职工家庭生活状况如何等.

第三，抽样调查方法可以用于工业生产过程中的质量控制.

第四，利用抽样推断的方法，可以对某种总体的假设进行检验，来判断这种假设的真伪，以决定取舍.

2）普查

普查是为了某种特定的目的而专门组织的一次性的全面调查. 普查一般是调查属于一定时点上的社会经济现象的总量，但也可以调查某些时期现象的总量，乃至调查一些并非总量的指标. 普查涉及面广，指标多，工作量大，时间性强. 为了取得准确的统计资料，普查对集中领导和统一行动的要求最高.

普查作为一种特殊的数据搜集方式，具有以下几个特点：

（1）普查通常是一次性的或周期性的：由于普查涉及面广，调查单位多，需要耗费大量的人力、物力和财力，通常需要间隔较长的时间，一般每隔几年进行一次. 如我国的人口普查从1953—2000年共进行了五次. 今后，我国的普查将规范化、制度化，即每逢末尾数字为“0”的年份进行人口普查，每逢“3”的年份进行第三产业普查等.

（2）规定统一的标准时点：标准时点是指对被调查对象登记时所依据的统一时点，一般定为调查对象比较集中，相对变动较小的时间上. 调查资料必须反映调查对象在这一时点上的状况，以避免调查时因情况变动而产生重复登记或遗漏现象. 例如，我国人口普查的标准时点为普查年的11月1日0时，就是要反映这一时点上我国人口的实际状况；农业普查的标准时点定为普查年份的1月1日0时.

（3）规定统一的普查期限：在普查范围内各调查单位或调查点尽可能地同时进行登记，并在最短的期限内完成，以便在方法和步调上保持一致，保证资料的准确性和时效性.

（4）规定普查的项目和指标：普查时必须按照统一规定的项目和指标进行登记，不准任意改变或增减，以免影响汇总和综合，降低资料质量. 同一种普查，每次调查的项目和指标应力求一致，以便于历次调查资料的对比分析和社会经济现象发展变化情况的观察.

（5）普查的数据一般比较准确，规范化程度也较高，因此它可以为抽样调查或其他调查提供基本依据.

（6）普查的使用范围比较窄，只能调查一些最基本及特定的现象.

下面重点谈一谈人口普查：

人口普查是指在国家统一规定的时间内，按照统一的方法、统一的项目、统一的调查表和统一的标准时点，对全国人口普遍地、逐户逐人地进行的一次性调查登记. 人口普查工作包括对人口普查资料的搜集、数据汇总、资料评价、分析研究、编辑出版等全部过程，它是当今世界各国广泛采用的搜集人口资料的一种最基本的科学方法，是提供全国基本人口数据的主要来源.

人口普查的重要性主要体现在以下三个方面：

（1）为政府服务. 第一，政府确实是人口普查最大的用户，美国人口普查的产生是因为政府要进行管理，或者是进行选举. 我国第一次人口普查也是为了这个目的而进行的. 第二，政府需要根据人口普查的数据确定行政区划，包括现在的城乡划分，都要通过人口普查的数据来科学地给予确定和划分. 第三，国家社会经济发展的中长期规划需要人口普查数据. 比如说，我们的“十二五”规划，在20个规划目标里，与人口有直接联系的目标占了1/3以上. 还有一些特殊的政策，比如说国家对于教育、卫生、三农工作等政策，都要以人口信息为依据.

（2）为科学研究服务. 普查可以为研究人口的一些社会经济问题提供丰富的资料. 人口普查的数据汇总向社会公开发布，为社会各界，特别是为政府、科研机构开展社会问题研究，制定政策提供了直接的服务.

（3）为工商企业界服务. 社会各界对这一点的理解越来越深刻了，比如说，企业要建厂、开商店，或者是销售一些特定的消费品，必须有一个目标人群. 他必须知道目标人群在哪里，才能更好地规划在哪里建厂、开店，在哪里销售他的产品. 所以说工商界对人口普查数据的需要，也是非常大的. 再比如，金融保险行业就非常看重通过人口普查数据计算人的期望平均寿命，进而确定各项商业人寿保险的保金. 随着社会的不断发展，社会各阶层对人口普查的需求会越来越高，越来越多，人口状况与社会发展的联系也越来越紧密，如果这方面的信息掌握不准的话，影响是很大的.

总之，普查既是一项技术性很强的专业工作，又是一项广泛性的群众工作. 我国历次人口普查都认真贯彻群众路线，做好宣传和教育工作，得到群众的理解和配合，因而取得令世人瞩目的成果.

2.3 调查方案的设计

调查方案是统计调查前所制定的实施计划，是全部调查过程的指导性文件. 它是调查工作有计划、有组织、有系统进行的保证. 调查方案设计得好坏直接影响到调查数据的质量. 不同的调查方案在内容和形式上会有一定的差别，但大体上都包含调查目的、调查对象、调查单位、调查项目等.

设计调查方案一般可按如下步骤进行：

1）确定调查目的

在调查方案中首先应明确本次调查的目的、任务和意义. **调查目的**是调查所要达到的具体目标，它所回答的是“为什么调查”，要解决什么样的问题，调查具有什么社会经济意义. 调查目的要符合客观实际，是任何一套方案首先要明确的问题，是行动的指南，书写时应简明扼要.

中国第六次人口普查的目的是：人口普查是一项重大的国情国力调查. 2000 年第五次全国人口普查以来，我国的人口状况发生了很大变化. 组织开展第六次全国人口普查，将调查我国人口在数量、结构、分布和居住环境等方面的变化情况，为科学制订国民经济和社会发展规划，统筹安排人民的物质和文化生活，实现可持续发展战略，构建社会主义和谐社会，提供科学准确的统计信息支持.

2）确定调查对象和调查单位

调查对象是指依据调查的任务和目的，确定本次调查的范围及需要调查的那些现象的总体. **调查单位**是指所要调查的现象总体所组成的个体，也就是调查对象中所要调查的具体单位，即我们在调查中要进行调查研究的一个个具体的承担者. 调查对象和调查单位所解决的是“向谁调查”，由谁来提供所需数据的问题. 例如，第六次人口普查的对象是在中华人民共和国（不包括我国香港、澳门和台湾地区）境内居住的自然人. 人口普查的调查单位就是每一个人.

在实际调查中，调查的单位可以是调查对象的全部单位，这时，调查对象的每一个单位都是调查单位，两者是一致的，如普查；也可以是部分单位，这时，调查单位只是调查对象的一部分，两者不一样，如抽样调查.

在市场研究和调查中，基本上都采用抽样调查方式，调查对象就是我们确定抽样框的基本依据. 在确定抽样框后，从中选取的每一个样本单位就是调查单位.

3）确定调查项目

这里要回答的是“调查什么”的问题. **调查项目**是指对调查单位所要登记的内容，即调查的具体内容，它可以是调查单位的数量特征，例如一个人的年龄、收入；也可以是调查单位的某种属性或品质特征，如一个人的性别、职业、家乡等. 确定调查项目要注意以下三个问题：

（1）调查项目的涵义必须要明确，不能含糊不清.

（2）设计调查项目时，既要考虑调查任务的需要，又要考虑是否能够取得答案，必要的内容不能遗漏，不必要的或不可能得到的资料不要列入调查项目中.

（3）调查项目应尽可能做到项目之间相互关联，使取得资料相互对照，以便了解现象发生变化的原因、条件和后果，便于检查答案的准确性.

4）设计调查问卷

调查问卷，又称**调查表**或**询问表**，是以问题的形式系统地记载调查内容的一种印件，即将调查项目按一定的顺序所排列的一种表格形式，一般由表头、表体和表外附加三部分组成. 表头是调查表的名称，用来说明调查的内容、被调查者的单位名称、性质、隶属关系等；表体是调查表的主要部分，内容包括调查的具体项目；表外附加通常有填表人签名、填报日期、填表说明等内容组成.

调查表一般有两种形式：**一览表**是把许多单位的项目放在一个表格中，它适用于调查项目不多时. **单一表**是在一个表格中只登记一个单位的内容.

在市场研究和调查中，调查项目和调查表通常表现为一张调查问卷. 调查问卷的设计是市场调查方案设计的核心内容.

5）选择调查方式和方法

调查方式有普查、重点调查、典型调查、抽样调查、统计报表制度等. 具体收集统计资料的调查方法主要有：**访问法**就是根据被询问者的答复来搜集资料的方法，主要包括口头询问法、开调查会、被调查者自填法；**观察法**是由调查人员亲自到现场对调查对象进行观察和计量以取得资料的一种调查方法；**报告法**是报告单位以各种原始记录和核算资料为依据，向有关单位提供统计资料的方法. 如统计报表.

6）确定调查地点、调查时间和调查期限

调查地点是指确定登记资料的地点. 调查地点有时与调查单位的所在地点不一致. 由于客观事物是复杂的，有些事物是经常变动的（例如，许多人口是流动的），因此设计这些现象的调查方案时，应对登记调查单位的所在地点予以明确规定，以免调查资料出现遗漏和重复.

调查时间是指调查资料所属的时间，也称为**调查标准时间**. 如果所要调查的是时期现象，就要明确规定登记从何时起到何时止的资料；若调查的是时点现象，要明确规定统一的标准调查时点. 比如，第六次全国人口普查登记的标准时间（亦即调查时间）是 2010 年 11 月 1 日 0 时，就是说调查资料（人口数目、性别比例、人口分布、年龄结构……）均反映我国人口在 2010 年 11 月 1 日 0 时的状况.

注意调查时间不同于调查期限. **调查期限**是指调查工作应当完成的时间期限. 比如第六次全国人口普查规定："普查员入户登记的时间是 11 月 1 日至 10 日. "这是调查期限，应该在这 10 天里完成. 在某些专项调查中，它包括从调查方案设计到提交调查报告的整个工作时间. 为了提高统计资料的时效性，在可能的情况下，调查期限尽可能缩短. 规定调查期限的

目的是使调查工作能及时开展，按时完成.

7）制订调查的组织和实施计划

为了保证整个统计调查工作的顺利进行，还应该考虑有一个周密的组织实施计划，其主要内容应包括：调查工作的领导机构和办事机构；调查人员的组织；调查资料报送方法；调查前的准备工作，包括宣传教育、干部培训、调查文件的准备，调查经费的预算和开支办法，调查方案的传达布置、试点及其他工作等.

总评：调查方案是指导整个调查过程的纲领性文件，只有方案合理、有序，才能在调查时，一帆风顺，按时、保质地完成任务.

2.4 调查问卷的设计

在现代企业营销与管理中，市场调查的地位越来越重要，它是企业获得市场信息的重要手段. 市场调查的工具就是调查问卷，而问卷设计的好坏直接关系到统计数据的质量和分析的结论. 因此，本节专门讲解问卷设计中的有关问题.

2.4.1 问卷的基本结构

问卷，又称**调查表**，是用来收集数据的一种工具，是一种以书面形式了解被调查对象的反应和看法并以此获得资料和信息的载体，它由一系列问题、备选答案、说明以及码表组成. 不同的调查问卷在具体结构、题型、措辞、版式等设计上会有所不同，但在结构上一般都包括三个部分：开头部分、调查内容和背景部分，其中调查内容是问卷的核心部分，是每一份问卷都必不可少的内容，而其他部分则根据设计者的需要可取可舍.

1）开头部分

（1）**标题**：每份问卷都有一个研究主题，研究者应开宗明义定下题目，以反映这个研究主题，使人一目了然，增强填答者的兴趣和责任感. 例如，"天水师范学院数学与统计学院干部推荐表"，这个问卷的标题，把该大学人事部门的调查内容和范围反映出来了. 在这里，提这个常识性问题并不是多此一举，因为在实际工作中，有些同志不注意问卷的标题，要么没有标题，要么列一个放之四海而通用的标题.

（2）**问候语**：问候语十分重要，主要说明调查的目的、意义，其作用是引起被调查者的兴趣和重视，消除调查对象的顾虑，激发调查对象的参与意识，以争取他们的积极合作. 好的问候语可以打消被调查者的顾虑，争取他们积极地回答问题. 语气要亲切，文字要简洁. 下面是一份"高校专业设置问卷"中的问候语.

> XX女士/先生：
>
> 您好！我是调查员 XX，我们正在进行一项有高校专业设置的调查，目的是想了解人们对高校专业的看法和意见，以便更好地促进高等教育的发展. 您的回答无所谓对错，只要真实地反映了您的情况和看法，就达到了这次调查的目的. 希望您能积极参与，我们对您的回答是完全保密的. 调查要耽搁您一些时间，请您谅解. 谢谢您的支持与合作.

（3）**填表说明**是指对调查表的内容所做的解释，目的在于帮助填表人正确填写调查表格，填表说明的内容一般是解释调查表中的各个项目，说明填写时应注意的事项，指出在每种情况下应如何理解和回答调查项目中提出的问题. 填表说明应力求简单明确，通俗具体，易于掌握.

（4）**问卷编号**主要用于识别问卷、调查者、被调查者的姓名和地址等，以便校对检验、更正错误.

2）调查内容

问卷的调查内容主要包括各类问题、问题的回答方式及其指导语，这是调查问卷的主体，也是问卷设计的主要内容.

（1）**甄别部分**：甄别也称为**过滤**，它是先对被调查者进行过滤，筛掉不需要的部分，然后针对特定的被调查者进行调查. 通过甄别来排除一些被调查者，目的是保证被调查者是合格的调查对象，符合统计研究的目的和需要. 下面是一问卷的甄别部分，供大家参考.

请问 您的年龄是	
1. 18 岁以下	终止访问
2. 18 ~ 60 岁	
3. 60 岁以上	终止访问

（2）**主体部分**：该部分是调查问卷的核心，包括所要调查的全部问题，主要由问题和答案组成.

问卷中的问答题，从形式上看，可分为**开放式**、**封闭式**和**混合型**三大类. 开放式问答题只提问题，不给具体答案，要求被调查者根据自己的实际情况自由作答. 封闭式问答题则既提问题，又给出若干答案，被调查者只需在选中的答案中打“√”即可. 混合型问答题，又称半封闭型问答题，是在采用封闭型问答题的同时，最后再附上一项开放式问题.

3）背景部分

背景部分通常放在问卷的最后，主要是有关被调查者的一些背景资料，调查单位要对其保密. 该部分所包括的各项内容，可作为对调查者进行分类比较的依据. 一般包括：性别、民族、婚姻状况、收入、教育程度、职业等.

2.4.2 问卷的设计

问卷可以是表格式、卡片式或簿记式，设计问卷是询问调查的关键. 完美的问卷必须具备两个功能，即能将问题传达给被问者和使被问者乐于回答. 从总体上来看，要完成这两个功能，在问卷设计时应当遵循一定的原则：

（1）主题明确. 从实际出发拟题，目的明确，重点突出，没有可有可无的问题. 违背了这一点，再漂亮、再精美的问卷都是无益的. 而所谓问卷体现调查主题的实质就是在问卷设计之初要找出与“调查主题相关的要素”.

（2）结构合理，逻辑性强. 问题排列应有一定的逻辑顺序，符合应答者的思维程序. 一般是先易后难、先简后繁、先具体后抽象.

（3）通俗易懂，真实回答. 问卷应使应答者一目了然，并愿意如实回答. 问卷中语气要亲切，符合应答者的理解能力和认识能力，避免使用专业术语. 对敏感性问题采取一定的技巧调查，使问卷具有合理性和可答性，避免主观性和暗示性，以免答案失真.

（4）控制问卷的长度. 回答问卷的时间控制在 20 min 左右，问卷中既不能浪费一个问句，也不能遗漏一个问句.

（5）便于资料的校验、整理和统计.

成功的问卷设计除了考虑到紧密结合调查主题与方便信息收集外，还要考虑调查结果的容易得出和调查结果的说服力. 这就需要考虑问卷在调查后的整理与分析工作. 首先，要求调查指标是能够累加和便于累加的；其次，指标的累计与相对数的计算是有意义的；最后，能够通过数据清楚地说明所要调查的问题. 只有这样，调查工作才能收到预期的效果.

1）提问项目的设计

问卷所要调查的资料，由若干个提问的具体项目即问题组成，因此如何科学合理地提出所要调查的问题，是问卷设计中的十分重要的一步. 问题设计的好坏直接关系到调查质量的高低，在设计提问项目时，需要注意以下几点：

（1）提问的问题尽可能地短.

如果提问问题过长，则会给被调查者的理解带来一定的困难，甚至会使得被调查者忘记前面的问题，也会使其感觉厌烦且浪费精力和时间，从而不利于整个问题的理解与回答.

（2）用词要通俗、确切.

问题本身的含义要清楚，不能含义模糊，“一般”“经常”“很多”等都属于过于笼统、含义不确切的词，不同的人会有不同的理解，从而造成回答的偏差. 另外，由于被调查者的文化程度不一，尽量采用通俗表达，少用专业术语.

问卷中的用词一定要确切，具体可按 6w 原则进行推敲，即 who（谁），where（何地），when（何时），why（为何），what（什么），how（怎样），以此判断问题是否清楚. 当然也不是每一个问题都要具备这 6w. 例如：

请问您使用什么牌子的牙膏？

这个问题中的 who 很清楚，what 指牙膏的牌子，但 when 未指明，是过去，还是现在，是过去一个月，还是过去一年，因此可改为：

请问您在过去一个月内使用什么牌子的牙膏？

人生思考：2002 年，作者正在河南大学求学，大三，由于当时手机、话费价格都昂贵，且双向收费（打电话、接电话都收费），使用手机者寥寥无几，整个班级也就数人. 2003 年以后，手机越来越普及，真是一夜之间，几乎班级人人都有手机了，但当时的话费还是比较昂贵，幸好移动公司推出了“短信套餐”，同学们便热衷于发短信了. 这时，问题也出现了，很多人的短信由一个月的几条迅速攀升到几百条，话是越说越不明白了，话费也是越来越多了. 例如：

甲：下午，咱们一起逛街，好么？

乙：可以.

甲：几点啊？

乙：三点吧.

甲：什么地方见面啊？

乙：学校东门口.

这样，一件很简单的事情，花费了 6 条短信才明白. 在过去没有手机的年代，如果有紧急事情，人们常常发电报，区区几个字就可以把事情说明白，但现在通信方便了，反而说不清楚了，关键在于人们忘记或忽略了 6w 原则. 其实，我们也可以这样交流.

甲：下午 咱们一起逛街，好么？

乙：可以啊，三点，我在学校东门口等你！

后来，才慢慢明白，人是有感情的动物，在很多时候是不理性的，而废话才是生活，才能培养感情. 其实，我们说了很多话，但有意义的又有几句呢？也许，这就是人生，这就是生活！话虽这样说，可还是希望大家稍微注意点表达方式，这样，不仅可以节省话费，更重要的是你会给别人留下果断、干练的好印象，社会也会变得更简洁，更美好，因为我是一个比较理性的人.

请思考，如果理性的人来到一个不理性的社会，他会幸福么，他是不是一个悲剧？有人说，如果周围的人不理性，而你理性，其实，你才是“不理性”的，因为你是一个另类. 那么，真理到底是掌握在大多数人手里，还是掌握在少数人手里呢？

（3）一项提问应只包含一项内容.

如果一项提问中包含两个问题，被调查者就很难回答. 比如：

您觉得这种新款宇通客车的加速性能和制动性能如何？

这包含了加速性能和制动性能两项. 如果被调查者恰好只认为其中一项好，而另一项不好，一时就很难回答，不如分解为两个问题：

您觉得这种新款宇通客车的加速性能如何？

您觉得这种新款宇通客车的制动性能如何？

（4）避免诱导性问题.

问卷中的问题不能带有倾向性，应保持中立，词语中也不应暗示调查者的观点，不能引导被调查者回答. 例如，

人们觉得双汇冷鲜肉的质量很不错，你感觉怎么样？

这里已经暗示双汇冷鲜肉的质量很好，具有引导被调查者的作用. 不如改为：

你觉得双汇冷鲜肉的质量如何？

引导性问题容易使被调查者不假思索地做出回答或选择，也会在心理上产生顺从反映，从而按提示回答.

（5）避免否定形式的提问.

在日常生活中人们习惯于肯定陈述的提问，而不习惯否定的陈述提问. 例如，对一种新小麦种子的市场调查，采用否定的提问是：

您觉得这种新小麦品种的产量不高吗？

而采用肯定的提问则是：

您觉得这种新小麦品种的产量高吗？

（6）避免敏感性问题.

敏感性问题是指在抽样调查中，被调查的问题是属于被调查人私人机密或不愿意如实回答的问题. 例如，调查被调查者是否曾冒充顾客进商店行窃，是否吸毒，是否为私生子. 问卷中要尽量避免出现敏感性问题或容易引起人们反感的问题，因为对这些问题，被调查者可

能拒绝回答，或者采用虚报、假报的方式来应付回答，从而降低统计数据的质量. 对于必须涉及敏感性问题的调查，应在提问方式上推敲，尽量采用间接提问，语言要委婉等.

2）回答项目的设计

问卷设计不仅要问题明确，通俗易懂，易于回答，同时能体现调查目的，便于答案的汇总、统计和分析. 由于问卷中问题的不同类型，所设计的答案类型和被调查者的回答也是不同的. 问卷中的问题类型有两类：一类是开放性问题；另一类是封闭性问题.

（1）**开放性问题.**

开放性问题是指对问题的回答未提供任何具体的答案，由被调查者根据自己的想法自由做出回答，属于自由回答型. 回答类型主要有两种：

① **自由记述式**是指设计问题时，不设计供被调查者选择的答案，而是由被调查者自由表达意见，对其回答不做任何限制. 例如，

您对目前天水师范学院统计专业的课程安排有什么看法？

② **填答式**是把一个问题设计成不完整的语句，由被调查者完成句子的方法. 调查者审查这些句子，确认其中存在的想法和观点.

开放性问题的优点是比较灵活，并且具有一定的深度和趣味. 这类问题就像问答题一样，不是一两个词就可以回答的，有利于被调查者的发挥创造，适合于那些尚未搞清各种可能答案或潜在答案类型比较多的问题，但这也导致了：问题答案过多，给调查资料整理带来一定困难.

（2）**封闭性问题.**

封闭性问题指事先设计好备选答案，被调查者的问题回答被限制在备选答案中，即他们主要是从备选答案中挑选自己认同的答案. 封闭式问题有点像对错判断或多项选择题，回答只需要一两个词.

因为封闭式问题回答层次、是非分明，所以容易回答，节省时间，文化程度较低的调查对象也能完成，回答者比较乐于接受这种方式，因而问题的回答率较高，所得资料也便于统计分析. 对于一些敏感的问题，用封闭性问题，往往比直接用开放式问题更能获得相对真实的回答. 但封闭性问题对答案的要求要高，对于一些复杂问题，有时候很难把答案设计周全，一旦出现缺陷，被调查者就无法回答，从而影响调查质量.

根据提问项目或内容不同，封闭性问题的回答方法主要有：

① **两项选择法**：又称是非题，它的答案只有两项（一般为两个相反的答案），要求被调查者选择其中一项来回答. 例如：

您结婚了吗？

1. 是　　　　2. 否

② **多项选择法**：多项选择题与两项选择题的结构基本相同，只是答案多于两种. 被调查者依据总的要求或限制条件可以选择一种答案，也可以选择多种答案，也可以限制选择数量，比如限选三项. 在应用多项选择法时应注意以下事项：必须对多个答案事先编号，以方便资料的统计整理；答案应包括所有可能的情况，但不能重复；被选择的答案不宜过多，一般不应超过 10 个. 例如：

（一）您认为哪种类型的广告宣传效果最好？（选一项）

1. 电视广告　2. 广播广告　3. 报纸杂志广告　4. 网络广告　5. 路牌广告

（二）请问您在购买手机时，主要考虑哪些因素？（可以选择多个答案）

1. 价格　2. 款式　3. 颜色　4. 品牌　5. 音质

6. 电池性能　7. 售后服务　8. 功能多　9. 操作便利

显然，（一）为单选题，（二）为多选题. 如果将（二）中“可以选择多个答案”改为“限选4项”，则（二）就变为限选题了.

③ **排序法**是指调查人员为一个问题准备若干个答案，让被调查者根据自己的偏好程度定出先后顺序. 例如：

请将下列洗发水品牌依您的喜好按降序排列：（　　）

A、沙宣　B、力士　C、潘婷　D、海飞丝　E、舒蕾

④ **评定尺度法**：问题答案由表示不同等级的形容词组成，并按照一定的程度排序，由被调查者一次选择. 例如：

你对联想手机是否感到满意？

1. 非常满意　2. 比较满意　3. 一般　4. 不太满意　5. 很不满意

⑤ **数值分配量表**是指调查者规定总数值，由被调查者将数值进行分配，通过分配数值的不同来表明不同态度的测量表. 严格意义上来说，这也属于多项选择题，只是选项比较多而已. 数值分配量表常用于对某种商品不同规格、牌号的消费者态度的调查.

⑥ **双向列联法**. 这是将两类不同问题综合到一起，通常用表格表示. 表的横向是一类问题，纵向是另一类问题. 这类问题可以反映两方面内容的综合因素，提供单一类型问题无法提供的信息，同时可节省问卷的篇幅. 例如，

请在您赞同的空格中打“√ ”.

手机品牌	华为	联想	三星	小米	苹果
款式美观					
功能多					
待机时间长					
音质清晰					
操作方便					
售后服务周到					

3）问题顺序的设计

为提高问卷的回收率，设计问卷时，应站在被调查者的角度，顺应被调查者思维安排问题顺序. 具体来说，应注意以下几点：

（一）问题的安排应该具有逻辑性.

一般人大体是按某种常见的顺序，如时间顺序，安排其对问题的回答的，因此，研究人员在设计一份问卷时应遵循这一做法. 除时间顺序外，大多数问卷有某种构成或“参考框架”，一般根据所研究的题目而定. 在一个特定的问卷中，常有几个参考框架. 比如，一个参考框架是职业史，另一个是婚姻史，再一个是孩子们的出生年月日，又一个是避孕法，所有这些都可用在同一个生育调查表中. 如果有人先向被调查者问第一个职业问题，接着问一个性问

题，然后再回头问第二个职业问题，那么，被调查者的注意力和思维顺序就可能遭到破坏. 先问的问题应为后面问题所必需的信息，如首先取得诸如家庭成员姓名之类的信息，这有助于使被调查者动脑筋回忆涉及家庭其他成员的问题.

（2）问题的顺序应先易后难.

问卷上的第一个问题应易于回答，不应该对被调查者形成威胁，而且应该清楚，有性质截然不同的回答选项. 第一个问题一般应是关于一件事实，而非一个看法或一个信仰的，而且应不需什么考虑. 一个关于性别或年龄的问题比一个关于生活哲学的问题更好些.

（3）敏感性问题和开放性问题放在后面.

若敏感性问题诸如性行为、收入之类放在前面，被调查者可能会对它们反感，因而拒绝继续答下去. 若这些问题在后面才碰到，即使被调查者拒绝回答敏感性问题，已答过的所有非敏感性问题的信息还是保留住了. 开放性问题也应置后，因为它们作答所需的时间要比封闭性问题长. 如果被调查者花 5 min 才能答完 100 个问题中的第一个，或发现第一个问题难于回答，他就可能断定自己没有时间完成该问卷，或者断定此问卷可能需要花费太多的时间和精力，从而可能拒绝继续答下去.

此外，排版、美观问题也不应忽视. 问卷的版面格式有时候会影响调查的质量. 如果问卷结构安排合理，试题突出、醒目，密度适中，印刷美观，则会使被调查者产生好感，从而引起填写问卷的兴趣.

2.5　统计数据的质量

统计是将原始数据整理并转化为二次加工数据或信息的一个过程，**统计数据的质量**是统计数据的一组品质标志满足用户需求能力的综合. 在这个定义中，质量的主体是数据，客体是用户，质量控制的本质就是主体满足客体能力的综合. 收集统计数据是统计研究的第一步，如何保证统计数据的质量是数据收集阶段重点解决的问题，因为数据的质量直接决定了结论的客观性和真实性. 如果统计数据质量的概念是片面的或残缺的，那么一切统计数据质量的控制方法或改革思路，都可能与提升统计数据质量“南辕北辙”.

2.5.1　统计数据的误差

统计数据的误差通常是指统计数据与客观现实之间的差距，误差的来源主要有登记性误差和代表性误差. 切记，差距如果在人们的允许范围之内，则为误差，但如果超出了人们的允许范围，则为错误，这也是误差与错误的区分.

1）登记性误差

登记性误差是调查过程中由于调查者或被调查者的人为因素所造成的误差. 从理论上讲，登记性误差是可以消除的. 产生的原因主要是：

（1）由于计量手段的局限性所带来的难以绝对符合实际而出现的误差.

（2）由于登录、计算、抄报、汇总错误及被调查者所报不实或调查者有意虚报瞒报等所带来的误差.

（3）被调查者因人为因素干扰形成的有意虚报或瞒报调查数据，这种误差在统计调查中应予以特别重视.

2）代表性误差

在统计调查中，由于非全面调查只从调查现象总体中抽取一部分单位进行观察，如果用这部分单位算出来的指标值来推算总体的指标值，就会与总体的实际指标值间有一定的差别，这就产生了代表性误差. 代表性误差分为两种：一种是偏差，另一种是抽样误差. 产生的原因主要有：

（1）抽取样本时没有遵循随机原则.

（2）样本结构与总体结构存在差异.

（3）样本容量不足.

2.5.2 统计数据的质量要求

数据质量（data quality）是指数据满足明确或隐含需求程度的指标. 就一般的统计数据而言，质量评价标准主要有 6 个方面：

（1）**适用性**，即收集的统计信息是否有用，是否符合用户的需求. 统计信息是为政府、企业以及社会各阶层服务的一种"商品"，因此怎样使统计信息最大化地满足用户，就是保证统计信息适用性的根本.

（2）**准确性**，即最小的非抽样误差或偏差，主要是指统计估算与目标特征值即"真值"之间的差异程度. 实际上所谓"真值"是不可知的，一般通过分析抽样误差、范围误差、时间误差、计数误差、加工整理差错、方法误差、人为误差、模型设计误差等影响数据准确性的各个因素，测算统计估算值的变动系数、标准差、曲线吻合度、假设检验偏差等，将统计误差控制在一个可以接受的置信区间内，以保证统计信息的准确性.

（3）**精度**，即最低的抽样误差或随机误差.

（4）**时效性**，即在最短时间里取得并公布数据，主要是指调查基准期与统计数据发布时间的间隔时间. 时效性就是缩短统计信息从搜集、加工整理到数据传输的整个过程，缩短调查基准期与数据结果发布时间的间隔时间. 另外，应预先公布各项统计数据发布日期，并按时发布数据，建立和规范统计信息发布制度，使用户及时掌握使用统计信息.

（5）**一致性**，即保持时间序列的可比性.

（6）**最低成本**，即在满足上述标准的前提下，以最经济的方式取得数据.

此外，统计数据质量还包括了可衔接性、可取得性、可解释性、客观性、健全性等几个原则，可见统计数据质量是多方面的综合体现.

统计数据质量不高的主要原因是：

（1）统计观念缺乏创新. 统计手段和方法不科学，造成统计数据的及时性、准确性、权威性"弱化"，指导决策和服务管理的职能作用"淡化".

（2）统计基础工作薄弱. 有些基层单位不重视统计工作，统计队伍不稳定，或统计人员兼任其他多项工作，造成一心多用，严重影响统计工作质量. 部分企业单位的基础核算资料、原始记录、统计台账不健全，甚至有的根本没有原始记录、统计台账，统计数据缺乏可靠的依据. 个别企业原始记录、统计台账不完善、不规范，凭印象填报数据，有的甚至连报表都没有，靠工作人员估报，统计数据随意性较大，这就更难保证统计数据的准确性.

（3）统计队伍素质不高. 在基层统计人员中存在业务素质偏低，新手多，外行多，复合型人才少，尖子人才少的问题. 由于基层统计人员缺乏必要的统计基础知识，不能运用科学方法搜集、整理、论证统计数据，仍然沿用过去的统计方法. 同时，统计人员社会地位较低，待遇较差，导致一些统计人员缺乏较强的事业心和责任感，造成基层统计队伍不稳定，人才外流问题严重，统计岗位调换频繁，还有一些单位根本没有固定的统计人员，临时抽人填报，工作中完全凭感觉、靠估计.

（4）盲目追求政绩造成了对数据质量的负面影响. 通常，人们把工作业绩作为衡量管理者任职期间工作能力的尺度. 统计数字作为一定时期经营成果的客观反映，就被赋予了极为特殊的色彩. 人为干扰也可使统计数据的客观性、准确性、真实性受到严重影响.

现在，人们对统计数据质量要求越来越高，这就要求我们在统计调查分析中的各个环节，都应注意保证数据的质量，以便得出切合实际的客观结论. 如果数据的质量出了问题，就算是研究者再有本事，也难以得到科学准确的结果和结论.

2.6 利用 Excel 产生随机数

一般统计学所采用的统计方法，都是建立在简单随机抽样基础上的. 进行简单随机抽样之前，先给总体中的每一个个体一个独立的编号，以便将来抽样，然后再用**抓阄法**或**随机数法**进行抽样. 无论抓阄法还是随机数法均有缺点，前者需要制造抓阄箱和签条等道具，并且逐一抽取费时费事；后者如果遇到样本数较多时，随机数表恐怕不够用. 这些问题，如果使用统计软件就大不一样了，我们可借助 Excel 实现部分随机数的生成，进行简单随机抽样.

2.6.1 利用 Excel 产生随机数

用统计模拟方法解决实际问题时，涉及的随机现象的分布规律是各种各样的，这就要求产生该分布规律的随机数，所以我们只有产生各种不同分布的随机数，才能在计算机上进行模拟计算. 我们常把产生各种随机变量的随机数这一过程称为**对随机变量进行模拟**，或称为**对随机变量进行抽样**，称产生某个随机变量的随机数的方法为**抽样法**.

若随机变量 X 的分布函数为 $F(x)$，则 X 的一个样本值称为一个 F 随机数. $U[0,1]$ 的 n 个独立样本值称为 n 个均匀随机数，简称**随机数**.

简言之，总体 X 的观测值就是 X 随机数. 例如，均匀分布的观测值就是均匀随机数，正态分布的观测值就是正态随机数. 非均匀随机数是由 $U[0,1]$ 随机数经相应运算而产生的.

Excel 主要随机数函数语法有：

rand()，随机产生一个介于 [0,1) 的随机数；

randbetween(bottom,top)，随机产生一个介于两个指定整数 bottom、top 之间的随机整数.

每当遇到输入运算符，所有随机数会重新计算，因此，如果在产生随机数或抽样后，想将结果固定下来，避免下次在检查时看到不同的结果，可以采用"选择性粘贴"将公式转化为常数（数值）.

1）利用 rand 随机数函数产生随机数表

利用 rand 随机数函数，建立一个 10 行 × 5 列的五位数随机数表，并转化为常数随机数表.

（1）产生第一个五位数随机数.

在 A1 单元格中，输入公式：

=RAND()*100000，

单击选中 A1 单元格，然后单击菜单格式→单元格，进入“单元格格式”对话框，在“数字”选项卡，在“分类”框中选“自定义”，在“类型”下方的文本框中输入“00000”，单击“确定”（见图 2.6.1、2.6.2）. 当数字未满 5 位数时，将在前面自动补 0，并且自动四舍五入且仅显示整数部分.

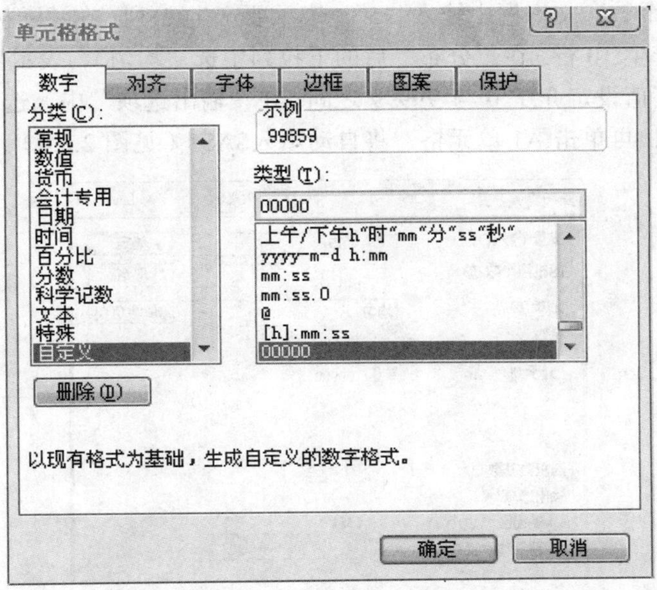

图 2.6.1 “单元格格式”对话框（自定义“00000”）

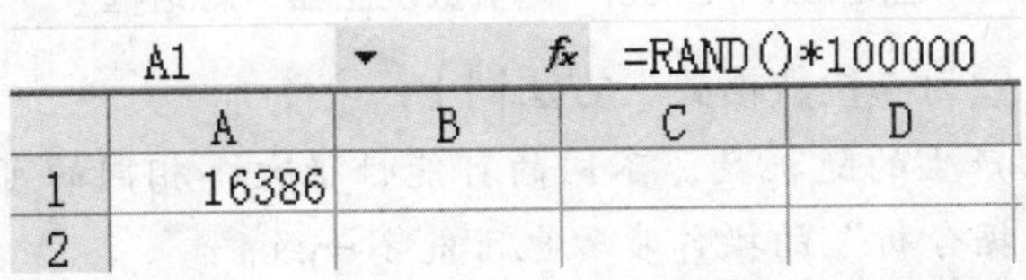

图 2.6.2 设置格式后的 A1 单元格显示结果

（2）建立 10 行×5 列的五位数随机数表.

将鼠标光标移往 A1 单元格的右下角，鼠标光标将由空心十字变为实线十字（**填充柄**），按住向下拖拽到 A2:A10，复制出 9 行内容. 在 A1:A10 单元格仍是选取状态，按住 A10 下方的“填充柄”，向右拖拽到 B1:E10 区域，复制出 10 行×4 列的五位随机数.

（3）将公式（动态）随机数表转化为常数（静态）的随机数表，在 A1:E10 选中，“复制”→“选择性粘贴”，选择“值和数字格式”.

（2）利用 Excel 随机数发生器工具产生随机数表

1）在新工作表中任选一个单元格，比如 A1，单击菜单工具→数据分析→随机数发生器（见图 2.6.3）.

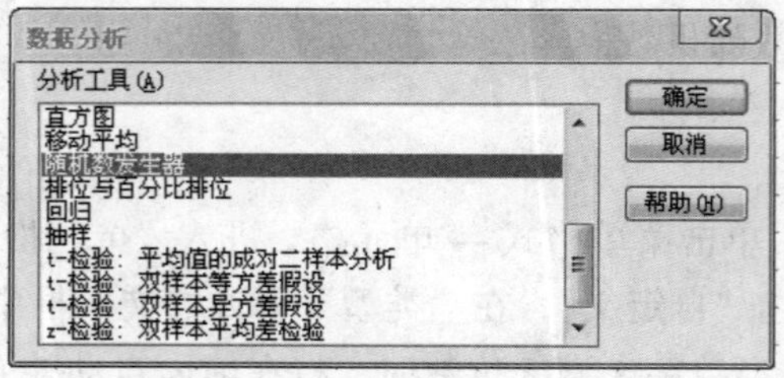

图 2.6.3 Excel“数据分析”对话框

（2）在“变量个数”文本框中输入“5”，表示要产生 5 列. 在“随机数个数”文本框中输入“10”，表示产生 10 行. 在“分布”后的下拉列中选“均匀”，表示生成均匀随机数. 在“参数”下方，将其值设定介于 0 与 99999 之间. 在“输出选项”中，选择“输出区域”，然后单击其后文本框，再单击 A1 单元格，将自动填入$A$1（见图 2.6.4）.

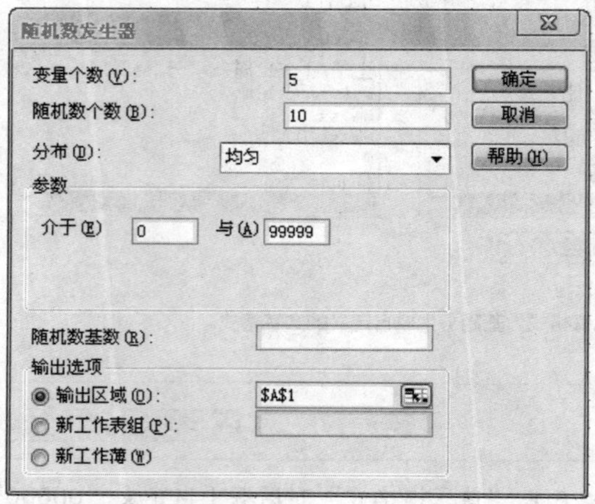

图 2.6.4 Excel“随机数发生器”对话框

（3）将随机数表设置为 5 位数格式，方法同上.

温馨提示：本节所产生的随机数，不同的可能性很大，相同的可能性很小. 由于 Excel 版本不一样，进入“数据分析”的操作步骤也可能不一致.

2.6.2 利用 Excel 实现简单随机抽样

假设某大学统计班有 50 人，学生编号 1 ~ 50，准备按编号随机抽出 10 位同学接受问卷调查.

1）用 Excel 的 randbetween 随机整数函数实现简单随机抽样

（1）在新工作表中，输入如表 2.6.1 所示格式.

表 2.6.1 输入学生的文字内容

A	B	C	D	E
学生	开始编号	1	结束编号	50

（2）输入抽取公式. 如图 2.6.5 所示，由于 C1 单元格内容为 1，E1 单元格内容为 50，故

在 A3 单元格中输入公式：

=randbetween($C$1:$E$1:)

A3 ▼ fx =RANDBETWEEN($C$1,$E$1)

	A	B	C	D	E
1	学生	开始编号	1	结束编号	50
2					
3	00028				

图 2.6.5 在 A3 单元格中输入学生的抽取公式

（3）按住 A3 生成数字的填充柄，向下拖拽产生 10 个随机数，即随机抽出 10 位同学的编号. 但难免会重号，把相同的号码去掉，直到抽出 10 位同学，注意此时抽取的 10 位同学编号是会变化的，是动态的.

（4）选中生成的编号，复制 → 选择性粘贴，选择“值和数字格式”，可将动态随机数转化为静态随机数.

2）用 Excel 的抽样工具实现简单随机抽样

（1）输入标题，在学生名单的右边输入标题，如输入“抽样结果”，抽样结果和学生名单之间，一般要间隔一列（见图 2.6.6）.

	B	C	D	E	F
1	序号	姓名	分数		抽样结果
2	1	吕星星	98		
3	2	刘芳琴	76		
4	3	张靖敏	60		
5	4	贾慧琴	96		

图 2.6.6 输入标题

（2）用抽样工具实现简单随机抽样. 单击菜单：工具 → 数据分析 → 抽样.

（3）确定光标在“输入区域”的文本框中，将鼠标光标直接移回工作表，然后单击序号所在 B 列的标题，“输入区域”中自动填入$B:$B. 单击选中“标志”. 在“抽样方法”文本框中，单击选中“随机”，在其下“样本数”的文本框中输入“10”，表示随机抽取 10 名学生. 在“输出选项”框中选择“输出区域”，然后在其后的文本框中，单击一下鼠标，再单击 F2 单元格，将自动填入$F$2（见图 2.6.7）.

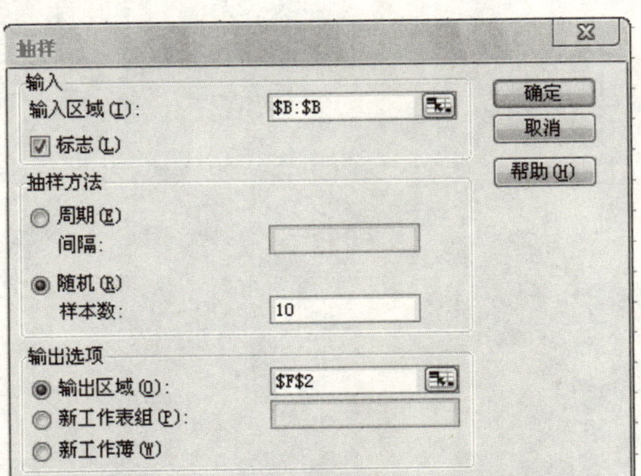

图 2.6.7 Excel“抽样”对话框

（4）单击“确定”按钮即可.

习题 2

1. 什么是二手资料？使用二手资料应该注意什么？

2. 给出对二手资料进行评估应考虑的内容？

3. 比较概率抽样和非概率抽样的特点. 举例说明什么情况下适合采用概率抽样，什么情况下适合非概率抽样.

4. 请举出几个实验数据的例子.

5. 你认为应当如何控制调查中的回答误差？

6. 怎么减少无回答？请举例.

7. 某家用电器生产厂家想通过市场调查了解以下问题：企业产品的知名度；产品的市场占有率；用户对产品质量的评价及满意程度.

（1）你认为这项调查采取哪种调查方式比较合适？

（2）设计出一份调查问卷.

3 数据的整理与显示

在社会实践中经常遇到许多数据，这些数据能提供有用的信息，帮助我们发现问题进而提出解决问题的方案．但是，信息并非明显易得，而是隐藏在大量数据之中，我们必须对数据进行科学整理和分析，尽可能正确和充分地从中提取信息．数据整理通常包括数据的预处理、分类或分组、汇总等几个方面的内容，它是统计分析之前的必要步骤．简言之，通过各种渠道得到统计数据之后，首先要对这些数据进行加工整理，使之系统化、条理化，以符合分析的需要，同时利用图形直观展现出来，便于分析和决策．

3.1 数据的预处理

在对数据分类和分组之前所做的必要处理，我们称之为数据的预处理，内容包括数据的审核、筛选与排序等．

3.1.1 数据的审核

在对统计数据进行整理时，首先要对数据进行审核，检查数据中的错误，以保证数据的质量，为进一步整理和分析打下基础．

1）原始数据审核

对于通过直接调查取得的原始数据，应主要从完整性和准确性两方面去审核，它可以在整个数据文件范围内或数据文件范本内调查，也可以调查终端用户对数据质量的看法．**完整性审核**主要是检查应调查的单位或个体是否有遗漏，所有调查项目或指标是否填写齐全等．**准确性审核**主要包括两个方面：（1）检查数据资料是否真实地反映了客观实际情况，内容是否符合实际；（2）检查数据是否有错误，计算是否正确等．

审核数据准确性常用的方法有两种：

（1）**逻辑检查**主要是从定性角度审核数据是否符合逻辑，内容是否合理，各项目或数字之间是否矛盾．比如，小学文化程度的人所填的职业是大学教师，对于这种违背逻辑的项目应予以纠正．

（2）**计算检查**是检查调查表中各项数据在计算结果和计算方法上有无错误，它主要用于数值型数据的审核．比如各分项数字之和是否等于相应的合计数，各结构比例之和是否等于1或100%，出现在不同表格上的同一指标数值是否相同，等等．计算检查主要用于对定距数据和定比数据的审核．

2）二手数据审核

对于通过其他渠道得到的二手数据，除了对其完整性和准确性两方面去审核外，还应审核数据的**适用性**和**时效性**．二手数据来自多种渠道，有些数据是为了特定目的而通过专门调查取得的，或者按特定目的做了加工和处理，因此作为使用者来说，应该清楚数据的来源、口径以及有关背景，不能盲目生搬硬套. 此外，还要对数据的时效性进行审核. 有些时效性较强的问题，如果所取得的数据过于滞后，就失去了研究的意义. 一般来说，应尽可能使用最新的统计数据. 数据经过审核后，确认适合实际需要，才有必要做进一步的加工整理.

对于审核中发现的错误应尽可能纠正. 在调查结束后，如果对发现的错误不能纠正，或有些数据不符合调查要求而又无法弥补时，就要对数据进行筛选，将不符合要求的数据或明显错误的数据予以剔除，并将符合某种特定条件的数据筛选出来，数据的筛选可借助计算机自动完成.

3.1.2 数据的筛选与排序

1）数据的筛选

数据筛选是根据需要找出符合特定条件的某类数据. 比如，找出考试成绩不及格的学生，找出考试成绩在 90 分以上的学生. 数据的筛选在市场调查中是十分重要的.

2）数据的排序

数据排序是指按一定规则对数据进行整理、排列，以便于研究者通过浏览数据发现一些明显的特征或趋势，找到解决问题的线索. 另外，还有助于数据错误检查，以及重新归类或分组，为数据的进一步处理做好准备.

对于分类数据，如果是字母型数据，排序有升序和降序之分，习惯上一般用升序，因为升序和字母的自然排列相同；如果是汉字型数据，排序的方式很多，比如按汉字的首个拼音字母排序，也可按笔画排序. 对于数值型数据的排序只有两种，即递增或递减，排序后的数据我们也称为次序统计量. 无论是定性数据还是数值型数据，排序都可借助计算机来完成.

下面给出一个例子，说明用 Excel 进行数据筛选和排序的过程.

例 3.1.1　为分析学生考试成绩，现抽取某中学某班考试成绩，数据见表 3.1.1

表 3.1.1　学生考试成绩

考生编号	性别	语文	数学	化学	生物	英语	总分
1	男	75	84	98	93	87	437
2	女	84	85	95	80	87	431
3	男	82	86	88	83	81	420
4	男	82	85	86	82	83	418
5	男	78	78	94	81	77	408
6	男	78	77	95	89	88	427
7	男	79	78	95	86	80	418
8	男	74	87	92	78	85	416
9	女	77	82	89	82	80	410
10	男	77	87	89	75	85	413

续表 3.1.1

考生编号	性别	语文	数学	化学	生物	英语	总分
11	女	77	77	98	83	77	412
12	女	77	74	86	86	75	398
13	女	76	88	83	72	83	402
14	男	79	92	81	89	72	413
15	男	68	81	90	81	67	387
16	男	76	86	91	81	80	414
17	男	72	84	88	79	69	392
18	男	74	84	89	77	78	402
19	女	84	69	77	74	75	379
20	女	78	76	86	77	85	402
21	女	74	61	89	78	87	389
22	女	75	75	87	78	75	390
23	女	71	75	88	72	74	380
24	男	72	91	87	79	69	398
25	女	73	68	93	74	76	384
26	男	75	74	82	85	74	390
27	女	76	66	78	77	80	377
28	男	84	73	83	76	78	394
29	女	72	76	84	75	85	392
30	男	75	65	87	77	70	374

（1）用 Excel 进行数据筛选的操作步骤.

① 选定单元格区域 A1:G31.

② 选择“数据”菜单，并选择“筛选”命令，如果要筛选出给定条件的数据，如语文成绩 77 分的同学，可使用“自动筛选”命令，这时会在第一行出现下拉箭头. 在下拉箭头方框内选出语文成绩为 77 分的同学，得到如下结果（见表 3.1.2）：

表 3.1.2 自动筛选结果

考生编号	性别	语文	数学	化学	生物	英语	总分
[illegible]	女	77	82	89	82	80	410
10	男	77	87	89	75	85	413
11	女	77	77	98	83	77	412
12	女	77	74	86	86	75	398

③ 如果要筛选出某门课成绩最高的前 3 名学生，可选择“前 10 个”即得结果. 若要选

出 5 门课程成绩都大于 80 分的学生，因设定的条件比较多，故可使用“高级筛选”命令. 首先建立条件区域，在数据清单 A1 处右击选择“插入”，至少插入 3 行作为条件区域，然后在“列表区域”中选中要筛选的数据清单$A$4: $G$34，在“条件区域”中选择匹配的条件$A$1: $G$2，点击“确定”按钮，可得表 3.1.3：

表 3.1.3 高级筛选结果

考生编号	语文	数学	化学	生物	英语	
	>80	>80	>80	>80	>80	
考生编号	语文	数学	化学	生物	英语	总分
3	82	86	88	83	81	420
4	82	85	86	82	83	418

（2）用 Excel 对数据进行排序的操作步骤.

① 选择“数据”菜单，并选择“排序”命令.

② 在“主要关键字”的下拉表中选“总分”，在“次要关键字”的下拉表中选“数学”，并选中“降序”按钮，单击“确定”即可实现按总分降序排列，如果总分一样，按数学降序排列（见图 3.1.1）.

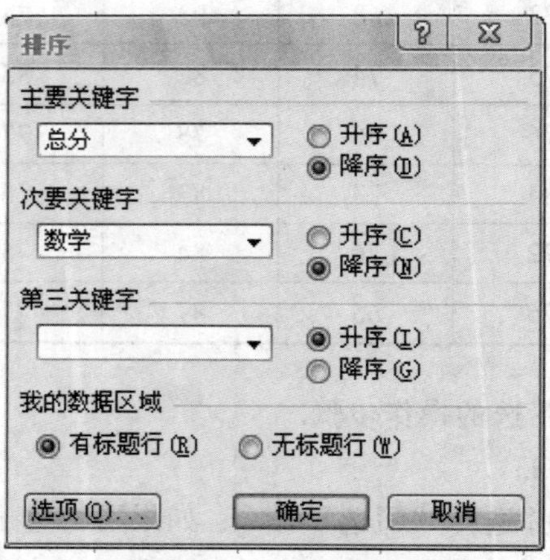

图 3.1.1 排序对话框

对数据预处理，得到符合分析需要的、准确无误的数据是非常关键的一步，是进一步整理与分析的基本保障，如果数据存在错误，那么后面一切工作都毫无意义.

3.2 品质数据的整理与显示

数据经预处理后可进一步分类或分组整理. 在对数据进行整理时，首先要弄清数据的类型，因为对于不同类型的数据所采取的处理方式和所适用的处理方法是不同的. 对品质数据主要作分类整理，但对数值型数据则作分组处理. 品质数据包括分类数据和顺序数据，对它们的整理和显示的方法基本是相同的，但也有细微差异.

3.2.1 分类数据的整理与显示

分类数据（categorical data）是离散数据(discrete data)，分类属性具有有限个（也可能很多）不同值，值之间无序，比如地理位置、工作类别和商品类型. 分类数据本身就是对事物的一种分类. 如人按性别分为男、女两类，因此在整理时除了列出所分的类别外，还要计算每一类别的频数（frequency）、频率或比例、比率，同时选择适当的图形进行显示.

1）频数与频数分布

（1）**频数**（frequency），也称**次数**，是落在某一特定类别或组中的数据个数. 我们把各个类别及其相应的频数全部列出来就是**频数分布**，或称**次数分布**（frequency distribution）. 将频数分布用表格形式表现出来就是**频数分布表**.

例 3.2.1 为研究某城市广告市场的状况，一家广告公司随机抽取 200 人就广告问题做了问卷调查，其中的一个问题是："您最关心下列哪一类广告？"

（1）商品广告； （2）服务广告； （3）金融广告； （4）房地产广告；

（5）招生招聘广告；（6）其他广告.

这里的变量就是"广告类别"，不同类型的广告就是变量值. 调查数据经分类整理后形成频数分布表，见表 3.2.1.

表 3.2.1 某城市居民关注广告类型的频数分布表

广告类型	人数（人）	比例	频率（%）
商品广告	112	0.560	56.0
服务广告	51	0.255	25.5
金融广告	9	0.045	4.5
房地产广告	16	0.080	8.0
招生招聘广告	10	0.050	5.0
其他广告	2	0.010	1.0
合 计	200	1	100

很显然，如果不做分类整理，直接观察这 200 个人对不同广告的关注情况，既不便于理解，也不便于分析. 但是经分类整理后，可以大大简化数据，且信息凸显. 比如，很容易看出关注"商品广告"的人数最多，达到了 56%，而关注"其他广告"的人数最少，只有 1%.

下面通过一个例子说明如何使用 Excel 和 SPSS 制作分类数据的频数分布表.

例 3.2.2 根据例 3.1.1 的数据，按性别生成频数分布表.

用 Excel 统计频数是按照数值型数据形式处理的，对于分类数据，可以用数字代码表示，如女、男分别用 0,1 表示，Excel 把数字代码视为数值型数据. 另外，Excel 要求为每个代码指定一个上限，本题代码上限也分别指定为 0,1，Excel 对数值（代码）等于上限的数据统计频数.

用 Excel 生成频数分布表的操作步骤如下：

（1）选择"数据分析"菜单，并选择"直方图"命令.

（2）打开"直方图"对话框，在"输入区域"输入代码 B2:B31（也可直接选中数据），在“接收区域”输入代码上限 C2:C3，在“输出选项”中指定一个“输出区域”，并选中“累积百分率”，单击“确定”（见图 3.2.1）.

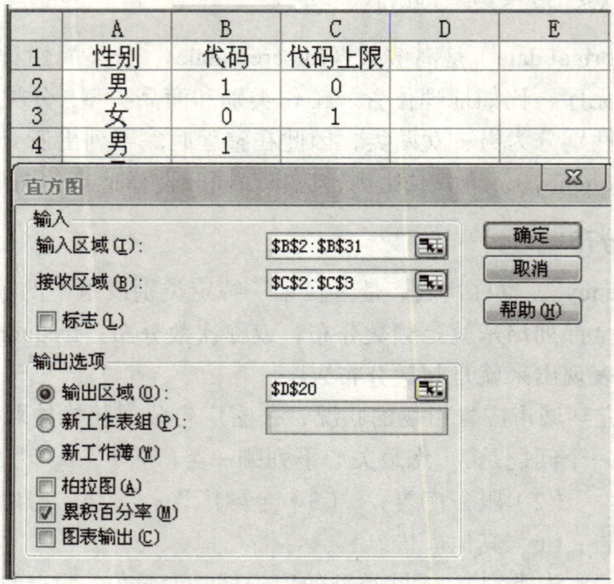

图 3.2.1　直方图对话框

得到如下结果（见表 3.2.2）:

表 3.2.2　Excel 生成的频数分布表

接收	频率	累积百分比/%
女(0)	13	43.33
男(1)	17	100.00

用 SPSS 软件也可生成频数分布表，而且操作更方便、快捷.

首先介绍 SPSS 生成数据表的方法：

（1）当数据是新数据时，可以直接由数据表输入. 首先定义变量名称，点击页面左下角，由“数据视图”切换到“变量视图(Variable View)”窗口：在“名称（Name）”字段输入变量名称，比如编号、性别；点击“类型（Type）”字段，打开“变量类型”对话框，选择一种变量类型，如数值、字符串；在“宽度（Width)”字段调整数据宽度；在“小数（Decimals）”字段调整小数位数；在“标签（Label）”字段输入变量备注说明；在“值（Values）”字段输入数值备注，等等. 切换到“数据视图”，在数据表中输入数据.

（2）当数据是原有的数据（如 Excel 数据、数据库或 ASCII 数据），SPSS 可以直接读取这些数据. Excel 数据的读取方法为：选择“文件（File）”→“打开（Open）”→“数据（Data）”，进入“打开数据（Open file）”对话框，找到保存“性别”数据的 Excel 文件，选中“从第一行数据读取变量名”，单击“确定（OK）”.

频数分布表操作步骤如下：

选择“分析（Analyze）”菜单→“描述统计（Descriptive Statistics Frequencies）”→“频

率”，将“性别”移入“变量”列表框中，单击“确定”.

SPSS 输出结果如表 3.2.3 所示：

表 3.2.3 SPSS 生成的频数分布表

性别					
		频率	百分比/%	有效百分比/%	累积百分比/%
有效	男	17	56.7	56.7	56.7
	女	13	43.3	43.3	100.0
	合计	30	100.0	100.0	

表中的类别是按拼音字母升序排列的，也可按降序排列；除了给出频数，还给出了百分比、有效百分比和累积百分比. 由于不存在缺失值，表中的百分比与有效百分比完全相同.

可见，Excel 与 SPSS 得到的结果相同.

（2）**比例**（proportion），也称为**构成比**，是一个总体（或样本）中各个部分的数值占全部数值的比重，通常用于反映总体的构成或结构. 假定总体数量 N 被分成 K 个部分，每一部分的数量分别为 $N_1, N_2, \cdots, N_K$，则第 i 部分的比例定义为 $\frac{N_i}{N}$. 显然，各部分的比例之和等于 1，即

$$\frac{N_1}{N}+\frac{N_2}{N}+\cdots+\frac{N_K}{N}=1.$$

比例是将总体中各个部分的数值都变成同一个基数，也就是都以 1 为基数，这样就可以对不同类别的数值进行比较了. 比如，在例 3.2.1 中，关注金融广告和招生招聘广告的人数比例差不多相同.

注意 统计学的研究对象是总体的统计规律，但由于总体很难得到或不必得到，因此我们常利用样本来估计总体，故在一般情况下，可认为两者是等价的.

（3）**百分比**（percentage），将比例乘以 100 就是百分比或百分数. 它是将对比的基数抽象化为 100 而计算出来的，用%表示. 它表示每 100 个分母中拥有多少个分子. 比如，在上面的例三中，频率一档就是将比例乘以 100 而得到的百分比. 百分比是一个更为标准化的数值，很多相对数都用百分比表示. 当分子的数值很小而分母的数值很大时，也可以用千分数（‰）来表示比例，如人口的出生率、死亡率、自然增长率等.

（4）**比率**（ration）是各不同类别的数量的比值. 它可以是一个总体中各不同部分的数量对比. 由于比率不是总体中部分与整体之间的对比关系，因而比值可能大于 1. 为便于理解，通常将分母化为 1. 比如，关注商品广告和关注服务广告人数的比率是 2.2∶1. 为方便起见，比率可以不用 1 作为基数，而用 100 或其他便于理解的数作基数. 比如，人口的性别比就用每 100 名女性人口所对应的男性人口来表示，如性别比为 105∶100，表示每 100 个女人对应 105 个男人，说明男性人口数量略多于女性人口. 几乎所有社会的男人数都多于女人数，故不采用 100 个男人所对应女人数来表示性别比.

2）分类数据的图示

用频数分布表来反映分类数据的频数分布简洁明了. 如果用图形来显示频数分布，就会

更加形象和直观．一张好的统计图表，往往胜过冗长的文字表述．统计图的类型有很多，对于分类数据，常见的图示方法有条形图和饼图．如果两个总体或两个样本的分类相同且问题可比时，还可以绘制环形图．

（1）**条形图**（bar chart）是用宽度相同的条形的高度或长短来表示数据多少的图形，条形图可横置或纵置，纵置时也称为**柱形图**（column chart），高度表示各类数据的频数或频率．另外，条形图有简单条形、复式条形图等形式．

（2）**饼图**（pie chart）也称为**圆形图**，是用圆形及圆内的扇形面积来表示数值大小的图形．饼图主要用于表示总体中各组成部分所占的比例，对研究结构性问题十分有用．在绘制饼图的时候，总体中各部分所占的百分比用圆内的各个扇形的面积表示．这些扇形的中心角度，是按各部分百分比占360°的相应比例确定的．例如，2014年职工年度考核良的人数占总人数的百分比为25%，那么扇形的中心角度就应该为360°×25%＝90°．

例 3.2.3 根据例3.1.1的数据，按性别绘制条形图和饼图．

利用Excel绘制条形图的步骤如下：

（1）打开文件或者键入数据，准备好建立图表的数据．

（2）调用菜单“插入”→“图表”或单击“常用”工具栏中“图表向导”按钮．

（3）在“图表向导-4 步骤 1-图表类型”，选择“柱形图”的第一个子类型，单击“下一步”．

（4）“数据区域”文本框中填入“A2:B3”或将光标移入“数据区域”文本框中，选中数据即可，单击“下一步”．

（5）填写标题、选择图例和数据标志等，单击“下一步”．

（6）双击感觉不满意的地方，进行修饰，当预览满意后，选择“完成”，如图3.2.2所示．

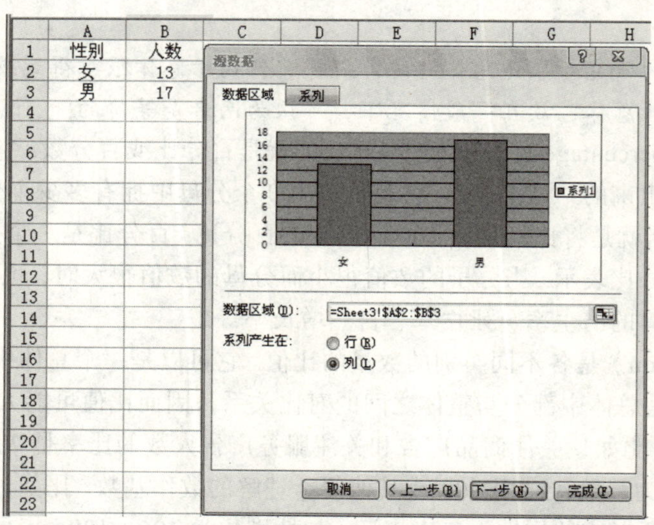

图 3.2.2 Excel 绘制柱形图对话框

注：如果“数据区域”填入“B2:B3”，则柱形类别用“1和2”表示，而不用“女和男”表示．

得到如下结果（见图3.2.3）：

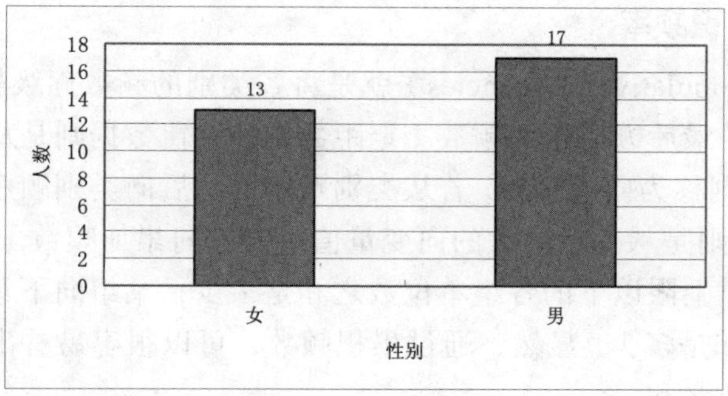

图 3.2.3 按性别绘制的柱形图

另外，我们还可以在“图表向导”中选择“条形图”来绘制横着的条形图，方法类似.饼图的绘制步骤与柱形图类似（见图 3.2.4）.

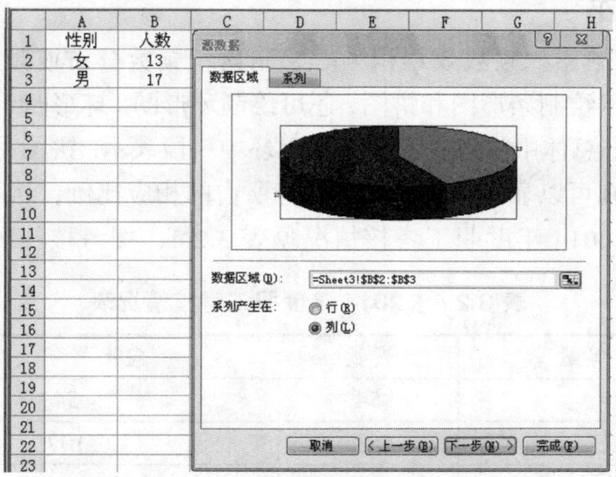

图 3.2.4 Excel 绘制饼图对话框

得到的结果如图 3.2.5 所示.

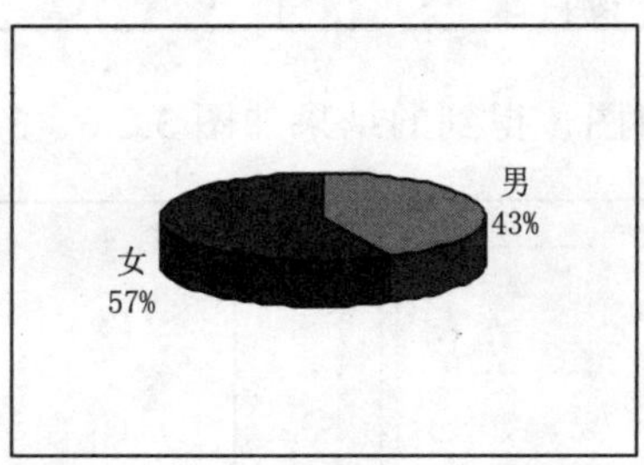

图 3.2.5 按性别绘制的饼图

可见，用柱形图和饼图来显示频数分布一目了然，无需再用过多的文字解释.

3.2.2 顺序数据的整理与显示

顺序数据的整理和显示方法可采用分类数据整理与显示方法，还可以使用累积频数和累积频率，但不适用于分类数据.

1）累积频数与累积频率

（1）**累积频数**（cumulative frequencies）就是将各类别的频数逐级累加起来. 若从类别顺序的开始向类别顺序的最后方向累加频数（定距数据和定比数据则是从变量值小的向变量值大的方向累加频数），则称为**向上累积**；若从类别顺序的最后向类别顺序的开始方向累加频数（定距数据和定比数据则是从变量值大的向变量值小的方向累加频数），称为**向下累积**. 某组向上累积频数表明该组上限以下的各组单位数之和是多少；某组向下累积频数表明该组下限以上的各组单位数之和是多少. 显然，通过累积频数，可以很容易看出某一类别（或数值）以下（或以上）的频数之和.

（2）**累积频率**（cumulative percentages）就是将各类别的百分比逐级累加起来，也有向上累积和向下累积两种方法. 某组向上累积频率表明该组上限以下的各组单位数之和占总体单位数的比重；某组向下累积频率表明该组下限以上的各组单位数之和占总体单位数的比重.

2）顺序数据的图示

（1）顺序数据可根据累积频数或累积频率绘制**累积频数分布或频率图**.

（2）顺序数据也可以绘制条形图和饼图，还可绘制环形图. **环形图**与饼图类似，但又有区别. 环形图中间有一个空洞，总体中的每一部分数据用环中一段表示. 饼图只能显示一个总体各部分所占的比例，而环形图则可以显示多个总体各部分所占的相应比例，从而有利于比较研究.

例 3.2.4 某单位 2014 年度职工考核情况见表 3.2.4，按考核等级绘制柱形图与饼图.

表 3.2.4 2014 年度职工考核情况表

考核等级	人数	向上累积人数
优	54	54
良	53	107
中	98	205
合格	5	210
不合格	4	214
合 计	214	214

利用 Excel 绘制柱形图和饼图，得到的结果如图 3.2.6、3.2.7 所示.

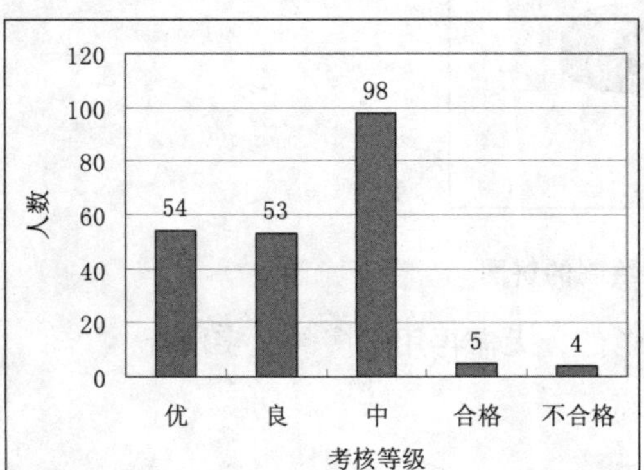

图 3.2.6 2014 年职工考核柱形图

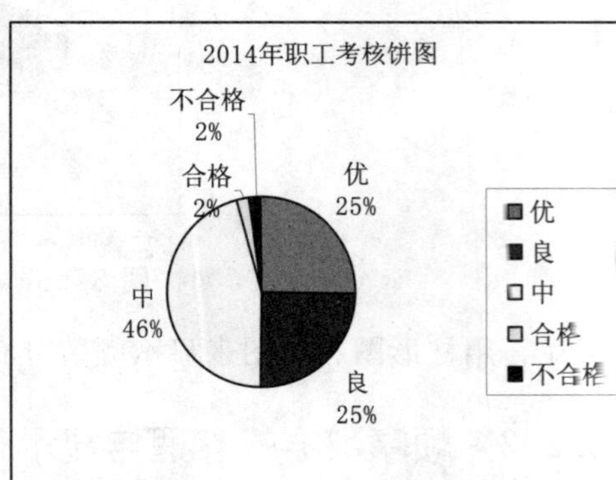

图 3.2.7 2014 年职工考核饼图

人生思考：事业单位和行政单位的职工考核是一件很棘手、很复杂的事情，因为考核标准很难制定，很难量化处理，最后的操作结果基本依赖领导的主观意志．而人都是自私的动物，且很多领导都有自己的“亲信”，如果领导认为你“优秀”，你基本就“优秀”了，领导说你“不行”，你就“不行”，“行”也“不行”．但这是一种不正常的现象，因为“行”就是“行”，“不行”就是“不行”，那么怎样才能恢复正常呢？我们可尝试采取以下两点措施：

（1）真正发挥民主的作用，民主产生领导，民主产生优秀．

（2）职工对领导进行考核，限制领导权力．

例 3.2.5 在一项城市住房问题的研究中，研究人员在 A, B 两个城市各抽样调查 300 户，其中一个问题是：“您对您家庭目前的住房状况是否满足？”

（1）非常不满意；（2）不满意；（3）一般；（4）满意；（5）非常满意．

调查结果经过整理，得表 3.2.5：

表 3.2.5 A, B 两个城市家庭对住房状况的评价

城市 / 回答类别	非常不满意	不满意	一般	满意	非常满意
城市 A	24	108	93	45	30
城市 B	21	99	78	64	38

对表 3.2.5 进一步整理可得表 3.2.6 ~ 3.2.7.

表 3.2.6 A 城市家庭对住房状况的评价

回答类别	A 城市					
	户数（户）	百分比（%）	向上累积		向下累积	
			户数（户）	百分比（%）	户数（户）	百分比（%）
非常不满意	24	8	24	8.0	300	100
不满意	108	36	132	44.0	276	92
一　般	93	31	225	75.0	168	56
满　意	45	15	270	90.0	75	25
非常满意	30	10	300	100.0	30	10
合　计	300	100	—	—	—	—

表 3.2.7 B 城市家庭对住房状况的评价

回答类别	B 城市					
	户数（户）	百分比（%）	向上累积		向下累积	
			户数（户）	百分比（%）	户数（户）	百分比（%）
非常不满意	21	7.0	21	7.0	300	100.0
不满意	99	33.0	120	40.0	279	93.0
一　般	78	26.0	198	66.0	180	60.0
满　意	64	21.3	262	87.3	102	34.0
非常满意	38	12.7	300	100.0	38	12.7
合　计	300	100.0	—	—	—	—

利用 Excel 绘制城市 A 向上累积分布图：首先求出城市 A 向上累积频数，并绘制折线图即可，如图 3.2.8 ~ 3.2.9 所示.

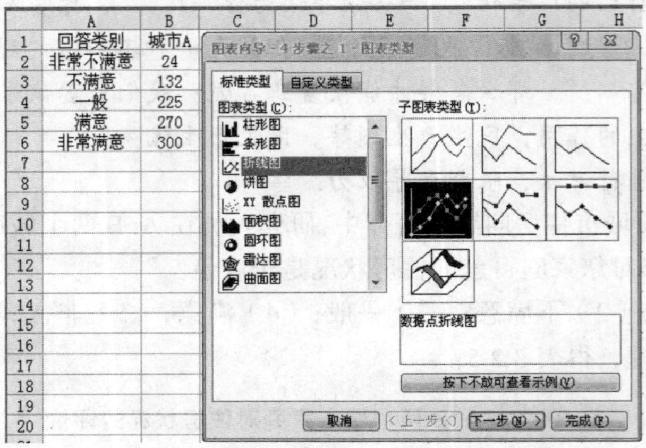

图 3.2.8　绘制折线图

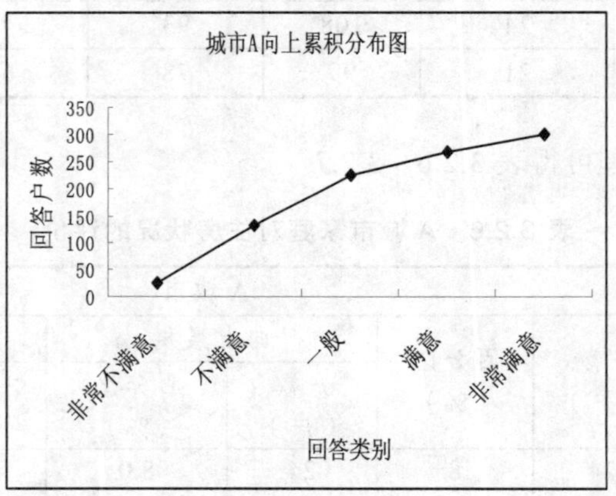

图 3.2.9　A 城市对住房状况评价向上累积分布图

为便于直观对比研究，我们可利用 Excel 画出 A, B 两城市的柱形图和环形图，如图 3.2.10 ~ 3.2.11 所示.

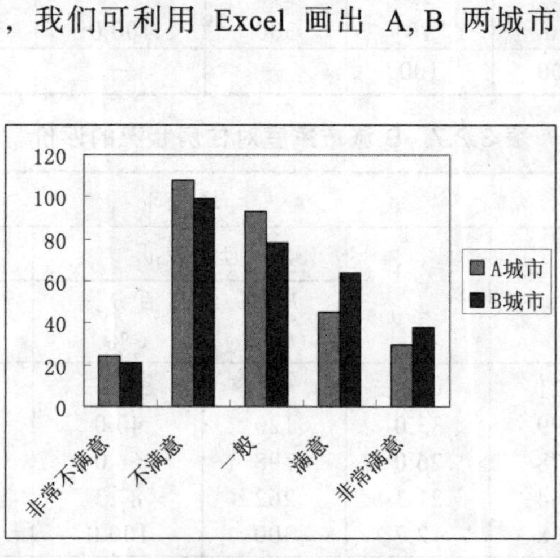

图 3.2.10　A, B 两城市家庭对住房状况的评价柱形图

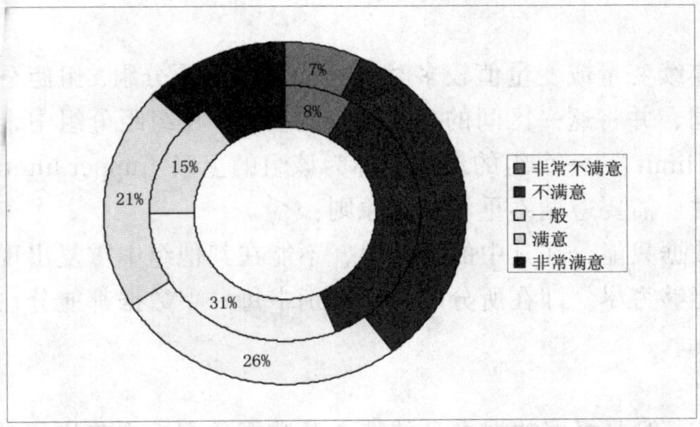

图 3.2.11 A, B 两城市家庭对住房状况的评价环形图

环形图按录入数据的顺序由里往外绘制环形. 在图 3.2.11 中，里边的一个环表示 A 城市家庭对住房状况评价中各回答类别所占的百分比，外边的一个环表示 B 城市相应的调查结果. A, B 城市对住房状况满意的家庭分别占 15%, 21%，而不满意的家庭分别占 36%, 33%，可见，两城市家庭对目前的住房状况都不太满意，其中 A 城市的情况更糟.

通过图 3.2.10 和 3.2.11 不仅能了解每个城市的调查结果，还能将两城市的调查结果进行对比，找出差距，究其原因，采取相应的措施解决问题.

人生思考：2004 年以后，中国房价飙升，让怀抱购房梦想的人们深感不安和迷茫，就连许多专家学者和业内人士也对房价的变动幅度感到意外. 许多人在等待，在攒钱，可攒钱的速度怎能和房价上涨的速度相比，真是越等越买不起. 甚至有的城市的房价达到了每平方米 20 万元，即使付得起首付，可银行月供也大大降低了生活质量.

无论是制表还是制图，Excel 都为我们准备了良好的操作平台，大家一定要多练习、多实践，它能提高我们处理数据的效率，事半功倍.

3.3 数值型数据的整理与显示

上面介绍的品质数据的整理和图示方法都适用于数值型数据，但数值型数据还有一些特定的整理和图示方法，它们不适用于品质数据.

3.3.1 数据的分组

在整理数值型数据时通常要进行数据分组. **数据分组**是根据统计研究的需要，将原始数据按照其种标准分成不同的组别. 分组后的数据称为**分组数据**，若再计算出各组中数据出现的频数，就可生成一张频数分布表. 数据分组的主要目的是观察数据的分布特征，方法有单变量值分组和组距分组两种.

1）单变量值分组

单变量值分组是把一个变量值作为一组，这种分组通常是适合离散变量的，而且在变量值较少的情况使用.

2）组距分组

当研究对象是连续变量或变量值较多时，一般采用组距分组. **组距分组**是将全部变量值依次划分为若干区间，并将这一区间的变量值作为一组. 在组距分组中，一个组的最小值称为该组的**下限**（low limit）；一个组的最大值称为该组的**上限**（upper limit）.

采用组距分组时，需要遵循不重不漏的原则：

不重是指一项数据只能分在其中的某一组，不能在其他组中重复出现.

不漏是指组别能够穷尽，即在所分的全部组别中每一项数据都能分在其中的某一组，不能遗漏.

分组步骤主要有：

（1）确定组数. 一般要根据数据本身的特点及数据的多少来确定组数. 组数的多少应适中. 如果组数太少，数据的分布就会过于集中；组数太多，数据的分布就会过于分散，这都不便于观察数据分布的特征和规律，不能很好地掌握数据的分布情况. 试想，如果全部数据分为一组或者每个数据分为一组，又有什么意义呢？组数的确定应以能够显示数据的分布特征和规律为目的. 一般情况下，一组数据所分的组数应不少于 5 组且不多于 15 组. 实际应用时，可根据数据的多少和特点及分析要求来确定组数. 在实际分组时，可按 Sturges 提出的经验公式来确定组数

$$K=1+\frac{\lg n}{\lg 2},$$

其中 n 为数据的个数，若结果为小数，可四舍五入，取整数后为组数.

（2）确定各组的组距. 每组区间长度可以相等，也可以不等，通常选用长度相同的区间以便进行比较，此时各组区间长度称为组距. **组距**是一个组的上限与下限的差，可根据全部数据的最大值和最小值及所分的组数来确定，即

组距=（最大值 − 最小值）/组数.

（3）统计每组的频数，生成**频数分布表**.

3.3.2 数值型数据的显示

前面介绍的条形图形、饼图、环形图和累积分布图等都可用于显示数值型数据. 此外，对数值型数据还有下面一些图示方法.

1）分组数据：直方图和折线图

（1）**直方图**（histogram）又称**柱状图**、**质量分布图**，是一种统计报告图，它是用矩形的宽度或高度表示频数分布的情况. 在平面直角坐标系中，一般用横轴表示数据类型，纵轴表示频数或频率. 在组距相等时，常用宽度相等的长条矩形表示，矩形的高低表示频数的大小.

在图形上，若横坐标表示所关心变量的取值区间，纵坐标表示频数，则可得到**频数直方图**. 若把纵轴改成频率可得到**频率直方图**. 为使诸长条矩形面积和为 1，可将纵轴取为频率/组距，如此得到的直方图称为**单位频率直方图**，也称为密度**直方图**.

条形图和直方图很相似，但两者是有区别的：条形图多用于反映分类数据，它一般是用高度（或长度）表示频数，各个“条形”是可以分开的，每个条形代表一个类别；而直方图一般

用于反映数值型数据. 它可以用面积表示频数，如密度直方图，它的条形宽度有明确的含义，代表组距，组距有数值大小之分，且一般是连续分组的，所以“条形”往往是紧靠在一起的.

（2）**频数多边形图（折线图）**是在直方图的基础上，把直方图每个条形上边中点用直线连接起来，且与第一个条形左边中点和最后一个条形右边中点相连接，并延长交于横轴，再把原来的直方图去掉就是折线图. 可见，折线图与横轴围成的面积与直方图的面积相等，若所做的直方图为密度直方图，其面积表示频数，相应的折线图所围成的面积恰好等于 1. 分的组数越多，折线图越光滑，逼近频数分布曲线，它也是密度函数的一种近似.

2）未分组数据：茎叶图和箱线图

（1）**茎叶图**由“茎”和“叶”两部分构成，其图形是由数字组成的. 通过茎叶图，可以看出数据的分布形状及数据的离散状况，比如，分布是否对称，数据是否集中，是否存在极端值等. 绘制茎叶图的关键是设计好树茎，通常是以该组数据的高位数值作为树茎，最后一位数字作为叶. 树茎一经确定，树叶就自然地长在相应的树茎上了.

（2）**箱线图**　次序统计量的应用之一就是**五数概括**. 在得到样本后，容易计算出如下五个值：最小观测值 $x_{\min}=x_{(1)}$，最大观测值 $x_{\max}=x_{(n)}$，中位数 $m_{0.5}$，四分之一分位数 $Q_1=m_{0.25}$，四分之三分位数 $Q_3=m_{0.75}$. 所谓的五数概括就是用这五个数来大致描述一批数据的轮廓. 五数概括的图形表示为箱线图（box plot），由箱子和线段组成. 其做法如下：画一个箱子，其两侧为四分之一分位数和四分之三分位数，在中位数位置上画一条竖线，它在箱子内，这个箱子包含了样本中 50%的数据. 在箱子左右两侧各引出一条水平线分别到最小值和最大值为止，每条线段包含了样本 25%的数据. 箱线图可用来对样本数据分布的形状进行大致的判断.

例 3.3.1　根据例 3.1.1 中的数据，绘制频数分布表、直方图、茎叶图、箱线图等.

（1）**用 Excel 创建频数分布表和直方图.**

① 打开文件或者键入数据，准备好建立图表的数据.

② 对样本分组，确定每组组限.

首先确定组数 k，根据实际情况，我们采用不等区间对学生考试成绩分组，分为 5 组，分别为

$$[0,60),\ [60,70),\ [70,80),\ [80,90),\ [90,100],$$

但 Excel 采用上组限在内、下组限不在内的原则分组，即对数值大于该组下限且小于或等于该组上限的数据统计频数（与前面分类数据统计频数原理相同），因此将分组区间调整为

$$(-0.5,59.5),\ (59.5,69.5),\ (69.5,79.5),\ (79.5,89.5),\ (89.5,100.5).$$

在某列输入每组上限 59.5, 69.5, 79.5, 89.5（100.5 为什么不需要输入？请读者思考），不妨在$I$2:$I$5 单元格中输入，如图 3.3.1 所示.

	A	B	C	D	E	F	G	H	I
1	编号	性别	语文	数学	化学	生物	英语	总分	
2	1	男	75	84	98	93	87	437	59.5
3	2	女	84	85	95	80	87	431	69.5
4	3	男	82	86	88	83	81	420	79.5
5	4	男	82	85	86	82	83	418	89.5
6	5	男	78	78	94	81	77	408	
7	6	男	78	77	95	89	88	427	

图 3.3.1　某班成绩分组

③ 选择“工具”下拉菜单，并选择“数据分析”选项中的“直方图”.

④ 在“直方图”对话框中，“输入区域”文本框中填入$C$2:$C$31；在“接收区域”文本框中输入各组的上限值（数据接收序列），即填入“$I$2:$I$5”；在“输出选项”中，选中“累计百分率”和“图表输出”复选框. 如图 3.3.2 所示.

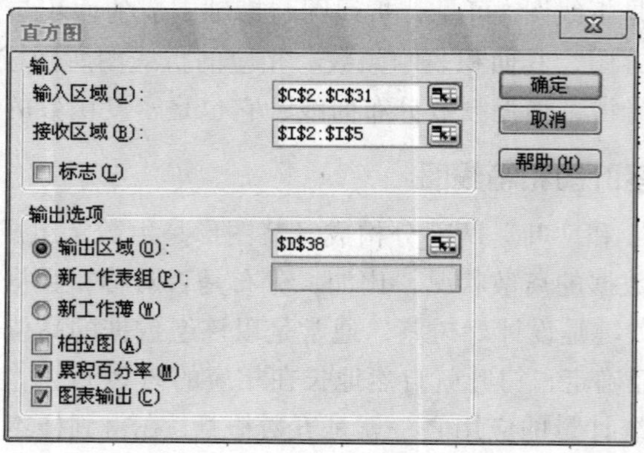

图 3.3.2 直方图对话框

⑤ 单击“确定”按钮. 双击图形，可以对图形进行适当的修饰，如 Excel 默认输出的直方图中的各矩形是分开排列的，要想使其连续排列，只需双击图形，在数据系列格式对话框中，将“选项”中的“分类间距”设置为 0 即可，结果如表 3.3.1 和图 3.3.3 所示.

表 3.3.1 语文成绩频数与累积频率分布表

范围	接收	频率	累积百分比/%
不合格	59.5	0	0.00
60～69	69.5	1	3.33
70～79	79.5	24	83.33
80～89	89.5	5	100.00
90 以上	其他	0	100.00

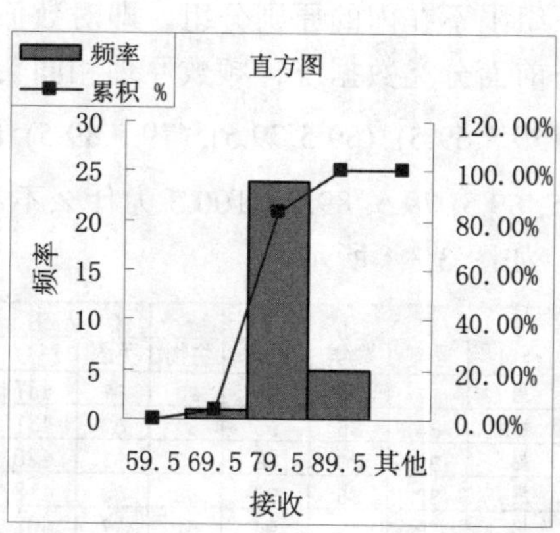

图 3.3.3 语文成绩直方图与累积折线图

Excel 功能众多，我们不可能一一讲解，关键在于读者自己摸索，多尝试下不同的选项，细细品味各个选项的含义. 但 Excel 也存在缺陷，其绘图功能不够全面，没有绘制茎叶图、箱线图的功能，但可采用 SPSS 软件完成这两种图形.

（2）**用 SPSS 绘制茎叶图和箱线图.**

这里我们首先根据数学成绩绘制茎叶图和箱线图. 选择“分析（Analyze）”→“描述统计（Descriptive）”→“探索”命令. 将左侧列表中“数学”移入因变量列表框，单击“绘制”按钮，选中“茎叶图”、“箱图”，点击“继续”→“确定”，如图 3.3.4 所示.

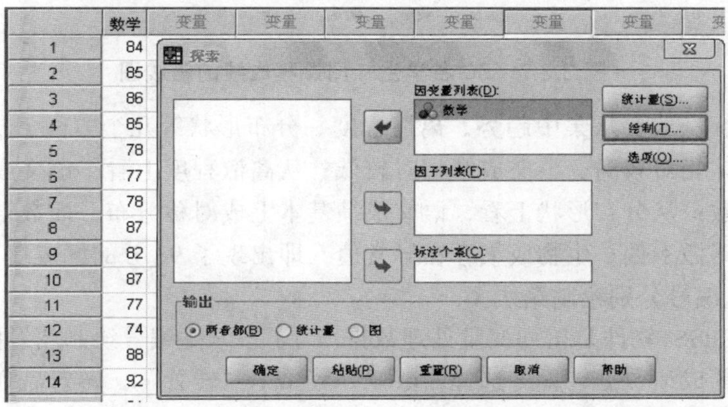

图 3.3.4 SPSS 探索对话框

SPSS 得到的结果如图 3.3.5 ~ 3.3.6 所示：

```
Frequency    Stem &  Leaf
     1.00       6 .   1
     4.00       6 .   5689
     3.00       7 .   344
     8.00       7 .   55667788
     5.00       8 .   12444
     7.00       8 .   5566778
     2.00       9 .   12
 Stem width:        10
 Each leaf:       1 case(s)
```

图 3.3.5 数学成绩茎叶图

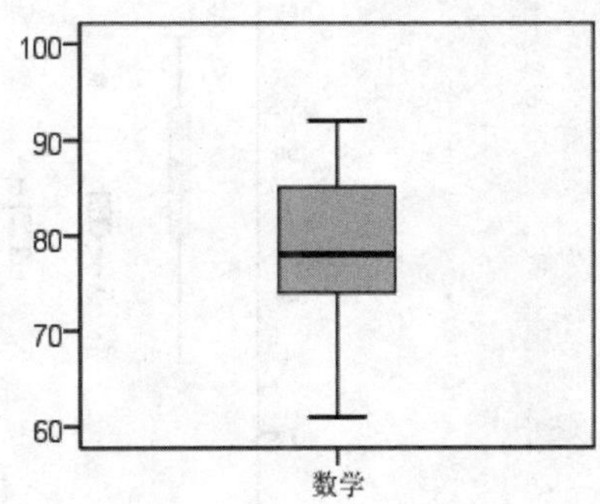

图 3.3.6 数学成绩箱线图

茎叶图就像一个横置的直方图，反映了数学成绩的频数分布情况. 从图 3.3.5 可以看出，75 ~ 80 分的人数最多，85 ~ 90 分的人数次之，60 分以下及 90 分以上的人数很少，成绩不太分散，没有出现两极分化的情况. 从箱线图上看，数学成绩的中位数接近 80 分，成绩略微上偏，没有出现异常值.

为了便于比较，还可以将多个变量的箱线图画在同一个平面直角坐标系中.

① 按照课程名称分别绘制箱线图.

选择“图形”→“旧对话框”→“箱图”命令. 选中“简单”的箱线图，并选择“各个变量的摘要”即每个变量绘制箱线图，单击“定义”，将左侧列表中“语文、数学、化学、生物、英语”移入“框的表征”列表框中，单击“确定”，如图 3.3.7 所示.

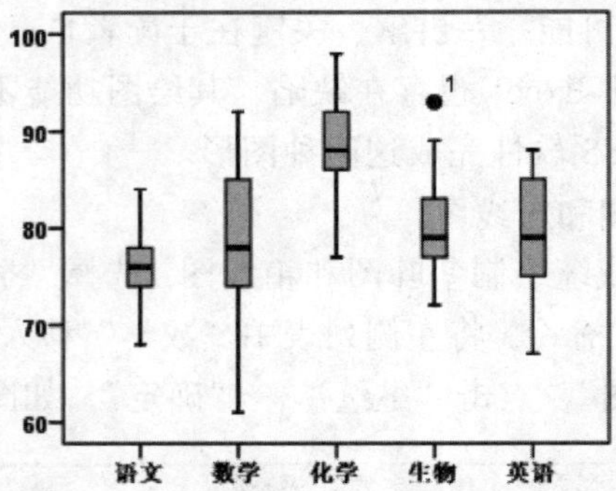

图 3.3.7　30 名学生 5 门课程成绩的箱线图

对于箱线图，一般要从集中趋势、离散程度、分布形状等几个方面分析. 从集中趋势上看，化学成绩整体相对较高，语文成绩相对较低；从离散程度上看，语文成绩比较集中，而数学成绩最为分散；从分布形状上看，语文成绩基本上成对称分布，而数学等其他学科成绩分布相对偏斜，略微上偏；生物成绩存在异常值，即出现了 93 分的好成绩.

② 按照学生编号分别绘制箱线图.

一般来说，SPSS 软件是按列变量处理数据. 为了按学生编号绘制箱线图. 可将上述 30 名学生 5 门课程的成绩数据转置（选择“数据”菜单→“转置”），转置后列变量则表示每一名学生的各科成绩. 用 SPSS 软件绘制箱线图时，将“学生编号”移入“框的表征”列表框中，其他不变. 下面给出了编号为 1,2,3,4,6,7,8,17,21 的学生成绩箱线图.

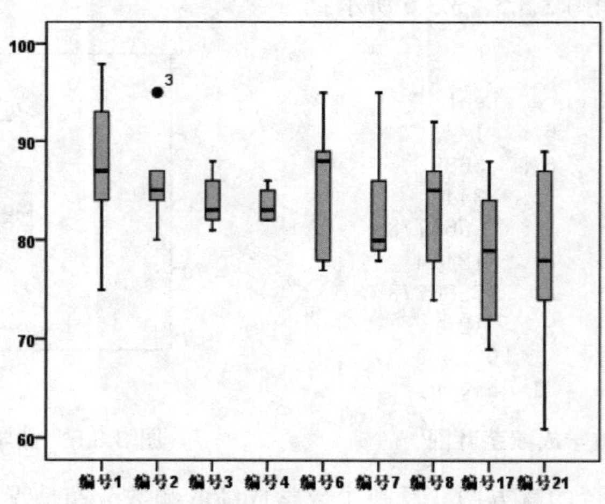

图 3.3.8　9 名学生 5 门课程成绩的箱线图

从图 3.3.8 上看，6 号学生成绩的中位数最大，同时离散程度较大，偏斜程度也较大，即说明该学生大多数课程成绩都比较高，而有些课程成绩偏低；2, 3, 4 号学生的各科成绩也相对较高，且比较集中，其中 2 号学生的成绩出现了一个异常值，即该学生在化学课程上取得了 95 分的好成绩；17, 21 号的学生成绩相对较低，且离散程度大，17 号学生的成绩分布较为对称，而 21 号学生的成绩相对偏斜严重一些，说明该学生有一定程度的偏科，等等.

对箱线图的分析用到了第 4 章的有关知识，请读者学完第 4 章后再分析本题，将会有更深刻的理解.

3）时间序列数据——线图

对于在不同时间上取得的数值型数据，即时间序列数据，还可以绘制线图，也可称为时序图. 时序图就是一个平面二维坐标图，通常横轴表示时间，纵轴表示序列取值. 时序图是在平面直角坐标上通常用折线表现数量变化特征和规律，以反映事物发展变化的规律和趋势.

（1）时间一般绘在横轴，指标数据绘在纵轴.

（2）图形的长宽比例要适当，一般应绘成横轴略大于纵轴的长方形，其长宽比例大致为 10∶7. 图形过扁或过于瘦高，不仅不美观，而且会给人造成视觉上的错觉，不便于对数据变化的理解.

（3）一般情况下，纵轴数据下端应从 0 开始，以便于比较. 数据与 0 之间的间距过大，可以采取折断的符号将纵轴折断.

例 3.3.2　根据天水市 1978—2010 年的粮食产量（单位：万吨）数据（见表 3.3.2），绘制时序图，进行初步的定性分析. 数据来源于《天水市统计年鉴》（2011）.

表 3.3.2　天水市 1978—2010 粮食产量数据

年份	产量（万吨）	年份	产量（万吨）	年份	产量（万吨）
1978	53.05	1989	66.20	2000	58.42
1979	41.66	1990	72.58	2001	72.50
1980	44.94	1991	71.32	2002	69.74
1981	40.05	1992	74.88	2003	74.55
1982	44.58	1993	78.94	2004	79.17
1983	52.70	1994	72.34	2005	83.94
1984	49.99	1995	63.63	2006	84.65
1985	55.10	1996	78.18	2007	85.95
1986	50.12	1997	37.40	2008	103.36
1987	48.91	1998	70.82	2009	104.46
1988	59.36	1999	60.85	2010	109.10

在 Excel 中，选中要分析的数据，单击工具栏中的"图表向导"，选择"折线图"，单击"下一步"按钮，在"图表标题"框中填入"天水市粮食产量"，分类（X）轴框中填入"时间"，数值（Y）轴框中填入"产量"，单击完成按钮，可得图 3.3.9.

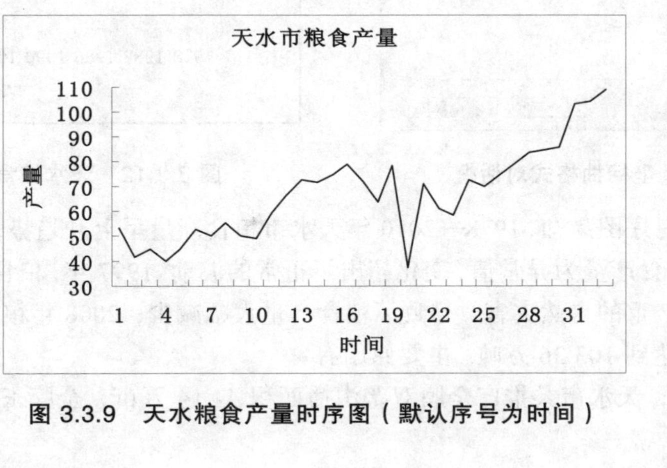

图 3.3.9　天水粮食产量时序图（默认序号为时间）

Excel 默认以序号为横坐标，若以年份数据为横坐标，只需在“步骤之 2 图表源数据”对话框中，单击“系列”，点击“分类(X)轴标志”，选中“1978—2010 年份数据”即可，如图 3.3.10 所示.

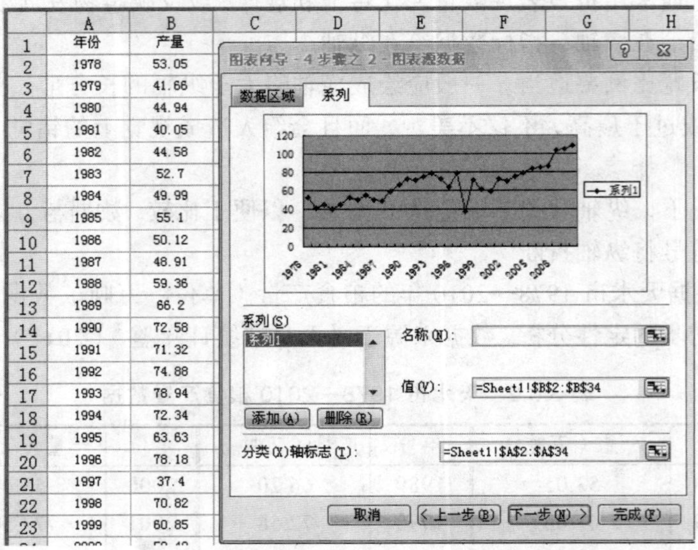

图 3.3.10　图标向导-4 步骤之 2 图表源数据

还可通过右单击或双击对图形进行适当修饰，如右单击横坐标轴，打开坐标轴格式对话框，可调整字体、字号大小及刻度等. 例如，由于“分类（X）轴标志”太密集，不便显示和观察，我们双击“(X) 轴”，可得图 3.3.11. 经过修饰，可得图 3.3.12.

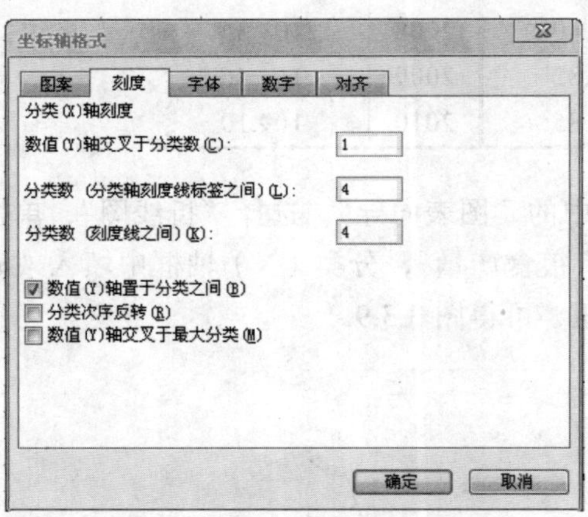

图 3.3.11　坐标抽格式对话框

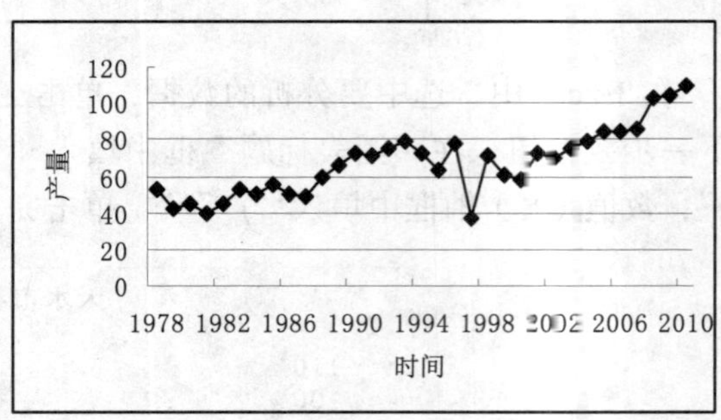

图 3.3.12　天水粮食产量时序图

由上面两个时序图易知，1978—2010 年天水市粮食产量呈上升趋势，增长幅度不同. 1997 年和 2008 年的粮食产量为异常值，变化超出了正常的波动. 1997 年，粮食产量达到历史低谷，当年天水发生了严重的自然灾害，导致了粮食产量大幅减少；2008 年粮食生产再夺丰收，首次突破百万吨，达到 103.36 万吨. 主要原因有：

（1）2007 年，天水市共推广全膜双垄沟播面积 44.14 万亩，全膜玉米平均亩产 672.6 千克，较半膜玉米亩产增产 130.9 千克，为 24.2%，最高亩产达 800 多千克，增收效果明显.

（2）2007 年，天水市积极实施种子、植保、沃土、地膜增粮“四大工程”和“围绕粮食高产创建活动，积极实施科技增粮行动计划”，全面落实支农、惠农、强农政策和各项增产措施. 2008 年全市落实粮食直补资金 2 129 万元，农资综合直补资金 13 993 万元，良种补贴资金 1 053 万元，农机具购置补贴 760 万元；粮食生产的科技含量和生产能力进一步提高，这也促使 2009—2010 年粮食大丰收.

4）多变量数据——雷达图

图形有助于对所研究的数据直观了解. 一般来说，绘制一维或二维图形比较容易，三维或更高维图形虽然也能画出，但不容易解释分析. 那么，有没有更好的图示方法将三维及三维以上数据表示出来？许多统计学家给出了多指标的图示方法，如雷达图、轮廓图、调和曲线图、星座图、脸谱图、装饰图等. 这里只介绍常用的雷达图.

雷达图的作图步骤是：

（1）作一圆，并把圆周分为 p 等分.

（2）连接圆心和各分点，把这 p 条半径依次定义为各变量的坐标轴，标以适当的刻度.

（3）对给定的一次观测值，把 p 个变量值分别取在相应的坐标轴上，然后将它们连接成一个 p 边形.

（4）n 次观测值可画出 n 个 p 边形.

这种图形既像雷达荧光屏上看到的图像，也像一个蜘蛛网，因此有人称为**雷达图**，也有人称为**蜘蛛图**.

雷达图用于同时对多个指标的对比分析和对同一个指标在不同时期的变化进行分析. 雷达图法分为典型的图形分析方法和雷达图综合评价方法. 前者主要通过先绘制各评价对象的雷达图，将其用于综合评价，由评价者对照各类典型的雷达图，通过观察给出定性评价结果. 其优点是直观、形象、易于操作；缺点是当参加评价的对象较多时，很难给出综合评价的排序结果. 近年来，专家们对雷达图直观综合评价方法数量化，构建了一种图形和数量相结合的评价方法.

例 3.3.3 根据例 3.1.1 中编号为 6 和 30 的学生成绩绘制雷达图.

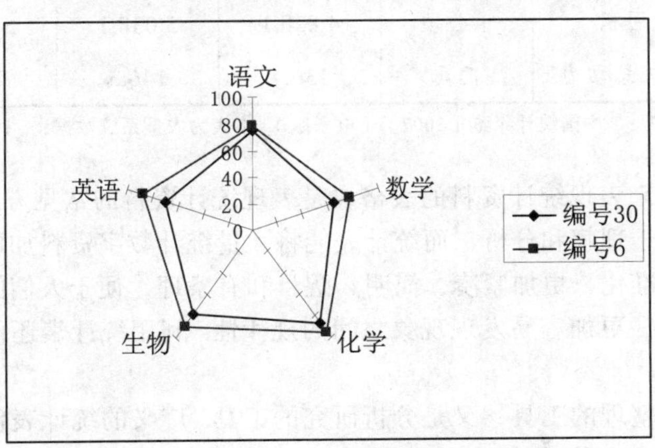

图 3.3.13 两名学生学习成绩的雷达图

如果各科成绩都达到 100 分，则对应着一个面积最大的正五边形，学习成绩好的学生，其图形面积大. 由图 3.3.13 可知，编号为 6 的学生各科成绩均比编号为 30 的学生成绩高.

3.4 统计表

统计表是用原始数据制成的一种表格，为了实际需要，人们常常要把工农业生产、科学技术和日常工作中所得到的相互关联的数据，按照一定的要求进行整理、归类，并按照一定的顺序把数据排列起来，制成表格，这种表格叫做统计表. 在《统计学原理》上，**统计表是集中而有序地表现统计资料的表格**. 显然，看统计图表要比看那些枯燥的数字更有趣，因此，正确地使用统计图表是做好统计分析的最基本技能.

1）统计表的构成

统计表一般包括总标题、横标题、纵标题、数字资料、单位、制表日期. **总标题**是指表的名称，它应能简单扼要地反映出表的主要内容，**横标题**是指每一横行内数据的意义；**纵标题**是指每一纵栏内数据的意义；**数字资料**是指各空格内按要求填写的数字；**单位**是指表格里数据的计量单位. 在数据单位相同时，一般把单位放在表格的左上角. 如果各项目的数据单位不同时，可放在表格里注明. 制表日期放在表的右上角，表明制表的时间. 各种统计表都应有"备考"或"附注"栏，以便必要时填入不属于表内各项的事实或说明.

统计表的形式多种多样，根据使用者的要求和统计数据本身的特点，可以绘制多样的统计表，例如，表 3.4.1 就是一种比较常见的统计表.

表 3.4.1 2004—2006 年国有农场基本情况

项目	单位	2004	2005	2006
农场数	个	1 928	1 923	1 896
职工人数	人	339.6	335.9	329.3
耕地面积	千公顷	4 820.1	5 038.1	5 187.0
农业机械总动力	亿瓦	136.4	146.3	153.9

资料来源：《中国统计年鉴（2007）》（电子版），本表为农垦系统数据.

统计表是用线条来表现统计资料的表格，是表现统计资料的常见方式. 杂乱的数据，既不便于阅读，也不便于理解和分析，而统计表能将大量统计数字资料加以综合组织安排，使资料更加系统化、标准化，更加紧凑、简明、醒目和有条理，便于人们阅读、对照比较，从而使问题说明更清楚，更加容易发现现象之间的规律性. 利用统计表还便于资料的汇总和审查，便于计算和分析.

统计表既是调查整理的工具，又是分析研究的工具. 广义的统计表包括统计工作各个阶段中所用的一切表格，如调查表、整理表、计算表等，它们都是用来提供统计资料的重要工具.

2）统计表的设计

由于使用者的目的及统计数据的特点不同，统计表设计在形式和结构上会有很大差异，但其设计原则是一样的，即统计表应该符合科学、实用、简练、美观.

首先，要合理安排统计表的结构，比如行标题、列标题、数字资料的位置应安排合理. 当然，由于强调的问题不同，行标题和列标题可以互换，但应注意统计表的横竖长度比例适当，避免出现过高或过长的表格形式.

其次，表头一般应包括表号、总标题和表中数据的单位等内容. 总标题应很明确地概括统计表的内容，一般需要标明统计数据的时间（when）、地点（where）以及何种数据（what），即标题内容应满足“3W”要求. 如果表中的全部数据用同一计量单位，可放在表的右上角表面，若各指标的记录单位不同，则应放在每个指标后或单列出一列标明.

再次，表中的上下两条横线一般用粗线，中间其他线要用细线，这样清楚、醒目. 通常情况下，统计表的左右两边不封口，列标题用竖线分开，而行标题之间通常不必用横线隔开，总之，表中尽量少用横竖线，因为如果表中线太多，就会喧宾夺主，妨碍阅读. 表中的数据一般右对齐，有小数点的要以小数点对齐，而且小数点的位数应统一. 没有数字的表格单元，一般用“—”表示. 一张填好的统计表不应出现空白单元格.

最后，在使用统计表时，必要时可在表的下方加上注释，特别要注意资料来源，以示对他人劳动成果的尊重，备读者查阅使用.

总评：合理使用图表描述统计结果是应用统计的基本技能之一，一张好的统计图表，往往胜过冗长的文字表述，因此希望读者多摸索，多实践，尽快掌握图表的阅读与绘制.

习题 3

1. 等距分组和不等距分组的频数分布各有什么特点？

2. 直方图与条形图有何区别？

3. 茎叶图与直方图相比有什么优点？

4. 一家市场调查公司为研究不同品牌饮料的市场占有率，对随机抽取的一家超市进行了调查. 调查员某天对 50 名顾客购买饮料的品牌进行了记录，如果一个顾客购买某一品牌的饮料，就将这一饮料的品牌名字记录一次. 记录的原始数据如下：

旭日升冰茶	可口可乐	旭日升冰茶	汇源果汁	露露
露露	旭日升冰茶	可口可乐	露露	可口可乐
旭日升冰茶	可口可乐	可口可乐	百事可乐	旭日升冰茶
可口可乐	百事可乐	旭日升冰茶	可口可乐	百事可乐
百事可乐	露露	露露	百事可乐	露露
可口可乐	旭日升冰茶	旭日升冰茶	汇源果汁	汇源果汁
汇源果汁	旭日升冰茶	可口可乐	可口可乐	可口可乐
可口可乐	百事可乐	露露	汇源果汁	百事可乐
露露	可口可乐	百事可乐	可口可乐	露露
可口可乐	旭日升冰茶	百事可乐	汇源果汁	旭日升冰茶

对于本题数据，可采用哪些整理与显示的方法？请用 Excel 或 SPSS 实现.

5. 为了考察学生的学习情况，从中学某年级随机抽取 12 名学生 5 门主课程期末考试成绩，数据见表 3.1.

表 3.1　12 名学生 5 门主课程期末考试成绩

序号	政治	语文	外语	数学	物理
1	99	94	93	100	100
2	99	88	96	99	97
3	100	98	81	96	100
4	93	88	88	99	96
5	100	91	72	96	78
6	90	78	82	75	97
7	75	73	88	97	89
8	93	84	83	68	88
9	87	73	60	76	84
10	95	82	90	62	39
11	76	72	43	67	78
12	85	75	50	34	37

对于本题数据，有哪些整理与显示的方法？请用 Excel 或 SPSS 实现.

6. 某行业管理局所属 40 个企业 2002 年的产品销售收入数据如下（单位：万元）：

152	124	129	116	100	103	92	95	127	104
105	119	114	115	87	103	118	142	135	125
117	108	105	110	107	137	120	136	117	108
97	88	123	115	119	138	112	146	113	126

（1）根据上面的数据进行适当的分组，编制频数分布表，并计算出累积频数和累积频率.

（2）如果按企业成绩规定：销售收入在 125 万元以上为先进企业，115 ~ 125 万元为良好企业，105 ~ 115 万元为一般企业，105 万元以下为落后企业，按先进企业、良好企业、一般企业、落后企业进行分组.

7. 下面是某电脑公司 2002 年前 4 个月各天的销售量数据，试对数据进行分组.

234	159	187	155	172	183	182	177	163	158
143	198	141	167	194	225	177	189	196	203
187	160	214	168	173	178	184	209	176	188
161	152	149	211	196	234	185	189	196	206
150	161	178	168	174	153	186	190	160	171
228	162	223	170	165	179	186	175	197	208
153	163	218	180	175	144	178	191	197	192
166	196	179	171	233	179	187	173	174	210
154	164	215	233	175	188	237	194	198	168
174	226	180	172	190	172	187	189	200	211
156	165	175	210	207	181	205	195	201	172
203	165	196	172	176	182	188	195	202	213

8. 表 3.2 是某考试管理中心对 2002 年参加成人自学考试的 12 000 名学生的年龄分组数据；

表 3.2　12 000 名学生的年龄分组数据

年龄（岁）	18～19	20～21	22～24	25～29	30～34	35～39	40～44	45～49
%	1.9	34.7	34.1	17.2	6.4	2.7	1.8	1.2

（1）对这一年龄分布作直方图；

（2）从直方图分析成人自学考试人员年龄分布的特点.

9. 从某大学经济管理专业二年级学生中随机抽取 11 人，对其 8 门主要课程的考试成绩进行调查，所得结果见表 3.3. 试绘制这 11 名学生各科考试成绩的批比较箱线图，并分析这 11 名学生各科考试成绩的分布特征.

表 3.3　11 名学生各科考试成绩数据

课程名称	学生编号										
	1	2	3	4	5	6	7	8	9	10	11
英语	76	90	97	71	70	93	86	83	78	85	81
经济数学	65	95	51	74	78	63	91	82	75	71	55
西方经济学	93	81	76	88	66	79	83	92	78	86	78
市场营销学	74	87	85	69	90	80	77	84	91	74	70
财务管理	68	75	70	84	73	60	76	81	88	68	75
基础会计学	70	73	92	65	78	87	90	70	66	79	68
统计学	55	91	68	73	84	81	70	69	94	62	71
计算机基础	85	78	81	95	70	67	82	72	80	81	77

10. 甲乙两个班各有 40 名学生，期末统计学考试成绩的分布如表 3.4：

表 3.4　甲乙两班期末统计学考试成绩

考试成绩	人数	
	甲班	乙班
优	3	6
良	6	15
中	18	9
及格	9	8
不及格	4	2

（1）根据上面的数据，画出两个班考试成绩的对比条形图和环形图.

（2）比较两个班考试成绩分布的特点.

（3）画出雷达图，比较两个班考试成绩的分布是否相似.

4 数据分布的描述与分析

利用图表展示数据，可以对数据分布的形状和特征有一个大致的了解，但这种了解只是表面的、粗浅的，还需要找到具有代表性的数量特征，准确地描述出统计数据的分布. 统计数据分布的特征可以从三个方面进行测度和描述：一是分布的集中趋势，反映各数据向其中心值靠拢或聚集的程度，如平均数；二是分布的离中趋势，反映各数据远离其中心值的程度，如方差、标准差、变异系数；三是分布的偏态和峰态，反映数据分布的形状.

本章重点讨论分布特征值的计算方法、特点及其应用场合.

4.1 集中趋势的测度

集中趋势是指一组数据向某一中心值靠拢的程度，它反映了一组数据中心点的位置所在. 因为从变量值的分布情况来看，多数现象的次数分布都具有“两头少，中间大”的分布态势，即很大和很小的变量值的次数少，而靠近某一个中心值的次数多，这个中心值就是平均数. 测度集中趋势就是寻找数据一般水平的代表值或中心值，通常有两种方法：一是从总体各单位变量值中抽象出具有一般水平的量，这个量不是各个单位的具体变量值，但又可反映总体各单位的一般水平，这种平均数称为**数值平均数**. 二是先将总体各单位的变量值按一定顺序排列，然后取某一位置的变量值来反映总体各单位的一般水平，把这个特殊位置上的数值看作平均数，称为**位置平均数**，主要有众数、中位数、四分位数等形式.

4.1.1 平均数

平均数，也称为**均值**（mean），是指一组数据相加后再除以数据的个数得到的结果. 平均数在统计学中具有重要地位，它是描述一组数据集中程度的最主要测度值，也是进行统计分析和统计推断的基础，计算简便. 平均数主要适用于数值型数据，而不适用于分类数据和顺序数据.

从统计思想看，平均数是一组数据的重心所在，是数据误差相互抵消的必然结果，但容易受极值的影响. 例如，对同一事物多次测量，所得结果可能不一致，这是测量误差所致，也可能是其他因素的偶然影响. 将平均数作为其代表值，可以使得误差相互抵消，以反映事物必然性的数量特征. 但在统计某地区居民的收入状况时，超级富人会影响平均值，掩盖贫富差距.

根据所掌握数据的不同，均值有着不同的计算形式和计算公式.

1）算术平均数

算术平均数（arithmetic mean）是集中趋势测度中最重要的一种，它是所有平均数中应用最广泛的平均数，因为它的计算方法是与许多社会经济现象中个别现象与总体现象之间存在的客观数量关系相符合的. 例如，某酒业职工的工资总额就是各个职工工资额的总和，职工的平均工资必然等于职工的工资总额与职工总人数之比. 所以，算术平均数的基本公式应该是：

$$\text{算术平均数}=\frac{\text{总体标志总量（总量值总量）}}{\text{总体单位总量（总量值个数）}}$$

算术平均数是观察值的总和除以观察值个数的商，简称平均数. 在已知研究对象的总体标志总量及总体单位总量时，可直接利用上式计算.

（1）**简单平均数**.

简单平均数是根据未经分组整理的原始数据计算的算术平均数. 设一组数据为 $x_1,\cdots,x_N$，则简单算术平均数的计算公式为

$$\overline{x}=\frac{x_1+x_2+\cdots+x_N}{N}=\frac{1}{N}\sum_{i=1}^{N}x_i . \qquad (4.1.1)$$

若为样本数据，样本容量为 n，则用样本均值 $\overline{x}$ 表示，计算公式为

$$\overline{x}=\frac{1}{n}\sum_{i=1}^{n}x_i . \qquad (4.1.2)$$

为论述方便，今后如果不指明为原始数据，统一理解为样本数据，因为总体的全部数据往往是得不到的，我们得到的只是总体的样本数据，然后利用样本去估计总体.

例 4.1.1 在某城市中随机抽取 9 个家庭，调查得到每个家庭的人均月收入数据如下（单位：元）. 要求计算家庭人均月收入的平均数.

1500 750 780 1080 850 960 2000 1250 1630

解 $\overline{x}=\frac{1}{n}\sum_{i=1}^{n}x_i=\frac{1}{9}(1500+750+780+\cdots+1630)=\frac{10800}{9}=1200$（元）.

（2）**加权平均数**.

加权平均数是根据分组整理的数据计算的算术平均数. 设样本数据被分为 k 组，各组组中值分别用 $M_1,\cdots,M_k$ 表示，计算公式为：

$$\text{组中值}=\frac{\text{下限}+\text{上限}}{2}，\text{或组中值}=\text{上限}-\frac{\text{组距}}{2}，\text{或组中值}=\text{下限}+\frac{\text{组距}}{2}.$$

各组变量值出现的频数分别用 $f_1,\cdots,f_k$ 表示，则均值的计算公式为

$$\overline{x}=\frac{M_1f_1+M_2f_2+\cdots+M_kf_k}{f_1+f_2+\cdots+f_k}=\sum_{i=1}^{k}\frac{M_i}{n}f_i=\frac{1}{n}\sum_{i=1}^{k}M_if_i , \qquad (4.1.3)$$

其中 $n=\sum f_i$，即样本量.

加权算数平均数是利用各组组中值代表各组的实际数据. 使用这一代表值时需要假定各组数据在组内是均匀分布，如果实际数据与这一假定相吻合，计算结果还是比较准确的，否则，误差会很大.

如果将分组变量各组组中值定义为各组变量的取值，不妨仍记为 $x_1,\cdots,x_k$，各组变量值出

现的频数分别用 $f_1,\cdots,f_k$ 表示，则均值的计算公式为

$$\bar{x}=\frac{1}{n}\sum_{i=1}^{k}x_i f_i . \tag{4.1.4}$$

例 4.1.2 根据某车间 200 名工人加工零件的资料，计算平均每个工人的零件生产量，资料见表 4.1.1.

表 4.1.1 某车间职工加工零件平均数计算表

按零件数分组(个)	职工人数(人)f	人数比重	组中值 x	xf
40～50	20	0.10	45	900
50～60	40	0.20	55	2 200
60～70	80	0.40	65	5 200
70～80	50	0.25	75	3 750
80～90	10	0.05	85	850
合 计	200	1.00	—	12 900

解 $\bar{x}=\dfrac{\sum\limits_{i=1}^{k}x_i f_i}{\sum\limits_{i=1}^{k}f_i}=\dfrac{12900}{200}=64.5$（个）.

从以上计算过程可以看出，当变量值比较大的次数多时，平均数就接近于变量值大的一方；当变量值比较小的次数多时，平均数就接近于变量值小的一方. 可见，次数对变量值在平均数中的影响起着某种权衡轻重的作用，因此次数可被称为**权数**，平均数被称为**加权算术平均数**.

如果 $f_i=1,\ i=1,\cdots,n$，则加权平均数就是简单平均数，可见简单平均数是加权平均数的特例.

均值是统计学中非常重要的内容，因为任何统计推断和分析都离不开均值. 从统计思想上看，均值反映了一组数据的中心或代表值，是数据误差抵消后的客观事物必然性数量特征的一种反映；从数学公式看，均值也有一些非常重要的数学性质. 首先，数据观察值与均值的离差之和为零，它表明数据观察值与均值的误差是可以完全抵消的，均值在数据值中处于中间的位置，有折中、中庸的意思；其次，数据观测值与均值的离差平方和最小. 均值还是统计分布的均衡点，不论是对称分布，还是偏态分布，只有均值点才能支撑这一分布，使其保持平衡，这一均衡点在物理上称为重心.

2）调和平均数

调和平均数就是变量 x 倒数的算术平均数的倒数，也称为**倒数平均数**，其计算公式为

$$H=\frac{n}{\frac{1}{x_1}+\frac{1}{x_2}+\cdots+\frac{1}{x_n}}=\frac{n}{\sum\limits_{i=1}^{n}\frac{1}{x_i}} . \tag{4.1.5}$$

如果变量 x 取值 x_i 的频数为 f_i，$i=1,\cdots,k$，则**加权调和平均数**

$$H=\frac{f_1+f_2+\cdots+f_k}{\frac{f_1}{x_1}+\frac{f_2}{x_2}+\cdots+\frac{f_k}{x_k}}=\frac{\sum_{i=1}^{k}f_i}{\sum_{i=1}^{k}\frac{f_i}{x_i}}=\frac{n}{\sum_{i=1}^{k}\frac{f_i}{x_i}}. \quad (4.1.6)$$

事实上，简单调和平均数是权数相等条件下的加权调和平均数的特例. 当权数不等时，就需要进行加权了.

调和平均数具有以下特点：

（1）调和平均数易受极端值影响且受极小值的影响比受极大值的影响更大.

（2）只要有一个变量值为零，就不能计算调和平均数.

（3）当组距数列有开口组时，其组中值即使按相邻组距计算，假定性也很大，这时，调和平均数的代表性就很不可靠.

（4）调和平均数应用范围较小.

例 4.1.3　假如某种蔬菜在早、中、晚市的每市斤的单价分别为 0.5 元、0.4 元、0.2 元.

（1）若早、中、晚市各买一市斤，其平均价格是多少？

（2）若早、中、晚市各买一元钱，其平均价格是多少？

（3）如果现在早、中、晚市所花钱数不再是一元钱，而是如表 4.1.2 的情形，求购进的该种蔬菜的平均价格.

表 4.1.2　调和平均数计算表

时间	单价（元/斤）x	所花钱数（元）m	购买量（斤）m/x
早市	0.5	4	8
中市	0.4	3	7.5
晚市	0.2	2	10
合计	—	9	25.5

解　（1）平均价格$=\frac{总金额}{总重量}=\bar{x}=\frac{1}{n}\sum_{i=1}^{n}x_i=\frac{0.5+0.4+0.2}{3}=0.37$（元）.

（2）平均价格$=\frac{总金额}{总重量}=\frac{1+1+1}{\frac{1}{0.5}+\frac{1}{0.4}+\frac{1}{0.2}}=\frac{3}{9.5}=0.32$（元）.

（3）平均价格$=\frac{总金额}{总重量}=\bar{x}_H=\frac{\sum_{i=1}^{k}m_i}{\sum_{i=1}^{k}\frac{m_i}{x_i}}=\frac{9}{25.5}=0.35$（元）.

调和平均数实际上是算术平均数的一种变形，只是计算时使用的数据不同，如例 4.1.3 中，3 个问题其实都是通过公式“平均价格$=\frac{总金额}{总重量}$”来计算结果，问题（1）可直接代入均值的计算公式，但问题（2）、（3）中没有给出质量数据，需要通过金额与价格数据计算，这就需要使用调和平均数. 在实际问题中，我们应根据所获得的数据情况，采用合适的平均数形式.

如果家庭条件允许，建议早上去买较好、较新鲜的蔬菜. 记住："一分价钱一分货"，"买的没有卖的精". 如果一味的在乎价格，买廉价品，也许你会买到很多变质的蔬菜，吃了还可能生病. 宁吃鲜桃一个，不吃烂桃一筐，因为在当今物质比较充裕的年代，人们面临的问题不是吃不饱，而是吃得太多. 这导致大部分人超重，轻度脂肪肝. 因此，买好的，吃少点，才是健康的生活方式，才能提高生活质量.

3）几何平均数

几何平均数，也称**几何均值**，它是 n 个变量值乘积的 n 次方根，计算公式为

$$G=\sqrt[n]{x_1\cdot x_2\cdot x_3\cdot\cdots\cdot x_n}=\left(\prod_{i=1}^{n}x_i\right)^{\frac{1}{n}},\tag{4.1.7}$$

式中 G 代表几何平均数，$\prod$ 代表连乘符号.

当资料中的某些变量值重复出现时，相应地，计算公式就变为

$$\overline{x}_G=\left(\prod_{i=1}^{k}x_i^{f_i}\right)^{\frac{1}{\sum_{i=1}^{k}f_i}}=\left(\prod_{i=1}^{k}x_i^{f_i}\right)^{\frac{1}{n}}.\tag{4.1.8}$$

几何平均数主要用于计算比率或速度的平均. 例如，各比率的乘积等于总的比率，再开 n 次方，即计算平均比率. 当所掌握的变量值本身是比率的形式，采用几何平均法计算比率更为合适. 因此，在实际问题中，几何平均数主要用于计算现象的平均增长率.

例 4.1.4 某市从 1994 年以来的 14 年，各年的工业增加值的增长率资料见表 4.1.3，计算这 14 年的平均增长率.

表 4.1.3 几何平均数计算表

时间（年）	年数（年）	工业增加值的增长率（%）
1994—1997	4	10.2
1998—2002	5	8.7
2003—2007	5	9.6
合 计	14	—

解 计算平均发展速度：

$$\overline{x}_G=\left(\prod_{i=1}^{k}x_i^{f_i}\right)^{\frac{1}{\sum_{i=1}^{k}f_i}}=\sqrt[14]{110.2\%^4\times108.7\%^5\times109.6\%^5}=109.45\%.$$

再将其还原成平均增长率：

平均增长率 = 平均发展速度 − 100% = 109.45% − 100% = 9.45%.

4）切尾均值

切尾均值是去掉大小两端的若干数值后计算中间数据的均值. 这种新的集中趋势测度方法在体育比赛以及人们进行综合评价的比赛项目中经常用到. 例如，体育比赛中所熟悉的"去

掉一个最高分，去掉一个最低分，最后平均得分为××分”. 该方法的计算公式为

$$\overline{x}_\alpha = \frac{x_{([n\alpha]+1)} + x_{([n\alpha]+2)} + \cdots + x_{(n-[n\alpha])}}{n-2\times[n\alpha]},$$

其中 n 为观测值的个数；α 为切尾系数，可决定数据两端切去几个数据，一般选取 $0 \leqslant \alpha < 0.5$；$x_{(1)},\cdots,x_{(n)}$ 是数据 $x_1,\cdots,x_n$ 经过排队后由小到大的顺序统计量.

例 4.1.5 现在，我们在某高校采访了 16 名大学生，了解他们平时的学习情况，以下数据是大学生每周用于看电视的时间：

15 14 12 9 20 4 17 26 15 18 6 10 16 15 5 8

取 $\alpha = \dfrac{1}{16}$，试计算切尾均值.

解 样本排序得 $x_{(1)} = 4,\cdots,x_{(16)} = 26$，当 $\alpha = \dfrac{1}{16}$，由题意可得切尾均值

$$\overline{x}_\alpha = \frac{x_{([n\alpha]+1)} + x_{([n\alpha]+2)} + \cdots + x_{(n-[n\alpha])}}{n-2\times[n\alpha]} = \frac{5+6+\cdots+20}{14} = \frac{180}{14} = 12.86.$$

4.1.2 众数

某制鞋厂要了解某地区的消费者最需要哪种型号的男皮鞋，于是，他们调查了某百货商场某季度男皮鞋的销售情况，得到资料见表 4.1.4.

表 4.1.4 某商场某季度男皮鞋销售情况

男皮鞋号码（厘米）	销售量（双）
24	12
24.5	84
25	118
25.5	541
26	320
26.5	104
27	52
合计	1 231

从表 4.1.4 可以看到，25.5 厘米的鞋号销售量最多，这说明购买男士鞋长为 25.5 厘米的人最多. 如果我们计算算术平均数，则平均号码为 25.65 厘米. 显然，这个号码没有实际意义，因为鞋厂为了生产方便且能满足顾客需求，必然制定一些固定规格生产，比如鞋长间隔为 0.5 厘米，根本不生产长度为 25.65 厘米的皮鞋. 再说，鞋长的平均数并不能代表销量最多的鞋码，也不能代表人们最需要的男士皮鞋鞋码，但是直接用 25.5 厘米作为顾客对男皮鞋所需尺寸的集中趋势既便捷又符合实际.

统计学上把这种在一组数据中出现次数最多的变量值叫做众数，用 M_o 表示. 它主要用于定类（品质标志）数据的集中趋势，当然也适用于作为定序（品质标志）数据以及定距和定

比（数量标志）数据集中趋势的测度值. 一般情况下，只有在数据较多的情况下，众数才有意义. 上面的例子中，鞋号 25.5 厘米就是众数. 通常所谓的“流行款式”或“流行色”指的就是众数.

在例 3.2.1 中，“广告类型”是一个分类变量，不同类型的广告为变量值，其中，关注“商品广告”的人数最多，为 112 人，因此，“商品广告”就是众数. 同样，在例 3.2.4 中，“考核等级”是一个顺序变量，不同的考核等级就是变量值，其中，被评为“中”的人数最多，为 98 人，因此，考核等级“中”就是众数.

由品质数列和单变量数列确定众数比较容易，哪个变量值出现的次数最多，它就是众数.

若所掌握的资料是组距式数列，则只能按一定的方法（比如比例插值法）来推算众数的近似值，计算公式为

$$M_o = L + \frac{\Delta_1}{\Delta_1 + \Delta_2} \times d \quad 或 \quad M_o = U - \frac{\Delta_2}{\Delta_1 + \Delta_2} \times d, \qquad (4.1.9)$$

其中 L 为众数所在组下限，U 为众数所在组上限，Δ_1 为众数所在组频的数与其下限的邻组频数之差，Δ_2 为众数所在组的频数与其上限的邻组频数之差，d 为众数所在组组距. 显然，

$$U - L = d = \frac{\Delta_1 + \Delta_2}{\Delta_1 + \Delta_2} \times d = \frac{\Delta_2}{\Delta_1 + \Delta_2} \times d + \frac{\Delta_1}{\Delta_1 + \Delta_2} \times d,$$

则

$$U - \frac{\Delta_2}{\Delta_1 + \Delta_2} \times d = L + \frac{\Delta_1}{\Delta_1 + \Delta_2} \times d.$$

可见，在（4.1.9）式中，众数的两种计算方法是等价的.

应该注意的是，上面给出的众数计算公式通常只适用于等距的变量数列，或者至少变量数列中间频数最大的几个组应该是等距的；否则，随着组距的变化，众数组和众数值都会发生变化，公式给出的结果就会失去客观意义.

例 4.1.6 计算某车间加工零件的众数.

表 4.1.5 某车间 50 名工人日加工零件数分组表

按零件数分组	频数（人）	累积频数
105 ~ 110	3	3
110 ~ 115	5	8
115 ~ 120	8	16
120 ~ 125	14	30
125 ~ 130	10	40
130 ~ 135	6	46
135 ~ 140	4	50
合计	50	—

解 $M_o \doteq 120 + \dfrac{14-8}{(14-8)+(14-10)} \times 5 = 123$（个）；

$$M_o \doteq 125 - \frac{14-10}{(14-8)+(14-10)} \times 5 = 123 \text{（个）}.$$

可见，众数的两种计算方法结果一致.

众数是一种位置平均数，是总体中出现次数最多的变量值，因而在实际工作中有着特殊的用途. 比如，要说明消费者需要的内衣、鞋袜、帽子等最普遍的号码，说明农贸市场上某种农副产品最普遍的成交价格等，都需要利用众数. 但是必须注意，从分布的角度看，众数是具有明显集中趋势的数值，一组数据分布的最高峰点所对应的数值为众数. 当然，如果数据的分布没有明显的集中趋势或最高峰点，众数也可能不存在；如果有两个最高峰点，也可以有两个众数. 只有在总体单位比较多而且又明显地集中于某个变量值时，计算众数才有意义. 总体而言，众数主要具有以下特点：

（1）众数是以它在所有标志值中所处的位置确定的全体单位标志值的代表值，它不受极大或极小值的影响，从而增强了众数对分布数列的代表性.

（2）当分组数列没有任何一组的次数占多数，即分布数列中没有明显的集中趋势，而是近似于均匀分布时，则该次数分配数列无众数. 若将无众数的分布数列重新分组或各组频数依序合并，又可能会使分配数列再出现明显的集中趋势.

（3）如果与众数组相邻的上下两组的频数相等，则众数组的组中值就是众数值；如果与众数组相邻的上一组的频数较多，而下一组的频数较少，则众数在众数组内会偏向该组下限；如果与众数组相邻的上一组的频数较少，而下一组频数较多，则众数在众数组内会偏向该组上限.

（4）缺乏敏感性. 这是由于众数的计算只利用了众数组的数据信息，不像数值平均数那样利用了全部数据信息.

4.1.3 中位数与分位数

中位数是一组数据按一定的顺序排序后，位于这组数据最中间位置的那个变量值，用 M_e 表示. 当该组数据的个数为奇数时，中位数就是 $\frac{n+1}{2}$ 位置的变量值，当该组数据的个数为偶数时；取中间两个数值的平均数作为中位数. 中位数是一个位置代表值. 其特点是不受极端值的影响，在研究收入分配时很有用.

设 n 个数据从小到大的顺序排列为 $x_{(1)} \leqslant \cdots \leqslant x_{(n)}$，则中位数

$$M_e = \begin{cases} x_{\left(\frac{n+1}{2}\right)}, & n \text{ 为奇数}, \\ \frac{1}{2}\left[x_{\left(\frac{n}{2}\right)} + x_{\left(\frac{n}{2}+1\right)}\right], & n \text{ 为偶数}. \end{cases} \tag{4.1.10}$$

例如，根据 7, 6, 8, 2, 3 这五个数据求中位数，先按大小顺序排成 2, 3, 6, 7, 8，所以 6 就是这五个数值中的中位数. 若一个按大小顺序排列的序列是 2, 5, 7, 8, 11, 12，则中位数的位置在 7 与 8 之间，中位数就是 7 与 8 的平均数，即 $M_e = \frac{7+8}{2} = 7.5$.

根据单项数列（给出了频数分布）确定中位数时，首先计算各组的累积频数，再按公式 $\frac{1}{2}\left(\sum_{i=1}^{k} f_i + 1\right) = \frac{n-1}{2}$ 确定中位数的位置，并对照累计频数确定中位数.

例 4.1.7 某班同学按年龄分组资料见表 4.1.6，求中位数.

表 4.1.6　单项数列求中位数计算表

年龄（岁）	学生人数（人）	向上累积频数	向下累积频数
17	5	5	50
18	8	13	45
19	26	39	37
20	9	48	11
21	2	50	2
合 计	50	—	—

解　年龄中位数的位置为$\frac{50+1}{2}=25.5$，说明位于第 25 与第 26 位同学之间，根据累积频数可确定中位数为第三组的变量值 19 岁.

根据组距分组数据确定中位数时，首先根据$\frac{n}{2}$确定中位数的位置，然后按照公式（4.1.11）计算中位数的近似值：

$$M_e=L+\frac{\frac{n}{2}-S_{m-1}}{f_m}\times d_m, \tag{4.1.11}$$

其中n为数据的个数，L为中位数所在组的下限值，S_{m-1}为中位数所在组以前各组的累积频数，f_m为中位数所在组的频数，d_m为中位数所在组的组距.

在例 4.1.6 中，中位数的位置$=\frac{50}{2}=25$，即中位数在 120～125 这一组，由公式（4.1.11）得

$$M_e=120+\frac{\frac{50}{2}-16}{14}\times 5\approx 123.21\text{（个）}.$$

总之，要根据数据形式采用相应的公式计算中位数.

现将中位数推广，把处于$p\%$位置的值称为第p百分位数，特别记Q_1为四分之一分位数，Q_2为四分之二分位数，Q_3为四分之三分位数. 显然Q_2就是中位数.

四分位数位置的确定方法有几种，每种方法得到的结果会有一定的差异，但这个差异不大，尤其当n比较大时，差异更不明显. 根据四分位数的定义有：

$$Q_1\text{位置}=\frac{n}{4},\quad Q_3\text{位置}=\frac{3n}{4}.$$

一种较为准确的算法是按下列公式计算：

$$Q_1\text{位置}=\frac{n+1}{4},\quad Q_3\text{位置}=\frac{3(n+1)}{4}.$$

Excel 给出的四分位数位置的确定方法为：

$$Q_1\text{位置}=\frac{n+3}{4},\quad Q_3\text{位置}=\frac{3n+1}{4}.$$

这还是比较特殊的，可能与我们的直观思维不一致，因此，在利用菜单操作的“傻瓜软件”时，如果能知道软件的计算方法和计算过程，则是更好的.

如果位置是整数，四分位数就是该位置对应的值；如果在 0.5 的位置上，则取该位置两侧值的平均数；如果在 0.25 或 0.75 的位置上，则四分位数等于该位置的下侧值加上按比例分摊位置两侧数值的差值.

例 4.1.8 利用例 4.1.1 中 9 个家庭的收入调查数据，计算人均月收入的四分位数.

解 先将数据排序，结果如下：

750 780 850 960 1080 1250 1500 1630 2000

中位数的位置 $=\dfrac{9+1}{2}=5$，所以中位数为 1080，即 $M_e=Q_2=1080$（元）.

Q_1 位置 $=\dfrac{n}{4}=\dfrac{9}{4}=2.25$，即 Q_1 的位置在第 2 个数值 780 和第 3 个数值 850 之间 0.25 的位置上，因此 $Q_1=780+(850-780)\times 0.25=797.5$（元）.

Q_3 位置 $=\dfrac{3n}{4}=\dfrac{3\times 9}{4}=6.75$，即 Q_3 的位置在第 6 个数值 1250 和第 7 个数值 1500 之间 0.75 的位置上，因此 $Q_3=1250+(1500-1250)\times 0.75=1437.5$（元）.

例 4.1.9 计算甲城市家庭对住房满意状况评价的四分位数，数据如表 4.1.7.

表 4.1.7 甲城市家庭对住房状况评价的频数分布

回答类别	甲城市	
	户数 （户）	累计频数
非常不满意	24	24
不满意	108	132
一般	93	225
满意	45	270
非常满意	30	300
合计	300	—

解 因为 Q_1 位置 $=\dfrac{n}{4}=\dfrac{300}{4}=75$，$Q_3$ 位置 $=\dfrac{3n}{4}=\dfrac{3\times 300}{4}=225$，所以从累积频数看，$Q_1=$ 不满意，$Q_3=$ 一般.

根据四分位数的计算结果可以粗略地说，在排序数据中，至少有 25%的数据将小于或等于 Q_1，而至少有 75%的数据大于或等于 Q_1；至少有 75%的数据小于或等于 Q_3，而至少有 25%的数据将大于或等于 Q_3；在 $Q_1\sim Q_3$ 大约包含了 50%的数据. 就例 4.1.8 所言，可以说大约有一般的家庭对住房状况的评价介于不满意和一般之间.

4.1.4 平均数、中位数和众数的比较

平均数、中位数和众数是集中趋势的三个主要测度值，它们具有不同的特点和应用场合.

1）平均数、中位数和众数的关系

由于大部分数据都属于单峰分布，其众数、中位数和均值之间具有以下关系：

（1）如果数据的分布是对称的，则 $M_o = M_e = \bar{x}$，如图 4.1.1（a）所示；

（2）如果数据是左偏分布，说明数据中存在极小的数，将均值拉向极小的数的一方，这使均值左边的数据更为分散，而众数和中位数是位置代表值，不受极值的影响，因此三者之间的关系表现为 $M_o > M_e > \bar{x}$，又叫负偏，如图 4.1.1（b）所示；

（3）如果数据是右偏分布，说明数据中存在极大的数，将均值拉向极大的数的一方，这使均值右边的数据更为分散，则 $M_o < M_e < \bar{x}$，又叫正偏，如图 4.1.1（c）所示.

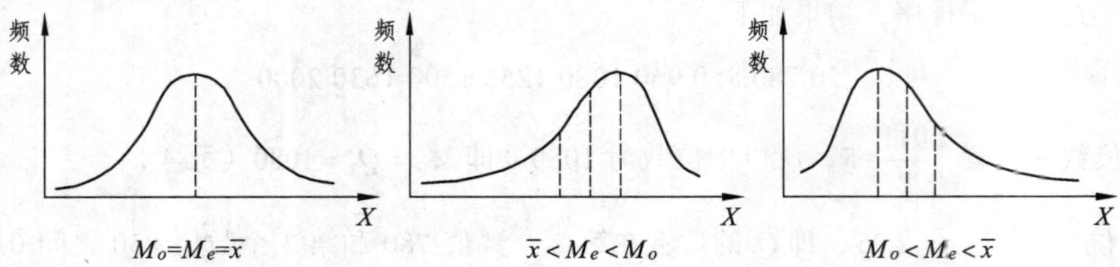

（a）对称分布　　（b）左偏分布　　（c）右偏分布

图 4.1.1　众数、中位数和算术平均数的关系

2）众数、中位数和平均数的特点与应用场合

掌握众数、中位数和平均数的特点，有助于在实际应用中选择合理的测度值来描述数据的集中趋势.

（1）众数是一组数据分布的峰值，是位置代表值，主要适合分类数据的集中趋势测度值，当然也适合顺序数据和数值型数据. 其优点是易于理解，不受极端值的影响. 当数据的分布具有明显的集中趋势时，尤其是对于偏态分布，众数的代表性比均值要好. 其缺点是：众数不唯一，对于一组数据可能有不止一个众数，也可能没有众数. 众数只有在数据较多时才有意义，当数据量较少时，不宜使用众数.

（2）中位数是一组数据中间位置上的代表值，主要作为顺序数据的集中趋势测度值，当然也适合数值型数据，但不适合分类数据. 其优点是不受极端值的影响. 对于具有偏态分布的数据，中位数代表性要比平均数好.

（3）平均数由全部数据的计算所得，主要针对数值型数据，不能用于分类数据和顺序数据，是实际中应用最广泛的集中趋势测度值. 其缺点主要是易受数据极端值的影响，对于偏态分布的数据，平均数的代表性较差. 作为平均数变形的调和平均数和几何平均数适用于特殊数据的代表值，调和平均数主要用于不能直接计算均值的数据，几何平均数则主要用于计算比率数据的平均数，这两个测度值与平均数一样，易受极端值的影响.

因此，当数据为偏态分布，特别是偏斜程度较大时，可以考虑选择中位数或众数，这时它们的代表性要比平均数好.

4.2　离散程度的测度

假设两个地区人均收入都为 4 000 元，你是否认为这两地区的平均生活水平一样高呢？要回答这个问题，关键要弄清楚这里的平均收入能否代表大多数人的收入水平. 假设甲地区有少数几个富翁，而大多数人的收入都非常低；而乙地区多数人的收入水平都在 4 000 元左右. 从平均收入看，甲地区与乙地区相同，但甲地区的大多数人的生活水平却远不如乙地区，原因是甲地区的收入差距远大于乙地区，甲地区的贫富悬殊、两极分化情况被平均数所掩盖. 可见，仅仅知道数据的水平是远远不够的，还必须考虑数据之间的差距有多大.

集中趋势测度值是说明在同质总体中各个体变量值的代表值，其代表性如何，取决于变量值之间的变异程度. 在统计中，把反映现象总体中各个体的变量值之间差异程度的指标称为**离散程度**. 数据的离散程度越大，集中趋势的测度值对该组数据的代表性就越差，离散程度越小，其代表性就越好.

反映离散程度的指标有绝对数的和相对数两类.

4.2.1　离散程度的绝对指标

1）异众比率

异众比率（variation ration），又称**离异比例或变差比**，它是非众数组的频数占总频数的比例，即

$$V_r = \frac{\sum f_i - f_m}{\sum f_i} = 1 - \frac{f_m}{\sum f_i}, \tag{4.2.1}$$

其中 V_r 为异众比率，$\sum f_i$ 变量值的总频数，f_m 为众数组的频数.

异众比率的作用是衡量众数对一组数据的代表程度，异众比率越大，说明众数的代表性越差，反之则否. 它主要用来测度分类数据的离散程度. 当然，对于顺序数据和数值型数据，也可以计算异众比率.

例如，在例 4.1.4 中，异众比率 $V_r = 1 - \frac{f_m}{\sum f_i} = 1 - \frac{26}{50} = 0.48$，这说明在某班 50 人中，年龄为非 19 岁的人数占到 48%，异众比率有点大，因此，用“19 岁”来代表班级学生的岁数不十分理想.

2）极差与四分位差

极差（range）也叫**全距**，是一组数据的最大值与最小值之差，用 R 表示，即

$$R = \max(x_i) - \min(x_i), \tag{4.2.2}$$

其中 $\max(x_i)$ 和 $\min(x_i)$ 分别为一组数据的最大值和最小值.

对于组距分组数据，极差也可近似表示为：

$$R \approx 最高组的上限值 - 最低组的下限值.$$

例如，根据例 4.1.1 中数据，9 个家庭人均月收入的极差为：$R = 2000 - 750 = 1250$（元）.

极差是描述数据离散程度的最简单测度值，计算简单，易于理解. 但它只说明了两个极端变量值的差异范围，不能反映各单位变量值变异程度，易受极端数值的影响，因而不能准确地描述数据的分散程度.

（2）**四分位差**（quartile deviation）是指四分之三分位数与四分之一分位数之差，也称为**内距或四分间距**. 用 Q_r 表示，显然

$$Q_r = Q_3 - Q_1 . \qquad (4.2.3)$$

四分位差反映了中间 50%数据的离散程度. 其数值越小，说明中间数据越集中；数值越大，说明中间的数据越分散. 此外，由于中位数处于数据的中间位置，因此四分位差的大小在一定程度上也说明了中位数对一组数据的代表程度. 四分位差不受极端值影响，因此，在某种程度上弥补了极差的一个缺陷.

例 4.2.1　利用例 4.1.1 中 9 个家庭的收入调查数据，计算人均月收入的四分位差.

解　因为 $Q_1 = 797.5$，　$Q_3 = 1437.5$，故

$$Q_r = Q_3 - Q_1 = 1437.5 - 797.5 = 640 \text{（元）}.$$

四分位差主要用来测度顺序数据的离散程度，也可用于数值型数据，但不能用于分类数据.

3）平均离差

平均离差也称为**平均绝对离差**，简称**平均差**，是各变量值与其平均数离差绝对值的平均数，用 M_D 表示.

对未经分组的数据资料，有

$$M_D = \frac{1}{n}\sum_{i=1}^{n}|x_i - \bar{x}| ; \qquad (4.2.4)$$

对分组整理的数据，有

$$M_D = \frac{\sum_{i=1}^{k}|M_i - \bar{x}|f_i}{\sum_{i=1}^{k}f_i} = \frac{\sum_{i=1}^{k}|M_i - \bar{x}|f_i}{n} . \qquad (4.2.5)$$

例 4.2.2　计算 5, 11, 7, 8, 9 的平均差.

解　先计算该组数据的均值，$\bar{x} = 8$，所以

$$M_D = \frac{|5-8|+|11-8|+|7-8|+|8-8|+|9-8|}{5} = 1.6 .$$

例 4.2.3　现利用表 4.1.1 的资料，计算平均差. 由于 $\bar{x} = 64.5$，可得表 4.2.1.

表 4.2.1　平均差计算示例表

按零件数分组(个)	职工人数(人) f	组中值 M_i	$M-\bar{x}$	$\|M-\bar{x}\|f$
40～50	20	45	−19.5	390
50～60	40	55	−9.5	380
60～70	80	65	0.5	40
70～80	50	75	10.5	525
80～90	10	85	20.5	205
合　计	200	—	—	1540

$$M_D=\frac{\sum_{i=1}^{k}|M_i-\overline{x}|f_i}{\sum_{i=1}^{k}f_i}=\frac{1540}{200}=7.7\text{（个）}$$

平均差以平均数为中心，反映了每个数据与平均数的平均差异程度，它能全面准确地反映一组数据的离散状况. 平均差越大，则其平均数的代表性越小，说明该组变量值分布越分散；反之，平均差越小，则其平均数的代表性越大，说明该组变量值分布越集中. 为了避免离差之和等于零而无法计算平均差的问题，以离差的绝对值来表示总离差，这给计算带来了很大不便，因而在应用上有较大的局限性. 但平均差的实际意义比较清楚，容易理解.

4）方差与标准差

方差（variance）是各变量值与其平均数离差平方的平均数. **样本方差**是用样本数据个数减 1 后去除离差平方和，其中样本数据减 1 即 $n-1$ 称为**自由度**. 自由度是附加给独立的观测值的约束或限制条件. 从字面意思看，自由度是指一组数据中可以自由取值的个数. 当样本数据的个数为 n 时，若样本平均数 $\overline{x}$ 确定下来，则附加给 n 个观测值的约束个数就是 1 个，因此只有 $n-1$ 个数据可以自由取值，故自由度为 $n-1$. 与平均差相比，方差也克服了正负离差彼此抵消的缺点，数学上处理起来更方便.

设样本方差为 s^2，则

未分组数：

$$s^2=\frac{1}{n-1}\sum_{i=1}^{n}(x_i-\overline{x})^2\text{；}\tag{4.2.6}$$

分组数据：

$$s^2=\frac{1}{n-1}\sum_{i=1}^{n}(M_i-\overline{x})^2f_i\text{.}\tag{4.2.7}$$

注意：如果能得到总体数据，则

未分组数：$s^2=\frac{1}{n}\sum_{i=1}^{n}(x_i-\overline{x})^2$；

分组数据：$s^2=\frac{1}{n}\sum_{i=1}^{n}(M_i-\overline{x})^2f_i$.

方差的正平方根称为**标准差**（standard deviation），常用 σ 或 s 表示. 方差与标准差是测度数据离散程度的最主要方法. 标准差是具有量纲的，它与变量值的计量单位相同，其实际意义要比方差清楚，因此在实际问题中更多地使用标准差.

例 4.2.4　计算 5, 11, 7, 8, 9 的标准差.

解　经计算得均值为 8，故

$$s=\sqrt{\frac{(5-8)^2+(11-8)^2+(7-8)^2+(8-8)^2+(9-8)^2}{5}}=2\text{.}$$

注意：当这 5 个数字是某总体的 5 个样本时，

$$s=\sqrt{\frac{(5-8)^2+(11-8)^2+(7-8)^2+(8-8)^2+(9-8)^2}{4}}=\sqrt{5}.$$

4.2.2 离散程度的相对指标

前面介绍的极差、平均差和标准差都是反映数据分散程度的绝对值，其数据的大小一方面与原变量取值的高低有关，也就是与变量的平均数大小有关，即变量值绝对水平高的，离散程度的测度值自然也大，绝对水平低的，离散程度的测度值自然也小；另一方面，它们与原变量值的计量单位相同，采用不同计量单位，其离散程度的测度值也就不同. 因此，对于平均数不等或计量单位不同的不同组别的变量值，是不能直接用离散程度的绝对指标来比较其离散程度的. 为了消除变量平均数不等和计量单位不同对离散程度测度值的影响，需要计算离散程度的相对指标，即离散系数.

离散系数，也称为**变异系数**，它是一组数据的标准差与其相应平均值的比值，是测度数据离散程度的相对指标，计算公式为

$$V_s=\frac{s}{\bar{x}}. \tag{4.2.8}$$

离散系数是测度数据离散程度的相对统计量，无量纲，因而便于比较均值不等或量纲不同的两组数据的分散性. 离散系数大，说明数据的离散程度也大；离散系数小，说明数据的离散程度也小.

例 4.2.5 对 10 名成年人和 10 名幼儿的身高（cm）进行抽样调查，结果如下：

成年组 166 169 172 177 180 170 172 174 168 173

幼儿组 68 69 68 70 71 73 72 73 74 75

（1）要比较成年组和幼儿组的身高差异，你会采用什么样的指标反映其离散程度？为什么？

（2）比较分析哪一组身高离散程度大？

解（1）可以采用离散系数反映两组数据的离散程度，因为它消除了不同组数据水平高低的影响.

（2）成年组身高的离散系数：$V_{成}=\frac{4.2}{172.1}\approx 0.024$.

幼儿组身高的离散系数：$V_{幼}=\frac{2.3}{71.3}\approx 0.032$.

由于幼儿组身高的离散系数大于成年组身高的离散系数，说明幼儿组身高的离散程度相对较大.

评注：虽然成年组的方差大于幼年组的方差，但我们不能说成年组的离散程度大，因为两组的均值差异很大，没有可比性. 当然，我们也尽量少说，我比历史上谁谁知识渊博，比谁谁聪明，因为你们不在一个时代，没有直接可比性. 试想，秦始皇还不知道统计学呢，还没用过手机呢，你能说，他不如你么，人家是那个年代的英雄，可我们呢，只不过是当今时代的平民.

上述反应数据离散程度的各个测度值，适用于不同的数据类型. 对于分类数据，主要用异众比率来测度其离散程度；对于顺序数据，虽然也可以计算异众比率，但主要用四分位差测度离散程度；对于数值型数据，虽然可以计算极差、异众比率、四分位差等，但主要用

方差或标准差来测度离散程度. 当需要对不同数据的离散程度进行比较时，则使用离散系数. 在实际问题中，我们针对不同数据类型选择不同的测度方法.

4.3 偏度和峰度的测度

集中趋势和离散程度是数据分布的两个重要特征，但要全面了解数据分布的特点，还需要掌握数据分布的形状是否对称、偏斜的程度以及扁平程度等. 反映这些分布特征的测度值是偏态和峰态.

4.3.1 偏态及其测度

"偏态"（skewness）一词是由统计学家皮尔逊于 1895 年首次提出，它是对数据分对称性的测度，测定偏态的统计量是**偏态系数（偏度）**. 偏态系数的计算方法很多，通常采用如下公式进行计算

未分组数据：

$$SK = \frac{n\sum_{i=1}^{n}(x_i - \overline{x})^3}{(n-1)(n-2)s^3},$$

其中 s^3 是样本标准差的三次方；

分组数据：

$$SK = \frac{\sum_{i=1}^{k}(M_i - \overline{x})^3 f_i}{ns^3}.$$

偏态系数可以描述分布的形状特征：

当 $SK > 0$ 时，分布为正偏或右偏；当 $SK = 0$ 时，分布关于均值是对称的；当 $SK < 0$ 时，分布为负偏或左偏.

如果偏态系数明显不同于 0 表明分布是非对称的. 若 $SK > 1$ 或 $SK < -1$，可认为是高度偏态分布；当 SK 为 0.5 ~ 1 或 − 1 ~ − 0.5，可认为是中度偏态分布；SK 越接近 0，偏斜程度越低. 可见，SK 的绝对值越大，表明偏斜的程度越大.

4.3.2 峰态及其测度

"峰态"（kurtosis）一词是由统计学家皮尔逊于 1905 年首次提出，它是对数据分布的平峰或尖峰程度的测度，测定峰态的统计量则是**峰态系数（峰度）**.

未分组数据：峰度

$$K = \frac{n(n+1)\sum_{i=1}^{n}(x_i - \overline{x})^4 - 3(n-1)\left(\sum_{i=1}^{n}(x_i - \overline{x})^2\right)^2}{(n-1)(n-2)(n-3)s^4};$$

分组数据：峰度

$$K=\frac{\sum_{i=1}^{k}(M_i-\overline{x})^4 f_i}{ns^4}-3\ ,$$

其中 s^4 是样本标准差的四次方.

峰度用以测定邻近数值周围变量值分布的集中或分散程度. 它以四阶中心矩为测量标准，除以标准差的四次方是为了消除量纲的影响，以便在不同的分布曲线之间进行比较. 峰度通常与正态分布比较而言，如果一组数据符合标准正态分布，则峰度 $K=0$；如果 $K>0$，则为尖峰分布，数据的分布更集中；如果 $K<0$，则为扁平分布，数据越分散.

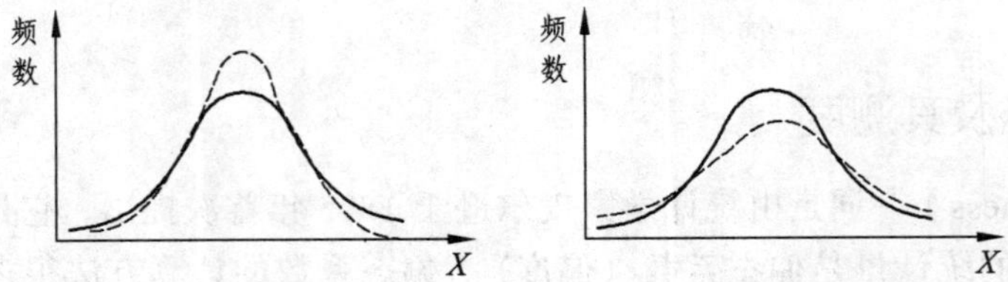

（a）尖峰分布　　（b）平峰分布

图 4.3.1　尖峰、平峰分布示意图

例 4.3.1　某管理局所属 30 个企业 2007 年 3 月份利润额统计资料见表 4.3.1，要求计算该变量数列的偏斜状况.

解　利用表 4.3.1 中有关数据计算标准差如下：

表 4.3.1　偏态系数计算示例表

利润额（万元）	企业数	组中值 M	$(M-\overline{x})^2 f$	$(M-\overline{x})^3 f$	$(M-\overline{x})^4 f$
10～30	2	20	2 312	−78 608	2 672 672
30～50	10	40	1 960	−27 440	384 160
50～70	13	60	468	2 808	16 848
70～90	5	80	3 380	87 880	2 284 880
合　计	30	—	8 120	−15 360	5 358 560

$$s=\sqrt{\frac{\sum_{i=1}^{k}(M_i-\overline{x})^2 f_i}{\sum_{i=1}^{k}f_i}}=\sqrt{\frac{8120}{30}}=16.45\ ,$$

$$v_3=\frac{\sum_{i=1}^{k}(M_i-\overline{x})^3 f_i}{n}=\frac{-15360}{30}=-512\ ,$$

$$SK=\frac{\sum_{i=1}^{k}(M_i-\overline{x})^3 f_i}{ns^3}=\frac{-512}{16.45^3}\approx-0.12\ .$$

$$K=\frac{\sum_{i=1}^{k}(M_i-\overline{x})^4 f_i}{ns^4}-3=\frac{5358560}{30\times16.45^4}-3\approx2.44-3=-0.56\ .$$

计算结果表明，该管理局所属企业利润额的分布状况呈轻微负偏分布，且呈平顶峰度，各变量值分布较为均匀.

4.4 利用 Excel 求数据分布的特征值

本章介绍了数据分布特征的各种测度值，用手工计算计算量很大，且容易出错，但其中多数可以通过 Excel 直接得出. 图 4.4.1 总结了数据分布特征与适用的描述统计量.

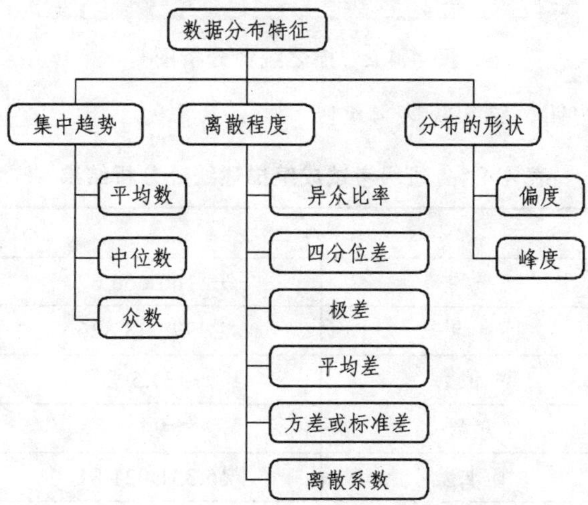

图 4.4.1 数据分布特征与适用的描述统计量

1) 利用 Excel 中的分析工具“描述统计”求解

利用 Excel 提供的数据分析工具“描述统计”，可以让我们一次性获得常用的描述统计量.

例 4.4.1 考试成绩分析

随机抽查了某大学统计 1 班 30 位同学的“概率论与数理统计”考试成绩，数据如下：

94	47	94	69	68	96	50	73	66	41
84	58	85	76	92	79	74	98	78	62
86	61	68	94	65	60	58	78	79	62

为了了解学生掌握水平的大致情况，进而提高教学质量. 下面，利用 Excel 对这 30 个数据进行描述统计分析，具体步骤如下：

（1）选择“工具”下拉菜单，并选择“数据分析”选项中的“描述统计”；

（2）在“描述统计”对话框中进行设置，如图 4.4.2 所示. 将“输入区域”设置为“$A$2:$A$31”；“分组方式”设置为默认的“逐列”；选中“标志位于第一行”和”汇总统计“两个复选框；将 “输出区域”设置为“$C$1”；

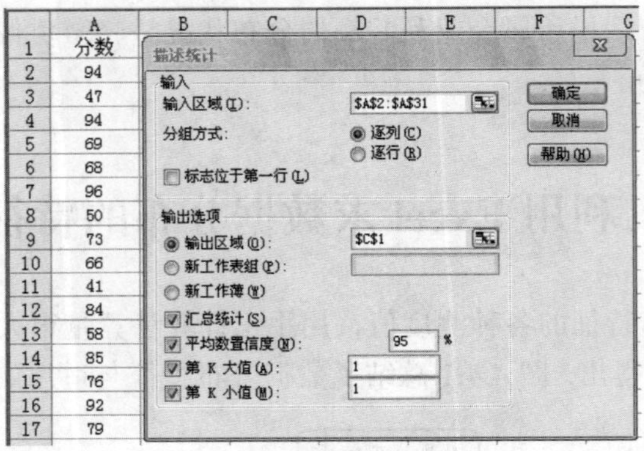

图 4.4.2　描述统计分析图

（3）单击“确定”按钮，结果见表 4.4.1.

表 4.4.1　班级考试成绩描述统计分析结果

列 1	
平均	73.166 666 67
标准误差	2.799 048 826
中位数	73.5
众数	94
标准差	15.331 021 81
方差	235.040 229 9
峰度	− 0.701 874 212
偏度	− 0.123 294 877
区域	57
最小值	41
最大值	98
求和	2195
观测数	30
最大(1)	98
最小(1)	41
置信度(95.0%)	5.724 697 542

由表 4.4.2 可知，在这 30 名学生的考试成绩中，最高分为 98 分，最低分为 41 分。区域（极差）为 57 分，标准差为 15.33102，波动还是挺大的，这说明学生考生考试成绩差异很大；众数（94）>中位数（73.5）>平均数（73.16667），偏度为 − 0.12329，左偏，这说明学生分数有偏低的趋势；峰度为 − 0.70187，比标准正态分布更平.

编辑表格时，若发现列数太少，行数太多，表格不够美观，可以采用选择性粘贴，实现行列转置，以方便排版.

2）利用 Excel 中的统计函数求解

利用 Excel 中的 MODE 函数可以计算一组数据的众数，其语法为

MODE(number1,number2,⋯)

其中 number1, number2,⋯是计算众数的 1～30 个参数，也可以使用一组数组（即对数组区域的引用）来代替由逗号分隔的参数. 如果一组数据中不含有重复数据，则 MODE 函数返回错误值 N/A.

同样，利用 Excel 可以计算其他分布特征值函数. 下面给出常见分布特征值函数供大家参考，见表 4.4.2.

表 4.4.2　Excel 常见统计函数

函数	作用	函数	作用
MODE	计算众数	AVEDEV	计算平均差
MEDIAN	计算中位数	STDEV	计算样本标准差
QUARTILE	计算四分位数	STDEVP	计算总体标准差
AVERAGE	计算平均数	SKEW	计算偏态系数
HARMEAN	计算简单调和平均数	KURT	计算峰态系数
GEOMEAN	计算几何平均数	TRIMMEAN	计算切尾均值

注：QUARTILE 函数的语法为：

QUARTILE(array,quart).

array 为需要求得四分位数值的数组或数字的单元格区域. quart 决定返回哪个值，如果 quart = 0，返回最小值；如果 quart = 1，返回四分之一分位数；如果 quart = 2，返回中位数；如果 quart = 3，返回四分之三分位数；如果 quart = 4，返回最大值.

下面利用例 4.4.1 中数据计算众数，其他分布特征值计算方法类似：

（1）单击“常用”工具栏的“ *fx* ”按钮，打开“插入函数”对话框，在“选择类别”中选择“统计”后，就列出了该类函数中所有具体的函数，选中“MODE”函数，单击“确定”按钮，进入“函数参数”对话框，在“number1”中填入：A2:A31，如图 4.4.3 所示.

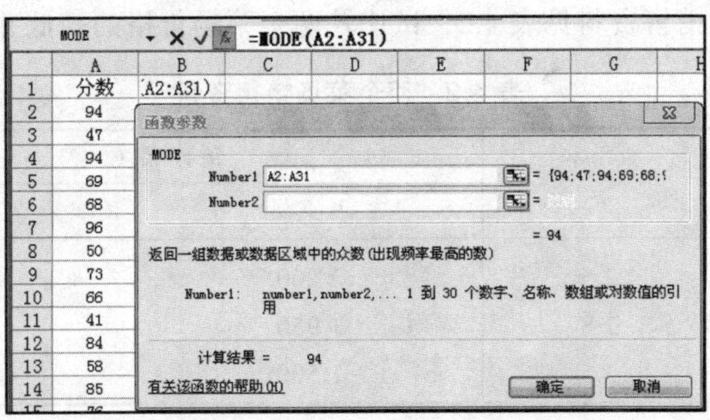

图 4.4.3　利用函数 MODE 计算众数

（2）单击“确定”按钮.

习题 4

1. 一组数据的分布特征可以从哪几个方面进行测度？为什么要计算离散系数？

2. 对于比率数据的平均数，为什么采用几何平均数？

3. 一位投资者持有一种股票，2001—2004 年收益率分别为 4.5%，2.1%，25.5%，1.9%. 计算该投资者在这四年内的平均收益率.

4. 根据表 4.1 中的数据，计算异众比率.

表 4.1 某城市居民关注广告类型的频数分布

广告类型	人数(人)	频率(%)
商品广告	112	56.0
服务广告	51	25.5
金融广告	9	4.5
房地产广告	16	8.0
招生招聘广告	10	5.0
其他广告	2	1.0
合计	200	100

5. 随机抽取 25 个网络用户，他们的年龄数据如下：

19 23 30 23 41 15 21 20 27
20 29 38 19 22 31 25 22 19
34 17 24 18 16 24 23

（1）计算众数、中位数.
（2）计算四分位数.
（3）计算平均数和标准差.
（4）计算偏态系数和峰态系数.
（5）对网民年龄的分布特征进行综合分析.

6. 两个菜场有关销售资料见表 4.2，试比较两个菜场价格的高低并说明理由.

表 4.2 两个菜场销售资料

蔬菜名称	单价（元）	销售额（元）	
		甲菜场	乙菜场
A	2.5	2 200	1 650
B	2.8	1 950	1 950
C	3.5	1 500	3 000

7. 一种产品需要人工组装，现有三种可供选择的组装方法. 为检验哪种方法更好，随机抽取 16 个工人，让他们分别用三种方法组装. 表 4.3 是 16 个工人分别用三种方法在相同时

间内组装的产品数.

表 4.3 三种方法相同时间内组装产品数 单位：个

方法 1		方法 2		方法 3	
164	164	129	128	125	127
167	162	130	128	126	127
168	163	129	127	126	125
165	166	130	128	127	126
170	167	131	128	126	116
165	166	130	125	128	126
164	165	129	132	127	125
158	166	127	131	126	128

（1）你准备用什么方法来评价组装方法的优劣？

（2）如果让你选择一种方法，你会做出怎样的选择？试说出理由.

5　数据变换

前面已经介绍了数据的整理、显示及分布特征的描述方法，但我们发现，有些数据存在异常值，有些数据的分布具有一定的偏斜，不同组别的数据因水平、量纲等的不同而不好直接进行比较，等等. 因此，通过数据变换，可使数据具有更好的视觉效果，更利于数字特征的分析.

本章主要介绍数据变换的意义、方法及用途.

5.1　数据变换的意义

我们所考察的数据，一般具有不同的量纲，不同的量级（即计量指标的数量级）单位，不同的取值范围，等等，为了能使数据放在一起比较，通常要对数据进行变换处理. **数据变换**就是通过某种方法将原始数据进行重新表达，以改进原始数据的某些特征，更利于我们对数据的理解和分析.

设一组数据为 $x_1,\cdots,x_n$，所谓的变换就是找到一个函数 T，它把每个值 x_i 用新值 $T(x_i)$ 代替，使得变换后的数据为 $T(x_1),T(x_2),\cdots,T(x_n)$.

数据变换将数据转换或统一成适合于挖掘的形式，可能涉及如下内容：

（1）光滑：去掉数据中的噪声，这种技术包括分箱、回归等，其中分箱方法是一种简单常用的预处理方法，通过考察相邻数据来确定最终值. 所谓“分箱”，实际上就是按照属性值划分子区间，把待处理的数据（某列属性值）按照一定的规则放进一些箱子中，考察每一个箱子中的数据，采用某种方法分别对各个箱子中的数据进行处理. 在采用分箱技术时，需要确定两个主要问题：如何分箱以及如何对每个箱子中的数据进行平滑处理.

（2）聚集：对数据进行汇总或聚集. 例如，可以聚集日销售量数据，计算月、年销售量.

（3）数据泛化：使用概念分层，用高层概念替换低层或“原始”数据. 例如，数值属性如年龄，可以映射到较高层概念如青年、中年和老年.

（4）规范化：将属性数据按比例缩放，使之落入一个小的特定区间，如[0,1].

为了更好地理解数据变换的意义，我们首先看几个例子.

例 5.1.1　众所周知，温度的测量尺度有摄氏（C）和华氏（F）两种，这两种尺度的数据具有不同的特征，因为摄氏度以 1 个标准大气压下水的冰点为 0 度，沸点为 100 度；华氏度以 1 个标准大气压下水的冰点为 32 度，沸点为 212 度. 由于历史、习惯原因，亚洲人喜欢用摄氏度，欧洲人喜欢华氏度. 例如，电视转播网球比赛，现场出现 90 度或者 85 度时，很多中国电视观众对此不甚理解，不知所云. 这明显不是摄氏度，而是华氏度. 摄氏度和华氏度的换算关系为：

$$C=\frac{5}{9}(F-32),$$

该变换只改变了原始数据（华氏温度）的尺度，因此变换是线性的.

例 5.1.2 不同国家的收入消费水平是用本国货币表示的，为使得不同国家的收入消费能在同一基础上进行比较，我们可用货币的汇率统一折算为世界通用货币（例如美元）或我们熟悉的货币（例如人民币）来表示. 这种表示只是改变了原始数据的计量尺度，但却能使我们进行比较研究了. 这一变化具有一定的比例变换，也是线性的. 例如，读者也许认为 1 000 韩元很多，可以购买很多商品了，但 2014 年，1 000 韩元折算为人民币大概为 6 元. 在韩国，最多只能买两个普通雪糕或者买一瓶矿泉水而已，到韩国旅游而不清楚货币汇率的朋友请记住该提醒，以免到时候造成不必要的尴尬.

世界上国家很多，货币的种类也很多，这对于国际贸易很不方便，因为商品和服务的价值无法用统一的尺度进行衡量，这就需要一个通用货币，将不同货币标识的价格变换为大家都承认的统一价格标识. 历史上，人们曾采用黄金、白银等硬通货，但美国成为世界第一强国后，美元就成为了最常用的通用货币了，美国也由此获得了很多好处，比如铸币税. 简单来说，美国可以通过印刷货币而去购买商品和服务. 随着中国的强大，人民币也在国际化. **人民币国际化**是指人民币能够跨越国界，在境外流通，成为国际上普遍认可的计价、结算及储备货币的过程. 尽管目前人民币境外的流通并不等于人民币已经国际化了，但人民币境外流通的扩大最终必然导致人民币的国际化，使其成为世界货币.

数据变换的应用例子很多，比如在研究收入的时候，经常用收入的对数，而不是收入的原始数据. 那么，数据变换能为我们进行数据处理带来哪些好处呢？

（1）变换可以方便我们对数据的理解和解释.

（2）变换可以使数据内部的差异变得更加稳定，从而有利于我们对几批数据进行某种比较，例如，比较儿童与成人的身高差异.

（3）变换可以把不对称的数据变为对称.

（4）变换可以把复杂模型描述的数据变为简单模型描述的数据，例如，回归分析中，可以利用数据变换将非线性回归转化为线性回归.

例 5.1.3 假设有甲、乙两组数据，它们的中位数、四分数和四分位差如下：

甲组数据：中位数=10，下四分位数=1，上四分位数=100，四分位差= 99.

乙组数据：中位数=100，下四分位数=10，上四分位数=1000，四分位差= 990.

采用对数变换，$T(x_i)=\lg x_i$，变换后两组数据的中位数、四分位数和四分位差如下：

甲组数据：中位数=1，下四分位数=0，上四分位数=2，四分位差=2.

乙组数据：中位数=2，下四分位数=1，上四分位数=3，四分位差=2.

从上面变换中可以看出，变换后，两组数据的尺度大大压缩，而且对大数据的压缩程度大于小数据的压缩程度；变换后的四分位差变得相等了；变换后的两组数据更加对称了.

在进行统计数据分析时，对于什么样的数据才值得进行变换呢？一般来说，对于下面的一些数据，变换是可能需要的.

（1）对于总量的数据或对于计数的变量，可能需要变换. 这是因为这些数据具有以下两个主要特点：

① 其离散程度随水平的增加而增加，即绝对值大的数据其离散程度也较大，反之不然. 例如，富人消费水平的波动大于穷人.

② 其分布往往是右偏的，因为这些数据以 0 为下界，更可能出现极大值，其分布的右尾一般比左尾长，存在厚尾现象.

（2）对于取值范围较大的数据，可能需要变换．一般来说，一组数据的最大值与最小值之比很大时（比如大于 20），变换是有帮助的，但当比值很小时，变换往往没有意义．但这一法则不适用于非总量或计数数据，比如，温度由于没有绝对的 0 点就不能用这一比值来判断．

（3）当变换图的斜率与 0 差别很大，变换才可能是有意义的．变换图就是将原始数据与变换后数据放在两条对应的水平线上，然后利用斜线将对应数据连接起来（见图 5.1.1）．

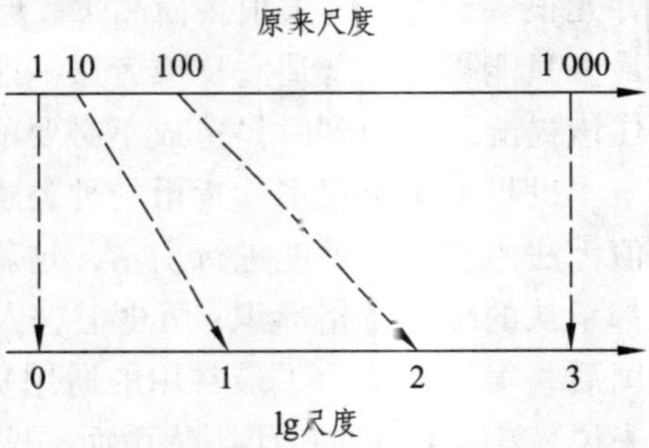

图 5.1.1　对数变换图

（4）对不同组数据进行分析和比较时，可能需要变换．不同组数据的单位往往不同，无法比较，而且量级单位往往也不一样，如 987 655 与 0.567 这样相差悬殊的数据放在一起计算，就会产生很大的舍入误差，计算结果很不理想．

且记，变换很有用，但不是万能的，许多实际问题有其自身的复杂性，不能通过变换使其简化，甚至变化后完全丧失了实际意义．变换把数据换成了一个新的尺度，为了处理上的方便而不顾数据的实际意义进行变换是绝对不可以的．我们时刻要记住：变换的目的是为了便于对数据的理解和分析．

5.2　几种常见的数据变换

为了达到数据变换的目的，我们常进行以下两种数据变换：一是线性变换；二是幂变换，即指数变换．

5.2.1　线性变换

线性变换是通过改变原始数据的原点和尺度将其变换为一组新的数据．设原始数据为 x，变换后的数据为 $T(x)$，则线性变换可记为

$$T(x)=a+bx，其中 a,b 为常数．$$

线性变换有两种特殊形式，分别为原点变换和尺度变换．

（1）**原点变换**：$T(x)=x+a$，是将一组数据平移，不改变分布形状、相关性等．

显然有，$T(\overline{x})=\overline{x}+a$，$T(s)=s_x$．

如果原始数据为 $x_i, i=1,\cdots,n$，则

$$x_i^*=x_i-\overline{x}, i=1,\cdots,n,$$

是原始数据的**中心化变换**．中心化变换后 $\overline{x}^*=0$．这种变换实际上是将非中心化序列整个平移了一个常数位移，这种位移对序列值之间的相关关系没有任何影响，没有改变数据的离散程度．在时间序列分析中，经常用到中心化变换．

（2）**尺度变换**：$T(x)=bx$，是将一组数据用新的尺度重新表达．

显然有 $T(\overline{x})=b\overline{x}$，$T(s)=|b|s_x$．

若同时对数据进行原点和尺度变换（即线性变换）：$T(x)=a+bx$，则有

$$T(\overline{x}) = a + b\overline{x}, \quad T(s) = |b| s_x.$$

可见，线性变换只是简单地改变了数据的原点和量纲，它等度地对数据进行压缩或扩张，但没有改变数据分布的形状.

一般来说，指标 $x_1,\cdots,x_n$ 间由于各自单位及量级的不同而存在着不可公度性，这就为比较综合指标的大小带来了不便. 因此，为了尽可能地反映实际情况，排除由于各项指标的单位不同以及数量级间的巨大差别所带来的影响，避免不合理现象的发生，需要对评价指标作**无纲量化处理**，也叫做**指标数据的标准化、规范化**，它是通过数学变换来消除原始指标量纲影响的方法. 常用的方法有以下两种：

设有 n 个样本，每个样本测得 m 项指标，得观测数据 $x_{ij}, i=1,\cdots,n, j=1,\cdots,m$. 通常将数据列成表 5.2.1.

表 5.2.1 观测数据及特征量

样品＼变量	X_1	…	X_j	…	X_m
$X_{(1)}$	x_{11}	…	x_{1j}	…	x_{1m}
⋮	⋮		⋮		⋮
$X_{(i)}$	x_{i1}	…	x_{ij}	…	x_{im}
⋮	⋮		⋮		⋮
$X_{(n)}$	x_{n1}	…	x_{nj}	…	x_{nm}
均值	$\overline{x}_1$	…	$\overline{x}_j$	…	$\overline{x}_m$
标准差	s_1	…	s_j	…	s_m
极差	R_1	…	R_j	…	R_m

（1）**标准化变换**：

$$x_{ij}^* = \frac{x_{ij} - \overline{x}_j}{s_j}, \quad i=1,\cdots,n, j=1,\cdots,m,$$

变换后每个变量的均值为 0，标准差为 1，且与变量的量纲无关.

（2）**极差标准化变换**：

$$x_{ij}^* = \frac{x_{ij} - \overline{x}_j}{R_j}, \quad i=1,\cdots,n, j=1,\cdots,m,$$

变换后的每个变量的取值 $0 \leqslant x_{ij}^* \leqslant 1$，极差为 1，也是无量纲的量.

上述两种无量纲化方法均采用线性变换形式，线性变换在保留原有数据的信息上具有许多优良的性质. 此外，还有多种非线性的无量纲方法.

若数据是单变量数据，设标准化数值为 z，则有

$$z = \frac{x_i - \overline{x}}{\sigma} \quad 或 \quad z = \frac{x_i - \overline{x}}{s}.$$

标准化数值是变量值与其平均数的离差除以标准差后的值，也称为 z **分数或标准分数**. 标准分数具有平均数为 0，标准差为 1 的特性. 实质上，标准分数只是进行了线性变换，它并没有改变一个数据在这组数据中的位置，也没有改变数据的形状，而只是将该数据变为平

均数为 0，标准差为 1 的一组数据.

例 5.2.1 如果有几个学生的考试分数是

$$99 \quad 85 \quad 73 \quad 60 \quad 45 \quad 16$$

计算其标准化数值.

解 计算出这组数据的均值和标准差分别为：

$$\bar{x} = 70.00\text{ ，} s = 15.00\text{ ，}$$

然后根据公式计算相应的标准化数值：

$$1.93 \quad 1.00 \quad 0.20 \quad -0.67 \quad -1.61 \quad -3.60.$$

标准分数给出了一组数据中各数值的相对位置. 比如，99 对应的标准分数为 1.93，我们就知道该数值高于均值 1.93 倍标准差.

当一组数据是对称分布时，**经验法则**表明：

（1）约有 68%的数据在均值 ± 1 个标准差的范围之内；

（2）约有 95%的数据在均值 ± 2 个标准差的范围之内；

（3）约有 99%的数据在均值 ± 3 个标准差的范围之内.

可见，在通常情况下，一组数据中高于或低于均值三倍标准差的数值是很少的，即在均值加减三个标准差的范围内几乎包含了全部数据，而在三个标准差之外的数据，统计上称为**离群点**，也称为**异常值**. 例如，16 对应的标准分数为 – 3.60，它就是一个离群值

总之，标准化后的数据无量纲，但不会改变其在原序列中的位置. 在对多个具有不同量纲的变量进行处理时，常常需要对变量数值进行标准化处理.

5.2.2 幂变换

我们知道，线性变换不改变数据分布的形状，若希望通过变换从根本上改变数据分布的形状，达到简化数据，使数据更容易描述、理解和分析的目的，可以对数据进行幂变换.

幂变换也称为**指数变换**，它是将原始数据 x 变换成 x^p 的形式来代替 x. 如果 $p = 0$，则用 $\lg x$ 代替 x. 我们所介绍的这种函数变换满足以下要求：函数是严格递增的，且有无穷阶导数（光滑的函数）. 严格递增可保持原来数据的顺序不变，只是数据之间的距离可能改变了，同样，原来尺度下的极值、各分位数等的位置不变，只不过是数值可能改变了；连续性可保证原始数据中非常接近的点，在变换后仍然接近；光滑可以保证函数没有突变的拐点.

幂变换的形式很多，这里只介绍两种常用的变换形式.

（1）若对一组数据进行简单变换，可采用下面的形式：

$$T_p = \begin{cases} x^p, & p > 0, \\ \ln x, & p = 0, \\ -x^p, & p < 0. \end{cases}$$

（2）若需要把变换彼此作比较，可采用下面的形式：

$$T_p^* = \begin{cases} \dfrac{x^p - 1}{p}, & p \neq 0, \\ \ln x, & p = 0. \end{cases}$$

可见，变换的关键是寻找幂指数 p. 如何确定变换中的 p，与我们作变换的目的具有一定的关系，也与所掌握的数据分布的特征具有一定的关系. 一般而言，对于一组数据，我们主要是进行对称变换，因为许多统计分析方法都要求数据分布是正态或近似正态，而对于偏态数据，可通过适当的变换使其接近正态分布；对于多组数据，我们主要是为稳定各组数据的离散程度而变换，以便对不同组数据进行比较分析. 例如，在研究某年全国主要城市各月份的降水量分布时，对于各大城市而言，6, 7, 8 月份的降水量相对较多，其离散程度较大，11, 12 月份的降水量相对较少，其离散程度也较小，无法直接比较各月份降水量分布情况. 但通过幂变换可以基本消除这种水平与离散程度的依赖关系，将各月份数据直接比较.

较为常见的幂变换如平方根变换、立方根变换、对数变换等，它们的主要作用是改变数据结构，以适应某些统计方法的需要. 另外，值得一提的是，对数变换可将具有指数特征的数据结构化为线性数据结构，所以对数变换是一种简单而非常实用的变换.

例 5.2.2 假如有一变量 x，其取值为：

1 10 100 1000 10000 100000 1000000

（1）你认为应该采用什么变换？

（2）你所选择变换要达到什么目标？

解 （1）由于数据呈指数变化，$x=10^n, n=0,1,2,3,4,5,6$，且取值较大，离散程度较大，可采用对数变换

$$y=\lg x,$$

则 $y=n$，即指数特征的数据结构化为了线性数据结构.

（2）变换后的数据离散程度大大减小，通过对数变换能够达到压缩数据、稳定散布、使数据分布更为对称的目标.

在实际中，许多金融时间序列都呈现异方差性质. 通常，序列的标准差和水平之间具有某种正比例关系，即序列水平低时，波动小；序列水平高时，波动大. 比如，当某大学生月平均消费 500 元时，上下波动也许就是 50 元，但如果月平均消费 1000 元时，上下波动可能就要超过 50 元，或许为 100 元. 对于和钱有关的时间序列一般作对数变换，尽管不一定能消除异方差，但可减轻异方差带来的影响，这也是对很多金融时间序列数据取对数的原因.

习题 5

1. 简述数据变换的作用.
2. 对什么样的数据才有必要进行变换？
3. 对数据标准化有什么作用？
4. 线性变换与幂变换有什么不同？
5. 请自己动手找些实际数据，对数据进行适当的幂变换，观察变换后的数字特征.

6 统计指数

统计指数，简称指数，是用于经济分析的一种特殊统计方法，主要反映事物数量的相对变化程度. 从掌握原始数据的状况及研究目的来看，指数的计算方法主要有简单指数和加权指数. 由于事物具有轻重之分，故目前普遍应用的是加权指数，它对不同事物赋予不同的权重，从而更客观地刻画现实.

本章主要介绍加权指数的编制方法，以及如何利用指数对各事物的数量变化进行描述和分析.

6.1 统计指数概述

在日常生活中，人们经常会听到或者看到各种指数的统计数字. 例如，国家统计局公布：2008 年 2 月，中国居民消费价格总水平（CPI）同比上涨 8.7%. 其中，城市上涨 8.5%，农村上涨 9.2%；食品价格上涨 23.3%，非食品价格上涨 1.6%；消费品价格上涨 10.9%，服务项目价格上涨 2.0%. 从环比看，居民消费价格总水平比 1 月份上涨 2.6%. 我们需要研究这些数字是怎样计算出来的，以及它们所反映出的问题，以便对社会的经济现象做更深入的分析，因此了解指数是如何编制的，有助于更好地认识指数的功能和作用.

6.1.1 指数的性质、分类、作用

指数（index number）的编制起源于物价指数. 17 世纪，由于金银大量流入欧洲，过多的货币追逐有限的商品与服务，这导致了商品价格的大面积飞涨，造成了社会的不安定，于是有了反映物价变动的要求，这就是物价指数产生的历史背景. 1650 年，英国的赖斯 · 沃汉首创物价指数，用来度量物价变化情况. 随后，指数的应用范围不断扩大，含义和内容也发生变化. 从内容上来看，指数由单纯反映一种现象的相对变动到反映多种现象的综合变动；从对比的场合来看，指数由单纯的不同时间的对比分析到不同空间的对比分析等；从指数的含义来看，广义上讲，任何两个数值对比形成的相对数都可以称为指数. 从狭义上看，指数是用来测定多个项目在不同场合的综合变动的一种特殊相对数，本章主要研究狭义的指数.

统计指数是反映简单现象总体或复杂现象总体数量变动的相对数. 当今中国统计界一致认为: 统计指数是研究社会经济数量方面时间变动和空间对比关系的分析方法. 为了更好地理解统计指数的含义, 先明确指出统计指数的性质.

1）统计指数的性质

（1）**相对性**：指数是总体各变量在不同的场合下对比形成的相对数. 它可以度量一个变量在不同时间或不同空间的相对变化，例如，铁矿石价格指数是一个反映铁矿石价格变动情况的指标，这种指数称为**个体指数**；也可以用于反映一组变量的综合变动，例如，消费价格

指数是一个反映居民家庭一般所购买的消费商品和服务价格水平变动情况的宏观经济指标，这种指数称为**综合指数**.

（2）**综合性**：狭义地看，指数是反映一组变量在不同场合下的综合变动水平，它是指数理论和方法的核心问题. 由综合性可知，指数是由一组变量或项目综合对比而形成的，是一种特殊的相对数. 例如，消费价格指数就是一揽子商品和服务经过综合和计算的价格指数，以反映消费价格的综合变动情况. 如果没有综合性，指数不可能发展成为一种独立的理论方法体系.

（3）**平均性**：指数是总体水平上的一个代表性数值. 平均性的含义有两个：① 指数进行比较的综合量是作为个别量的一个代表，本身就具有平均的性质；② 两个综合量通过对比形成的指数反映了个别量的平均变动水平.

2）统计指数的分类

从不同的角度出发，指数可分为以下几种主要类型：

（1）指数按其反映的内容不同，可分为数量指数（quantity index number）和质量指数（quality index number）. **数量指数**反映物量变动水平，如产品产量指数说明总产量这一经济总体量的变动情况，商品销售量指数说明商品销售额这一经济总体中商品销售量的变动情况等. **质量指数**反映事物内含数量的变动水平，如价格指数、产品成本指数等.

（2）指数按其计入的项目多少不同，可以分为个体指数（individual index）和综合指数（aggregative index number）. **个体指数**是反映一个项目或变量变动的相对数，如个别商品的销售量指数、价格指数等. 个体指数的计算比较简单，只要将个别现象的报告期水平与基期水平直接对比即可，它是计算综合指数的基础. **综合指数**是反映多个项目或变量综合变动的相对数，如多种商品的价格或销售量的综合变动. 由于不同事物的使用价值不一样，衡量标准也不一样，因而其数量不能直接综合，需要专门的编制方法.

（3）指数按其计算形式不同，可以分为简单指数和加权指数. **简单指数**（simple index number）又称为不加权指数，把计入指数的各个项目的重要性视为等同. **加权指数**（weighted index number）对计入指数的各项目依据的重要程度赋予不同的权数，然后再进行计算. 在实际应用中，有时由于缺少必要权数数据，也可采用适当的简单指数.

（4）指数按其对比场合不同，可以分为时间性指数和区域性指数. 总体变量在不同时间上对比所形成的指数称为**时间性指数**，在不同空间上对比所形成的指数称为**区域性指数**. 时间性指数又可分为定基指数和环比指数. 在指数数列中，如果所有的各期指数均使用同一基期计算，称之为**定基指数**，表明各时期的现象与某一固定时期对比变动情况；如果所有的各期指数均以上一个时期为基期计算，称之为**环比指数**，表明社会经济现象对上一期或前一期的变动指数. 由于存在季节变化，如果所有的各期指数均以上一个循环周期的同时期为基期计算，称为**同比指数**，它就是通常以循环周期为间距的环比指数，例如，本年某月（季）与上年同月（季）对比的指数. 时间性指数可反映一个地区某变量的变动情况，例如，甘肃天水市 2006—2010 年的消费价格指数反映了这五年来天水市居民购买消费商品及服务的价格变动情况；区域性指数可反映不同地区某变量的变动情况，例如，2010 年河南南阳与甘肃天水的消费价格指数可反映 2010 年两地区的消费价格差异.

以上各种分类是从不同的角度对统计指数所做的一般分类，这些分类是可以交叉进行复合分类的，如在个体指数中再区分数量指数和质量指数.

3）统计指数的作用

统计指数在社会经济领域内应用广泛，这是由它独特的功能决定的，而且它能够发挥重要作用. 主要有：

（1）综合反映复杂社会经济总体在时间和空间方面的变动方向和变动程度，这是统计指数的最重要的作用. 在社会经济现象中，大量存在着不能直接加总或不能直接对比的复杂总体，为了反映和研究它们的变动方向和变动程度，只能通过统计指数法编制统计指数.

（2）分析和测定社会经济现象总体变动受各因素变动的影响. 社会经济现象总体中包含着数量因素和质量因素，通过编制数量因素指数和质量因素指数，可以分析和测定各因素变动对总体变动的影响.

（3）研究平均指标指数变动及其受水平因素和结构因素变动的影响. 平均指标中包含水平因素和结构因素，因此可以编制可变组成指数、不变组成指数和结构影响指数，研究平均指标的变动及其各因素变动对平均指标变动的影响.

6.1.2　指数的基本问题

1）数据转化为指数的目的

指数是一种特殊的数据表达形式，其计算基础是大量有关项目的原始数据，将原始数据转化为指数的好处主要有：

（1）指数能够简捷地表现事物变化的状况，省去了繁琐的细节描述. 比如，如果消费价格指数包含 600 个项目，有的项目是涨价的，有的项目则是跌价的，我们不需要去细看这 600 个项目的变化情况，直接从一个指数中便可了解居民消费支出变化的总体状况.

（2）指数能够较好地把握原始数据异常大的序列变化趋势. 比如，2004 年中国第一季度的国内生产总值是 27 105.54 亿元，去年同期为 24 708.71 亿元，两个数字都很大，难以记住，所以往往计算指数 109.7%，只要我们记住了 9.7%，就知道国内生产总值的增长速度很快，就对宏观经济的重要数据有了大致印象.

2）项目的选择

由于指数主要用于反映现象的综合变化程度，因而应该以总体的全面数据资料作为计算依据，但是将总体的全部项目计算在内，这在实际中往往是不可能的或是不需要的. 在实际应用中，编制指数所依据的几乎全部为样本数据，所以样本选择是否科学合理是决定指数准确性的前提. 一般来说，样本数据的准确性是第一要求，除此之外，所选择的样本还应具备以下要求：

（1）**充分性**，即样本容量应该足够大. 如果总体所包括的项目很多，而样本容量很小，往往不能充分代表总体的性质.

（2）**代表性**，即样本能够充分反映出总体的性质. 选择样本项目时，要求所选的每一个项目与所代表的实际项目在性质上应该保持一致，各样本项目之间在性质上应该有较大差异. 一般需要先对样本项目进行科学的分类，使类内同质，类间异质，然后在各类中选择代表性规格品.

（3）可比性，即在不同的时间或空间上，用于对比的各个样本项目在定义、计算口径、计算方法、计算单位等方面上保持一致.

3）基期的确定

所有的指数都有一个用来比较的基期或基准点. 对于时间性指数来说，基期的确定应该注意以下几点：

（1）选择一个正常时期或者典型时期作为基期，即用作比较的基期应该能代表事物发展的正常状态或者典型状态，而非正常的波动时期通常不具有这种代表性，不宜作为基期. 中国在制定各种时间性指数时，基期一般都选在改革开放以后，因为改革开放前，中国处于动荡时期，经历了“大跃进”、“文化大革命”等一系列历史性变革.

（2）考虑季节变化. 比如，如果研究对象是中国雪糕的月销量变化情况，在一个周期内进行比较，意义不大，而只能与上个周期或以前某周期的同时期进行比较. 如 2014 年 8 月份雪糕的销量与 2014 年 1 月份的销量没有可比性，但与 2013 年 8 月份相比，则很要意义.

（3）报告期距离基期的长短应该适当. 报告期距离基期的间隔应该根据所研究现象的特点和研究目的而确定. 一般来说，对于发展较快的现象，报告期距离基期的间隔可以短些，否则可长些. 但报告期距基期也不宜太长，报告期距离基期的时间越长，指数的代表性就越差，因为很多项目都随时间而改变，若基期过长，则指数便失去了意义. 所以一般应该选择距离报告期较近的时期作为基期. 试想，100 年前的物价水平对现在的参考价值又有多大呢?

总评：统计指数是认识世界的重要方法，它是一种把复杂的问题简单化，综合反映事物变化程度的一种相对数. 指数分析法是统计理论的重要组成部分. 总之，统计指数有助于我们认识事物发展的规律，也有助于我们按生活中的规律行事，而不是背道而驰. 研究统计指数的构建，有利于对社会经济现象做更深入的分析，以便反映出更加深刻的社会现象.

6.2 加权指数

加权指数是指在计算指数时，对于计入指数的各个项目根据其重要程度赋予不同的权数，通过加权来提高指数的准确性和代表性. 加权指数因所采用的权数不同可分为加权综合指数、加权平均指数等形式. 编制加权指数首先应确定合理的权数，再根据实际需要确定适当的计算公式.

6.2.1 权数的确定

权数是指变量数列中各组标志值出现的次数，是变量值的承担者，反映了各组的标志值对平均数的影响程度. 从理论上讲，权数决定指标的结构，权数如果变动，绝对指标值和平均数也会变动，所以权数是影响指标数值变动的一个重要因素，对其确定也就变得非常重要了. 在确定权数时，关键要合理，我们可以考虑以下几个方面的问题：

（1）根据现象之间的内在联系来确定权数. 一般情况下，在计算数量指数时，应该以相应的质量（反映事物内涵的数量）为权数，而在计算质量指数时，应该以相应的物量作为权数.

（2）确定权数的所属时期. 无论是计算数量指数，还是计算质量指数，都要求指数分子和分母中的权数必须都是同一时期的. 同一时期，既可以都是基期，也可以都是报告期或者某一个固定的时期等，但是使用不同时期的权数就会产生不同的计算结果，而且指数的实际意义也会不同. 权数应该确定在哪一个时期，通常取决于计算指数的预期目的和所研究现象的特点.

（3）确定权数的具体形式. 权数可以是一组不同产品的价格、成本、生产量或者销售量等形式，也可以是某一组产品的价值量或者其他总量的形式. 另外，权数还可以采取比重的形式，比如用某一商品销售额占总销售额的比重对各类商品价格进行加权计算物价指数. 采用哪种形式的权数，主要取决于计算指数时所依据的数据形式和所选择的计算方法.

某一指标的**权重**是指该指标在整体评价中的相对重要程度，它是一个相对概念，针对某一指标而言. 权数与权重的表现形式不同，但其作用是一致的，因此在衡量某变量的重要程度时，权数与权重可不加区分，数值越大，就越重要.

切记，权数具有一定的主观性，它因研究人员对事物的认知不同而有一定的区别. 另外，研究目的对权数的影响也是非常显著的. 例如，在对大学进行排名时，如果我们鼓励创新和人才培养，可以对这两项赋予更大的权数.

6.2.2 加权综合指数

加权综合指数（weighted aggregative index number）是通过加权来测定一组项目的综合变动状况. 如果所测定的是一组项目的物量变动状况，则称之为数量指数；如果所测定的是一组项目的质量变动状况，则称之为质量指数. 但由于权数可以固定在不同时期，因而加权综合指数具有不同的计算公式，其中较为常用的是拉氏指数和帕氏指数两种形式.

1）拉氏指数

拉氏指数是由德国学者拉斯贝尔斯（Laspeyres）于 1864 年提出的一种指数计算方法，它是在计算一组项目的综合指数时，把作为权数的各个变量值固定在基期. 基期变量值加权的拉氏质量指数和数量指数的一般计算公式分别为

$$p_{1/0}=\frac{\sum p_1q_0}{\sum p_0q_0},\quad q_{1/0}=\frac{\sum p_0q_1}{\sum p_0q_0},\tag{6.2.1}$$

其中 $p_{1/0}$ 为质量指数，$q_{1/0}$ 为数量指数，p_0 和 p_1 分别为一组项目的基期和报告期的质量数值，q_0 和 q_1 分别为一组项目的基期和报告期的物量数值.

2）帕氏指数

帕氏指数是由德国学者帕煦（Paasche）于 1874 年提出的一种指数计算方法. 它是在计算一组项目的综合指数时，把权数的变量值固定在报告期. 帕氏质量指数和数量指数的一般计算公式分别为

$$p_{1/0}=\frac{\sum p_1q_1}{\sum p_0q_1},\quad q_{1/0}=\frac{\sum p_1q_1}{\sum p_1q_0}.\tag{6.2.2}$$

拉式指数由于将权数固定在基期，能够消除权数变动对指数的影响，可使不同时期的指数具有可比性，但这指数也有明显的缺陷，它是假定销售量不变的情况下报告期价格的变动水平. 这一指数尽管可以单纯反映价格的变动水平，但不能反映数量的变动，特别是不能反

映数量结构的变动. 帕氏指数由于将权数固定在报告期，不能消除权数变动对指数造成的影响，所以不同时期的指数之间缺乏可比性，但帕氏指数可以同时反映出价格和数量及其结构的变化，具有明确的经济意义.

例 6.2.1　设某市场上四种蔬菜的销售资料见表 6.2.1，试分别用拉氏指数、帕氏指数公式计算四种蔬菜的销售量综合指数和价格综合指数.

表 6.2.1　某市场上四种蔬菜的销售数据

品　种	销售量（千克）		销售价格（元/千克）	
	基期	报告期	基期	报告期
白　菜	550	560	1.60	1.80
黄　瓜	224	250	2.00	1.90
萝　卜	308	320	1.00	0.90
西红柿	168	170	2.40	3.00
合　计	1 250	1 300	—	—

解　设销售量为 q，销售价格为 p，则

由拉氏指数公式可得销售量综合指数：

$$q_{1/0}=\frac{\sum q_1p_0}{\sum q_0p_0}=\frac{560\times1.6+250\times2+320\times1+170\times2.4}{550\times1.6+224\times2+308\times1+168\times2.4}=\frac{2124}{2039.2}=104.16\%\ ;$$

由拉氏指数公式可得价格综合指数：

$$p_{1/0}=\frac{\sum p_1q_0}{\sum p_0q_0}=\frac{1.8\times550+1.9\times224+0.9\times308+3\times168}{1.6\times550+2\times224+1\times308+2.4\times168}=\frac{2196.8}{2039.2}=107.73\%\ ;$$

由帕氏指数公式可得销售量综合指数：

$$q_{1/0}=\frac{\sum p_1q_1}{\sum p_1q_0}=\frac{1.8\times560+1.9\times250+0.9\times320+3\times170}{1.8\times550+1.9\times224+0.9\times308+3\times168}=\frac{2281}{2196.8}=103.83\%\ ;$$

由帕氏指数公式可得价格综合指数：

$$p_{1/0}=\frac{\sum p_1q_1}{\sum p_0q_1}=\frac{1.8\times560+1.9\times250+0.9\times320+3\times170}{1.6\times560+2\times250+1\times320+2.4\times170}=\frac{2281}{2124}=107.39\%\ .$$

从例 6.2.1 的计算可以看出，无论是销售量综合指数还是价格综合指数，用拉式指数和帕氏指数公式计算的结果均有一定差别，那么用哪个公式更为合理呢？在实际应用中，在研究价格指数时，人们更关心的是在保持基期价格不变的条件下报告期销售量的综合变动，这样不仅可以单纯反映出销售量的综合变动情况，还可符合计算销售量指数的要求，所以一般采用拉式数量指数. 在研究销售量指数时，人们更关心的是在报告期销售量的条件下价格变动对实际生活的影响，帕氏质量指数能够同时反映出价格和消费结构的变化，它更符合实际意义. 总之，在实际应用中，常采用拉氏数量指数和帕氏质量指数.

6.2.3 加权平均指数

加权平均指数（weighted average index number）是总指数的另一种编制方法，和加权综合指数的编制方法恰好相反. 其编制方法是“先对比，后综合”，它是以某一时期总量作为权数，对个体指数加权平均计算得出. 作为权数的总量一般是两个变量的乘积，个体指数可以是个体数量指数，也可以是个体质量指数. 加权平均指数的计算公式因权数所属时期不同而有所差别，常见的公式如下：

1）基期总量加权

基期总量加权是以基期总量作为权数对个体指数加权平均计算出来的，它在计算形式上采用算术平均的形式，也称之为**加权算术平均指数**.

设基期总量权数为 p_0q_0，个体质量指数为 p_1/p_0，个体数量指数为 q_1/q_0，基期总量加权的质量指数和数量指数计算的一般公式分别为

$$p_{1/0}=\frac{\sum\frac{p_1}{p_0}p_0q_0}{\sum p_0q_0},\quad q_{1/0}=\frac{\sum\frac{q_1}{q_0}p_0q_0}{\sum p_0q_0}. \tag{6.2.3}$$

2）报告期总量加权

报告期总量加权是以报告期总量作为权数对个体指数加权平均计算得出，这一指数在计算形式上采用了调和平均的形式，也称之为**加权调和平均指数**.

设报告期总量权数为 p_1q_1，个体质量指数为 p_1/p_0，个体数量指数为 q_1/q_0. 报告期总量加权的质量指数和数量指数的计算公式分别为

$$p_{1/0}=\frac{\sum p_1q_1}{\sum\frac{1}{p_1/p_0}p_1q_1},\quad q_{1/0}=\frac{\sum p_1q_1}{\sum\frac{1}{q_1/q_0}p_1q_1}. \tag{6.2.4}$$

从上面的计算公式可以看出，以基期总量和报告期总量为权数的加权平均指数其实是加权综合指数的一种变形，只是所依据的数据资料不同.

除此之外，还有 p_0q_1, p_1q_0 等总量加权形式，但 p_0q_0, p_1q_1 加权形式比较常用.

例 6.2.2　设某市场上四种蔬菜的销售资料见表 6.2.2，试用基期加权的算术平均指数、报告期加权的调和平均指数公式编制四种蔬菜的价格总指数.

表 6.2.2　某市场上四种蔬菜的销售数据

品种	销售额（元）		个体价格指数
	基期 p_0q_0	报告期 p_1q_1	p_1/p_0
白菜	880.0	1008	1.125
黄瓜	448.0	475	0.950
萝卜	308.0	288	0.900
西红柿	403.2	510	1.250
合计	2 039.2	2 281	—

解 由基期总量加权的质量指数公式可得四种蔬菜的价格总指数：

$$p_{1/0}=\frac{\sum\frac{p_1}{p_0}p_0q_0}{\sum p_0q_0}=\frac{1.125\times880+0.95\times448+0.9\times308+1.25\times403.2}{880+448+308+403.2}=\frac{2196.8}{2039.2}=107.73\% .$$

由计算结果可知，报告期与基期相比，该市场上四种蔬菜的价格平均提高了 7.73%.

由报告期总量加权的质量指数公式可得四种蔬菜的价格总指数：

$$p_{1/0}=\frac{\sum p_1q_1}{\sum\frac{1}{p_1/p_0}p_1q_1}=\frac{1008+475+288+510}{\frac{1008}{1.125}+\frac{475}{0.95}+\frac{288}{0.9}+\frac{510}{1.25}}=\frac{2281}{2124}=107.39\% .$$

由计算结果可知，报告期与基期相比，该市场上四种蔬菜的价格平均提高了 7.39%.

例 6.2.1 与例 6.2.2 所研究的对象相同，计算所得的加权平均数指数与加权综合指数也完全相同，只是两道题中所提供的数据资料有所差异.

一般来说，加权综合指数需要掌握全面资料，而加权平均指数不要求资料全面，条件相对宽松一些，在实际问题中更容易满足要求，所以加权平均指数应用更为广泛，尤其以基期总量加权的数量指数和以报告期总量加权的质量指数的实际意义更为明确，应用效果相对更好些.

值得一提的是，如果加权平均指数的权数采用比重的形式，其权数可以在一定时期内相对固定下来，连续使用若干年，我们称之为**固定权数的加权平均指数**. 其一般计算公式为

$$\text{加权平均指数}=\frac{\sum kw}{\sum w},$$

其中 k 为个体指数或类指数；w 为固定权数，$\sum w=100$，可根据有关的普查、抽样调查或全面统计报表资料调整计算确定. 固定权数的加权平均指数应用广泛，我国的商品零售价格指数、农副产品收购价格指数、居民消费价格指数等，均采用固定权数的平均指数的编制方法.

总评：计算加权指数的关键在于合理确定权数，选择合适的计算公式. 合理、合适蕴含了很高的技巧性，我们只能多学多实践，掌握一般的自然规律和社会规律，积累经验，才能更好地把握. 什么对象最难找呢？合适的！

6.3 指数体系

在实际应用中，仅仅确定单个指数的计算方法是不够的，还要进一步确定由几个指数组成的指数体系，以便于对相互联系的社会经济现象做进一步的分析.

6.3.1 总量指数与指数体系

（1）总量指数

总量指数是由两个不同时期总量对比形成的相对数. 它可以通过不同时期的实物总量对

比形成，也可以通过不同时期的价值总量对比形成.

社会经济现象中的总量通常可以分解为若干个组成因素，如粮食总产量可以看作播种面积 (q) 与单位面积产量 (p) 的乘积，商品销售额是商品销售量 (q) 与销售价格 (p) 的乘积，等等.

对于单项事物而言，个体总量指数的一般形式为

$$v_{1/0}=\frac{p_1q_1}{p_0q_0};$$

对于多项事物而言，综合总量指数的一般形式为

$$v_{1/0}=\frac{\sum p_1q_1}{\sum p_0q_0},$$

其中下标 0 表示基期，下标 1 表示报告期.

2）指数体系

为分析总量指数变动中各个因素的影响方向和程度，可对总量指数进行分解，得到各因素指数. **指数体系**就是由总量指数及其若干个因素指数构成的一种数量关系. 对指数体系进行理解，需要把握以下两个问题：

（1）在指数体系中，总量指数与各个因素指数间的数量关系可以表现为两方面：一是从相对量看，总量指数等于各个因素指数的乘积；二是从绝对量看，总量的变动差额等于各个因素指数的变动差额之和.

（2）在加权指数体系中，为使总量指数等于各个因素指数的乘积，两个因素指数中通常有一个为质量指数，而另一个为数量指数，且各因素指数中的权数必须是不同时期的. 若数量指数用于基期权数加权，则质量指数必须用报告期权数加权；反之亦然.

6.3.2　指数体系的分析与应用

利用指数体系可以对现象发展的相对变化程度以及各因素的影响程度进行分析，还可以对现象发展变化的绝对数量以及各因素的影响数额进行分析.

1）加权综合指数体系分析

加权综合指数在实际分析中比较常用的是基期权数加权的数量指数和报告期权数加权的质量指数构成的指数体系，可表示为

$$\frac{\sum p_1q_1}{\sum p_0q_0}=\frac{\sum p_1q_1}{\sum p_0q_1}\times\frac{\sum p_0q_1}{\sum p_0q_0}.$$

就绝对水平看，其关系式为

$$\sum p_1q_1-\sum p_0q_0=(\sum p_1q_1-\sum p_0q_1)+(\sum p_0q_1-\sum p_0q_0).$$

例 6.3.1　请根据例 6.2.1 中的数据，利用指数体系分析价格和销售量变动对销售额的影响.

解　销售额指数 $=\dfrac{\sum p_1q_1}{\sum p_0q_0}=\dfrac{2281}{2039.2}=111.86\%$.

销售价格指数 $=\dfrac{\sum p_1q_1}{\sum p_0q_1}=\dfrac{2281}{2124}=107.39\%$.

销售量指数 $=\dfrac{\sum p_0q_1}{\sum p_0q_0}=\dfrac{2124}{2039.2}=104.16\%$.

三者之间的数量关系为

$$111.86\% =107.39\%\times104.16\%,$$

即报告期与基期相比，该市场四种蔬菜的销售额提高了 11.86%，其中由于销售价格变动使销售额提高了 7.39%，由于销售量变动使销售额提高了 4.16%.

从绝对变动水平看：

销售额变动 $=\sum p_1q_1-\sum p_0q_0=2281-2039.2=241.8$（元）.

销售价格变动的影响额 $=\sum p_1q_1-\sum p_0q_1=2281-2124=157$（元）.

销售量变动的影响额 $=\sum p_0q_1-\sum p_0q_0=2124-2039.2=84.8$（元）.

三者之间的数量关系为

$$241.8=157+84.8,$$

即报告期与基期相比，该市场四种蔬菜的销售额增加了 241.8 元，其中由于销售价格变动使销售额增加了 157 元，由于销售量变动使销售额增加了 84.8 元.

2）加权平均指数体系分析

实际分析中，比较常用的是基期总量加权的算术平均数量指数和报告期总量加权的调和平均质量指数所构成的指数体系. 该指数体系可以表示为

$$\frac{\sum p_1q_1}{\sum p_0q_0}=\frac{\sum\frac{q_1}{q_0}p_0q_0}{\sum p_0q_0}\times\frac{\sum p_1q_1}{\sum\frac{1}{p_1/p_0}p_1q_1}.$$

就绝对水平看，其关系式为

$$\sum p_1q_1-\sum p_0q_0=\left(\sum\frac{q_1}{q_0}p_0q_0-\sum p_0q_0\right)-\left(\sum\frac{1}{p_1/p_0}p_1q_1-\sum p_1q_1\right).$$

3）利用指数体系分析平均数变动

通过两个不同时期的加权算术平均数之比，可以反映出现象平均水平的变动状况，即

$$\text{平均数变动指数}=\frac{\bar{x}_1}{\bar{x}_0}=\frac{\sum x_1f_1}{\sum f_1}\div\frac{\sum x_0f_0}{\sum f_0}.$$

加权算术平均数受各组变量值 (x) 和各组权数（$f/\sum f$）这两个因素的影响，所以两个不同时期的加权算术平均数之比所构成的指数，既受各组变量值变动的影响，也受所研究的总体单位数结构的影响. 现分别计算以下两个指数：

（1）固定总体单位数结构（$f/\sum f$），反映各组变量值 (x) 的变动对平均数变动的

影响，这种指数称为**变量影响指数**. 其中单位数结构在实际应用中多固定在报告期，计算公式为

$$\text{变量影响指数}=\frac{\sum x_1 f_1}{\sum f_1}\div\frac{\sum x_0 f_1}{\sum f_1}.$$

（2）固定各组变量值（x），反映总体单位数结构变动对平均数变动的影响. 这种指数称为**结构影响指数**. 其中各组变量值在实际应用中多固定在基期，计算公式为

$$\text{结构影响指数}=\frac{\sum x_0 f_1}{\sum f_1}\div\frac{\sum x_0 f_0}{\sum f_0}.$$

由此可以得出，

$$\text{平均数变动指数}=\text{变量影响指数}\times\text{结构影响指数}.$$

这种关系可写为

$$\frac{\sum x_1 f_1}{\sum f_1}\div\frac{\sum x_0 f_0}{\sum f_0}=\left\{\frac{\sum x_1 f_1}{\sum f_1}\div\frac{\sum x_0 f_1}{\sum f_1}\right\}\times\left\{\frac{\sum x_0 f_1}{\sum f_1}\div\frac{\sum x_0 f_0}{\sum f_0}\right\}.$$

从绝对水平看，其数量关系为

$$\frac{\sum x_1 f_1}{\sum f_1}-\frac{\sum x_0 f_0}{\sum f_0}=\left\{\frac{\sum x_1 f_1}{\sum f_1}-\frac{\sum x_0 f_1}{\sum f_1}\right\}+\left\{\frac{\sum x_0 f_1}{\sum f_1}-\frac{\sum x_0 f_0}{\sum f_0}\right\}.$$

例 6.3.2 某地区粮食作物的生产情况见表 6.3.1.

表 6.3.1 某地区粮食作物的生产情况

粮食作物	播种面积（亩）		亩产量（千克）	
	2000 年	2001 年	2000 年	2001 年
水稻	500	400	500	550
小麦	700	900	300	310

试分析该地区两种农作物总的平均亩产量的变动及其原因.

解 设 2000 年、2001 年的播种面积分别为 f_0, f_1，亩产量分别为 x_0, x_1，则有：

该地区 2000 年粮食作物的平均亩产量为

$$\frac{\sum x_0 f_0}{\sum f_0}=\frac{500\times500+300\times700}{500+700}=\frac{460000}{1200}\approx383.33\text{（千克）}.$$

该地区 2001 年粮食作物的平均亩产量为

$$\frac{\sum x_1 f_1}{\sum f_1}=\frac{550\times400+310\times900}{400+900}=\frac{499000}{1300}\approx383.86\text{（千克）}.$$

该地区粮食作物的平均亩产量指数为

$$\frac{\sum x_1 f_1}{\sum f_1} \div \frac{\sum x_0 f_0}{\sum f_0} = \frac{383.86}{383.33} \approx 100.14\% .$$

两种粮食作物亩产量变动影响指数为

$$\left\{ \frac{\sum x_1 f_1}{\sum f_1} \div \frac{\sum x_0 f_1}{\sum f_1} \right\} = \frac{383.86}{361.54} \approx 106.17\% .$$

两种粮食作物播种面积变动影响指数为

$$\frac{\sum x_0 f_1}{\sum f_1} \div \frac{\sum x_0 f_0}{\sum f_0} = \frac{361.54}{383.33} \approx 94.32\% .$$

三者之间的数量关系为

$$100.14\% \approx 106.17\% \times 94.32\% .$$

从绝对水平看，该地区粮食作物平均亩产量变动额为

$$\frac{\sum x_1 f_1}{\sum f_1} - \frac{\sum x_0 f_0}{\sum f_0} = 383.86 - 383.33 = 0.53 \text{（千克）}.$$

两种粮食作物亩产量变动影响额为

$$\frac{\sum x_1 f_1}{\sum f_1} - \frac{\sum x_0 f_1}{\sum f_1} = 383.86 - 361.54 = 22.32 \text{（千克）}.$$

两种粮食作物播种面积变动影响额为

$$\frac{\sum x_0 f_1}{\sum f_1} - \frac{\sum x_0 f_0}{\sum f_0} = 361.54 - 383.33 = -21.79 \text{（千克）}.$$

三者之间的数量关系为

$$0.53 = 22.32 - 21.79.$$

从表 6.3.1 可以看出，与 2000 年相比，2001 年两种粮食作物的亩产量均有所提高，其中水稻的亩产量增加的最多，增加了 50 千克. 从计算结果看，两种粮食作物的亩产量使总的平均亩产量增加了 6.17%，平均增加了 22.32 千克，但亩产量增加幅度大的水稻的播种面积减少了很多，播种面积的这种变化使总的平均亩产量减少了 5.68%，平均减少了 21.79 千克，所以两种粮食作物总的平均亩产量为 100.14%，变化并不大.

6.4 几种常用的经济指数

在中国目前编制的价格指数中，与人民生活关系最为密切的是商品零售价格指数和居民

消费价格指数；随着社会的发展，股票已成为人们日常生活的一部分，股票价格指数也随处可见；另外，还有农产品收购价格指数、工业品出厂价格指数等. 本节主要介绍几种常用的价格指数，包括零售价格指数、消费价格指数生产指数（生产者价格指数）、农副产品收购价格指数和股票价格指数.

1）零售价格指数

零售价格指数（retail price index, RPI）由国家统计局编制，是指反映一定时期内商品的零售价格变动趋势和变动程度的相对数. 零售物价的调整变动直接影响城乡居民的生活支出和国家财政收入，影响居民的购买力和市场供需平衡以及消费和积累的比例. 因此，计算零售价格指数，可以从侧面对上述经济活动进行观察和分析.

根据不同需要，可以编制不同的零售价格指数，比如，可按城乡分别编制，也可按地区分别编制.

现阶段，中国零售商品价格指数编制中存在以下几个主要问题：

（1）代表规格品的选择. 要编制包括全社会多达上百万种零售商品的零售价格指数是不可能的，在编制价格指数时，只能选择部分具有代表性的商品. 要选择代表规格品，首先要对商品进行科学的分类，在此基础上分别选择能代表各类别的代表规格品. 例如，住房是不是代表性商品，不同的学者有着不同的看法. 有的学者认为，你买一套房子，买来以后，是分段消费的，分年度消费. 一般来说新房至少折旧五十年，或者更长时间，而在几十年的折旧期间，房子还有可能升值，所以商品房不能算作居民消费，而算作投资.

（2）典型地区的选择. 全国零售价格总指数反映全社会零售商品价格的总体变动水平. 一般只选部分具有代表性的地区编制价格指数. 典型地区的选择，既要考虑它的代表性，也要考虑类型上的多样性以及地区分布上的合理性和稳定性.

（3）商品价格的确定. 全社会零售价格总指数包括商品牌价、议价等因素. 一种商品的综合平均价是该商品在一定时期内的牌价、议价、市价的加权平均，其权数是各种形式的商品零售量或零售额. 根据每种代表规格品基期和报告期的综合平均价计算出每种商品的价格指数，并以此作为计算类指数的依据.

（4）权数的确定. 我国目前的零售价格总指数是加权算术平均形式计算的，其权数根据上年商品的零售额资料，并且根据当年住户调查资料予以调整后确定. 确定权数时，先确定各大类权数，再确定小类权数，最后确定商品权数. 权数均以百分比表示，各层权数之和等于 100. 为方便计算，权数一律取整数.

（5）指数的计算. 从 1985 年 1 月起，我国开始采用部分商品平均价格法计算全社会商品零售额价格总指数，计算公式为

$$p_{1/0}=\frac{\sum kw}{\sum w}, \tag{6.4.1}$$

其中 k 为个体指数或各层的类指数，w 为各层零售额比重权数.

具体计算过程：首先分别计算出各代表规格品基期和报告期的全社会综合平均价，计算出相应的价格指数，然后再分层逐级计算小类、中类、大类和总指数.

下面的部分资料说明了零售价格指数的编制原则和计算过程.

例 6.4.1 根据表 6.4.1 中数据，计算零售价格总指数.

表 6.4.1 零售价格总指数计算表

商品类别及名称	代表规格品	计算单位	平均价格(元)		权数(w)(%)	指数(%) $k=p_1/p_0$
			p_0	p_1		
总指数					100	115.1
一、食品类					51	117.5
1. 粮食					35	105.3
(1)细粮					65	105.6
面粉	标准	千克	2.40	2.52	40	105.0
大米	粳米	千克	3.50	3.71	60	106.0
(2)粗粮					35	104.8
2. 副食品					45	125.4
3. 烟酒茶					11	126.0
4. 其他食品					9	114.8
二、衣着类					20	115.2
三、日用品类					11	109.5
四、文化娱乐用品类					5	110.4
五、书报杂志类					2	108.6
六、药及医疗用品类					6	116.4
七、建筑装潢材料类					2	114.5
八、燃料类					3	105.6

解 首先计算各代表规格品的价格指数，如面粉的价格指数为

$$k=\frac{p_1}{p_0}=\frac{2.52}{2.40}=105.0\%\,.$$

其次，根据各代表规格品的价格指数以及给出的相应权数，加权算术平均计算小类指数. 例如，细粮类价格指数为

$$p_{1/0}=\frac{\sum kw}{\sum w}=\frac{105\%\times40+106\%\times60}{100}=105.6\%\,.$$

再根据小类指数及其相应的权数，加权算术平均计算中类指数. 例如，粮食类价格指数为

$$p_{1/0}=\frac{\sum kw}{\sum w}=\frac{105.6\%\times65+104.8\%\times35}{100}\approx105.3\%\,.$$

再根据各中类指数及其相应的权数，加权算术平均计算大类指数. 例如，食品类价格指数为

$$p_{1/0}=\frac{\sum kw}{\sum w}=\frac{105.3\%\times35+125.4\%\times45+126.0\%\times11+114.8\%\times9}{100}\approx117.5\%\,.$$

最后，根据各大类指数及其相应的权数，加权算术平均计算总指数.

$$p_{1/0}=\frac{\sum kw}{\sum w}=\frac{117.5\%\times51+115.2\%\times20+109.5\%\times11+110.4\%\times5}{100}$$

$$+\frac{108.6\%\times2+116.4\%\times6+114.5\times2+105.6\times3}{100}=115.1\%.$$

这说明，此地区零售价格大致上涨 15.1%，不是很高，还在可控制范围之内.

俗话说，民以食为天，可见食品对人们的生活是第一重要的，研究者赋予的权数为 51，是八类商品中最大的，而面粉和大米是细粮中最具代表性的商品，根据本地区的消费习惯，分别赋予权数为 40, 60，等等. 由此可看出，代表规格品及其权数的选择还是符合实际情况的.

2）消费价格指数

消费价格指数（consume price index, CPI）是世界各国普遍编制的一种指数，但不同的国家对这一指数赋予的名称不一样，中国称之为**居民消费价格指数**. 它是反映一定时期内城乡居民所购买的生活消费品价格和服务项目价格的变动趋势和程度的一种相对数.

消费价格指数的编制过程与零售价格指数类似，但内容不同，它包括消费品价格和服务项目价格两部分. 在编制指数时，首先要对消费品和服务项目分类，选择代表消费品和服务项目. 指数的权数原则上应采用居民消费支出的构成资料，但由于数据来源的限制，目前根据社会商品零售额和服务行业的营业额来确定. 最后，分别求出消费品价格指数和服务项目价格指数，将两者进行加权平均汇总，计算公式如下

$$p_{1/0}=\frac{\sum kw}{\sum w},\tag{6.4.2}$$

其中 k 为类指数，w 为权数，分别为消费品零售价格和服务项目营业额占两者总和的比重.

居民消费价格指数除了用来反映居民家庭购买消费商品及服务的价格水平的变动情况，还具有以下几个方面的作用：

（1）反映通货膨胀状况. **通货膨胀**是指一般物价水平在某一时期内，连续性地以相当的幅度上涨的状态，又称为**物价上升**. 通货膨胀的成因主要是社会总需求大于社会总供给，货币的发行量超过了流通中实际需要的货币量. 通货膨胀的严重程度是通过通货膨胀率来反映的，而通货膨胀率一般通过居民消费价格指数来表示：

$$\text{通货膨胀率}=\frac{\text{报告期居民消费价格指数}-\text{基期居民消费价格指数}}{\text{基期消费价格指数}}\times100\%.$$

通货膨胀是资产阶级或统治阶级加强对劳动人民剥削和掠夺的重要手段. 通货膨胀给人民带来了深重的灾难，它直接使纸币贬值，如果居民的收入没有变化，生活水平就会下降，造成社会经济生活秩序混乱，不利于经济的发展. 不过，事物都具有两面性，在一定时期内，适度的通货膨胀又可以刺激消费，扩大内需，推动经济发展，但切记一定是适度的通货膨胀. 治理通货膨胀最根本的措施是发展生产，增加有效供给，同时要采取控制货币供应量，实行适度从紧的货币政策和量入为出的财政政策等措施.

（2）反映货币购买力变动. **货币购买力**是指单位货币能够购买到的消费品和服务的数量. 居民消费价格指数与货币购买力水平有如下关系：

$$\text{货币购买力指数}=\frac{1}{\text{居民消费价格指数}}\times100\%.$$

（3）反映对职工实际工资的影响. 消费价格指数提高意味着实际工资减少，消费价格指数下降则意味着实际工资提高. 消费价格指数可以将名义工资转化为实际工资，具体如下：

$$\text{实际工资}=\frac{\text{名义工资}}{\text{消费价格指数}}.$$

如果银行利率低于通货膨胀率，那么实际利率是负的，货币存的时间越长，购买力越低. 但是我们关心的是货币的购买力，而不是货币的多少，即使你拥有一个亿，如果一碗面条一千万，那么你还是穷光蛋一个.

3）生产指数和生产者价格指数

（1）生产指数.

生产指数. 也称作"产品物量指数"，概括反映一个国家或地区各种产品产量的综合变动程度，它是衡量经济增长水平的重要指标之一. 世界各国都非常重视工业生产指数和GDP(国内生产总值）物量指数的编制.

在我国，生产指数是通过计算各种产品的不变价产值（或经过价格缩减后的价值）来加以编制的. 其基本编制原理是：首先计算各类产品的不变价产值（缩减值），并进行汇总；然后将不同时期的不变价产值（缩减值）加以对比，就得到相应时期的生产指数(如工业生产指数或 GDP 物量指数）. 这里，计算各时期不变价产值（缩减值）的公式为

$$\text{某时期不变价产值（缩减值）}=\frac{\text{该时期现行价产值}}{\text{该时期产品价格指数}}. \tag{6.4.3}$$

（2）生产者价格指数.

生产者价格指数（PPI）有广义和狭义之分. 狭义的生产者价格指数仅指工农业等的产品价格指数；广义的生产者价格指数应包括有关国民经济各产业的原材料、半成品和产成品三个生产环节的价格指数，占据所有的头条并对金融市场最有影响的是最后一个，即产成品的PPI，它代表着这些商品被运到批发商和零售商之前的最终状态. 生产价格指数共调查八大类商品：① 燃料、动力类；② 有色金属类；③ 有色金属材料类；④ 化工原料类；⑤ 木材及纸浆类；⑥ 建材类：钢材、木材、水泥；⑦ 农副产品类；⑧ 纺织原料类.

生产者价格指数通常是指工业生产者价格指数和农产品生产价格指数，其中工业生产者价格指数由工业品出厂价格指数和工业生产者购进价格指数组成.

① **工业生产者价格指数**，是从生产者方面考虑的物价指数，反映生产者在初级市场(非零售市场）上出售或购买的产品的价格变动情况，是工业生产产品出厂价格和购进价格在某个时期内变动的相对数，反映全部工业生产者出厂和购进价格变化趋势和变动幅度.

我国的工业品出厂价格指数是反映一定时期内全部工业产品出厂价格总水平的变动趋势和程度的相对数，其统计范围包括工业企业售给本企业以外所有单位的各种产品和直接售给居民用于生活消费的产品. 中国工业生产者出厂价格调查产品目录包括 39 个行业大类、191 个行业中类、525 个行业小类、1 702 个基本分类的 11 000 多种工业产品；购进价格调查目录包括 900 个基本分类的 6 000 多种工业产品. 上述调查产品的确定，严格遵循了对工业行业代表性强，对国计民生影响大，生产稳定，有发展前景等原则. 工业生产者购进价格指数指工业企业组织生产时作为中间投入的原材料、燃料、动力购进价格的指数(含增值税、运费、关税等）其反映工业生产者购进价格变动趋势和变动程度的相对数. 显然，一般情况下，其

指数低于工业品出厂价格指数；若其指数高于同期工业生产者出厂价格指数，表明企业经营压力增加，利润空间被进一步压缩.

② **农产品生产价格指数**是反映一定时期内，农产品生产者出售农产品价格水平变动趋势及幅度的相对数. 该指数可以客观反映全国农产品生产价格水平和结构变动情况，满足农业与国民经济核算的需要. 这些指数的计算方法与上面的“消费者价格指数”、“零售价格指数”大致相似，区别主要在于涉及产品的范围、产品分类的方式以及产品计价的标准等有所不同. 由此决定了它们各自的分析意义有所不同，当然也存在一定的经济联系.

生产者价格指数的上涨将会直接或间接地引起国民经济各产业的生产成本增加，而生产成本的增加又必然转嫁到消费者身上，导致消费者价格指数（CPI）的上涨，因此 PPI 是衡量通货膨胀的先导性、潜在性指标，或者说，它是 CPI 出现波动的先声. 一般认为，这种延迟的特性使得根据现在的PPI通货膨胀来粗略估计将来的CPI或通货膨胀率成为可能. 例如，若某个时期工业品价格涨势平缓，则可在一定程度上预示着未来消费者价格的增速也将保持平稳. 此外，由于农产品价格波动具有显著的季节性，且能源价格也存在周期性变动，这些对于生产者价格指数的影响也很大，故在使用有关指数时，还需适当考虑. 或在剔除食品和能源价格后再做分析.

4）农副产品收购价格指数

农副产品收购价格指数是反映市场上农副产品收购价格变动的趋势和程度的经济指标，旨在反映各种农副产品收购价格的综合变动程度. 由此可以考察收购价格变化对农业生产者收入和商业部门支出的影响. 编制农副产品收购价格指数，有利于研究农民购买力的变化和国家财政的收支情况，正确处理工农关系.

目前农副产品的收购价格，包括农、林、牧、副、渔五业中实行国家定价、国家指导价和市场调节价三种价格形式的农副产品. 农副产品收购价格指数中，包括粮食、经济作物、竹木材、工业用油及漆胶、禽畜产品、蚕茧蚕丝、干鲜果、干鲜菜及调味品、药材、土副产品、水产品等若干大类，每个大类又分若干小类，小类之下再分若干商品集团与代表规格品，指数中商品分类在全国是统一的. 指数计算中的具体商品，各省（区、市）可参照商品目录根据具体情况自行确定，但代表规格品仍按统一的商品目录规定执行.

我国的农副产品收购价格指数的编制方法是：从 11 类农副产品中选择 276 种主要产品，以它们各自的计算期收购额作为权数，通过加权调和平均方法得到各类别的农副产品收购价格指数和农副产品收购价格总指数. 其计算公式为

$$H_p = \frac{\sum p_1 q_1}{\sum \frac{p_1 q_1}{i_p}}, \tag{6.4.4}$$

式中 i_p 为入编指数的各种农副产品的个体价格指数.

我国曾经长期编制农副产品收购价格指数，近年则被前述的农产品生产价格指数所取代，两者的分析意义相近，但产品统计范围、产品分类和计算方法都有所不同.

5）股票价格指数

股票是一种由股份制有限公司签发的用以证明股东所持股份的凭证，它表明股票的持有

者对股份公司的部分资本拥有所有权. 由于股票含有经济利益，且可以上市流通转让，因此股票是一种有价证券. **股票价格**（stock price）又叫股票行市，是指股票在证券市场上买卖的价格. 某种股票一天的价格有开盘价、收盘价、最高价、最低价等，但通常以收盘价作为该种股票当天的价格. 但在股票市场上，每时每刻都有多种股票进行交易，且价格各异，有涨有跌. 用某一种股票的价格显然不能反映整个股票市场的股票价格变动，这就需要计算股价平均数和股票价格指数.

（1）**股价平均数**是股票市场上多种股票在某一时点上的算术平均数，一般以收盘价来计算，公式为

$$股价平均数=\frac{1}{n}\sum_{i=1}^{n}p_i\ , \qquad (6.4.5)$$

其中 p_i 为第 i 种股票的收盘价，n 为样本股票数.

（2）**股票价格指数**（stock price index）是反映某一股票市场上多种股票价格变动趋势的一种相对数，简称为**股价指数**，其单位一般用点（point）表示，也就是将基期指数作为 100，每上升或下降一个单位称为“1 点”.

股票价格指数一般使用发行量作为权数进行加权综合来计算，公式为

$$p_{1/0}=\frac{\sum p_{1i}q_i}{\sum p_{0i}q_i}\ , \qquad (6.4.6)$$

其中 p_{1i} 为第 i 种样本股票报告期价格；p_{0i} 为第 i 种股票基期价格；q_i 为第 i 种股票的发行量，大多数股价指数是以报告期发行量作为权数计算.

由于股票市场上股票品种繁多，股价平均数和股票价格指数只能通过样本股票来计算，但所选择的样本股票必须具有代表性和敏感性. 代表性是指既要选择不同行业的股票，又要选择能代表该行业股价变动趋势的股票. 敏感性是指样本股票价格的变动能敏感地反映整个股市价格的升降变化趋势.

例 6.4.2 现有三种股票的价格和发行量情况见表 6.4.2，试计算股票价格指数.

表 6.4.2 三种股票价格和发行量资料

股票名称	基期价格（元）	本日收盘价（元）	报告期发行量（万股）
甲	6	8	3 600
乙	8	12	8 000
丙	10	15	6 000

解 由股价指数公式可得

$$p_{1/0}=\frac{\sum p_{1i}q_i}{\sum p_{0i}q_i}=\frac{8\times3600+12\times8000+15\times6000}{6\times3600+8\times8000+10\times6000}=\frac{214800}{145600}\approx147.53\%\ ,$$

即股票指数上涨了 47.53 点.

目前，世界各国主要证券交易所都有自己的股票价格指数，下面介绍几种常见的股票价格指数.

（1）**上海证券股票指数**.

由上海证券交易所编制的股票指数，简称**上证综指**，1990 年 12 月 19 日为基准日，基日指数定为 100 点，1991 年 7 月 15 日正式开始发布. 该股票指数的样本为所有在上海证券交易所挂牌上市的股票，其中新上市的股票在挂牌的第二天纳入股票指数的计算范围，该股票指数的权数为上市公司的总股本. 新上证综指发布以 2005 年 12 月 30 日为基日，以当日所有样本股票的市价总值为基期，基点为 1 000 点. 由于我国上市公司的股票有流通股和非流通股之分，其流通量与总股本并不一致，所以总股本较大的股票对股票指数的影响就较大.

新上证综指是中国证券市场由权威机构发布的反映股权分置改革实施后公司概况的指数，随着股权分置改革的全面推进，将不断有新的样本股加入新上证综指. 在不远的将来，随着市场大部分上市公司完成股改，新上证综指将逐渐成为主导市场的核心指数.

（2）**深圳综合股票指数**.

由深圳证券交易所编制的股票指数，简称**深证指数**，1991 年 4 月 3 日为基期. 该股票指数的计算方法基本上与上证指数相同，其样本为所有在深圳证券交易所挂牌上市的股票，权数为股票的总股本. 由于以所有挂牌的上市公司为样本，其代表性非常广泛，且它与深圳股市的行情同步发布.

深圳证券交易所成份股价指数，简称**深证成指**，是深圳证券交易所的主要股指. 它是按一定标准选出 40 家有代表性的上市公司作为成份股，用成份股的可流通数作为权数，采用综合法进行编制而成的股价指标. 从 1995 年 5 月 1 日起开始计算，基数为 1000 点. 为保证成份股样本的客观性和公正性，成份股不搞终身制，深交所定期考察成份股的代表性，及时更换代表性降低的公司，选入更有代表性的公司. 当然，变动不会太频繁，考察时间为每年的一、五、九月份.

（3）**香港恒生指数**.

香港恒生指数由若干只成份股（即蓝筹股）市值计算出来的，代表了香港交易所所有上市公司的 12 个月平均市值涵盖率的 70%，恒生指数由恒生银行下属恒生指数有限公司负责计算及按季检讨，公布成份股调整. 恒生指数是香港股票市场上历史最悠久、影响最大的股票价格指数，该指数于 1969 年 11 月 24 日首次公开发布，基期为 1964 年 7 月 31 日，基期指数定为 100.

恒生指数成份股必需是以主版及于我国香港作第一上市地点. 恒生指数包括从香港多家上市公司中挑选出来的 33 家有代表性且经济实力雄厚的大公司股票作为成份股. 分为四大类：4 种金融业股票、6 种公用事业股票、9 种房地产业股票和 14 种其他工商业（包括航空和酒店）股票，并于 1985 年开始公布四个分类指数.

恒生指数是加权股价指数，它是根据各种采样股票的相对重要性予以加权，公式如下：

$$p_{1/0}=\frac{\sum_{i=1}^{n}p_{1i}q_{0i}}{\sum_{i=1}^{n}p_{0i}q_{0i}}. \tag{6.4.7}$$

（4）**道 · 琼斯和纳斯达克股价指数**.

以华尔街为象征的美国股票市场，是世界上规模最大、法规和管理最完善的资本市场．道·琼斯工业平均指数（Dow Jones Industrial Average）和纳斯达克综合指数（Nasdaq Composite Index）是美国股市最具代表意义的指数，也是美国经济最敏感的神经．

① 道·琼斯股票价格平均指数，简称道·琼斯指数，以在纽约证券交易所挂牌上市的一部分有代表性的公司股票作为编制对象，采用流通股进行成份股的选取和指数的编制，排除了国有股和未上市职工股，以便向投资者提供一个有准确代表性的指数，从而反映投资者实际可交易的股票数量．它由四种股价平均指数构成，分别是：

第一，以30家著名的工业公司股票为编制对象的道·琼斯工业股价平均指数（DJIA）；

第二，以20家著名的交通运输业公司股票为编制对象的道·琼斯运输业股价平均指数；

第三，以6家著名的公用事业公司股票为编制对象的道·琼斯公用事业股价平均指数；

第四，以上述三种股价平均指数所涉及的56家公司股票为编制对象的道·琼斯股价综合平均指数．

在四种道·琼斯股价指数中，以道·琼斯工业股价平均指数最为著名，它被大众传媒广泛地报道，并作为道·琼斯指数的代表加以引用．道·琼斯指数由美国报业集团道·琼斯公司负责编制并发布，登载在其属下的《华尔街日报》上．历史上第一次公布道·琼斯指数是在1884年7月3日，当时的指数样本包括11种股票，由道·琼斯公司的创始人之一、《华尔街日报》首任编辑查尔斯·亨利·道（Charles Henry Dow）编制．1928年10月1日起其样本股增加到30种并保持至今，道·琼斯指数是算术平均股价指数，将样本股的收盘价格加总，然后除以样本股的数量，公式为：

$$p_{1/0}=\frac{1}{n}\sum_{i=1}^{n}p_i\ .$$

道·琼斯工业平均指数问世当天收盘指数为41.74点，1906年首度突破100点，1972年首度突破1000点，1999年3月16日首度突破1万点．该指数时常会作调整，从头至尾保留在指数中的只有通用电气公司．目前指数抛弃了联合碳化等4家工业时代的大公司，而把信息时代的微软和英特尔等4家高科技公司吸纳进来．

② 纳斯达克（NASDAQ）全名为全国证券交易商协会自动报价系统，是以在NASDAQ市场上市的、所有本国和外国的上市公司的普通股为基础计算的．1971年，它才问世，通过计算机网络将全国证券经纪商组织在一起，及时准确地向其提供场外交易行情．最初专门让投资者交易一些资本额很小的新创企业股票，但经过短短20多年的发展，上市公司数目、上市的外国公司数目、月交易额都已超过纽约证券交易所，现已成为全球最大的证券交易市场．纳斯达克综合指数主要由美国的数百家发展最快的先进技术、电信和生物公司组成，包括微软、英特尔、美国在线、雅虎这些家喻户晓的高科技公司，因而成为美国"新经济"的代名词．

课外阅读：

2014年9月19日，阿里巴巴登陆纽交所，发行价68美元，开盘报92.7美元，较发行价大涨36.32%．开盘后直线拉升，一度逼近100美元，最高价为99.7美元，随后维持窄幅震荡，盘中最低触及89.95美元．截至收盘时，大涨38.07%，报93.89美元．总市值高达2314亿美元．这意味着阿里成为中国最大的互联网上市公司，市值赶超百度与腾讯（QQ）之和．

在全球IT互联网企业中，阿里的总市值已经超过了Facebook（2026亿美元）、亚马逊（1504

亿美元）、eBay（648 亿美元）等互联网企业，也超过了 IBM（1 932 亿美元）、甲骨文（1 867 亿美元）、英特尔（1 727 亿美元）、高通（1 269 亿美元）等 IT 企业. 总排名仅次于苹果（6 063 亿美元）、谷歌（4 041 亿美元）、微软（3 894 亿美元）.

马云目前在阿里巴巴的持股为 1.93 亿股，股份为 8.8%，总价值约 181 亿美元，成为中国首富，远超马化腾（腾讯）和王健林（大连万达集团）. 蔡崇信作为阿里巴巴的非执行董事，为阿里巴巴集团的创办人之一，股份为 3.6%. 同时，由于很多员工持股，瞬间造就了上千名千万富翁. 遗憾的是，阿里巴巴的最大股东是日本软银（孙正义），股份为 34.1%，第二大股东为美国雅虎，股份为 22.4%.

6.5 多指标综合评价指数

统计**综合评价**是针对研究对象，建立一个进行测评的指标体系，利用一定的方法或模型，对搜集的资料进行分析，对研究对象做出量化的总体评价. 如果要对一个国家的综合实力进行评价，情况就很复杂. 首先，要研究哪些指标反映国家的综合实力；其次要把不同指标融合在一起，而怎么融合，每项指标的权重是多少，就很难确定了. 因此，在综合评价中，对于同样数据，采用不同的方法，可能会有不同结果，评价结果不唯一就是综合评价的特点. 例如，对中国大学进行排名，一些国内有名机构的排名结果会不一致，甚至区别很大.

6.5.1 多指标综合评价指数的构建

多指标综合评价是利用指数的思想与方法，将所选择的有代表性的若干个指标综合为一个指数，从而对事物发展的状况做出综合的评价. 综合评价指数的基础是单项指标. 由于不同的单项指标通常不能直接进行加减乘除运算，需要特殊的数据处理技术和指数分析方法结合起来，不同构建方法会有不同的结果，但构建指数的原理是互通的.

构建综合评价指数的一般步骤如下：

（1）**建立综合评价指标体系**.

建立的指标体系是综合评价的基础，它直接关系到评价结果的科学性和准确性. 首先，要进行必要的定性研究，尽量选择那些具有一定综合意义的代表性指标. 接着，应用多元统计分析等方法进行指标筛选，提高指标的客观性.

（2）**评价指标的无量纲化处理**.

在进行综合评价时，指标体系中所包括的各指标往往具有不同的计量单位，在构建综合指数时，应统一这些指标的量纲，也就是需要对各指标的实际数据进行无量纲化处理，使之具有可比性.

① **统计标准化**.

这是一种通用的将具体数值转变为标准模式的做法，计算公式为

$$z_i = \frac{x_i - \overline{x}}{s},$$

其中 z_i 为第 个指标的标准化值，$\bar{x}$ 为 x_i 的均值，s 为标准差.

② **相对标准化**.

这种方法是先对一个评价指标确定一个标准值，然后用实际值 x_i 和标准值 x_s 进行比较，得到指标的相对化处理. 计算公式为

$$z_i = \frac{x_i}{x_s},$$

其中 x_s 为进行标准化确定的对比标准，通常可以选择最优值或平均值作为对比标准，确定的标准不一样，标准化值的含义也就不同. 这种方法可以体现评价者进行评价的目的性.

③ **功效系数法**.

功效系数法是对多目标规划原理中的功效系数加以改进，从而把要评价的各项指标值转化为可以度量的评判分数. 计算公式为

$$z_i = \frac{x_i - \min(x_i)}{\max(x_i) - \min(x_i)}$$

其中 $\max(x_i), \min(x_i)$ 分别表示指标 x_i 的最大值和最小值.

将功效系数法进行拓展，得出改进的功效系数法. 计算公式为

$$z_i = \frac{x_i - \min(x_i)}{\max(x_i) - \min(x_i)} \times 40 + 60$$

这样得到的标准化分数在 60 ~ 100 分. 这种处理的效果在于，可以减少极端数值对计算结果的视觉影响，接近人们在意识中对分数的一般看法.

（3）确定各项评价指标的权重.

对于同一指标，不同的人从不同的角度出发，会有不同的看法和结论，正所谓公说公有理，婆说婆有理，所以对于各项指标权重的确定一直是学术界讨论的问题. 确定权重的方法很多，主要有两种：

① **主观构权法**，具体实现方法很多，其共同特征是由有关专家通过研究讨论决定，主要采用专家评判法和层次分析法等. 这样可以集思广益，提高工作效率，但很难找到客观的评价标准.

② **客观构权法**，具体实现方法也很多，其共同特征是由实际数据确定. 这种方法依据数据，客观性很强，但有时难以反映评价的导向性，因为综合评价是有目标性的，提倡什么，强调什么，鼓励什么，突出什么，反对什么，这些都可以通过权数反映出来. 其中常用的方法有主成分分析法和因子分析法、相关法、回归法等.

两种方法各有利弊，主观构权法效率高，但往往没有统一的客观标准，而客观构权法可在一定程度上弥补这一不足，但比较机械，因此在实际中最好将两者结合使用，扬长避短.

（4）计算综合评价指数.

有了各项指标的无量纲化处理结果、权重，通过适当方法，就可以得到综合评价指数. 通常采用加权平均方法进行处理，计算公式为

$$I=\frac{\sum_{i=1}^{n} z_i w_i}{\sum_{i=1}^{n} w_i},$$

其中 z_i 为第 i 项指标的标准化值；w_i 为各项指标的权重，$0 \leqslant w_i \leqslant 1$，$\sum_{i=1}^{n} w_i = 1$.

当然，计算综合评价指数并不是最终目的，指数只是一个综合描述，如何对指数及其背后的东西进行深入分析，才是关键，这就需要进一步的统计分析了.

6.5.2　几种常用的综合评价指数

1）物质生活质量指数

物质生活质量指数（physcial quality of life index, PQLI）是 1975 年美国海外开发委员会在 M. D 莫里斯的指导下提出的，目的是测度一个国家人民基本需要的满足状况，侧面反映社会的综合发展状况. POLI 由三个指标构成，即识字率、婴儿死亡率和一岁的预期寿命. 每个指标都有一定的综合性，能反映出社会在满足基本需要方面的多种特征，能综合体现出社会发展成就，而且具有广泛的国际可比性.

在指数的计算上，首先要将每个指标转化为指数形式，即转化成取值在 0 ~ 100 的指数值，以便于进一步综合.

（1）**识字率**是指 15 岁及以上人口中识字人口所占的比重，它本身就是一种指数形式，无需转换. 识字率能反映出一个国家教育普及的程度，也可反映出一个国家的发展水平. 另一方面，识字率的增加和国民义务教育的实施以及印刷术的普及等也有着关联. 在发展中国家，识字率呈现上升趋势，发达国家的识字率基本上保持稳定，但是近年来，许多发达国家反倒开始出现识字率倒退的现象，这值得人们深思. 一个国家的识字率不可能达到 100%，假如识字率是 99%，这时，发生倒退也可能的，只要倒退不多，都是合理的. 林子大了，什么鸟都有，有的人没有识字的能力，有的人没有识字的意愿，但我们要提供识字的条件，以保证每一个有能力、有意愿识字的公民都有机会识字.

（2）**婴儿死亡率**（infant mortality rate, IMR）是指每千名婴儿出生后不满周岁的死亡人数. 婴儿死亡率是反映一个国家和民族的居民健康水平和社会经济发展水平的重要指标，特别是妇幼保健工作水平的重要指标. 目前，婴儿死亡率常以千分比表示，在婴儿死亡率较高的地方，也有用百分比表示的. 该指标虽然是一个相对数，但它在实际中既不可能为 0，也不可能达到 1 000，因此需要确定该指标的最高值和最低值，并据此将各实际指标值转化为我们所需要的取值在 0 ~ 100 的指数值.

据联合国记录，1950 年以来最高的婴儿死亡率是 229‰（加蓬）. 假定婴儿最低婴儿死亡率为 7‰，从 229 到 7，婴儿死亡率每变动 2.22 个点，即（229 − 7）/100，婴儿死亡率指数就将变动一个百分点，因此可得到的指数公式为

$$\text{婴儿死亡率指数}=\frac{229-\text{婴儿死亡率}}{2.22}.$$

婴儿死亡率与许多因素有关，例如，医疗水平、医学常识、环境因素、新生儿体重、孕

期长短、婴儿性别、习俗、喂养方式等. 中华人民共和国成立前，中国婴儿死亡率高达200‰，中华人民共和国成立后迅速下降，2000 年为 28.38‰，2008 年为 14.9‰，这也从侧面反映了新中国生活质量的提高. 2004 年，美国婴儿死亡率为 7‰. 虽然中国取得了巨大成功，但还是需要继续努力的.

（3）**一岁的预期寿命**是指一批人从一岁起平均每人可存活的年数，该指数转化方法和婴儿死亡率相似. 据第二次世界大战后的纪录，最低的预测寿命是 38 岁（越南），最高的是 77 岁（瑞典），以此作为预测寿命指数的 0 和 100. 因此，预测寿命实际数值每变动 0.39，即 $\frac{77-38}{100}$，预测寿命指数就变动 1 个百分点，其指数公式是：

$$\text{一岁预期寿命指数}=\frac{\text{一岁预期寿命}-38}{0.39}.$$

对经过转化的三个指数加以简单平均，即得物质生活质量指数，即

$$\text{POLI}=\frac{\text{识字率指数}+\text{婴儿死亡率指数}+\text{一岁预期寿命指数}}{3}.$$

例如，某国的识字率为 80%，婴儿死亡率为 10‰，一岁预期寿命为 72 岁，则相应的各指标值为 80, 98.65, 87.18，则物质生活指数为 88.61.

2）社会进步指数

社会进步指数（index of social progress，ISP）是 1984 年由美国的理查德 · J · 埃斯特思首次提出. 1988 年，他又提出了加权社会进步指数. **社会进步指数**是通过一定方法，将众多的社会经济指标浓缩为一个综合指数，作为评价一个国家社会发展进步状况的尺度.

构造社会进步指数首先要确定有关社会指标. 社会进步指数包括 10 个社会经济领域的 36 项指标，其中 10 个领域分别为教育、健康状况、妇女地位、国防、经济、人口、地理、政治参与、文化、福利成就；在 36 项指标中，既包括人均国民生产总值、年通货膨胀率、人口出生率和死亡率、学生入学率、预期寿命等常用指标，也包括一些我们不熟悉的指标，如自然灾害受灾指数、侵犯公民自由指数等. 这些指标有正指标，也有逆指标. 正指标数值变化的方向与社会发展进步的方向同向，逆指标则反向. 在计算社会进步指数时，需要调整逆指标的方向，使其变化的方向与社会发展进步的方向相同.

对于社会进步指数的计算，有加权和不加权之分. 不加权的社会进步指数实际上是将每个指标的权数看作 1，假定各指标在描述国家的发展水平方面具有同等的重要性. 加权社会进步指数是在 ISP 的基础上，对各子领域的指数值作因子分析得到一组统计权数，然后对各子领域得分进行加权，最后得到加权社会进步指数值. 根据埃斯蒂斯的计算，1983 年中国的不加权 ISP 为 74，位列 124 个国家的第 77 位，加权 ISP 为 37，位列 124 个国家的第 71 位.

社会进步指数是评价社会发展状况的一个有效工具，它不仅可以用于不同国家、不同地区间社会发展状况的比较，也可用于一个国家内部不同地区间社会发展水平的横向比较，还可用于一国不同时期发展水平的动态比较. 与 PQLI 相比，社会进步指数的计算在社会经济领域及指标的选择上也比较广泛，因而能在一定程度上全面反映一个国家的社会进步状况.

但社会进步指数也具有一定的局限性，主要有：

（1）在发展领域及指标的选择上，未做出详细的理论说明. 为什么选择这些领域作为评价社会进步的依据？这些领域是否包括了社会发展的所有方面？这些领域及相应的指标是否适合于对所有国家社会发展水平的比较？等等.

（2）在各子领域指标的选择上也极不平衡. 比如，国防子领域仅选择了“军费支出占 GNP 比重”一个指标，而人口子领域则选择了 5 个指标，这势必影响加权指数口权数构造的准确性.

（3）在子领域和指标的选择上，仍忽略了一些重要的社会发展领域. 比如，缺乏反映社会秩序与安全、闲暇时间的利用以及反映财富分配方面的指标.

（4）所选择的这些领域及相应的指标，并不适合于反映所有国家的社会进步状况，没有注意到处于不同社会发展阶段的国家间的差异性，因而势必影响比较的准确性.

3）人类发展指数

人类发展指数（human development index, HDI），又称为**人文发展指数**，是由联合国开发计划署在其《1990 年人的发展报告》中提出的评价社会发展的方法，用以衡量联合国各成员国经济社会发展水平的指标，是对传统的 GNP 指标挑战的结果. 目前，联合国开发计划署编制的人类发展指数及其每年发表的《人类发展报告》已经得到了世界的普遍认可，成为评价世界各国人类发展综合水平的重要依据.

人类发展指数由三个指标构成：预期寿命、成人识字率和按购买力平价计算的实际人均 GDP，这三个指标分别反映了人的长寿水平、知识水平和生活水平，在此基础上构造出人的发展综合指数.

计算方法上，需要找到一个共同的测量尺度才能将三个指标综合成一个指数. 因此，HDI 对每个指标设定了最大值和最小值，然后用下列公式将三个指标转化为 0 ~ 1 的数值：

$$\text{指数}I_i = \frac{\text{实际值}X_i - \text{最小值}X_{\min}}{\text{最大值}X_{\max} - \text{最小值}X_{\min}},$$

再将结果进行简单平均即得 HDI 的具体数值.

联合国开发计划署于 2010 年 11 月 4 日隆重推出了纪念首份《人类发展报告》发布二十周年特刊——《2010 年人类发展报告》，对 1990—2010 年间的人类发展趋势进行了系统评价. 报告显示，大多数发展中国家在健康、教育以及基本生活标准方面都取得了巨大的进步，而进步最快的地区是东亚，其中以中国和印度尼西亚为首. 2014 年人类发展报告发布于 2014 年 7 月 24 日，实际上是在 2013 年数据的估计基础上编制的. 与 2013 年报告（2012 年数据）相比，我国的人类发展指数 HDI 值提升了 0.020 为 0.719，排名从 101 提升至 91 名，从中人类发展指数跨入高人类发展指数.

人类发展指数从动态上对人类发展状况进行了反映，揭示了一个国家的优先发展项，为世界各国尤其是发展中国家制定发展政策提供了一定依据，从而有助于挖掘一国经济发展的潜力. 通过分解人类发展指数，可发现社会发展中的薄弱环节，为经济与社会发展提供预警. 优点主要有：

（1）人类发展指数用较易获得的数据，认为对一个国家福利的全面评价应着眼于人类发展而不仅仅是经济状况，计算容易，比较方法简单.

（2）人类发展指数适用于不同的群体，可通过调整反映收入分配、性别差异、地域分布、少数民族之间的差异. HDI 从测度人文发展水平入手，反映一个社会的进步程度，为人们评价社会发展提供了一种新的思路.

人类发展指数也具有一定的局限性，由于它只选择预期寿命、成人识字率和实际人均 GDP 三个指标来评价一国的发展水平，而这三个指标只与健康、教育和生活水平有关，无法全面反映一国人文发展水平. 其次，HDI 值的大小易受极大值和极小值的影响，因为 HDI 是采用将实际值与理想值和最小值联系起来的方式，来评价相对发展水平的. 所以，当理想值或最小值发生变化时，即使一国的三个指标值不变，其 HDI 值也可能发生变化.

总评：综合指数方法通过把多个指标综合为一个指标，达到了松散的指标体系所达不到的结果，其优点是简单、灵活，易于操作和理解. 但这种方法也具有局限性：

（1）合成指数将若干指标压缩为一个综合数值，损失了原有指标的大量信息，也使结果变得更加抽象，有时，难以解释其社会经济含义.

（2）在指标选择上多取决于研究者对问题的主观认识，存在一定的任意性.

（3）在指数合成上，没有普遍认同的科学方法，缺乏统一的定量标准.

习题 6

1. 什么是指数？它有哪些性质？

2. 构建综合评价指数时需要考虑哪些方面的问题？

3. 美国住房价格占 CPI 权重的比例很大，但中国的食品价格占 CPI 权重的比例很大，请问这是为什么呢？

4. 某企业共生产三种不同的产品，有关的产量、成本和销售价格资料见表 6.1：

表 6.1 某企业生产的三种产品的相关数据

产品种类	计量单位	基期产量	报告期		
			产量	单位成本	销售价格
A 产 品	件	270	340	50	65
B 产 品	台	32	35	800	1 000
C 产 品	吨	190	150	330	400

（1）分别以单位产品成本和销售价格为权数，编制该企业的帕氏产量指数.

（2）试比较说明：两种产量指数具有何种不同的经济分析意义？

5. 设某企业生产三种产品的有关资料见表 6.2：

表 6.2 某企业生产的三种产品的相关资料

商品名称	计量单位	基期总成本(万元)(p_0q_0)	产量个体指数 (q_1/q_0)
甲	件	200	1.03
乙	台	50	0.98
丙	箱	120	1.10

试计算三种产品的产量总指数，并分析由于产量的变动使总成本增加或减少了多少？

6. 某机床厂总生产费用资料见表 6.3：

表 6.3 某机床厂总生产费用资料

产品名称	上年生产费用（万元）(p_0q_0)	本年生产费用（万元）(p_1q_1)	单位成本本年比上年升、降%
甲	750	780	−5
乙	500	520	+3
丙	450	500	0

根据上表资料计算单位成本指数，并确定生产费用是否节约.

7. 已知某企业职工工资资料见表 6.4，计算工资总额的变动并对其进行因素分析.

表 6.4 某企业职工工资的资料

指标	2004 年	2005 年
工资总额（万元）	500	567
职工人数（人）	1 000	1 050
平均工资（元/人）	5 000	5 400

8. 某企业有三个生产车间，2000 年和 2001 年各车间的工人数和劳动生产率资料见表 6.5，试分析该企业劳动生产率的变动及其原因.

表 6.5 某企业职工人数和劳动生产率资料

车间	职工人数（人）		劳动生产率（万元/人）	
	2000	2001	2000	2001
一车间	200	240	4.4	4.5
二车间	160	180	6.2	6.4
三车间	150	120	9.0	9.2

9. 已知某地区 2007 年的农副产品收购总额为 360 亿元，2008 年比上年的收购总额增长 12%，农副产品收购价格总指数为 105%. 试考虑，2008 年与 2007 年对比：

（1）农民因销售农副产品共增加多少收入？

（2）农副产品收购量增加了百分之几？农民因此增加了多少收入？

（3）由于农副产品收购价格提高 5%，农民增加了多少收入？

（4）验证以上三方面的分析结论能否保持协调一致.

10. 表 6.6 是某工业管理局所属五个企业的各项经济效益指标资料.

表 6.6 五个企业的各项经济效益指标

参评指标	单位	标准值	A 企业	B 企业	C 企业	D 企业	E 企业	权数
产品销售率	%	97.48	75.40	90.00	95.50	90.40	85.40	15
资金利税率	%	13.55	12.20	14.10	13.50	11.50	14.00	30
成本利润率	%	8.41	7.60	9.50	8.40	8.50	6.90	15
增加值率	%	29.00	25.30	29.00	28.50	25.40	26.70	10
劳动生产率	元/人	6 205	5 800	6 320	7 250	6 800	5 400	10
资金周转率	次/年	1.83	1.60	1.85	2.10	1.90	1.80	20

试运用‘标准比值法”计算各企业的工业经济效益综合指数，并按综合效益的好坏对其进行排序.

7 概率论

前面介绍了搜集、整理和描述统计数据的基本方法. 通过对数据的描述分析，可以对客观事物的概貌有一个了解，但与从统计数据中挖掘的统计规律相比差距较大. 统计数据中蕴含了非常丰富的重要信息，为了有效利用统计数据，就需要学习推断统计. 推断统计的理论和方法在中国通常被认为是概率论与数理统计的内容.

本章主要给出概率论的基础知识，为统计学的理论学习打下坚实的基础. 如果读者已经学过概率论，可略过.

7.1 随机事件及其概率

7.1.1 随机现象与随机事件

在自然界与人类社会生活中，存在着两类截然不同的现象：一类是**确定性现象**，例如，早晨太阳必然从东方升起；在标准大气压下，水加热到 100 摄氏度必然沸腾. 这类现象的特点是：在试验之前就能断定它有一个确定的结果. 另一类是**随机现象**. 它是概率论与数理统计的研究对象，例如，某地区的年降雨量. 在一定条件下并不总是出现相同结果的现象称为**随机现象**. 这类现象有两个特点：（1）结果不止一个；（2）哪一个结果出现，人们事先不能确定.

随机现象有大量和个别之分. 在相同条件下可以（至少原则上可以）重复出现的随机现象，称为**大量随机现象**；带有偶然性但原则上不能在相同条件下重复出现的随机现象，称为**个别随机现象**，如一切带有偶然性特点的具体历史事件.

例 7.1.1 随机现象到处可见，比如：

（1）抛一枚硬币，可能正面朝上，也可能反面朝上；

（2）一天内进入某超市的顾客数；

在相同的条件下可以重复的随机现象称为**随机试验**，即一个试验如果满足：

（1）可以在相同的条件下重复进行；

（2）其结果具有多种可能性；

（3）在每次试验前，不能预言将出现哪一个结果，但知道其所有可能出现的结果，

则称这样的试验为随机试验.

随机试验是对随机现象的一次观测，通常用大写字母 E 表示，简称**试验**. 例 1.1.1 中（1）是随机试验，（2）由于不能重复进行（历史不可重演），故它虽是随机现象，但不是随机试验.

随机试验的一切可能基本结果组成的集合称为**样本空间**，用 Ω 表示；其每个元素称为**样本点**，又称为**基本结果**，用 ω 表示. 样本点是今后抽样的基本单元，认识随机现象首先要列出它的样本空间.

例 7.1.2 下面给出随机现象的样本空间.

（1）电话总机在单位时间内接到的呼唤次数，样本空间 $\Omega_1 = \{0,1,2,\cdots\}$；

（2）测量误差的样本空间 $\Omega_2 = \mathbf{R}$.

试验的结果称为**事件**（event）. 由于事件是试验中可能出现，也可能不出现的结果，因此称为随机事件. 比如，掷一枚骰子，这就是一次试验；此试验中出现一些事先无法知道的结果，如"出 1 点"，"出 6 点"，"出现偶数点"等，这些结果都是事件.

在样本空间 Ω 中，具有某种性质的样本点构成的子集称为**随机事件**，简称**事件**，常用大写字母 A,B,C 等表示. 随机事件包括基本事件和复合事件. 由一个样本点构成的集合称为**基本事件**；由多个样本点构成的集合称为**复合事件**.

某事件 A 发生当且仅当 A 所包含的一个样本点 ω 出现，记为 $\omega \in A$.

通常，Ω 的子集称为随机事件. 任何样本空间 Ω 都有两个特殊子集，即空集 $\varnothing$ 和 Ω 自身，其中空集 $\varnothing$ 称为**不可能事件**，指每次试验一定不会发生的事件；Ω 自身称为**必然事件**，指在每次试验中都必然发生的事件. 严格来讲，必然事件与不可能事件反映了确定性现象，也可以说它们并不是随机事件，但为了研究问题的方便，常把它们作为特殊随机事件进行处理，即**退化的随机事件**.

因为随机事件就是集合，故随机事件之间的关系及运算与集合之间的关系及运算相同，在此就不详细讲解了.

7.1.2 概率的公理化定义与性质

随机事件在一次试验中可能发生，也可能不发生，具有偶然性，但人们从实践中认识到，在相同的条件下进行大量重复试验，试验的结果具有某种内在规律性，即随机事件发生可能性的大小是可以比较的，可以用一个数字进行度量. 例如，在掷一枚均匀骰子的试验中，事件 A 表示"掷出偶数点"，B 表示"掷出 2 点"，显然事件 A 比事件 B 发生的可能性要大. 概率是随机事件发生可能性大小的度量，介于 0 与 1 之间，事件发生的可能性越大，概率就越大，但事件的概率是如何定义的呢？在概率论的发展史上曾经有过古典定义、几何定义、频率定义和主观定义，这些定义各适合一类随机现象，那么如何才能给出适合一切随机现象的概率的最一般定义呢？苏联数学家 Kolmogorov 在 1933 年提出 Kolmogorov 公理化体系，它以最少几条本质特性出发刻画概率的概念，既概括了历史上几种概率定义的共同特性，又避免了各自的局限性和含混之处. 这一公理体系迅速获得举世的公认，概率论的发展史也表明它是现代概率论的基础，具有里程碑式的意义.

为了能自由地对有限个或可列个事件进行各种运算，我们给出事件域的定义.

定义 7.1.1 如果 $\mathcal{F}$ 是样本空间 Ω 中的某些子集的集合，它满足：

（1）$\Omega \in \mathcal{F}$；

（2）若 $A \in \mathcal{F}$，则 $\overline{A} \in \mathcal{F}$；

（3）若 $A_i \in \mathcal{F}, i=1,2,\cdots$，则 $\bigcup\limits_{i=1}^{\infty} A_i \in \mathcal{F}$，

则称 $\mathcal{F}$ 为 **σ 域**，或 **σ 代数**，**事件域**.

定义 7.1.2 设 Ω 是一个样本空间，$\mathcal{F}$ 为 Ω 的某些子集组成的一个事件域，如果对 $\forall A \in \mathcal{F}$，定义在 $\mathcal{F}$ 上的一个集合函数 $P(A)$ 与之对应，它满足：

（1）非负性公理：$0 \leqslant P(A) \leqslant 1$；

（2）正则性公理：$P(\Omega)=1$；

（3）可列可加性公理：设 $A_i \in \mathcal{F}, i=1,2,\cdots$，且 $A_i \cap A_j = \varnothing, i \neq j$，有 $P\left(\bigcup_{i=1}^{\infty} A_i\right)=\sum_{i=1}^{\infty} P(A_i)$，则称 $P(A)$ 为事件 A 的概率，P 称为**概率测度**，简称为**概率**，三元总体 $(\Omega,\mathcal{F},P)$ 称为**概率空间**.

概率的公理化定义刻画了概率的本质，即**概率是集合函数且满足上述三条公理**. 事件域的引进使我们的模型有了更大的灵活性，在实际问题中可以根据问题的性质选择合适的 $\mathcal{F}$，一般选 Ω 的一切子集为 $\mathcal{F}$. 事件域可以保证随机事件经过各种运算后仍为随机事件.

利用概率的公理化定义，可导出概率的一系列性质.

在概率的正则性中说明了必然事件 Ω 的概率为 1，可想而知，不可能事件 $\varnothing$ 的概率应该为 0.

性质 7.1.1 $P(\varnothing)=0$.

在概率论中，将概率很小（小于 0.05）的事件称为**小概率事件**. 注意，很小是一个模糊的概念，没有严格的区分，因人而定.

小概率事件原理，又称为**实际推断原理**，在原假设成立的条件下，小概率事件在一次试验中可以看成不可能事件. 如果在一次试验中小概率事件发生了，则矛盾，即原假设不正确.

设某试验中出现事件 A 的概率为 p，不管 p 如何小，如果把试验不断独立地重复下去，那么 A 迟早必然会出现一次，从而也必然会出现任意多次，而不可能事件是指试验中总不会发生的事件. 但人们在长期的经验中坚持这样一个观点：概率很小的事件在一次试验中与不可能事件几乎是等价的，即不会发生. 如果在一次试验中小概率事件居然发生了，人们会认为该事件的前提条件起了变化，或者认为该事件不是随机发生的，而是人为安排的，等等，这是小概率原理的一个应用. 小概率事件原理是概率论的精髓，是统计学发展、存在的基础，它使得人们在面对大量数据而需要做出分析与判断时，能够依据具体情况的推理来做出决策，从而使统计推断具备严格的数学理论依据.

性质 7.1.2（有限可加性） 设 $A_i \in \mathcal{F}, i=1,2,\cdots,n$ 且 $A_i \cap A_j = \varnothing, i \neq j$，则

$$P\left(\bigcup_{i=1}^{n} A_i\right)=\sum_{i=1}^{n} P(A_i).$$

证明 令 $A_{n+1}=A_{n+2}=\cdots=\varnothing$，由 $P(\varnothing)=0$ 可得

$$P\left(\bigcup_{i=1}^{n} A_i\right)=P\left(\bigcup_{i=1}^{\infty} A_i\right)=\sum_{i=1}^{\infty} P(A_i)=\sum_{i=1}^{n} P(A_i).$$

推论：（1）对任意事件 A 有 $P(A)=1-P(\overline{A})$.

（2）对任意两个事件 A,B，有 $P(A-B)=P(A)-P(AB)$.

（3）若 $A \supset B$，则 $P(A-B)=P(A)-P(B)$ 且 $P(A) \geqslant P(B)$，也称为概率的**单调性**.

很容易举例说明，若 $P(A) \geqslant P(B)$，无法推出 $A \supset B$. 此推论不仅在计算事件的概率时非常有用，而且在今后一些定理的证明或公式的推导过程中也非常有用.

性质 7.1.3（加法公式） 对任意两事件 A,B 有

$$P(A \cup B)=P(A)+P(B)-P(AB).$$

证明 因为 $A\cup B=A\cup(B-A)$ 且 A 与 $B-A$ 互不相容，又由有限可加性得

$$P(A\cup B)=P(A\cup(B-A))=P(A)+P(B-A)=P(A)+P(B)-P(AB).$$

加法公式还能推广到多个事件的情况. 设 A_1,A_2,A_3 为任意三个事件，则有

$$P(A_1\cup A_2\cup A_3)=\sum_{i=1}^{3}P(A_i)-P(A_1A_2)-P(A_1A_3)-P(A_2A_3)+P(A_1A_2A_3).$$

利用样本点在等式两端计算次数相等可直观证明这个公式.

7.1.3 概率的确定方法

事件的概率通常是未知的，但公理化定义并没有告诉人们如何去确定概率. 历史上在公理化定义出现之前，概率的统计定义、古典定义、几何定义和主观定义都是在一定的场合下有着确定概率的方法，所以有了公理化定义后，它们可以作为概率的确定方法.

1）确定概率的统计方法

定义 7.1.4 在相同的条件下，重复进行了 n 次试验，若事件 A 发生了 n_A 次，则称比值 $\frac{n_A}{n}$ 为事件 A 在 n 次试验中出现的**频率**，记为 $f_n(A)$，n_A 为事件 A 的**频数**.

定义 7.1.5 在相同的条件下，独立重复地做 n 次试验，当试验次数 n 很大时，如果某事件 A 发生的频率 $f_n(A)$ 稳定地在 $[0,1]$ 上的某一数值 p 附近摆动，而且一般来说随着试验次数的增多，这种摆动的幅度会越来越小，则称数值 p 为事件 A 发生的概率，记为 $P(A)=p$.

概率的统计定义既肯定了任一事件的概率是存在的，又给出了一种概率的近似计算方法，但不足之处是要进行大量的重复试验，而事实上很多随机现象不能进行大量重复试验，特别是一些社会经济现象是无法重复的. 有些现象即使能重复，也难以保证试验条件是一样的. 值得注意的是，概率的统计定义以试验为基础，但这并不等于说概率取决于试验. 事实上，事件发生的概率乃是事件本身的一种属性，先于实验而存在. 例如抛硬币，我们首先相信硬币质量均匀，那么在抛之前就已知道出现正面或反面的机会均等，所以从概率的计算途径看概率的描述性定义是先验的，概率的统计定义是后验的，显然两种定义并非等价. 用“频率”估计“概率”，和用“尺子”度量“长度”、用“天平”度量物质的“质量”，是完全类似的. 可以形象地说，频率是测定事件概率的“尺子”，而测定的“精度”可依靠增大试验次数来保障.

概率客观存在的一个很重要的证据是事件出现的频率呈现稳定性，即在大量的重复试验中，频率常常稳定于某个常数，称为频率的**稳定性**，即随着 n 的增加，频率越来越可能接近概率. 我们还容易看到，若随机事件 A 出现的可能性越大，一般来讲其频率 $f_n(A)$ 也越大. 由于事件 A 发生的可能性大小与其频率大小有如此密切的关系，加之频率又有稳定性，故可通过频率来定义概率，这就是概率的统计定义. 人们把这种有着明确的历史先例和经验的概率称为**客观概率**.

例 7.1.3 一个职业赌徒想要一个灌过铅的骰子，使得掷一点的概率恰好是 1/8 而不是 1/6. 他雇用一位技工制造骰子，几天过后，技工拿着一个骰子告知他出现一点的概率为 1/8，于是他付了酬金，然而骰子并没有掷过，他会相信技工的话吗？

解 实际中，当概率不易求出时，人们常通过做大量试验，用事件出现的频率去估计概率，只要试验次数 n 足够大，估计精度完全可以满足人们的需求.

职业赌徒可掷一个骰子 800 次，如果一点出现的次数在 100 次左右，则骰子满足要求；如果一点出现的次数在 133 次左右，则此骰子基本上是正常的骰子，不满足要求. 至于“左右”到底多大，不同的人可取不同的值，保守、悲观的人可取小点，乐观的人可取大点，这涉及假设检验与决策问题.

2）确定概率的古典方法

引入计算概率的数学模型是在概率论发展过程中最早出现的研究对象，它简单、直观，不需要做大量重复试验，而是在经验、事实的基础上，对被考察事件的可能性进行逻辑分析后得出该事件的概率.

如果一个随机试验满足：

（1）有限性：样本空间中只有有限个样本点；

（2）等可能性：样本点是等可能发生的，

则称为**古典型试验**，简称**古典概型**.

“等可能性”是一种假设，在实际应用中常需要根据实际情况去判断是否可以认为各基本事件或样本点是等可能的. 在许多场合，由对称性和均衡性就可以认为基本事件是等可能的并在此基础上计算事件的概率. 如掷一枚均匀的硬币，经过分析后就可以认为出现正面和反面的概率各为 0.5.

定义 7.1.6　设古典型随机试验的样本空间 $\Omega=\{\omega_1,\omega_2,\cdots,\omega_n\}$，若事件 A 中含有 $k\,(k\leqslant n)$ 个样本点，则称 $\dfrac{k}{n}$ 为事件 A 发生的**概率**，记为

$$P(A)=\frac{k}{n}=\frac{A\text{中含有的样本点数}}{\text{总样本点数}}.$$

显然，古典概率也满足非负性、正则性、可加性.

例 7.1.4（抽样模型）　一批产品中共有 N 个，其中 M 个不合格品，从中随机抽取 n 个，试求事件 A_m = “取出 n 个产品中有 m 个不合格品”的概率.

解　（1）**不放回抽样**：抽取一个不放回，然后再抽下一个，……，如此重复直到抽取 n 个为止，等价于一次抽取 n 个.

先计算样本空间 Ω 的样本点数，由组合定义可知样本点共 C_N^n 个，又因为是随机抽取的，故样本点是等可能的.

下面计算事件 A_m 包含的样本点数. 第一步：m 个不合格品一定是从 M 个不合格品中取出，有 C_M^m 种取法；第二步：$n-m$ 个合格品一定从 $N-M$ 个合格品中取出，有 C_{N-M}^{n-m} 种取法. 由乘法原理可知 A_m 包含的样本点数为 $\mathrm{C}_M^m\mathrm{C}_{N-M}^{n-m}$. 故

$$P(A_m)=\frac{\mathrm{C}_M^m\mathrm{C}_{N-M}^{n-m}}{\mathrm{C}_N^n},\quad m=0,1,\cdots,r,\ r=\min(n,M).$$

（2）**放回抽样**：抽取一个后放回，然后再抽下一个，……，如此重复直到抽取 n 个为止.

我们对事件 A_m 的发生情况进行分类. 由于 m 个不合格品可能在 n 次抽样的任意 m 次取出，故有 C_n^m 种可能类型且每种可能类型有 $M^m(N-M)^{n-m}$ 个样本点，又因样本空间有 N^m 个样本点，故

$$P(A_m)=\mathrm{C}_n^m\frac{M^m(N-M)^{n-m}}{N^n}=\mathrm{C}_n^m\left(\frac{M}{N}\right)^m\left(1-\frac{M}{N}\right)^{n-m},\quad m=0,1,\cdots,n.$$

例 7.1.5 某班有 50 名同学，其中正、副班长各 1 名，先从中任意选派 5 名同学参加假期社会实践活动. 试求正、副班长至少 1 人被派上的概率.

解 设 A={正、副班长至少 1 人被派上}.

解法 1：基本事件总数为 C_{50}^5，事件 A 的基本事件数为 $\mathrm{C}_2^1\mathrm{C}_{48}^4+\mathrm{C}_2^2\mathrm{C}_{48}^3$，于是

$$P(A)=\frac{\mathrm{C}_2^1\mathrm{C}_{48}^4+\mathrm{C}_2^2\mathrm{C}_{48}^3}{\mathrm{C}_{50}^5}=\frac{47}{245}.$$

解法 2：因为 $\bar{A}$ 的基本事件数为 C_{48}^5，于是

$$P(A)=1-P(\bar{A})=\frac{\mathrm{C}_{48}^5}{\mathrm{C}_{50}^5}=\frac{47}{245}.$$

3）确定概率的几何方法

早在概率论发展初期，人们就认识到，只考虑有限个等可能样本点的古典方法是不够的，因此需要把等可能推广到无限个样本点场合，这样便引入了**几何概型**，由此也形成了确定概率的**几何方法**. 基本思想是：

（1）设样本空间 Ω 充满某区域 S，其度量（长度、面积、体积等）大小为 $\mu(S)$.

（2）向区域 S 上随机投掷一点，这里“随机投掷一点”的含义是指该点落入 S 任何部分区域内的可能性只与这部分区域的度量成比例，而与这部分区域的位置和形状无关.

（3）设事件 A 是 S 的某个区域，度量为 $\mu(A)$，则向区域 S 上随机投掷一点，该点落在区域 A 的概率为 $P(A)=\dfrac{\mu(A)}{\mu(S)}$.

这个概率称为**几何概率**，它满足概率的公理化定义.

实际上，许多随机试验的结果未必是等可能的，而几何方法的正确运用依赖于“等可能性”的正确规定，即样本空间 Ω 是某空间的一有界区域，A 是 Ω 的可度量子集，即 A 是可测集. 只有 Ω 的可测子集才能视为一个事件，不可测子集不能称为事件，不是概率论的研究对象.

例 7.1.6（会面问题） 甲、乙约定在下午 6 时到 7 时之间在某处会面，并约定先到者应等候另一个人 20 分钟，过时即可离去，求两人会面的概率.

解 设 x,y 分别表示甲、乙两人到达约会地点的时间，以分钟为单位，在平面上建立 xOy 直角坐标系，如图 7.1.1 所示.

因为甲、乙都是在 0 ~ 60 分钟内等可能到达，所以由等可能性知这是一个几何概率问题. (x,y) 的所有可能取值是边长为 60 的正方形，面积为 $\mu_\Omega=60^2$；事件 A={两人能会面}相当于 $|x-y|\leqslant 20$，其面积为 $\mu_A=60^2-40^2$，则

$$P(A)=\frac{\mu(A)}{\mu(S)}=\frac{60^2-40^2}{60^2}=\frac{5}{9}\approx 0.5556.$$

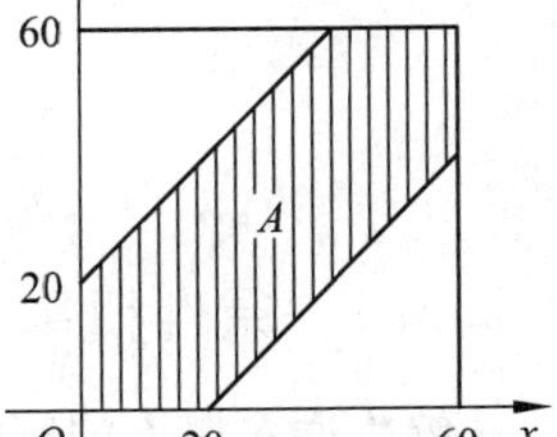

图 7.1.1 会面问题

结果表明：按此规则约会，两人能够会面的概率不超过 0.6.

4）确定概率的主观方法

前面已经阐述了可重复的随机现象，即客观概率，现在介绍不可重复的随机现象. **不可重复的随机现象也就是“一次性事件”，即一次之后不可能再重复**，它的存在性和随机性是毋庸置疑的. 例如，某气象台预报明天有雨；球迷在比赛前预测比赛结果；买足球彩票猜中奖. 对这样不可重复随机现象的概率确定，我们只能采用主观方法. 统计界的贝叶斯学派认为：**一个事件的概率是人们根据经验对该事件发生的可能性给出的个人信念**，这样给出的概率称为**主观概率**.

关于“一次性事件”的概率计算，由于没有直接的历史先例作为确定概率的根据，又无法通过实验的手段使用统计方法，因此只能靠主观判断. 这种认识主体依据自己的知识经验和所掌握的相关信息，对“一次性事件”发生可能性大小所做的数量估计和判断称为主观概率. 主观概率因人而异，且无法核对准确程度. 例如，凭借经验，王老师认为：2015 年小明高等数学期末考试及格的概率为 0.9，而张老师则认为“及格的概率仅为 0.1”，结果显示，小明在 2015 年高等数学期末考试中及格了，但这并不能表明王老师的判断更精确，而张老师预测错误. 因此，我们常常需要调查、比较多人的主观概率，并了解他们各自的依据.

主观概率的确定除了根据自己的经验外，还可利用别人的经验. 例如，对一项风险投资，决策者向某位专家咨询的结果为“成功的概率为 0.8”，但决策者根据自己的经验认为这个专家一向乐观，决策者可将结论修正为 0.7. 不管怎样，主观给定的概率要符合公理化定义. 主观概率数值的给出，虽然有赖于主观因素，但是“一次性事件”往往都有着极强的客观背景，主观概率绝不是不联系实际的主观臆断，也正是因为这样，才使得主观概率成为一个有用的概念.

例 7.1.7 某人得了一种罕见的病，根据现代医学统计材料，这种病的治愈率为 75%，因而家人称他康复的概率为 0.75. 试问怎样解释他康复的概率值？

解 这里讨论的“该人患此病被治愈”是只出现一次的事件，这就排除了对此概率值做频率解释的可能性，因为把过程重复多次就意味着要使他多次得这种罕见的病，然后再看康复几次，这一说法显然是不合理的. 所以这个概率值是家人的主观概率，且这个主观概率是以现代医学统计材料为基础而做出的，它以数量化的形式表达了家人对他康复的期望程度和信心.

主观概率之所以有着强大的生命力，就在于它能付诸实践. 事实充分说明，回避主观概率是不客观的，只有用主观概率与客观概率共同构建的概率论，才是我们认识和理解随机世界的一把钥匙，才可称概率论是“生活真正的领路人”.

7.2 条件概率与独立性

7.2.1 条件概率

在解决许多概率问题时，往往需要在有某些附加信息（条件）下求事件的概率，这就是条件概率. 例如：

班上有 100 名学生，其中有 60 名男生，40 名女生. 老师告诉他们从班上随意挑出一名学生免费旅游，这时他们每个人都觉得自己被挑中的可能性为 $\frac{1}{100}$. 当老师宣布“挑出来的学生是个女学生”时每个学生都被挑选的可能性都变了，男生认为自己没机会了，而女生则认为自己有 $\frac{1}{40}$ 的可能性了.

两种可能性就是两种概率. 第一种可能性是在全班范围内计算的，这种可能性就是通常意义上的概率；第二种可能性是在女同学范围内计算的，这种可能性就是要讲的条件概率. 设事件 $A=$“挑中”，$B=$“女同学”，则 $P(A)=\frac{1}{100}$. 第二种可能性是在 B 发生条件下的条件概率，记为 $P(A|B)$，则

$$P(A|B)=\frac{1}{40}=\frac{\frac{1}{100}}{\frac{40}{100}}=\frac{P(AB)}{P(B)}.$$

由此得到的条件概率公式是在古典概型下导出的，对于一般概率模型，我们把它作为定义.

定义 7.2.1 设 A,B 是两个随机事件，且 $P(B)>0$，称

$$P(A|B)=\frac{P(AB)}{P(B)}$$

为**在事件 B 发生条件下事件 A 发生的条件概率**.

定义虽然不需要证明，但可解释其合理性. $P(A|B)$ 的前提是“B 发生”，此时样本空间变为 B，A 发生只可能是 AB 发生，故 $P(A|B)$ 定义为 $\frac{P(AB)}{P(B)}$. 这是人们目前能想到的最合理的定义了.

条件概率 $P(A|B)$ 与 $P(A)$ 的区别：每一个随机试验都是在一定条件下进行的，$P(A)$ 是在该试验条件下的事件 A 发生的可能性大小，而条件概率 $P(A|B)$ 是在原条件下又添加“B 发生”这个条件时 A 发生的可能性大小，即 $P(A|B)$ 仍是概率. 它们的区别在于两者发生的条件不同，故它们是两个不同的概念，在数值上一般也不同.

由条件概率的定义立即可得**乘法公式**：

$$P(A|B)=\frac{P(AB)}{P(B)}\Rightarrow P(AB)=P(B)P(A|B)，\quad (P(B)>0)；$$

$$P(B|A)=\frac{P(AB)}{P(A)}\Rightarrow P(AB)=P(A)P(B|A)，\quad (P(A)>0).$$

乘法公式也称为**联合概率**，是指两个任意事件乘积的概率，或称之为**交事件的概率**，也可称为**链式规则**，它是一种把联合概率分解为条件概率的方法.

例 7.2.1 监狱看守通知三个囚犯，在他们中要随机地选出一个处决，而把另外两个释放. 囚犯甲请求看守秘密地告诉他，另外两个囚犯中谁将获得自由. 甲说：“因为我已经知道他们两人中至少有一人要获得自由，所以你泄露这点消息是无妨的.”看守说：“如果你知道

了你的同伙中谁将获释，那么你自己被处决的概率就由$\frac{1}{3}$增加到$\frac{1}{2}$，因为你变成了剩下的两个囚犯中的一个了．”对于看守的上述理由,你是怎么想的?

解　记$A=\{$囚犯甲被处决$\}$，$B=\{$囚犯乙被处决$\}$，$C=\{$囚犯丙被处决$\}$，则

$$P(A)=\frac{1}{3}，\ P(A\mid\overline{B})=\frac{P(A)}{P(\overline{B})}=\frac{1}{3}\div\frac{2}{3}=\frac{1}{2}，\ P(A\mid\overline{C})=\frac{1}{2},$$

所以看守说的对!

7.2.2　独立性

1）随机事件的独立性

一般来说，$P(A\mid B)\neq P(A), P(B)>0$，这表明事件$B$的发生提供了一些信息，影响了事件$A$发生的概率. 但在有些情况下，$P(A\mid B)=P(A)$，从这可以想象得到，这必定是事件$B$的发生对$A$发生的概率不产生任何影响，或不提供任何信息，即事件A与B发生的概率是相互不影响的，这就是事件A,B相互独立.

定义 7.2.2　若两事件A,B满足

$$P(AB)=P(A)P(B),$$

则称A与B**相互独立**.

定理 7.2.1　若$P(B)>0$，则A,B相互独立$\Leftrightarrow P(A\mid B)=P(A)$.

如果

$$P(A\mid B)=P(A\mid B,C),$$

则给定B，A和C是独立的. 可见，如果B已知，那么C的知识不能改变A的概率.

定义 7.2.3　对于三个事件A,B,C，若下列四个等式同时成立：

$$\begin{cases}P(AB)=P(A)P(B),\\P(AC)=P(A)P(C),\\P(BC)=P(B)P(C),\\P(ABC)=P(A)P(B)P(C),\end{cases}\tag{7.2.1}$$

则称A,B,C**相互独立**.

若（7.2.1）中只有前三个式子成立，则称A,B,C**两两相互独立**.

可见，相互独立比两两相互独立更强，相互独立一定能推出两两相互独立. 对于两个以上的事件，事件的两两独立不能推出所有事件相互独立.

2）随机试验的独立性

直观上说，当进行几个随机试验时，如果每个试验无论出现什么结果都不影响其他试验中各事件出现的概率，就称这些试验是独立的.

定义 7.2.4　设有两个试验E_1和E_2，假如试验E_1的任一结果与试验E_2的任一结果都是相互独立的事件，则称**这两个试验是相互独立的**.

例如，第一次掷一枚硬币与第二次掷一枚硬币是相互独立的.

类似可以定义 n 个试验 $E_1,\cdots,E_n$ 的相互独立性：

如果试验 E_1 的任一结果、试验 E_2 的任一结果，……，试验 E_n 的任何一个结果都是相互独立的事件，则称试验 $E_1,\cdots,E_n$ 相互独立. 如果这 n 个独立试验还是相同的，则称为 **n 重独立重复试验**.

7.3 全概率公式与贝叶斯公式

对于复杂事件的概率，直接计算就比较麻烦了，但我们可以借助全概率公式和贝叶斯公式. 这两个公式实质上是加法公式和乘法公式的综合运用和推广.

1）全概率公式

全概率公式是概率论中的一个重要公式，它提供了计算复杂事件概率的一条有效途径，使一个复杂事件的概率计算问题化繁为简.

定义 7.3.1 设 $A_1,A_2,\cdots,A_n$ 是 Ω 的一组事件，若 $\bigcup\limits_{i=1}^{n}A_i=\Omega$ 且 $A_iA_j=\varnothing(i\neq j)$，则称 $A_1,A_2,\cdots A_n$ 为 Ω 的一个**完备事件组**或一个**分割**.

显然，事件 A 与 $\overline{A}$ 就是一个分割，很多问题对空间分割就采用了此种方法.

定理 7.3.1（全概率公式） 设 $A_1,\cdots,A_n$ 是 Ω 的一个分割，且 $P(A_i)>0$，$i=1,\cdots,n$，则对任一事件 B 有

$$P(B)=\sum_{i=1}^{n}P(A_i)P(B\mid A_i).$$

证明 显然

$$B=B\Omega=B\bigcap\left(\bigcup_{i=1}^{n}A_i\right)=\bigcup_{i=1}^{n}A_iB \quad 且 \quad (A_iB)\bigcap(A_jB)=(A_iA_j)B=\varnothing,i\neq j,$$

由有限可加性及乘法公式有

$$P(B)=P\left(\bigcup_{i=1}^{n}A_iB\right)=\sum_{i=1}^{n}P(A_iB)=\sum_{i=1}^{n}P(A_i)P(B|A_i).$$

例 7.3.1（抽签原理） 如果 n 张彩票中有 $k\leqslant n$ 张奖券，现在 n 个人依次抽取一张彩票，在未抽完之前不准宣布结果，求证每个人抽取奖券的概率均为 $\dfrac{k}{n}$.

解 $A_i=$ "第 i 个抽取彩票的人中彩"，显然，$P(A_1)=\dfrac{k}{n}$. 由全概率公式可得

$$P(A_2)=P(A_1)P(A_2|A_1)+P(\overline{A_1})P(A_2\mid\overline{A_1})=\frac{k}{n}\cdot\frac{k-1}{n-1}+\frac{n-k}{n}\cdot\frac{k}{n-1}=\frac{k}{n}.$$

由此可见，抽签原理对第二次抽样成立. 作归纳假设，抽签原理对 m 次抽取成立，仍用全概率公式与归纳假设可得

$$P(A_{m+1})=P(A_1)P(A_{m+1}|A_1)+P(\overline{A_1})P(A_{m+1}|\overline{A_1})=\frac{k}{n}\cdot\frac{k-1}{n-1}+\frac{n-k}{n}\cdot\frac{k}{n-1}=\frac{k}{n},$$

其中 $P(A_{m+1}|A_1)=\dfrac{k-1}{n-1}$. 这是因为，当第一个人抽到奖券后，还剩 $n-1$ 张彩票，其中有 $k-1$ 张奖券，以此作为初始状态，而后的第 $m+1$ 个人是第 m 次抽取，由归纳假设可得之. 同理得 $P(A_{m+1}|\overline{A_1})=\dfrac{k}{n-1}$. 这说明抽签原理对 $m+1$ 次抽样也成立. 得证.

可见，在抽签时，不论先抽后抽，抽中的概率是一样的.

例 7.3.2（敏感性问题调查） 考试是检验考生掌握程度的一种可行手段，有利于选拔人才，提高生产力，但由于各种原因，经常有人作弊. 现在设计一个调查方案，从调查数据中估计学生中考试作弊的比率 p.

设计这类敏感性问题的调查方案，关键要使调查者愿意做出真实回答又能保守个人秘密. 一旦调查方案有误，调查者就会拒绝配合，所得调查数据就会失去真实性. 经过多年实践，一些心理学家和统计学家设计了一种方案，在这个方案中，调查者只需回答下列两个问题中的一个问题，且只需回答“是”或“否”.

（1）**问题** A：你的生日是否在 7 月 1 日之前？

（2）**问题** B：你是否在考试中做过弊？

为了消除调查者的顾忌，我们让被调查者在没有旁人的情况下，独自回答问题. 且让被调查者从一个只装有白色与红色球的箱子中随机抽取一个球，看过颜色后放回. 若抽到白色，则回答 A；若抽到红色，则回答 B. 被调查者无论回答 A 或 B，只需在答卷方框内打钩“是”或“否”.

现在我们分析调查结果，显然我们对问题 A 不感兴趣.

首先，我们设有 n 张答卷，其中 k 张回答“是”，但不知道回答的是哪个问题. 不过，有两个信息是预先知道的：

（1）在参加人数较多的场合，任选一人其生日在 7 月 1 日之前的概率为 0.5；

（2）箱中红球的比率 π 是已知的.

现在从这 4 个数据 $(n,k,0.5,\pi)$ 去求出 p. 由全概率公式得

$$P(\text{是})=P(\text{白球})\,P(\text{是}|\text{白球})+P(\text{红球})\,P(\text{是}|\text{红球}),$$

则

$$\frac{k}{n}=0.5(1-\pi)+p\pi,$$

即 $p=\dfrac{\frac{k}{n}-0.5(1-\pi)}{\pi}$. 因为我们用频率 $\dfrac{k}{n}$ 代替了概率 $P(\text{是})$，所以上式得到的是 p 的估计.

思考：如果学生考试作弊概率 $p\approx1$，这到底是个人问题，还是社会问题？

2）贝叶斯公式

“已知结果求原因”在实际中更为常见，它所求的是条件概率，是已知某结果发生条件下，探求各原因发生可能性的大小.

定理 7.3.2（贝叶斯公式） 设 $A_1,A_2,\cdots,A_n$ 是 Ω 的一个分割，且 $P(A_i)>0$，$i=1,2,\cdots,n$，若对任一事件 B，$P(B)>0$，则有

$$P(A_i \mid B)=\frac{P(A_i)P(B \mid A_i)}{\sum_{j=1}^{n}P(A_j)P(B \mid A_j)}, i=1,2,\cdots n .$$

证明 由条件概率定义及全概率公式可得

$$P(A_i \mid B)=\frac{P(A_iB)}{P(B)}=\frac{P(A_i)P(B \mid A_i)}{\sum_{j=1}^{n}P(A_j)P(B \mid A_j)}, i=1,2,\cdots,n .$$

全概率公式和贝叶斯公式对可列分割也是成立的，即 $P(B)=\sum_{i=1}^{\infty}P(A_i)P(B \mid A_i)$, 则

$$P(A_i \mid B)=\frac{P(A_i)P(B \mid A_i)}{\sum_{j=1}^{\infty}P(A_j)P(B \mid A_j)}, i=1,2,\cdots .$$

贝叶斯公式也称为**后验概率公式**，用途很广，由贝叶斯（T.Bayes）于 1763 年给出. 它是在观察到事件 B 已发生的条件下，寻找导致 B 发生的每个原因的概率. 在贝叶斯公式中，$P(A_i)$ 和 $P(A_i \mid B)$ 分别称为原因的**先验概率**和**后验概率**. $P(A_i), i=1,2,\cdots,n$ 是在没有进一步信息（不知道事件 B 是否发生）的情况下，人们对诸事件发生可能性大小的认识. 当有了新的信息（知道 B 发生），人们对诸事件发生可能性大小有了新的估计 $P(A_i \mid B)$. 贝叶斯公式从数量上刻画了这种变化.

先验概率是根据历史资料或主观判断所确定各事件发生的概率. 由于该概率没有经过实验证实，所以称为先验概率. **后验概率**一般指利用贝叶斯公式，结合调查等方式获取了新的附加信息，对先验概率进行修正后得到的更符合实际的概率. 这种根据后验概率做出判断的方法称为**贝叶斯决策**. 这种推理方法也经常被人们所运用. 如果运用得当，人们在用概率方法进行决策时，不必首先在一个很长的过程中搜集决策所必需的全部信息，只需在事物或发展过程中不断地捕捉新的信息，逐步修正对有关事件概率的估计，以便做出正确或满意的决策.

例 7.3.3 某工厂有四个车间生产同一产品，已知这四个车间的产量分别占总产量的 $15\%, 20\%, 30\%, 35\%$，又知这四个车间的次品率依次为 $0.05, 0.04, 0.03, 0.02$，出厂时，四车间的产品完全混合，现从中任取 1 件产品.

（1）问取到次品的概率是多少？

（2）若厂部规定，出了次品要追究有关车间的责任. 现在在出厂的该产品中任取 1 件，检查出现了次品，但该产品无法区分是哪车间生产的，问厂方应怎样处理这件次品的责任较为合理？

解（1）设 $B=\{$产品是次品$\}$，$A_i=\{$产品来自第 i 车间$\}$，$i=1,\cdots,4$，由全概率公式得

$$P(B)=\sum_{i=1}^{4}P(A_i)P(B \mid A_i)=0.15\times0.05+0.20\times0.04+0.30\times0.03+0.35\times0.02=0.0315 .$$

（2）从概率角度看，按 $P(A_i \mid B)$ 的大小确定第 i 个车间的责任份额较为合理.

将已知的数据代入贝叶斯公式可得

$$P(A_1 \mid B)=\frac{0.15\times0.05}{0.0315}=0.2381, \quad P(A_2 \mid B)=\frac{0.20\times0.04}{0.0315}=0.2540,$$

$$P(A_3 \mid B) = \frac{0.30 \times 0.03}{0.0315} = 0.2857 \text{，} \quad P(A_4 \mid B) = \frac{0.35 \times 0.02}{0.0315} = 0.2222 .$$

由此可知，较为合理分摊责任的方案，既不是次品率最高的第 1 车间，也不是占产品份额最高的第 4 车间承担最多的责任，而是第 3 车间与第 2 车间承担了较多的责任

7.4　随机变量及其分布

为全面研究随机试验的结果，揭示客观存在的统计规律性，我们必须将随机试验的结果与实数对应起来，即必须把随机试验的结果数量化，这就是引入随机变量的原因．随机变量的引入使得对随机现象的处理更简单与直接，也更统一而有力，更便于进行定量的数学处理．

7.4.1　随机变量

定义 7.4.1　定义在样本空间 $\Omega = \{\omega\}$ 到实数集上的一个实值单值函数 $X(\omega)$ 称为**随机变量**．若对 $\forall x \in \mathbf{R}$，$\{\omega \mid X(\omega) \leqslant x\}$ 都是随机事件，即

$$\forall x \in \mathbf{R}, \quad \{\omega \mid X \leqslant x\} \in \mathcal{F} .$$

随机变量在概率与统计研究中的应用非常普遍，因此可以这样说，如果微积分是研究变量的数学，那么概率与统计是研究随机变量的数学．通常可将随机变量分为两类：

（1）**离散型随机变量**：所有取值可以逐个一一列举．

（2）**连续型随机变量**：全部可能取值不仅无穷多，而且还不能一一列举，而是充满一个区间．

有了随机变量，就可通过随机变量将各个事件联系起来，进而去研究随机试验的全部结果．一般地，若 B 是某些实数组成的集合，即 $B \subset \mathbf{R}$，则 $\{X \in B\}$ 表示随机事件 $\{\omega \mid X(\omega) \in B\}$．随机变量的引入，使得我们有可能借助于微积分等数学工具，把研究引向深入，这在后面的学习中会有所体会．

定义 7.4.2　设 X 为随机变量，x 为任意实数，称函数

$$F(x) = P\{X \leqslant x\}$$

为 X 的**分布函数**，且称 X 服从 $F(x)$，记为 $X \sim F(x)$．

分布函数 $F(x)$ 具有如下性质：

（1）**单调性**：$F(x)$ 是单调不减函数，即若任意 $x_1 < x_2$，则 $F(x_1) \leqslant F(x_2)$；

（2）**有界性**：$F(-\infty) = \lim\limits_{x \to -\infty} F(x) = 0, F(+\infty) = \lim\limits_{x \to +\infty} F(x) = 1$；

（3）**右连续性**：$F(x)$ 是右连续函数，即 $\forall x \in \mathbf{R}, F(x+0) = F(x)$．

以上三条性质是分布函数必须具有的性质，还可以证明：如果函数 $F(x)$ 满足上述三条性质，则必存在概率空间 $(\Omega, \mathcal{F}, P)$ 及其上的一个随机变量 X，使得 X 的分布函数为 $F(x)$．从而这三个基本性质也成为判断某个函数能否成为分布函数的充要条件．

定义 7.4.3　若随机变量 X 只可能取有限或可列个值，则称 X 为**离散型随机变量**．如果离散型随机变量 X 的所有可能取值为 $x_1, \cdots, x_n, \cdots$，则称 X 取 x_i 的概率为

$$p_i = p(x_i) = P(X = x_i), i = 1, 2, \cdots,$$

为 X 的**概率分布列**，简称**分布列**，记作 $X \sim \{p_i\}$.

分布列也可表示为

$$\begin{pmatrix} x_1 & \cdots & x_n & \cdots \\ p_1 & \cdots & p_n & \cdots \end{pmatrix},$$

或表示为**概率分布表**:

X	x_1	x_2	$\cdots$	x_n	$\cdots$
P	p_1	p_2	$\cdots$	p_n	$\cdots$

离散型随机变量 X 的分布函数

$$F(x) = \sum_{x_i \leqslant x} P\{X = x_i\} = \sum_{x_i \leqslant x} p(x_i),$$

它在 $x = x_i$ 处有跳跃，跳跃值为 $p_i = P\{X = x_i\}$. 由于它的图形是阶梯函数，难以表达，故常用概率分布列来描述. 分布列具有如下性质：

（1）**非负性**： $p_i \geqslant 0, i = 1, 2, \cdots$.

（2）**正则性**： $\sum_{i=1}^{+\infty} p_i = 1$，也称为**归一性**.

以上两条基本性质也是判断某个数列是否为分布列的充要条件.

例 7.4.1 一部电梯在一周内发生故障的次数

$$X \sim \begin{pmatrix} 0 & 1 & 2 & 3 \\ 0.1 & 0.25 & 0.35 & \alpha \end{pmatrix},$$

（1）确定 α 的值.

（2）求正好发生两次故障的概率.

（3）求故障次数多于一次的概率.

解 （1）由于 $0.1 + 0.25 + 0.23 + \alpha = 1$，所以 $\alpha = 0.3$.

（2）$P(X = 2) = 0.35$.

（3）$P(X > 1) = 0.35 + 0.3 = 0.65$.

除离散型随机变量外，还有一类重要的随机变量——连续型随机变量，这种随机变量 X 可以取某个区间 $[a,b]$ 或 $(-\infty, +\infty)$ 的一切值. 由于这种随机变量的所有可能取值无法像离散型随机变量那样一一排列，因而也就不能用离散型随机变量的分布律来描述它的概率分布，刻画这种随机变量的概率分布可以用分布函数，但在理论上和实践中更常用的方法是用所谓的概率密度.

定义 7.4.4 设随机变量 X 的分布函数为 $F(x)$，如果存在一个非负函数 $f(x)$，使得对于 $\forall x \in \mathbf{R}$，有

$$F(x) = \int_{-\infty}^{x} f(t)\mathrm{d}t,$$

则称 X 为**连续型随机变量**，$f(x)$ 称为 X 的**概率密度函数**，简称**密度函数**.

因为 $F(x)$ 是非减函数，导数非负，又 $F(\infty) = 1$，所以

（1）非负性：$f(x) \geqslant 0, \forall x \in \mathbf{R}$.

（2）正则性：$\int_{-\infty}^{+\infty} f(x)\mathrm{d}x = 1$.

以上两条基本性质也是判断某个函数是否为密度函数的充要条件.

例 7.4.2 设随机变量 X 的密度函数为

$$f(x)=\begin{cases} x, & 0 \leqslant x < 1, \\ 2-x, & 1 \leqslant x < 2, \\ 0, & \text{其他}, \end{cases}$$

试求 X 的分布函数 $F(x)$.

解 当 $x<0$ 时，$F(x)=0$；

当 $0 \leqslant x < 1$ 时，$F(x)=\int_0^x t\mathrm{d}t = \frac{x^2}{2}$；

当 $1 \leqslant x < 2$ 时，$F(x)=\int_{-\infty}^x f(t)\mathrm{d}t = \int_0^1 t\mathrm{d}t + \int_1^x (2-t)\mathrm{d}t = -\frac{x^2}{2}+2x-1$；

当 $x \geqslant 2$ 时，$F(x)=1$.

综上所述，X 的分布函数为

$$F(x)=\begin{cases} 0, & x<0, \\ \frac{x^2}{2}, & 0 \leqslant x < 1, \\ -\frac{x^2}{2}+2x-1, & 1 \leqslant x < 2, \\ 1, & x \geqslant 2. \end{cases}$$

7.4.2 常见离散型分布

1）二项分布

如果记 X 为 n 重 Bernoulli 试验序列中事件 A 成功的次数，$P(A)=p$，$q=1-p$，则 X 的可能取值为 $0,1,\cdots,n$，分布列为

$$p_k = P(X=k) = \mathrm{C}_n^k p^k q^{n-k}, \quad k=0,1,\cdots,n,$$

这个分布称为**二项分布**，记为 $X \sim B(n,p)$.

当 $n=1$ 时称为**两点分布**或 **0-1 分布**，分布列为

$$p_k = p^k q^{1-k}, \quad k=0,1.$$

两点分布主要用来描述一次 Bernoulli 试验中事件 A 成功的次数.

如果将第 i 次 Bernoulli 试验中 A 出现的次数记为 $X_i, i=0,1,\cdots,n$，则由概率模型的构造可知

$$X=\sum_{i=0}^n X_i \sim B(n,p).$$

例 7.4.3 已知一批产品的次品率为 4%，从中有放回地抽取 5 个，求 5 个产品中恰有一个次品的概率.

解 抽取一个产品相当于进行了一次伯努利试验，因此 $n=5$. 由于是有放回抽样，所以

每次试验是独立的，每次抽取的次品率为 4%.

设 X 为抽取的次品数，显然 $X \sim B(5,0.04)$，则有

$$P(X=1)=\mathrm{C}_5^1\times 0.04^1\times(1-0.04)^{5-1}=0.169869312\,.$$

下面给出利用 Excel 计算二项分布概率值的操作步骤：

（1）进入 Excel 表格界面，将鼠标停留在某一空白单元格（作为概率值计算结果的输入单元）；

（2）点击“*fx*（插入函数）”命令，在复选框“函数分类”中点击“统计”选项，并在“函数名”中点击“BINOMDIST”选项，然后单击“确定”.

（3）在“Number_s”中填入试验成功次数 1；在“Trials”中填入总试验次数 5；在“Probability_s”中填入每次试验的成功概率 0.04；在“Cumulative”中填入“0”，表示计算成功次数恰好等于定数值的概率. 如果填入“1”，表明计算成功次数小于等于定数值的概率. 如图 7.4.1 所示.

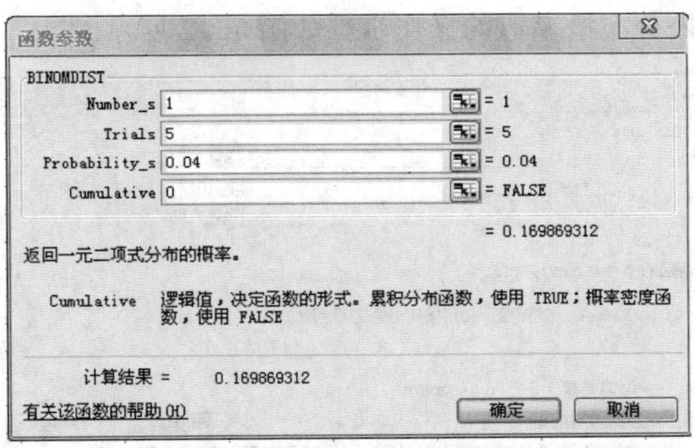

图 7.4.1 二项分布的概率计算过程

2）泊松分布

泊松分布是 1837 年由法国数学家 Poisson 首次提出的. 它最初是作为二项分布的一个近似而被发现. 但随着概率理论的发展和实践的检验，证实泊松分布对某一类随机现象有很贴切的描述，这类现象称为**泊松试验**. 它具有两个重要特征：

（1）所考察的事件在任意两个长度相等的区间里发生一次的机会均等.

（2）所考察的事件在不同时间段内发生与否是相互独立的.

针对任何符合以上条件的泊松试验，人们定义了泊松分布，它表示“一定时间段或一定空间或其他特定单位内某一事件出现的次数”. 例如，

一定时间段内，到车站等候公交车的人数；

一定页数的书刊上发现错别字个数；

一定路段内，路面出现大损坏的次数.

泊松分布 X 以全体自然数为一切可能值，分布律为

$$p_k=P(X=k)=\frac{\lambda^k \mathrm{e}^{-\lambda}}{k!}\,,\quad k=0,1,\cdots,$$

其中参数 $\lambda>0$，记为 $X\sim P(\lambda)$.

定理 7.4.1（泊松定理） 在 n 重伯努利试验中，记事件 A 在一次试验中发生的概率为

p_n(与试验次数 n 有关)，如果当 $n\to\infty$ 时有 $np_n\to\lambda$，则

$$\lim_{n\to\infty}C_n^k p_n^k(1-p_n)^{n-k}=\frac{\lambda^k}{k!}e^{-\lambda}.$$

可见，当 n 很大，p 很小时，$B(n,p)$ 可用 $P(np)$ 来近似.

例 7.4.4 假定某航空公司订票处平均每小时接到 42 次订票电话，那么在 10 分钟内，恰好接到 6 次电话的概率是多少？

解 我们可以认为，任意间隔相同的时间内航空公司接到一次电话的概率相等，并且不同时间段内是否接到电话是相互独立的，则 10 分钟内接到电话的次数 X 为二项分布，且 n 很大，p 很小，由泊松定理可得 $X\sim P(7)$，其中 $7=\frac{10}{60}\times 42$.

$$P(X=6)=\frac{7^6e^{-7}}{6!}=0.149.$$

利用 Excel 计算泊松分布概率值的操作步骤如图 7.4.2 所示.

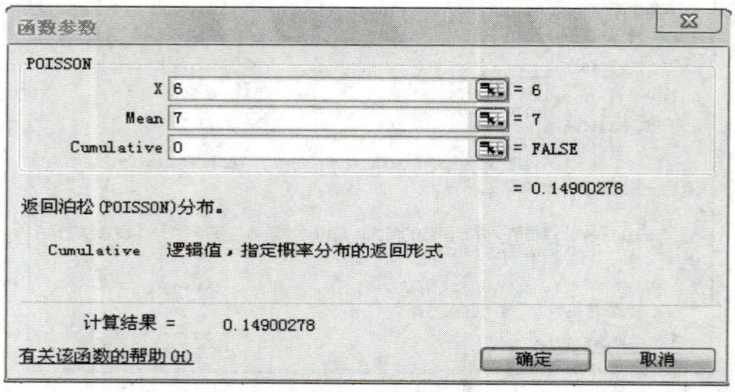

图 7.4.2 泊松分布的概率计算过程

3）负二项分布

在 Bernoulli 试验序列中，每次试验事件 A 成功的概率为 p，如果 X 为恰好出现 r 次成功所需失败的次数，则 X 的所有可能取值为 $0,1,2,\cdots$，其分布列为

$$p_k=P(X=k)=C_{r+k-1}^{r-1}p^r(1-p)^k,\quad k=0,1,\cdots,0<p<1,$$

则称 X 服从参数为 (r,p) 的**负二项分布**，记为 $NB(r,p)$.

当 $r=1$ 时，负二项分布为**几何分布**，记为 $X\sim Ge(p)$.

定理 7.4.2（几何分布的无记忆性） 设 $X\sim Ge(p)$，则对任意正整数 m,n 有

$$P(X>m+n\mid X>m)=P(X>n).$$

此定理表明：在前 m 次试验中 A 没出现的条件下，则在接下去的 n 次试验中 A 仍未出现的概率只与 n 有关，而与以前的 m 次试验无关，似乎忘记了前 m 次试验结果，这就是无记忆性. 几何分布是离散随机变量中唯一一个没有记忆的分布.

4）超几何分布

设有 N 个产品，其中有 M 个不合格品，若从中不放回随机抽取 n 个，则其中含有不合格品的个数 X 服从参数为 $N,M,n\leqslant M$ 的**超几何分布**，分布列为

$$p_k = P(X=k) = \frac{C_M^k C_{N-M}^{n-k}}{C_N^n}, \quad k = 1,2,\cdots,\min\{M,n\},$$

其中 $M \leqslant N,\ n \leqslant N$，$n,N,M$ 均为正整数，记为 $X \sim h(n,N,M)$.

超几何分布是一种常用的离散分布，它在抽样理论中占有重要的地位.

超几何分布的二项近似：当 $n \ll N$，即抽样的个数 n 远远小于总数 N，每次抽取后，总体中不合格率 $p = \dfrac{M}{N}$ 改变很小，此时，不放回抽样可以近似看作放回抽样，故超几何分布可用二项分布近似

$$\frac{C_M^k C_{N-M}^{n-k}}{C_N^n} \approx C_n^k p^k (1-p)^{n-k}，其中 p = \frac{M}{N}.$$

例 7.4.5 假定有 10 只股票，其中有 3 只购买后可以获利，另外 7 只购买后将会亏损. 如果你打算从 10 只股票中选择 4 只购买，但你并不知道哪 3 只是获利的，哪 7 只是亏损的. 试求：（1）所有 3 只能获利的股票都被你选中的概率是多大?

（2）3 只可获利的股票中有 2 只被你选中的概率是多大?

解 本例中，总体元素个数 $N=10$，其中不合格品（获利股票）的次数 $M=3$，样本量 $n=4$. 设 X 为选中 4 只股票中获利股票的只数，则 $X \sim h(4,10,3)$.

（1）$P(X=3) = \dfrac{C_3^3 C_{10-3}^{4-3}}{C_{10}^4} = \dfrac{1\times 7}{210} = \dfrac{1}{30}$.

（2）$P(X \geqslant 2) = P(X=2) + P(X=3) = \dfrac{1}{30} + \dfrac{3}{10} = \dfrac{1}{3}$.

利用 Excel 计算泊松分布概率值的操作步骤如图 7.4.3 所示.

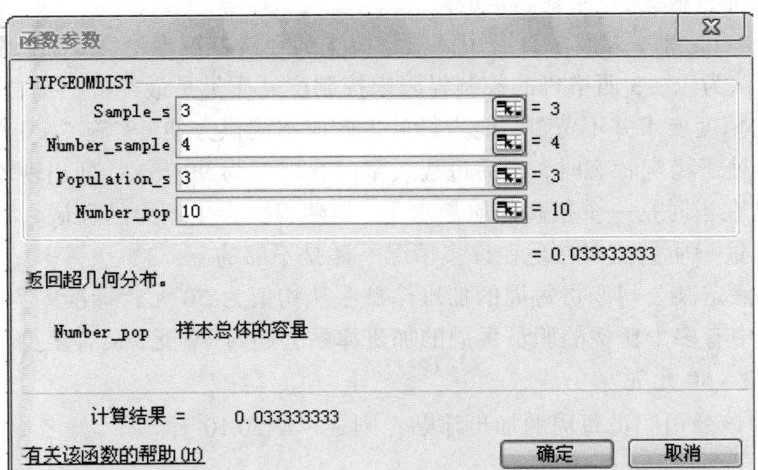

图 7.4.3 超几何分布的概率计算过程

7.4.3 常见连续型分布

1）正态分布

若随机变量 X 的密度函数为

$$f(x)=\frac{1}{\sqrt{2\pi}\sigma}\exp\left\{-\frac{(x-\mu)^2}{\sigma^2}\right\},\ x\in\mathbf{R},$$

则称 X 服从**正态分布**，记作 $X\sim N(\mu,\sigma^2)$，其中参数 $\mu\in\mathbf{R}$， $\sigma>0$.

$N(0,1)$ 称为**标准正态分布**.

若 $X\sim N(\mu,\sigma^2)$，则 $U=\dfrac{X-\mu}{\sigma}\sim N(0,1)$，称为**正态分布的标准化**.

定理 7.4.3 设 $X\sim N(\mu_1,\sigma_1^2)$， $Y\sim N(\mu_2,\sigma_2^2)$，且相互独立，则

$$Z=X+Y\sim N(\mu_1+\mu_2,\sigma_1^2+\sigma_2^2).$$

推论 任意 n 个相互独立的正态变量的线性组合仍为正态分布，即

$$\sum_{i=1}^{n}a_iX_i\sim N\left(\sum_{i=1}^{n}a_i\mu_i,\sum_{i=1}^{n}a_i^2\sigma_i^2\right),$$

其中 $X_i\sim N(\mu_i,\sigma_i^2),i=1,\cdots,n$ 且相互独立.

正态分布的 3σ 原则：设 $X\sim N(\mu,\sigma^2)$，则

$$P(|X-\mu|<k\sigma)=\Phi(k)-\Phi(-k)=\begin{cases}0.6826, & k=1,\\ 0.9545, & k=2,\\ 0.9973, & k=3.\end{cases}$$

尽管正态分布的取值范围为 R，但它的 99.73%的值落在 $(\mu-3\sigma,\mu+3\sigma)$ 内. 这个性质被实际工作者称为 **3σ 原则**. 它在工业生产上具有重要的应用，统计质量管理上的控制图和一些产品的质量指数都是根据 3σ 原则制定的.

在 20 世纪中叶之前，人们一直沿用休哈特博士的经济控制理论，以 3 个西格玛法则控制产品质量. 当时认为以 ± 3 西格玛的控制界限来控制产品质量是最经济、最合理的控制手段，其对生产设备的精度要求并不苛刻，能为降低生产成本提供方便. 实施“± 3 西格玛”质量控制，当生产过程处于稳定状态时，产品过程质量的合格率为 99.73%，即出现不合格的概率仅在 3‰左右，这在当时是一个很高的质量水平. 但随着社会生产力的发展，科技的进步，管理水平的提高，这一质量控制在现在许多情况下还是不够的.

例 7.4.6 假定某公司职员每周的加班津贴服从均值为 50 元，标准差为 10 元的正态分布，那么全公司中有多少比例的职员每周的加班津贴会超过 70 元，又有多少比例的职员每周的加班津贴在 40 ~ 60 元呢？

解 设 X 为该公司职员每周的加班津贴，则 $X\sim N(50,10^2)$.

$$P(X>70)=1-P(X\leqslant 70)=1-\Phi\left(\frac{70-50}{10}\right)=1-\Phi(2)=1-0.97725=0.02275;$$

$$P(40\leqslant X\leqslant 60)=\Phi\left(\frac{60-50}{10}\right)-\Phi\left(\frac{40-50}{10}\right)=\Phi(1)-\Phi(-1)=2\Phi(1)-1=2\times 0.8413-1=0.6826.$$

利用 Excel 计算概率值 $P(N(50,10^2)\leqslant 70)$ 的操作步骤如图 7.4.4 所示.

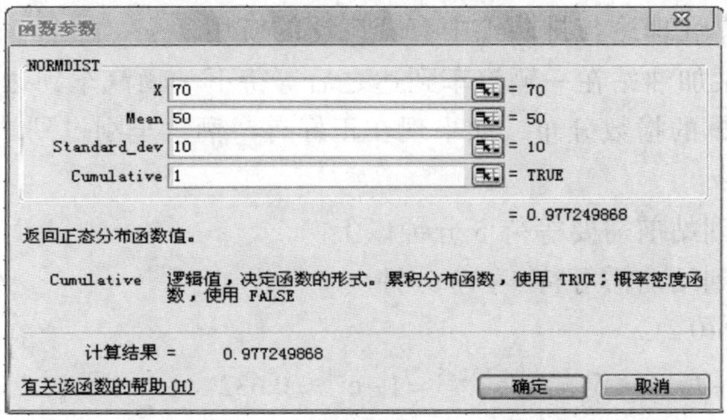

图 7.4.4 正态分布的概率计算过程

2）均匀分布

若随机变量 X 的密度函数为

$$f(x)=\begin{cases}\dfrac{1}{b-a}, & a<x<b,\\ 0\ , & \text{其他},\end{cases}$$

则称 X 服从区间 (a,b) 上的**均匀分布**，记作 $X\sim U(a,b)$.

均匀分布的背景可视为随机点 X 落在区间 (a,b) 上的位置. 均匀分布 $U(0,1)$ 在随机模拟中具有重要应用.

推广：设 G 是 $\mathbf{R}^n$ 的有限区域，其体积 $S>0$，则由密度函数

$$f(x_1,\cdots,x_n)=\begin{cases}\dfrac{1}{S},(x_1,\cdots,x_n)\in G\\ 0,\ \text{其他}\end{cases}$$

给出的分布称为 **G 上的均匀分布**.

De Finetti 提出：给一个随机的整数，你猜中这个整数的概率是多少？通常我们理解随机给出的 $1\sim n$ 的一个整数，是指每一个数都有相同概率 $\dfrac{1}{n}$ 的一种均匀分布，那么一个随机整数似乎也应该这样理解，亦即所有整数都赋予相同的概率. 但是这是不可能的，因为无限多 $p>0$ 相加肯定等于无穷大.

3）指数分布

若随机变量 X 的密度函数为

$$f(x)=\lambda \mathrm{e}^{-\lambda x},\quad x\geqslant 0\ ,$$

则称 X 服从参数为 λ 的**指数分布**，也常称为**负指数分布**.

定理 7.4.4（指数分布的无记忆性） 如果 $X\sim \mathrm{Exp}(\lambda)$，则对任意 $s,t>0$ 有

$$P(X>s+t\mid X>s)=P(X>t)\ .$$

指数分布是连续随机变量唯一一个无记忆的随机变量.

因为指数分布只能取非负值且具有无记忆性，故常用来表示在连续使用过程中没有明显消耗的产品寿命，特别是电气产品的寿命，如电阻、电容、保险丝、排队论中的服务时间、

等待时间等. 它在可靠性理论与排队论中有着广泛的应用.

例 7.4.7 假定某加油站在一辆汽车到达之后等待下一辆汽车到达所需的时间 X（单位：分钟）服从参数为 0.2 的指数分布，如果现在正好有一辆汽车刚过到站加油. 试分别求以下几个事件发生的概率：

（1）下一辆汽车到站前需要等待 5 分钟以上.

（2）下一辆汽车到站前需等待 5~10 分钟.

解 显然 $X \sim \text{Exp}(0.2)$.

（1）$P(X>5)=1-P(X\leqslant 5)=1-\mathrm{e}^{-0.2\times 5}=1-\mathrm{e}^{-1}\approx 0.632$.

（2）$P(5<X\leqslant 10)=P(X\leqslant 10)-P(X\leqslant 5)=\mathrm{e}^{-1}-\mathrm{e}^{-2}\approx 0.233$.

利用 Excel 计算概率值 $P(\text{Exp}(0.2)\leqslant 5)$ 的操作步骤如图 7.4.5 所示.

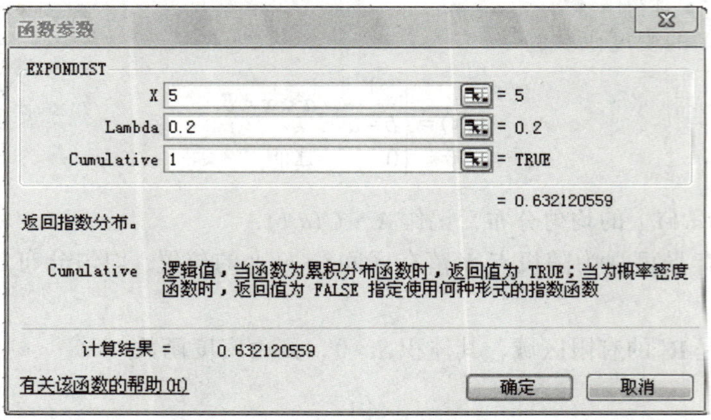

图 7.4.5 指数分布的概率计算过程

7.5 随机变量的数字特征

虽然随机变量的分布函数可以完全描述随机变量的分布规律，但是要找到随机变量的分布函数并不是一件容易的事. 另一方面，在实际问题中，为了描述随机变量在某一些方面的概率特征，不一定都要求出它的分布函数，往往需要求出描述随机变量概率特征的几个表征值就够了，如平均水平、离散程度等，这就需要引入随机变量的数字特征.

7.5.1 数学期望与方差

“期望”在我们日常生活中常指有根据的希望，且记不是奢望和幻想. 数学期望是由荷兰学者惠更斯首次定义的.

1）离散型随机变量的定义

定义 7.5.1 设离散型随机变量 X 的分布列为 $P(X=x_i)=p_i$, $i=1,2,\cdots$,若 $\sum_{i=1}^{\infty}|x_i|p_i<+\infty$ ，则称 $\sum_{i=1}^{\infty}x_ip_i$ 为 X 的**数学期望**，简称**期望**，记为 EX ，即

$$EX=\sum_{i=1}^{\infty}x_ip_i .$$

若$\sum_{i=1}^{\infty}\left|x_i\right|p_i=+\infty$，称 X 的数学期望不存在.

2）连续型随机变量的定义

设 X 为连续型随机变量，其密度函数为 $f(x)$. 由于 X 在点 x 的邻域 $(x,x+\mathrm{d}x)$ 内取值的概率为微元 $\mathrm{d}F(x)=f(x)\mathrm{d}x$，与离散随机变量场合类似，只是将概率 p_i 改为微元 $f(x)\mathrm{d}x$，求和改为求积分即可.

定义 7.5.2　设连续型随机变量 X 的密度函数为 $f(x)$，若$\int_{-\infty}^{\infty}|x|f(x)\mathrm{d}x<+\infty$，则称

$$EX=\int_{-\infty}^{\infty}xf(x)\mathrm{d}x$$

为 X 的数学期望，否则称 X 的数学期望不存在.

事实上，数学期望的本质是：**随机变量的取值乘以对应取值概率的总和**，即

$$EX=\sum_{x}xP(X=x)=\begin{cases}\sum\limits_{x_i}x_ip_i, & 若X离散时,\\ \int_{\mathbf{R}}xf(x)\mathrm{d}x, & 若X连续时;\end{cases}$$

同理也应有

$$E[g(X)]=\sum_{x}g(x)P(X=x)=\begin{cases}\sum\limits_{x_i}g(x_i)p_i, & 若X离散时,\\ \int_{\mathbf{R}}g(x)f(x)\mathrm{d}x, & 若X连续时.\end{cases}$$

数学期望 E 本质是一个广义函数——算子，即每给一个随机变量 X，映射到一个实数 EX. 期望运算就是数学上的积分运算，故很多积分性质可类似推广到期望上. 由期望定义及积分性质，显然可得：

假设 c 为常数，所提及的数学期望都存在，则

（1）$E(c)=c$.

（2）$E(cX)=cEX$，即常数可提到积分号外面.

（3）$E(X+Y)=EX+EY$，即两个函数和的积分等于积分的和.

（4）若 X,Y 相互独立，则 $E(XY)=E(X)E(Y)$.

数学期望的概念反映了随机变量取值的平均水平，但对于随机变量，仅仅抓住这一个特征还是不够的，我们还需要了解它对于期望值的偏离程度.

定义 7.5.3　设 X 为一随机变量，若 $E(X-EX)^2$ 存在，则称 $E(X-EX)^2$ 为随机变量 X 的**方差**，记为 DX 或 $\mathrm{var}(X)$，而称 $\sqrt{DX}$ 为**标准差或均方差**.

方差 DX 通常也说成是其概率分布的方差，描述了随机变量偏离平均取值的程度. 若 $D(X)$ 较大，则表示 X 的取值较分散，因此方差是刻画随机变量取值分散程度的量. 标准差与随机变量 X 有相同的量纲.

显然

$$D(X)=E[(X-EX)^2]=E(X^2)-(EX)^2 .$$

（1）二项分布 $X \sim B(n,p)$，$q = p-1$.

$$EX = \sum_{k=0}^{n} k\mathrm{C}_n^k p^k q^{n-k} = np\sum_{k=1}^{n}\frac{(n-1)!}{(k-1)![(n-1)-(k-1)]!}p^{k-1}q^{(n-1)-(k-1)} = np(p+q)^{n-1} = np,$$

$$E(X^2) = \sum_{k=0}^{n} k^2\mathrm{C}_n^k p^k q^{n-k} = \sum_{k=0}^{n} k(k-1+1)\mathrm{C}_n^k p^k q^{n-k} = \sum_{k=1}^{n} k(k-1)\mathrm{C}_n^k p^k q^{n-k} + \sum_{k=0}^{n} k\mathrm{C}_n^k p^k q^{n-k}$$

$$= \sum_{k=1}^{n} k(k-1)\mathrm{C}_n^k p^k q^{n-k} + np = n(n-1)p^2\sum_{k=2}^{n}\mathrm{C}_{n-2}^{k-2}p^{k-2}q^{n-k} + np = n(n-1)p^2 + np,$$

故　$$\mathrm{var}(X) = E(X^2)-(EX)^2 = n(n-1)p^2 + np - (np)^2 = npq.$$

（2）泊松分布 $X \sim P(\lambda)$.

$$EX = \sum_{k=0}^{\infty} k\frac{\lambda^k}{k!}\mathrm{e}^{-\lambda} = \mathrm{e}^{-\lambda}\sum_{k=1}^{\infty}\frac{\lambda^k}{(k-1)!} = \lambda\mathrm{e}^{-\lambda}\sum_{k=1}^{\infty}\frac{\lambda^{k-1}}{(k-1)!} = \lambda\mathrm{e}^{-\lambda}\cdot\mathrm{e}^{\lambda} = \lambda,$$

这说明泊松分布的参数 λ 就是服从泊松分布的随机变量的均值.

$$E(X^2) = \sum_{k=0}^{\infty} k^2\frac{\lambda^k}{k!}\mathrm{e}^{-\lambda} = \mathrm{e}^{-\lambda}\sum_{k=1}^{\infty}k(k-1+1)\frac{\lambda^k}{k!} = \mathrm{e}^{-\lambda}\lambda^2\sum_{k=2}^{\infty}\frac{\lambda^{k-2}}{(k-2)!} + \lambda = \lambda^2 + \lambda.$$

故　$$\mathrm{var}(X) = E(X^2)-(EX)^2 = \lambda.$$

（3）几何分布 $X \sim Ge(p)$.

设 $X \sim Ge(p)$，令 $q = 1-p$，利用逐项微分可得 X 的数学期望：

$$EX = \sum_{k=1}^{\infty} kpq^{k-1} = p\sum_{k=1}^{\infty}\frac{\mathrm{d}q^k}{\mathrm{d}q} = p\frac{\mathrm{d}}{\mathrm{d}q}\sum_{k=1}^{\infty}q^k = p\frac{\mathrm{d}}{\mathrm{d}q}\sum_{k=0}^{\infty}q^k = p\frac{\mathrm{d}}{\mathrm{d}q}\left(\frac{1}{1-q}\right) = \frac{p}{(1-q)^2} = \frac{1}{p},$$

$$E(X^2) = \sum_{k=1}^{\infty} k^2pq^{k-1} = \sum_{k=1}^{\infty} k(k-1+1)pq^{k-1} + \frac{1}{p} = pq\sum_{k=1}^{\infty}k(k-1)q^{k-2} + \frac{1}{p}$$

$$= pq\frac{\mathrm{d}^2}{\mathrm{d}q^2}\sum_{k=1}^{\infty}q^k + \frac{1}{p} = pq\frac{2}{(1-q)^3} + \frac{1}{p} = \frac{2q}{p^2} + \frac{1}{p},$$

故　$$\mathrm{var}(X) = \frac{q}{p^2}.$$

（4）均匀分布 $X \sim U(a,b)$.

$$EX = \int_a^b x\frac{1}{b-a}\mathrm{d}x = \frac{a+b}{2},$$

$$E(X^2) = \int_a^b x^2\frac{1}{b-a}\mathrm{d}x = \frac{b^3-a^3}{3(b-a)} = \frac{a^2+ab+b^2}{3}.$$

故　$$\mathrm{var}(X) = E(X^2)-(EX)^2 = \frac{a^2+ab+b^2}{3} - \left(\frac{a+b}{2}\right)^2 = \frac{(b-a)^2}{12}.$$

（5）指数分布 $X \sim \mathrm{Exp}(\lambda)$.

$$EX = \int_0^{+\infty} x\lambda\mathrm{e}^{-\lambda x}\mathrm{d}x = \int_0^{+\infty} x\mathrm{d}(-\mathrm{e}^{-\lambda x}) = -\mathrm{e}^{-\lambda x}x\big|_0^{+\infty} + \int_0^{+\infty}\mathrm{e}^{-\lambda x}\mathrm{d}x = \frac{1}{\lambda}.$$

$$E(X^2)=\int_0^{+\infty}x^2\cdot\lambda e^{-\lambda x}dx=\int_0^{+\infty}x^2d(-e^{-\lambda x})=\frac{2}{\lambda^2},$$

故
$$\operatorname{var}(X)=\frac{2}{\lambda^2}-\left(\frac{1}{\lambda}\right)^2=\frac{1}{\lambda^2}.$$

（6）标准正态分布 $U\sim N(0,1)$

$$EU=\int_{-\infty}^{+\infty}x\frac{1}{\sqrt{2\pi}}e^{-\frac{x^2}{2}}dx=0,$$

$$EU^2=\int_{-\infty}^{+\infty}x^2\frac{1}{\sqrt{2\pi}}e^{-\frac{x^2}{2}}dx=\int_{-\infty}^{+\infty}-\frac{x}{\sqrt{2\pi}}de^{-\frac{x^2}{2}}=-\frac{1}{\sqrt{2\pi}}xe^{-\frac{x^2}{2}}\Big|_{-\infty}^{+\infty}+\frac{1}{\sqrt{2\pi}}\int_{-\infty}^{+\infty}e^{-\frac{x^2}{2}}dx=\frac{\sqrt{2\pi}}{\sqrt{2\pi}}=1,$$

故 $\operatorname{var}(U)=1$. 令 $X=\mu+\sigma U$，则 $X\sim N(\mu,\sigma^2)$，由期望及方差的性质可知

$$EX=\mu+\sigma EU=\mu,\quad \operatorname{var}(X)=\mu+\sigma^2\operatorname{var}(U)=\sigma^2.$$

7.5.2 协方差与相关系数

在同一样本空间 Ω 上定义的随机变量，它们之间存在许多关系，有相依关系或独立关系. 比如，同一个人的身高 X 和体重 Y 之间就存在相依关系，这种相依关系不是通常的函数关系，而是一种“趋势”. 一般来说，个子高的人体重也重，这种关系在概率论中称为“相关”.下面我们将说明协方差反映这种相关性.

定义 7.5.4 如果随机变量 X 生成的任意随机事件都与 Y 生成的任意随机事件相互独立，即随机变量 X,Y 对应的随机试验相互独立，则称**随机变量 X,Y 相互独立**. 若 $E[(X-EX)(Y-EY)]$ 存在，则称其数学期望为随机变量 X 与 Y 的**协方差**，记为

$$\operatorname{cov}(X,Y)=E[(X-EX)(Y-EY)].$$

从协方差的定义可以看出，它是 X 的偏差 $X-EX$ 与 Y 的偏差 $Y-EY$ 乘积的数学期望，具体表现如下：

（1）当 $\operatorname{cov}(X,Y)>0$ 时，称 X,Y **正相关**，即 X,Y 同时增加或同时减少；

（2）当 $\operatorname{cov}(X,Y)<0$ 时，称 X,Y **负相关**，即 X,Y 取值朝相反方向变化；

（3）当 $\operatorname{cov}(X,Y)=0$ 时，称 X,Y **不相关**.

协方差具有基本性质：

（1）协方差的简化公式：$\operatorname{cov}(X,Y)=E[XY]-E(X)E(Y)$.

证明 由协方差的定义及期望的性质，可得

$$\operatorname{cov}(X,Y)=E(XY-YEX+EXEY-XEY)=E(XY)-EYEX+EXEY-EXEY=E(XY)-EXEY.$$

注：$E(XY)$ 的具体计算需要涉及二维随机变量的联合密度（分布列），本书不涉及它的理论计算. 但我们可利用样本数据对其进行估计.

（2）若 X,Y 相互独立，则 $\operatorname{cov}(X,Y)=0$，反之不然.

（3）协方差满足交换律：$\operatorname{cov}(X,Y)=\operatorname{cov}(Y,X)$.

（4）$\operatorname{cov}(X,a)=0, a\in\mathbf{R}$.

（5）$\operatorname{cov}(X,X)=\operatorname{var}(X)$.

（6）对任意常数 a,b，有 $\operatorname{cov}(aX,bY)=ab\operatorname{cov}(X,Y)$.

（7）设 X,Y,Z 是任意三个随机变量，则协方差满足分配律，即

$$\operatorname{cov}(X+Y,Z)=\operatorname{cov}(X,Z)+\operatorname{cov}(Y,Z).$$

（8）$\forall a,b\in\mathbf{R}, \operatorname{var}(aX+bY)=a^2\operatorname{var}(X)+b^2\operatorname{var}(Y)+2ab\operatorname{cov}(X,Y)$.

用协方差表达随机变量的相关性有一个缺点，就是协方差受测量单位的影响. 如身高的单位改为 cm，协方差数值就要扩大成 10 万倍，但相关程度没有改变. 可见 协方差是有量纲的，比如 X 表示父亲身高，单位为米，Y 表示儿子身高，单位为米，则协方差 $\operatorname{cov}(X,Y)$ 带有量纲，单位是米^2. 为了消除量纲的影响，现对协方差除以相同的量纲，就得到一个新的概念——相关系数.

定义 7.5.5 设 X,Y 是随机变量，且 $\operatorname{var}(X)>0, \operatorname{var}(Y)>0$，则称

$$\rho_{XY}=\frac{\operatorname{cov}(X,Y)}{\sqrt{\operatorname{var}(X)\operatorname{var}(Y)}}=\frac{\operatorname{cov}(X,Y)}{\sigma_X\sigma_Y}$$

为 X 与 Y 的**相关系数**.

相关系数 ρ_{XY} 是个无量纲的量，它不受单位改变的影响. 由 Schwarz 不等式可得

$$-1\leqslant\rho_{XY}\leqslant 1.$$

定理 7.5.1 $\rho_{XY}=\pm1$ 的充要条件是 X 与 Y 之间几乎处处线性关系，即存在 $a\neq0$ 与 b，使得 $P(Y=aX+b)=1$，其中当 $\rho_{XY}=1$ 时，$a>0$；当 $\rho_{XY}=-1$ 时，$a<0$.

对于这个性质，可作几点说明：

（1）相关系数 ρ_{XY} 刻画了 X 与 Y 之间线性关系，因此也称为**线性相关系数**.

（2）如果 $\rho_{XY}=1$，则称 X 与 Y 完全正相关；如果 $\rho_{XY}=-1$，则称 X 与 Y 完全负相关.

（3）如果 $-1<|\rho_{XY}|<1$，则称 X 与 Y 有一定程度的线性关系，$|\rho_{XY}|$ 越接近 1，则线性相关程度越高，$|\rho_{XY}|$ 越接近 0，则线性相关程度越低.

（4）当相关系数 $\rho_{XY}=0$，则称 X 与 Y **不相关**，不相关是指 X 与 Y 之间没有线性关系，但 X 与 Y 之间可能有其他函数关系，比如平方关系等.

例 7.5.1 已知随机变量 $X\sim N(1,3^2)$，$Y\sim N(0,4^2)$ 且相互独立，设 $Z=\frac{X}{3}+\frac{Y}{2}$.（1）求 $E(Z),D(Z)$；（2）求 ρ_{XZ}；（3）X 与 Z 是否独立？为什么？

解 （1）$E(Z)=E\left(\frac{X}{3}+\frac{Y}{2}\right)=\frac{1}{3}E(X)+\frac{1}{2}E(Y)=\frac{1}{3}\times1+\frac{1}{2}\times0=\frac{1}{3}$.

$$D(Z)=D\left(\frac{X}{3}+\frac{Y}{2}\right)=D\left(\frac{X}{3}\right)+D\left(\frac{Y}{2}\right)=\frac{1}{9}D(X)+\frac{1}{4}D(Y)=\frac{1}{9}\times9+\frac{1}{4}\times16=5.$$

（2）$\operatorname{cov}(X,Z)=\operatorname{cov}\left(X,\frac{1}{3}X+\frac{1}{2}Y\right)=\frac{1}{3}\operatorname{cov}(X,X)+\frac{1}{2}\operatorname{cov}(X,Y)=\frac{1}{3}\times3^2=3$，

$$\rho_{XZ}=\frac{\operatorname{cov}(X,Z)}{\sqrt{DX}\sqrt{DZ}}=\frac{3}{3\sqrt5}=\frac{\sqrt5}{5}.$$

（3）因为 $\rho\neq0$，所以 X 与 Z 相关，故 X 与 Z 一定不相互独立.

注：如果随机变量 X,Y 相互独立，则 X,Y 一定不相关，反之不成立.

7.5.3 其他数字特征

数学期望与方差是随机变量最重要的两个特征数，此外随机变量还有其他特征数，以下一一给出它们的定义.

1）矩

定义 7.5.6 对于随机变量 X，k 为正整数，如果以下数学期望都存在，我们称

$$\mu_k = E(X^k) = \int x^k \mathrm{d}F(x), \forall k \geqslant 1$$

为 X 的 **k 阶原点矩**. 称

$$\nu_k = E[(X - EX)^k], \forall k \geqslant 1$$

为 **X 的 k 阶中心矩**.

显然，一阶原点矩就是数学期望，二阶中心矩就是方差.

2）变异系数

方差反映了随机变量取值的波动程度，但在比较两个随机变量波动大小时，如果只看方差的大小会产生不合理的现象. 这有两个原因：（1）随机变量的取值是有量纲的，不同量纲的随机变量用其方差比较波动大小不太合理；（2）在取值量纲相同的情况下，取值的大小有个相对性的问题，取值较大的随机变量的方差也允许大一些. 所以在有些场合，使用下面定义的变异系数进行比较，更具可比性.

定义 7.5.7 设随机变量的二阶矩存在，则称

$$\mathrm{CV}(X) = \frac{\sqrt{DX}}{EX}$$

为 X 的**变异系数**.

因为变异系数是以数学期望为单位去度量随机变量取值波动程度的特征数，标准差的量纲与数学期望是一致的，所以变异系数是一个无量纲的量，在刻画波动情况时不受单位的影响. 变异系数越大说明离散程度越大.

例 7.5.2 用 X 表示某种同龄树的高度，其量纲为米（m），用 Y 表示某年龄段儿童的身高，其量纲也是 m. 设 $EX = 10, D(X) = 1, EY = 1, D(Y) = 0.04$，你是否可以从 $D(X) > D(Y)$ 就认为 Y 的波动小么？这就是一个取值相对大小的问题. 在此用变异系数进行比较是恰当的. 因为

$$\mathrm{CV}(X) = \frac{\sqrt{DX}}{EX} = \frac{1}{10} = 0.1，\ \mathrm{CV}(Y) = \frac{\sqrt{DY}}{EY} = \frac{\sqrt{0.04}}{1} = 0.2，$$

这说明 Y 的波动比 X 的波动大.

3）分位数与众数

定义 7.5.8 设连续随机变量 X 的分布函数为 $F(x)$，密度函数为 $f(x)$，则对 $\forall p \in (0,1)$，称满足条件

$$F(x_p)=\int_{-\infty}^{x_p} f(x)\mathrm{d}x=p$$

的 x_p 为此分布的 p **分位数**，又称**下侧 p 分位数**.

称满足条件

$$1-F(x'_p)=\int_{x'_p}^{+\infty} f(x)\mathrm{d}x=p$$

的 x'_p 为此分布的**上侧 p 分位数**.

0.5 分位数称为**中位数**. 中位数作为一组数据的代表，可靠性比较差，因为它只利用了部分数据. 但当一组数据的个别数据偏大或偏小时，用中位数来描述该组数据的集中趋势就比较合适，且比使用均值更好，中位数的这种抗干扰性在统计学上称为具有**稳健性**.

一组数据中出现次数最多的数值叫**众数**（Mode），即密度函数取值最大的点. 众数在统计分布上具有明显集中趋势点的数值，代表数据的一般水平，众数可以不存在或多于一个（如多峰分布），用 M 表示. 简单地说，就是一组数据中占比例最多的那个数. 众数不受极端数据的影响，并且求法简便. 在一组数据中，如果个别数据有很大的变动，选择中位数表示这组数据的“集中趋势”就比较适合.

4）偏度与峰度

定义 7.5.9 设随机变量的三阶矩存在，则称比值

$$r=\frac{E(X-E(X))^3}{[E(X-E(X))^2]^{3/2}}=\frac{v_3}{\sigma^3}$$

为 X 的**偏度系数**，简称**偏度**. 设随机变量 X 的四阶矩存在，则称比值

$$k=\frac{E(X-E(X))^4}{[E(X-E(X))^2]^2}-3=\frac{v_4}{\sigma^4}-3$$

为 X 的**峰度系数**，简称**峰度**.

偏度系数可以描述分布的形状特征，其取值的正负反映的是：当 $r>0$ 时，分布为正偏或右偏；当 $r=0$ 时，分布关于均值对称；当 $r<0$ 时，分布为负偏或左偏.

峰度也是用于描述分布的形状特征，但峰度与偏度的差别是：偏度刻画的是分布的对称性，而峰度刻画的是分布的峰峭性. 这里谈论的峰度不是密度函数的高低，那么峰度的含义到底是什么呢？从图形上看，密度函数曲线下的面积等于 1，若随机变量取值较集中，则其密度函数的峰值必高无疑，所以密度函数的峰值的高低含有随机变量取值的集中程度. 峰度是对分布密度为平峰或尖峰程度的度量. 可以证明，标准正态分布的峰值为 3. 若 $k>0$，说明分布比正态分布更尖，为**尖峰分布**；若 $k<0$，说明分布比正态分布更平，为**平峰分布**.

习题 7

1. 写出下列随机试验的样本空间 Ω.

（1）某班一次考试数学成绩的平均分数（设以百分制计分）；

（2）某厂出厂的电视数；

（3）往线段 $[0,1]$ 上任意投一点.

2. 设样本空间 $\Omega=\{0,1,2,\cdots,9\}$，事件 $A=\{2,3,4\}$，$B=\{3,4,5\}$，$C=\{4,5,6\}$，求 $\overline{\overline{A}\cap\overline{B}}$，$\overline{A\cap(\overline{B\cap C})}$.

3. 设 A,B 为两事件，$P(A)=P(B)=\dfrac{1}{3}$，$P(A|B)=\dfrac{1}{6}$，求 $P(\overline{A}|\overline{B})$.

4. 从 5 双不同的鞋子中任取 4 只，问这 4 只鞋子中至少有两只配成一双的概率是多少？

5.（1998 数 3）设有来自三个地区的各 10 名、15 名和 25 名考生的报名表，其中女生的报名表分别为 3 份、7 份和 5 份. 随机地取一个地区的报名表，从中先后任意抽出两份.

（1）求先抽到的一份是女生表的概率 p；

（2）已知后抽到的一份是男生表，求先抽到的一份是女生表的概率 q.

6. 设随机变量 X 密度函数为 $f(x)=\begin{cases}2x, 0<x<1,\\0,\ 其他,\end{cases}$ 以 Y 表示对 X 的 3 次独立重复观察中事件 $\{X\leqslant 0.5\}$ 出现的次数，试求 $P(Y=2)$.

7. 设某单位招聘员工，共有 10 000 人报考，假设考试成绩服从正态分布，且已知 90 分以上 359 人，60 分以下 1 151 人. 按考试成绩从高分到低分依次录取 2 500 人，试问被录取者中最低分是多少？

8. 设 $X\sim U(0,1)$，试求 $1-X$ 的分布.

9. 一商店经销某种商品，每周进货量 X 与顾客对该种商品的需求量 Y 是相互独立的随机变量，且都服从均分分布 $U(10,20)$. 商店每出售一单位商品可得利润 1 000 元；若需求量超过进货量，可从其他商店调货供应，这时每单位商品获利 500 元. 试求商品经销该种商品每周的平均利润.

8 统计量及其抽样分布

由于原始数据一般杂乱无章，很难直接从中得出有价值的结论，因此需要对原始数据进行整理加工，以便把我们感兴趣的信息提取出来，并用醒目的方式加以表达. 画出原始数据的散点图、饼图、直方图的方法是直观表达数据的常见方式. 不过，统计学中最主要的提取方式是对原始数据进行一定的运算，再利用算出的能代表数字反映数据的某些方面的特征，这种数字就是统计量. 用统计学语言表述就是：统计量就是样本的函数且不含未知参数. 推断统计学的重要作用就是，通过从总体中抽取样本构造适当的统计量，由样本性质推断总体的性质.

本章系统地介绍统计量的概念，以正态分布为基础导出常用的几个重要分布，并给出一些常用统计量的抽样分布.

8.1 统计量

本节首先给出统计量的定义，接着给出了几个最常用的统计量，特别探讨了经验分布函数.

8.1.1 统计量概念

样本来自总体，含有总体各方面的信息，但这些信息较为分散，有时不能直接利用，为将这些分散的信息集中起来以反映总体的各种特征，我们就需要对样本进行加工. 最常用的加工方法是针对不同的研究目的，构造不同样本的函数反映总体的不同特征，这种样本的函数在统计学上称为统计量.

定义 8.1.1 设 $X_1,\cdots,X_n$ 为来自某总体的样本，若样本函数 $T=T(X_1,\cdots,X_n)$ 中不含有任何未知参数，则称 T 为**统计量**. 统计量的分布称为**抽样分布**.

由于样本为随机变量，故统计量 $T=T(X_1,\cdots,X_n)$ 也是随机变量. 设 $x_1,\cdots,x_n$ 是样本 $X_1,\cdots,X_n$ 的观测值，则称 $T(x_1,\cdots,x_n)$ 为 $T(X_1,\cdots,X_n)$ 观测值.

例 8.1.1 设 $X_1,X_2\cdots,X_n$ 是来自总体 X 的一个样本，按照统计量的定义，我们有：

（1）$\sum\limits_{i=1}^{n}X_i$，$\sum\limits_{i=1}^{n}X_i^2$ 都是统计量.

（2）当 μ,σ^2 未知时，$X_1-\mu$，$\dfrac{X_1}{\sigma}$ 都不是统计量，因为它们含有依赖总体分布的未知参数.

必须指出的是，尽管统计量不依赖于未知参数，但是它们的分布一般依赖于未知参数.

统计量在统计学中具有极其重要的地位，它是统计推断的基础，统计量在统计学中的地位相当于随机变量在概率论中的地位.

8.1.2 常用统计量

下面给出几个最常用的统计量，如果读者现在还不甚理解，可认为 X_i 为第 i 个数据即可.

定义 8.1.2 设 $X_1,\cdots,X_n$ 是来自某总体 X 的一个样本，

（1）**样本均值**：$\overline{X}=\frac{1}{n}\sum_{i=1}^{n}X_i$.

在分组场合，样本均值的近似公式为 $\overline{X}=\frac{1}{n}\sum_{i=1}^{k}X_i f_i,\ n=\sum_{i=1}^{k}f_i$，其中 k 为组数，X_i 为第 i 组的组中值，f_i 为第 i 组的频数.

（2）**样本方差**：$S^{*2}=\frac{1}{n}\sum_{i=1}^{n}(X_i-\overline{X})^2$，其中 $S^*=\sqrt{S^{*2}}$ **为样本标准差**.

（3）**样本（无偏）方差**：$S^2=\frac{1}{n-1}\sum_{i=1}^{n}(X_i-\overline{X})^2$，也称为**修正的样本方差**，$S$ 称为样本（无偏）标准差.

在分组场合，样本方差的近似公式为

$$S^2=\frac{1}{n-1}\sum_{i=1}^{k}f_i(X_i-\overline{X})^2=\frac{1}{n-1}\left[\sum_{i=1}^{k}f_iX_i^2-n\overline{X}^2\right].$$

（4）**样本变异系数**：$V=\frac{S}{\overline{X}}$，反映总体变异系数的信息. 由于它反映在以它的均值为单位时的离散程度，故变异系数消除了均值不同对不同总体的离散程度的影响，常用来刻画均值不同时不同总体的离散程度.

（5）**样本 k 阶原点矩**：$A_k=\frac{1}{n}\sum_{i=1}^{n}X_i^k$；**样本 k 阶中心矩**：$B_k=\frac{1}{n}\sum_{i=1}^{n}(X_i-\overline{X})^k$.

（6）**偏度** $r=\frac{1}{S^3}\sum_{i=1}^{n}(X_i-\overline{X})^3$；**峰度** $k=\frac{1}{S^4}\sum_{i=1}^{n}(X_i-\overline{X})^4-3$.

偏度系数可以描述分布的形状特征：当 $r>0$ 时，分布为正偏或右偏；当 $r=0$ 时，分布关于均值对称；当 $r<0$ 时，分布为负偏或左偏.

峰度是对分布密度为平峰或尖峰程度的度量. 可以证明，标准正态分布的峰值为 3，若 $k>0$ 说明分布比正态分布更尖，为尖峰分布；若 $k<0$ 说明分布比正态分布更平，为平峰分布.

从统计推断角度看，我们所关心的分布的主要特征是均值和方差. 这两个特征一方面与总体分布的均值和方差有关，另一方面也与抽样的方法是放回抽样（重复抽样）还是不放回抽样（不重复抽样）有关.

定理 8.1.1 设总体 X 具有二阶矩，即 $EX=\mu, DX=\sigma^2<+\infty$，$X_1,\cdots,X_n$ 为从该总体中得到的样本，$\overline{X}$ 和 S^2 分别是样本均值与样本方差，则

$$E(\overline{X})=\mu,\quad D(\overline{X})=\frac{\sigma^2}{n},\quad ES^2=\sigma^2.$$

证明 由于 $X_1,\cdots,X_n$ 独立同分布于总体 X，所以

$$E(\overline{X})=E\left[\frac{1}{n}\sum_{i=1}^{n}X_i\right]=\frac{1}{n}\sum_{i=1}^{n}EX_i=\frac{1}{n}\sum_{i=1}^{n}\mu=\mu,$$

$$D(\overline{X})=D\left[\frac{1}{n}\sum_{i=1}^{n}X_i\right]=\frac{1}{n^2}\sum_{i=1}^{n}DX_i=\frac{\sigma^2}{n}.$$

又 $$E(\overline{X}^2)=D(\overline{X})+E(\overline{X})^2=\frac{\sigma^2}{n}+\mu^2,\quad EX_i^2=DX_i+(EX_i)^2=\sigma^2+\mu^2,$$

由于 $S^2=\frac{1}{n-1}\sum_{i=1}^{n}(X_i-\overline{X})^2=\frac{1}{n-1}\left[\sum_{i=1}^{n}X_i^2-n\overline{X}^2\right]$，所以

$$ES^2=E\left[\frac{1}{n-1}\sum_{i=1}^{n}(X_i-\overline{X})^2\right]=E\left\{\frac{1}{n-1}\left[\sum_{i=1}^{n}X_i^2-n\overline{X}^2\right]\right\}=\frac{1}{n-1}\left[\sum_{i=1}^{n}EX_i^2-nE\overline{X}^2\right]$$

$$=\frac{1}{n-1}\left[\sum_{i=1}^{n}EX_i^2-nE\overline{X}^2\right]=\frac{1}{n-1}\left[n(\sigma^2+\mu^2)-n\left(\frac{\sigma^2}{n}+\mu^2\right)\right]=\frac{n-1}{n-1}\sigma^2=\sigma^2.$$

当我们进行精密测量时，为了减少随机误差，往往是重复测量多次后取其平均值. 本定理给出了这种做法的一个合理解释，多次测量求平均值可以减少误差.

设总体有 N 个单位，其均值为 μ，方差为 σ^2，则有：

（1）在不放回抽样条件下，样本均值的方差需要用修正系数 $\frac{N-n}{N-1}$ 去修正放回抽样时的方差，即 $D(\overline{X})=\frac{N-n}{N-1}\cdot\frac{\sigma^2}{n}$.

（2）对于无限总体进行不放回抽样时，可以按照放回抽样来处理，因为其修正系数 $\frac{N-n}{N-1}$ 趋于 1. 对于有限总体，当 N 很大，n 很小时，也可以按照放回抽样来处理，因为其修正系数 $\frac{N-n}{N-1}$ 也趋于 1.

除了样本数字特征外，另一类常用的统计量是次序统计量，它在实际和理论中都有着广泛的应用. 随着统计学的发展，次序统计量已经成为参数估计和假设检验的一类重要的统计量.

定义 8.1.3 样本 $X_1,X_2,\cdots,X_n$ 按由小到大的顺序重排为 $X_{(1)},X_{(2)},\cdots,X_{(n)}$，则称 $X_{(1)},X_{(2)},\cdots,X_{(n)}$ 为样本 $X_1,X_2,\cdots,X_n$ 的**次序统计量**.

（1）$X_{(k)}$ 称为**第 k 次序统计量**，$X_{(1)}$ 称为**最小次序统计量**，$X_{(n)}$ 称为**最大次序统计量**；

（2）$R=X_{(n)}-X_{(1)}$ 称为**样本极差**；

（3）$\tilde{X}=\begin{cases}X_{\left(\frac{n+1}{2}\right)}, & n\text{为奇数},\\ \frac{1}{2}\left(X_{\left(\frac{n}{2}\right)}+X_{\left(\frac{n+1}{2}\right)}\right), & n\text{为偶数},\end{cases}$ 称为**样本中位数**.

我们知道，在一个简单随机样本中，$X_1,X_2,\cdots,X_n$ 是独立同分布的，而次序统计量 $X_{(1)},X_{(2)},\cdots,X_{(n)}$ 既不独立，分布也不相同. 极差反映出样本中最大值和最小值的差距，反映样本观测值的离散程度，但损失了样本中间的信息，所以当样本量 n 增加时，极差变得不太可靠. 尽管用极差反映观测值的离散程度比较粗，但计算简单，所以在企业质量管理中应用得比较多.

8.1.3 经验分布函数

根据样本来估计和推断总体 X 的分布函数 $F(x)$ 是数理统计要解决的一个重要问题，为此，引入经验分布函数的概念.

定义 8.1.4 设 $X_1,\cdots,X_n$ 是取自总体分布函数为 $F(x)$ 的样本，若将样本观测值从小到大进行排列为 $X_{(1)},X_{(2)},\cdots,X_{(n)}$，则 $X_{(1)}\leqslant X_{(2)}\leqslant\cdots\leqslant X_{(n)}$ 为有序样本，函数

$$F_n(x)=\begin{cases}0, & 当x<X_{(1)}\\ \dfrac{k}{n}, & 当X_{(k)}\leqslant x<X_{(k+1)}，k=1,2,\cdots,n-1\\ 1, & 当x\geqslant X_{(n)}\end{cases}$$

称为**经验分布函数**.

容易验证，经验分布函数 $F_n(x)$ 具有如下简单性质：

（1）当 x 固定时，它是样本的函数，是一个随机变量，即 $F_n(x)$ 是一个统计量. 其概率分布和数字特征为

$$P\left\{F_n(x)=\frac{k}{n}\right\}=\mathrm{C}_n^k[F(x)]^k[1-F(x)]^{n-k},\ k=0,1,\cdots,n\ ,$$

$$E[F_n(x)]=F(x),\ D[F_n(x)]=\frac{1}{n}F(x)[1-F(x)]\ .$$

（2）$F_n(x)$ 的观测值满足分布函数的三条性质，即它是分布函数.

（3）对于固定的 n，经验分布函数 $F_n(x)$ 是样本中事件"$X_i\leqslant x$"发生的频率. 由伯努利大数定律可知，当 $n\to\infty$ 时，$F_n(x)$ 以概率收敛到 $F(x)$. 更进一步有 $F_n(x)$ 以概率 1 收敛到 $F(x)$. 我们还能得到更深刻的结论，这就是格里纹科定理.

定理 8.1.2（格里纹科定理） 设 $X_1,\cdots,X_n$ 是取自总体 $F(x)$ 的样本，$F_n(x)$ 是其经验分布函数，有

$$P\left(\lim_{n\to\infty}\sup_{-\infty<x<+\infty}\left|F_n(x)-F(x)\right|=0\right)=1\ .$$

格里纹科定理表明，当 n 相当大时，经验分布函数 $F_n(x)$ 是分布函数 $F(x)$ 的一个良好估计. 经典统计学中的一切统计推断都以样本为依据，其理论依据就在于此. 但用经验分布函数逼近理论分布，通常要求样本容量 n 非常大，以致实际上在多数情形下难以实现；另一方面，分布函数本身通常也不便于处理具体随机变量，致使它不便于处理具体的统计推断问题.

8.2 充分统计量

样本中包含关于总体的信息可分为两部分：其一是关于总体结构的信息，即反映总体分布的结构；其二是关于总体中未知参数的信息，这是由于样本的分布中包含了总体分布中的未知信息. 我们对信息的加工只会减少，不会增多，即统计量具有压缩数据功能，但会凸显我们需要的信息. 那么一个好的统计量应该能将样本中包含未知参数的全部信息提取出来，

即样本加工不损失未知参数的信息称为充分性. 如何将这一想法用数学形式表示呢?费希尔在 1922 年提出了一个重要概念 —— 充分统计量. 粗略地说, **充分统计量就是不损失信息的统计量**.

下面对“不损失信息”给出明确的数学含义.

例 8.2.1 为研究运动员的打靶命中率 θ, 对运动员测试了 10 次, 发现第 3, 6 次没命中, 其余都命中. 这样的观测结果包含两种信息:

(1) 打靶 10 次命中 8 次;

(2) 2 次没命中分别在第 3, 6 次.

在研究打靶命中率 θ 时, 第二种信息是没有用的. 如果以 X_i 表示第 i 次命中情况, 即 $X_i \sim B(1,\theta)$, 则统计量 $T=\overline{X}$ 就不会丢失命中率 θ 的有关信息.

样本 $(X_1,\cdots,X_n)$ 有一个样本分布 $F_\theta(x)$, 这个分布包含了样本中一切关于 θ 的信息. 统计量 $T=T(X_1,\cdots,X_n)$ 也有一个统计分布 $F_\theta^T(t)$, 我们期望用统计量 T 代替原来样本 $(X_1,\cdots,X_n)$ 并且不损失 θ 的信息. 换言之, 我们在考察 $T=t$ 时, 样本 $(X_1,\cdots,X_n)$ 的条件分布 $F_\theta(x|T=t)$ 可能有两种情况:

(1) $F_\theta(x|T=t)$ 依赖参数 θ, 此条件分布仍包含 θ 的信息;

(2) $F_\theta(x|T=t)$ 不依赖参数 θ, 此条件分布不包含 θ 的信息.

后者表明, 条件“$T=t$”的出现使得从样本分布 $F_\theta(x)$ 到条件分布 $F_\theta(x|T=t)$ 有关 θ 的信息消失了, 这说明有关 θ 的全部信息都包含在统计量 T 中, 当已知统计量 T 取值后, 也就知道了样本中有关 θ 的所有信息. 这正是充分统计量具有的充分性含义.

定义 8.2.1 设样本 $(X_1,\cdots,X_n)$ 来自总体 $X \sim F(x;\theta)$, $T=T(X_1,\cdots,X_n)$ 是一统计量, 当 $T=t$ 时, 若样本 $(X_1,\cdots,X_n)$ 的条件分布与参数 θ 无关, 则称 T 是 θ 的**充分统计量**.

充分统计量 T 包含了关于 θ 的全部信息, 因此要做关于 θ 的统计推断只需从 T 出发就可保证后边的统计推断的质量.

当 $(X_1,\cdots,X_n)$ 是来自正态总体 $N(\mu,\sigma^2)$ 的一个样本时, 若 μ 已知, 则 $\sum\limits_{i=1}^{n}(X_i-\mu)^2$ 是 σ^2 的充分统计量; 若 σ^2 已知, 则 $\bar{X}=\dfrac{1}{n}\sum\limits_{i=1}^{n}X_i$ 是 μ 的充分统计量.

若 T 是 θ 的充分统计量, $f(t)$ 为单值可逆函数, 由于统计量 T 包含了所有 θ 的信息, 那么 T 的函数 $f(T)$ 也应该包含 θ 的全部信息, 故 $f(T)$ 也是 θ 的充分统计量. 更进一步有: **充分统计量的一对一变换仍然是充分统计量**, 因为从直观上看, 任何一对一变换都不会损失信息, 可以轻易地恢复原来充分统计量的取值.

一个分布族的充分统计量往往不止一个, 越能压缩数据的充分统计量越好, 压缩功能由其原像组成的 σ 代数的包含关系进行比较. 如果存在充分统计量 T, 且对其他任何一个充分统计量 $S(x)$, 都存在函数 $f(s)$, 使得

$$T(x)=f(S(x)),\ \forall x\in\Omega,$$

则 T 是**最小充分统计量**.

关于统计量必须满足什么条件才能具有充分性已超出了本书的范围, 这里要说明的是判断充分统计量的方法 —— 因子分解定理.

8.3 关于分布的几个概念

研究统计量的性质和评价一个统计推断的优良性，完全取决于其抽样分布的性质，所以对抽样分布的研究是统计学中的重要内容. 近代统计学创始人之一，英国统计学家费希尔曾把抽样分布、参数估计和假设检验看作统计推断的三个中心内容，由此也可见抽样分布是十分重要的.

设总体 X 的分布函数表达式已知，对于任意正整数 n，如能求出统计量 $T=T(X_1,\cdots,X_n)$ 的分布函数，该分布就称为统计量 T 的**精确抽样分布**，简称**精确分布**. 求出统计量的精确分布，这对数理统计中所谓小样本问题（样本容量 n 较小情况下的各种统计问题）的研究是很重要的.

由于正态总体的抽样分布一般都有精确概率分布，然而像正态总体那样的简单抽样分布的情况并不多见，但样本充分大时，我们可使用极限分布，即**渐近分布**. 现在有不少重要的统计方法就是基于渐近分布提出的.

如果统计量的精确分布不能确定，或其表达式非常复杂而难以应用，统计学家常常借助极限工具，需求在样本量 $n\to\infty$ 时，统计量 T 的极限分布，这种极限分布常常称为**渐近分布**. 统计量的极限分布对大样本问题是非常重要的. 但要注意，在应用极限分布时，要求样本容易要足够大.

在许多实际问题中，要寻求统计量的精确分布和渐近分布都是非常困难的. 在计算机飞速发展的今天，我们可利用计算机进行随机模拟来获得某种统计量的近似分布. 其**基本思想**是：

设有一个统计量 T，为获得 T 的分布函数 $F^{(n)}(t)$，其中 n 为样本量，我们可连续做一系列试验，每次试验都是从总体中随机抽取容量为 n 的样本，然后计算其统计量的观测值. 当进行 N 次，就可得到统计量 T 的 N 个观测值. 根据 N 个观测值可做其经验分布函数 $F_N^{(n)}(t)$，即得到统计量的近似分布.

这种需求统计量的方法就是反复利用计算机从总体中抽样来实现，由此得到统计量的分布就是随机模拟方法得到的渐近分布.

8.4 极限定理与抽样分布

极限定理是概率论的基本内容，其中最重要的是大数定律和中心极限定理. 大数定律是叙述样本均值 $\bar{X}$ 在某种条件下收敛到 $E\bar{X}$；中心极限定理是确定在什么条件下，大量随机变量之和的分布逼近正态分布，它揭示的就是样本均值 $\bar{X}$ 的渐近分布.

8.4.1 大数定律与中心极限定理

定义 8.4.1 设 $\{X_n\}$ 是随机变量序列，X 是随机变量，若对 $\forall\varepsilon>0$ 有

$$\lim_{n\to\infty}P\{|X_n-X|<\varepsilon\}=1,$$

则称 $\{X_n\}$ 以概率收敛于 X，记作 $X_n\xrightarrow{P}X$ 或 $\lim\limits_{n\to\infty}X_n=X(P)$.

1）大数定律*

任何随机现象出现时都表现出随机性，然而当一种随机现象大量重复出现或大量随机现象的共同作用时，所产生的平均结果实际上是稳定的，而且几乎是非随机的. 大数定律就是关于大量随机现象平均结果稳定性的定理.

定义 8.4.2 设有一列随机变量序列 $\{X_n\}$，记 $\bar{X}_n=\dfrac{1}{n}\sum_{i=1}^{n}X_i$，若 $\bar{X}_n \xrightarrow{P} E\bar{X}_n$，则称该 $\{X_n\}$ 服从弱大数定律，简称**大数定律**.

大量试验表明，当重复试验的次数 n 增大时，随机事件 A 的频率 $\dfrac{v_A}{n}$ 总会呈现出稳定性，稳定在一个常数的附近. Bernoulli 大数定律则以严密的数学形式论证了频率的稳定性，而频率的稳定性是概率定义的客观基础，这也是利用事件的样本频率来估计事件概率的理论基础.

定理 8.4.1（Bernoulli 大数定律） 设 f_A 是 n 次独立重复试验中事件 A 的次数，p 是事件 A 在每次试验中发生的概率，则对于任意 $\varepsilon>0$，有

$$\lim_{n\to\infty}P\left\{\left|\frac{f_A}{n}-p\right|<\varepsilon\right\}=1\,,$$

即当 X_i 独立同分布于 $B(1,p)$ 时，$\{X_n\}$ 服从大数定律.

推广可得 Markov **大数定律**：

对随机变量序列 $\{X_n\}$，若 $\dfrac{1}{n^2}D\left(\sum_{i=1}^{n}X_i\right)\to 0$，则 $\{X_n\}$ 服从大数定律.

2）中心极限定理

大数定律讨论的是多个随机变量的平均 $\bar{X}_n$ 的渐近性质，现在来讨论独立随机变量和 $Y_n=X_1+X_2+\cdots+X_n$ 的极限分布. 大量的、微小的、独立的随机因素叠加的总结果，往往近似服从正态分布，这种现象就是中心极限定理的客观背景. 概率论中习惯于把随机变量和的分布收敛于正态分布称作中心极限定理.

定理 8.4.2（Lindeberg-levy 中心极限定理） 设随机变量 $\{X_n\}$ 独立同分布，$E(X_i)=\mu$，$D(X_i)=\sigma^2<\infty$，$i=1,2,\cdots$，则有

$$\lim_{n\to\infty}\frac{\sum_{i=1}^{n}X_i-n\mu}{\sqrt{n}\sigma}\sim N(0,1)\,.$$

由定理 8.4.2 马上可得 Moivre-Laplace **中心极限定理**：

推论 设随机变量 $\{X_n\}$ 独立同分布于 $B(1,p)$，记 $Y_n^*=\dfrac{\sum_{i=1}^{n}X_i-np}{\sqrt{npq}}$，则对于任意实数 y，有

$$\lim_{n\to+\infty}P(Y_n^*\leqslant y)=\Phi(y)=\frac{1}{\sqrt{2\pi}}\int_{-\infty}^{+\infty}\mathrm{e}^{-\frac{t^2}{2}}\mathrm{d}t\,,$$

即 $\lim\limits_{n\to\infty}Y_n^*\sim N(0,1)$.

从逻辑上可以说，Moivre-Laplace 中心极限定理是 Lindeberg-levy 中心极限定理的推论，但实际上，Moivre-Laplace 中心极限定理是概率论历史上的第一个中心极限定理，它是专门针对二项分布的，因此称为二项分布的正态近似.

在工商管理实践中，所取的许多数值，实际上就是大量现象的平均数或者总和. 例如，某公司一年的总销量是公司在一年间内许多单个销售额的总和. 类似地，可以将某建筑公司建设一栋房子的时间看作完成众多不同工作所需时间的总和，也可以认为某医院每月对于血液的需求是许多病人的需求总和.

8.4.2　样本均值的抽样分布

下面给出样本均值抽样分布的一个重要结论.

定理 8.4.3　设 $X_1,\cdots,X_n$ 是来自某个总体 X 的样本，$\overline{X}$ 为样本均值.

（1）若总体分布为 $N(\mu,\sigma^2)$，则 $\overline{X}$ 的精确分布为 $N\left(\mu,\dfrac{\sigma^2}{n}\right)$；

（2）若总体分布未知或不是正态分布，但 $EX=\mu,\ DX=\sigma^2$，则当 n 较大时，$\overline{X}$ 的渐近分布为 $N\left(\mu,\dfrac{\sigma^2}{n}\right)$，常记为 $\overline{X}\sim N\left(\mu,\dfrac{\sigma^2}{n}\right)$.

证明　（1）由于 $X_1,\cdots,X_n$ 独立同分布于 $N(\mu,\sigma^2)$ 及正态分布具有可加性，故

$$\sum_{i=1}^{n}X_i\sim N(n\mu,n\sigma^2)\,.$$

又因为正态分布的线性变换仍为正态分布，故 $\overline{X}\sim N\left(\mu,\dfrac{\sigma^2}{n}\right)$.

（2）由中心极限定理可知

$$\lim_{n\to\infty}\frac{\bar{X}-\mu}{\sqrt{\sigma^2/n}}\sim N(0,1)\,,$$

这表明，当 n 较大时，$\overline{X}$ 的渐近分布为 $N\left(\mu,\dfrac{\sigma^2}{n}\right)$，证明完成.

在实际调查和推断中，总体是什么分布通常都是未知的，有了中心极限定理，只要有样本容量足够大（通常 $n\geqslant 30$）的随机样本，就可以放心利用正态分布的性质进行各种统计推断了. 下面用例子介绍中心极限定理的广泛应用.

例 8.4.1　某酒店电梯中质量标注最大载重为 18 人，1 350 kg. 假设已知该酒店游客及其携带行李的平均重量为 70 kg，标准差为 6 kg. 试问，随机进入电梯 18 人，总体重超重的概率是多少?

解　根据已知条件：$\mu=70$，$\sigma=6$，$n=18$，电梯载重的最大平均重量为 $\dfrac{1350}{18}=75\,(\text{kg})$，且人的体重服从正态分布. 按照题意，所求概率就是 $P(\bar{X}\geqslant 75)$.

$$P(\bar{X}\geqslant 75)=P\left(\frac{\bar{X}-\mu}{\sigma/\sqrt{n}}\geqslant\frac{75-70}{6/\sqrt{18}}\right)=P\left(\frac{\bar{X}-\mu}{\sigma/\sqrt{n}}\geqslant 3.5355\right)\approx 0.0002\,.$$

也就是说，随机进入 18 人的话，则超重的概率只有 0.000 2.

例 8.4.2　在总体 $N(7.6,4)$ 中抽取容量为 n 的样本，如果样本均值落在 $(5.6,9.6)$ 内的概率不小于 0.95，则 n 至少为多少？

解　样本均值 $\bar{X} \sim N\left(7.6,\dfrac{4}{n}\right)$，按题意可建立如下不等式：

$$P(5.6<\bar{X}<9.6)=P\left(\frac{5.6-7.6}{\sqrt{4/n}}<\frac{\bar{X}-7.6}{\sqrt{4/n}}<\frac{9.6-7.6}{\sqrt{4/n}}\right)\geqslant 0.95,$$

即

$$2\Phi(\sqrt{n})-1\geqslant 0.95.$$

所以

$$\Phi(\sqrt{n})\geqslant 0.975.$$

故 $\sqrt{n}\geqslant 1.96$，或 $n\geqslant 3.84$，即样本量至少为 4.

例 8.4.3　一个汽车电池制造商声称其最好的电池寿命的分布均值为 54 个月，标准差为 6 个月. 假设某一消费者组织决定购买 50 个这种电池作为样本来检验电池的寿命，以核实这一声明. 假设这个制造商所言是真实的，试描述这 50 个电池样本的平均寿命的抽样分布，并求出消费者组织的样本均值小于等于 52 个月的概率是多少？

解　尽管没有关于电池寿命的总体分布形状信息，但我们仍可运用中心极限定理推断：对于这 50 个电池的样本来说，平均寿命的抽样分布是近似正态分布的. 因此，抽样分布的均值与总体的均值相同，根据制造商声明，总体均值 $\mu=54$ 个月. 最后，抽样分布的标准差为

$$\sigma_{\bar{X}}=\frac{\sigma}{\sqrt{n}}=\frac{6}{\sqrt{50}}=0.85\text{（个月）}.$$

显然，$\bar{X}\sim N(54,0.85^2)$，所以消费者组织的样本均值小于等于 52 个月的概率为

$$P(\bar{X}\leqslant 52)=P\left(\frac{\bar{X}-54}{0.85}\leqslant\frac{52-54}{0.85}\right)=P\left(\frac{\bar{X}-54}{0.85}\leqslant -2.35\right)=0.0094.$$

因此，假设制造商所言是真实的，则消费者组织的样本均值小于等于 52 个月的概率仅为 0.009 4，这是一个小概率事件，在一次试验中是不可能发生的. 如果发生了，则消费者组织将强有力地证明制造商的声明是不真实的.

8.4.3　样本比例的抽样分布

在消费调查及民意测验中常要对某一特征的产品或事物的喜好人数进行研究，那么我们假定总体为二项分布 $B(1,\pi)$，其中 π 为喜好比例，则样本比例的估计为 $\hat{p}=\bar{X}$. 由定理 8.4.3 可知，当 n 充分大时，可用正态分布去近似，即

$$\bar{X}\sim N\left(\pi,\frac{\pi(1-\pi)}{n}\right),$$

这就是**样本比例的抽样分布**.

例 8.4.4　假定某统计人员在其填写的报表中有 2%的概率至少会有一处错误，如果我们检查一个由 600 份报表组成的随机样本，其中至少有一处错误的报表所占的比例在 0.025 ~

0.070 的概率有多大?

解 设 600 分报表中至少有一处错误的报表所占的比例为 $\hat{p}$，由题意可知 $\pi = 0.02$，

$$\sigma(\hat{p}) = \sqrt{\frac{\pi(1-\pi)}{n}} = \sqrt{\frac{0.02 \times 0.98}{600}} = 0.0057 .$$

根据中心极限定理有 $\hat{p} \sim N(0.02, 0.0057^2)$，从而所求的概率为

$$P(0.025 \leqslant \hat{p} \leqslant 0.070) = P(0.877 \leqslant Z \leqslant 8.77) = \Phi(8.77) - \Phi(0.877) = 0.1902 ,$$

即该统计人员所填写的报表中至少有一处错误的报表所占的比例在 0.025 ~ 0.070 的概率为 19.02%.

8.5 三大抽样分布

很多统计推断都是基于正态分布假设的，而以标准正态分布为基石构造的三个著名统计量在实际中有广泛的应用，这是因为这三个统计量不仅有明确的背景，而且其抽样分布的密度函数有显式表达式. 它们被称为**三大抽样分布**. 对于这三大分布，要求读者掌握它们的定义和密度函数的轮廓.

定义 8.5.1（卡方分布） 设 $X_1, \cdots, X_n$ 独立同分布于 $N(0,1)$，则 $\chi^2 = \sum_{i=1}^{n} X_i^2$ 的分布称为**自由度为 n 的卡方分布**，记为 $\chi^2 \sim \chi^2(n)$.

自由度是统计学中非常重要的一个概念，它可以解释为独立变量的个数，还可解释为二次型的秩.

$$E[\chi^2(n)] = n, \ \operatorname{var}[\chi^2(n)] = 2n .$$

$\chi^2(n)$ 的密度函数为

$$f(y) = \frac{(1/2)^{\frac{n}{2}}}{\Gamma(n/2)} y^{\frac{n}{2}-1} \mathrm{e}^{-\frac{y}{2}}, \ y > 0 ,$$

图像是一个只取非负值的偏态分布，如图 8.5.1 左图所示. 当自由度增加到足够大时，卡方分布的概率密度曲线趋于对称. 当 $n \to \infty$，卡方分布的极限分布就是正态分布.

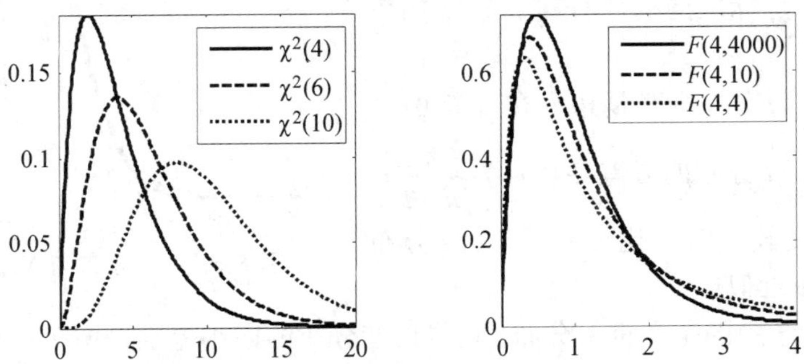

图 8.5.1 $\chi^2(n)$ 分布与 F 分布的密度函数

定义 8.5.2 设 $X\sim\chi^2(m)$, $Y\sim\chi^2(n)$ 且相互独立, 则称 $F=\dfrac{X/m}{Y/n}$ 的分布为**自由度为 (m,n) 的 F 分布**，记为 $F\sim F(m,n)$ ，m 称为分子自由度，n 称为分母自由度.

$F(m,n)$ 的密度函数为

$$f(y)=\frac{\Gamma\left(\frac{m+n}{2}\right)}{\Gamma\left(\frac{m}{2}\right)\Gamma\left(\frac{n}{2}\right)}\left(\frac{m}{n}\right)^{\frac{m}{2}}y^{\frac{m}{2}-1}\left(1+\frac{m}{n}y\right)^{-\frac{m+n}{2}},y>0,$$

图像是一个只取非负值的偏态分布，如图 8.5.1 右图所示.

我们先复习下分位数的定义，给定 $0<\alpha<1$ ，称满足 $P(X\leqslant y)=\alpha$ 的 y 为 X 的 α 分位数.

若 $F\sim F(m,n)$ ，则有 $\dfrac{1}{F}\sim F(n,m)$. 给定 $0<\alpha<1$,

$$\alpha=P\left(\frac{1}{F}<F_\alpha(n,m)\right)=P\left(F>\frac{1}{F_\alpha(n,m)}\right),$$

从而

$$P\left(F\leqslant\frac{1}{F_\alpha(n,m)}\right)=1-\alpha,$$

即

$$F_\alpha(n,m)=\frac{1}{F_{1-\alpha}(m,n)}.$$

定义 8.5.3 设随机变量 $X\sim N(0,1)$, $Y\sim\chi^2(n)$, 且 X,Y 相互独立，则称 $t=\dfrac{X}{\sqrt{Y/n}}$ 为**自由度为 n 的 t 分布**, 记为 $t\sim t(n)$.

t 分布的密度函数为

$$f(y)=\frac{\Gamma\left(\frac{n+1}{2}\right)}{\sqrt{n\pi}\,\Gamma\left(\frac{n}{2}\right)}\left(1+\frac{y^2}{n}\right)^{-\frac{1+n}{2}},y\in\mathbf{R}.$$

该密度函数的图像是一个关于纵轴对称的分布，如图 8.5.2 所示. 与标准正态形状类似，只是峰比标准正态分布低一些，尾部的概率比标准正态分布大一些. 针对 n 的取值有：

（1）$t(1)$ 分布是标准的柯西分布，数学期望不存在；

（2）$n>1$ 时，t 分布数学期望存在且为 0;

（3）$n>2$ 时，t 分布的方差存在且为 $\dfrac{n}{n-2}$;

（4）当自由度较大时，比如 $n\geqslant 30$ ，t 分布可以用 $N(0,1)$ 分布近似.

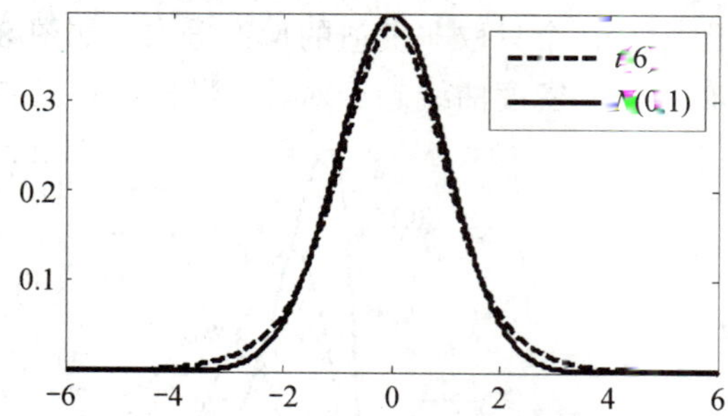

图 8.5.2 t 分布与 $N(0,1)$ 的密度函数

t 分布是统计学中的一类重要分布, 它与正态分布的微小差别是由英国统计学家威廉 · 戈塞（William Sealy Gosset）发现的.

戈塞出生于英国肯特郡坎特伯雷市，求学于曼彻斯特学院和牛津大学，主要学习化学和数学. 1899 年，戈塞进入都柏林的 A · 吉尼斯父子酿酒厂担任酿酒化学师，从事试验和数据分析工作. 由于他接触的样本比较少，只有四五个，但通过大量实验数据，他发现 $t=\frac{\sqrt{n-1}(\bar{x}-\mu)}{s}$ 的分布与传统的 $N(0,1)$ 并不同，特别是尾部概率相差较大，由此戈塞怀疑是否存在另一个分布族. 由于吉尼斯酿酒厂的规定禁止戈塞发表关于酿酒过程变化性的研究成果，因此戈塞不得不于 1908 年，首次以“学生”(Student)为笔名，发表自己的研究成果，因此 t 分布又称为**学生分布**. 特别是戈塞最初提出 t 分布时并不被人重视和接受，后来费希尔在他的农业试验中也遇到了小样本问题，这才发现 t 分布的实用价值. 1923 年，费希尔对 t 分布给出了严格而简单的证明，1925 年编制出 t 分布表后，戈塞的小样本方法才被统计学界广泛认可. t 分布的发现在统计学史上具有划时代意义，打破了正态分布一统天下的局面，开创了小样本统计推断新纪元.

来自一般正态总体的样本均值和样本方差的抽样分布是应用最广泛的抽样分布，下面加以介绍.

定理 3.5.1 设 $X_1,X_2,\cdots,X_n$ 是来自正态总体 $N(\mu,\sigma^2)$ 的样本，$\overline{X}$，$S^2=\frac{1}{n-1}\sum_{i=1}^{n}(X_i-\overline{X})^2$ 分别是样本均值与样本方差，则

（1）$\overline{X}\sim N\left(\mu,\frac{1}{n}\sigma^2\right)$；（2）$\frac{(n-1)S^2}{\sigma^2}\sim\chi^2(n-1)$；（3）$\overline{X},S^2$ 相互独立.

证明 记 $X=(X_1,\cdots,X_n)^{\mathrm{T}}$，则有

$$EX=(\mu,\cdots,\ \mu)^{\mathrm{T}},\quad \operatorname{var}(X)=\sigma^2 I.$$

取一个 n 维正交矩阵 A，其第一行的每个元素为 $\frac{1}{\sqrt{n}}$，如

$$A=\begin{pmatrix} \frac{1}{\sqrt{n}} & \frac{1}{\sqrt{n}} & \frac{1}{\sqrt{n}} & \cdots & \frac{1}{\sqrt{n}} \\ \frac{1}{\sqrt{2\times 1}} & -\frac{1}{\sqrt{2\times 1}} & 0 & \cdots & 0 \\ \frac{1}{\sqrt{3\times 2}} & \frac{1}{\sqrt{3\times 2}} & -\frac{2}{\sqrt{3\times 2}} & \cdots & 0 \\ \vdots & \vdots & \vdots & & \vdots \\ \frac{1}{\sqrt{n(n-1)}} & \frac{1}{\sqrt{n(n-1)}} & \frac{1}{\sqrt{n(n-1)}} & \cdots & -\frac{n-1}{\sqrt{n(n-1)}} \end{pmatrix}.$$

令 $Y=AX$，则由多维正态分布性质可知，Y 仍服从 n 维正态分布，其均值和方差分别为

$$EY=E(AX)=A\cdot EX=\begin{pmatrix}\sqrt{n}\mu\\0\\\vdots\\0\end{pmatrix},\qquad \operatorname{var}(Y)=A\operatorname{var}(X)A^{\mathrm{T}}=A\sigma^2 IA^{\mathrm{T}}=\sigma^2 I.$$

Y 的各个分量相互独立且都服从正态分布，其方差均为 σ^2，均值不完全相等. 由于 $\overline{X}=\frac{1}{\sqrt{n}}Y_1$，则

$$\overline{X}\sim N(\mu,\frac{1}{n}\sigma^2).$$

由于 $\sum_{i=1}^{n}Y_i^2=Y^{\mathrm{T}}Y=X^{\mathrm{T}}A^{\mathrm{T}}AX=\sum_{i=1}^{n}X_i^2$，故而

$$(n-1)S^2=\sum_{i=1}^{n}(X_i-\overline{X})^2=\sum_{i=1}^{n}X_i^2-(\sqrt{n}\overline{X})^2=\sum_{i=1}^{n}Y_i^2-(Y_1)^2=\sum_{i=2}^{n}Y_i^2.$$

所以 $\overline{X},S^2$ 相互独立.

由于 $Y_2,\cdots,Y_n$ 独立同分布于 $N(0,\sigma^2)$，于是 $\frac{(n-1)S^2}{\sigma^2}\sim\chi^2(n-1)$.

推论 1　$t=\frac{\sqrt{n}(\overline{X}-\mu)}{S}\sim t(n-1)$.

证明　$$\frac{\sqrt{n}(\overline{X}-\mu)}{S}=\frac{\frac{(\overline{X}-\mu)}{\sigma/\sqrt{n}}}{\sqrt{\frac{(n-1)S^2/\sigma^2}{n-1}}}\sim t(n-1).$$

推论 2　设样本 $X_1,\cdots,X_m$ 来自总体 $N(\mu_1,\sigma_1^2)$，样本 $Y_1,\cdots,Y_n$ 来自总体 $N(\mu_2,\sigma_2^2)$，且两样本相互独立，记 $S_X^2=\frac{1}{m-1}\sum_{i=1}^{m}(X_i-\overline{X})^2$，$S_Y^2=\frac{1}{n-1}\sum_{i=1}^{n}(Y_i-\overline{Y})^2$，则有

（1）$F=\frac{S_X^2/\sigma_1^2}{S_Y^2/\sigma_2^2}\sim F(m-1,n-1)$；

（2）若 $\sigma_1^2=\sigma_2^2=\sigma^2$，并记 $S_w^2=\frac{(m-1)S_X^2+(n-1)S_Y^2}{m+n-2}$，则 $\frac{(\overline{X}-\overline{Y})-(\mu_1-\mu_2)}{S_w\sqrt{\frac{1}{m}+\frac{1}{n}}}\sim t(m+n-2)$.

证明　（1）由于 $\frac{(m-1)S_X^2}{\sigma_1^2}\sim\chi^2(m-1)$，$\frac{(n-1)S_Y^2}{\sigma_2^2}\sim\chi^2(n-1)$ 且相互独立，则由 F 分布的定义可知，结论（1）成立.

（2）由于 $\overline{X}\sim N\left(\mu_1,\frac{\sigma^2}{m}\right),\ \overline{Y}\sim N\left(\mu_2,\frac{\sigma^2}{n}\right)$ 且相互独立，所以

$$\overline{X}-\overline{Y}\sim N\left(\mu_1-\mu_2,\frac{\sigma^2}{m}+\frac{\sigma^2}{n}\right),$$

即

$$\frac{\overline{X}-\overline{Y}-(\mu_1-\mu_2)}{\sqrt{\frac{\sigma^2}{m}+\frac{\sigma^2}{n}}}\sim N(0,1).$$

由卡方分布的可加性知

$$\frac{(m+n-2)S_w^2}{\sigma^2}=\frac{(m-1)S_X^2}{\sigma_1^2}+\frac{(n-1)S_Y^2}{\sigma_2^2}\sim\chi^2(m+n-2).$$

由于 $\bar{X}-\bar{Y}, S_w^2$ 相互独立，由 t 分布的定义可知，结论（2）成立.

习题 8

1. 什么是统计量？为什么要引进统计量？统计量中为什么不含有任何未知参数？

2. 某高校根据毕业生返校情况记录，宣布该校毕业生的年平均工资为 3 万元，你对此有何评价？

3. 简述中心极限定理的意义.

4. 判断下列样本函数中哪些是统计量？哪些不是统计量？

（1）$T_1=\dfrac{X_1+X_2+\cdots+X_5}{5}$；（2）$T_2=\min(X_1,X_2,\cdots,X_5)$；

（3）$T_3=X_5-\mu$；（4）$T_4=\dfrac{X_5-\mu}{\sigma}$.

5. 在一本书上，我们随机地检查了 10 页，发现每页上的错误数为：

4 5 6 0 3 1 4 2 1 4

试计算其样本均值、样本方差、样本中位数和样本极差.

6. 设 $X_1,\cdots,X_n$ 是来自 $U(-1,1)$ 的样本，求 $E\overline{X}$ 和 $\mathrm{var}(\overline{X})$.

7. 设 $X_1,\cdots,X_{20}$ 是来自两点分布 $B(1,p)$ 的样本，试求 $\overline{X}$ 的渐近分布.

8. 设 $X_1,\cdots,X_8$ 是来自正态分布 $N(10,9)$ 的样本，试求 $\overline{X}$ 的标准差.

9. 在总体 $N(7.6,4)$ 中抽取容量为 n 的样本，如果要求样本均值落在 $(5.6,9.6)$ 内的概率不小于 0.95，则 n 至少是多少？

10. 设随机变量 $X\sim F(n,n)$，证明 $P(X<1)=0.5$.

11. 设 X_1,X_2 是来自 $N(0,\sigma^2)$ 的样本，试求 $Y=\left(\dfrac{X_1+X_2}{X_1-X_2}\right)^2$ 的分布.

12 设样本 $X_1,\cdots,X_6$ 来自总体 $N(0,1)$，令

$$Y=\left(\sum_{i=1}^{3}X_i\right)^2+\left(\sum_{i=4}^{6}X_i\right)^2,\ Z=\frac{b(X_1+X_2)}{\left(\sum_{i=3}^{5}X_i^2\right)^{1/2}},$$

如果 aY 服从卡方分布，Z 服从 t 分布，则常数 a,b 是多少？

13. 已知 $X\sim t(n)$，试证 $X^2\sim F(1,n)$.

14. 已知某种能力测试的得分服从正态分布 $N(\mu,\sigma^2)$，随机地抽取 10 个人参与这一测试，求他们得分的联合密度函数，并求这 10 个人得分的平均值小于 μ 的概率. 如果 $\mu=62$，$\sigma^2=25$. 若得分超过 70 就能得奖，求至少有一人得奖的概率.

9　参数估计

参数估计是推断统计的重要内容之一，它是在抽样及抽样分布的基础上，根据样本统计量来推断总体的参数. 本章将介绍参数估计的基本方法，包括矩估计、最大似然估计、估计量的评价标准，最后讲述区间估计及样本量的确定问题.

9.1　点估计

如果能够掌握总体的全部数据，那么只需要做一些简单的描述统计，就可以得到所关心的总体特征，比如样本均值、方差等. 但现实情况比较复杂，有些现象的范围比较广，不可能对总体中的每个单位都进行测定，或者没有必要进行一一测定，这就需要从总体中抽取一部分个体进行调查，利用样本提供的信息来推断总体的特征.

9.1.1　估计量与估计值

参数估计就是用样本统计量去估计总体的参数. 比如，用样本均值 $\bar{X}$ 估计总体均值 μ，用样本比例 $\hat{p}$ 估计总体比例 p. 在一般场合，常用 θ 表示参数，参数 θ 的所有可能取值组成的集合称为**参数空间**，常用 Θ 表示.

参数估计问题就是根据样本对以下未知参数作出估计：

（1）分布中所含的未知参数 θ. 例如，二点分布 $B(1,p)$ 中的 p；$P(\lambda)$ 中的 λ；$N(\mu,\sigma^2)$ 中的 μ,σ^2.

（2）分布中所含未知参数 θ 的函数. 例如，单位产品缺陷数 $X \sim P(\lambda)$，则单位产品合格的概率 $P(X=0)=\mathrm{e}^{-\lambda}$ 是未知参数 λ 的函数.

（3）分布的各种特征数也是未知参数，如均值 $E(X)$、方差 $\mathrm{var}(X)$.

参数估计的形式有两种：点估计和区间估计，下面先介绍点估计，区间估计将在下节介绍.

定义 9.1.1　设 $X_1,X_2,\cdots,X_n$ 是来自总体 X 的一个样本，我们用一个统计量 $\hat{\theta}=\hat{\theta}(X_1,\cdots,X_n)$ 的取值作为 θ 的**估计值**，$\hat{\theta}$ 称为 θ 的**点估计量**，简称**估计**.

根据一个具体样本计算出来的估计量的数值称为**估计值**. 比如，要估计一个学校男生的平均身高，需从中抽取一个随机样本，由于全校男生的平均身高是不知道的，称为参数，用 θ 表示. 根据样本计算平均身高 $\bar{X}$ 就是一个估计量，用 $\hat{\theta}$ 表示. 假定计算出来样本的平均身高为 172 cm，这个 172 cm 就是估计量的具体数值，称为估计值.

在不致混淆的情况下，统称估计量和估计值为估计，并都简记为 $\hat{\theta}$. 由于估计量是样本的函数，所以对于不同的样本值，θ 的估计值一般不相同，因此估计量是一种估计方法，而估计值是此方法的一次实现，两者不可混淆.

如何构造 $\hat{\theta}$ 并没有明确的规定，只要它满足一定的合理性即可，即“不管黑猫白猫，抓住老鼠就是好猫”．这就涉及两个问题：

（1）如何给出估计，即估计方法的问题；

（2）如何对不同的估计进行评价，即估计好坏的判断标准．

接下来，我们介绍两种最常用的点估计方法：矩估计和最大似然估计，最后讨论判断估计的好坏标准．

9.1.2 矩估计

矩估计是由英国统计学家皮尔逊（K. Pearson）在 1894 年提出的参数点估计方法，其理论依据就是**替换原理**：

（1）用样本矩去替换总体矩（这里的矩可以是原点矩也可以是中心矩）；

（2）用样本矩的函数去替换总体矩的函数．

用替换原理得到的未知参数的估计量称为**矩法估计**．比如，用样本均值 $\bar{X}$ 估计总体均值 EX；用事件 A 出现的频率估计事件 A 发生的概率；用样本的 p 分位数估计总体 p 分位数，特别，用样本中位数估计总体中位数．

设总体 X 为连续型随机变量，其概率密度函数 $f(x;\theta_1,\cdots,\theta_k)$，或 X 为离散型随机变量，其联合分布列为 $P(X=x)=p(x;\theta_1,\cdots,\theta_k)$，其中 $(\theta_1,\cdots,\theta_k)\in\Theta$ 是未知参数，$X_1,X_2,\cdots,X_n$ 是总体 X 的样本．若 k 阶原点矩 $\mu_k=EX^k$ 存在，则 $\forall j<k,\ EX^j$ 存在．一般来说，它们是未知参数 $\theta_1,\cdots,\theta_k$ 的函数．

设 $\mu_j=EX^j=\nu_j(\theta_1,\cdots,\theta_k), j=1,2,\cdots,k$，如果 $\theta_1,\cdots,\theta_k$ 也能够表示成 $\mu_1,\cdots,\mu_k$ 的函数 $\theta_j=\theta_j(\mu_1,\cdots,\mu_k), j=1,2,\cdots,k$，则可给出 θ_j 的矩估计量为

$$\hat{\theta}_j=\hat{\theta}_j(A_1,\cdots,A_k), j=1,2,\cdots,k\text{，其中 } A_j=\frac{1}{n}\sum_{i=1}^{n}X_i^j, j=1,2,\cdots,k .$$

进一步，我们要估计 $\theta_1,\cdots,\theta_k$ 的函数 $\eta=g(\theta_1,\cdots,\theta_k)$，则可直接得到 η 的矩估计为 $\hat{\eta}=g(\hat{\theta}_1,\cdots,\hat{\theta}_k)$．当 $k=1$ 时，我们通常用样本均值出发对未知参数进行估计；如果 $k=2$，我们可以由一阶、二阶原点矩（或中心矩）出发估计未知参数．

矩法估计的统计思想很简单，众人都能接受，**其实质是格里纹科定理，即利用经验分布去替换总体分布**，这也是数理统计的理论基础．矩估计法简单直观，特别在对总体的数学期望及方差等数字特征做估计时，不一定知道总体的分布函数，只需知道它们存在便可运用．总之，矩估计简单易行，又具有良好的性质，故此方法经久不衰．其实最简单最直接的方法往往也是最有效的方法．

例 9.1.1 设 $X_1,\cdots,X_n$ 是来自泊松总体 $P(\lambda)$ 的样本，试求 λ 的矩估计．

解 由 $EX=\lambda$，可得 $\lambda=\bar{X}$．

另外，$\mathrm{var}(X)=\lambda$，因此从替换原理来看，λ 的矩估计也可为 $\hat{\lambda}=S^2$．

可见，矩估计并不唯一，这也是矩估计的一个缺点，通常应尽量采用低阶矩给出未知参数的估计，即低阶矩能解决的问题绝不用高阶矩．另外，当样本不是简单随机样本或总体矩不存在时，矩估计法不可用；样本矩的表达式与总体的分布函数 $F(x;\theta)$ 的表达式无关，没有充分利用 $F(x;\theta)$ 对参数 θ 提供的信息．因此，有时矩估计不是一个好的估计量．

9.1.3　最大似然估计

最大（极大）似然估计法是求估计用得最多的方法，它由高斯在 1821 年提出，但一般将之归功于费希尔（R. A. Fisher），因为费希尔在 1922 年再次提出这一想法并证明了它的一些性质，进而使最大似然法得到了广泛应用.

最大似然估计法的基本思想是：**样本来自使样本出现可能性最大的那个总体**

例 9.1.2　设产品分为合格和不合格，不合格率 p 未知，用随机变量 X 表示产品是否合格，$X=0$ 表示合格品，$X=1$ 表示不合格品，即总体 $X\sim B(1,p)$．现抽取 n 个产品看其是否合格，得到样本 $X_1,\cdots,X_n$，观测值为 $x_1,\cdots,x_n$，则样本出现的概率

$$L(p)=P(X_1=x_1,\cdots,X_n=x_n)=\prod_{i=1}^{n}p^{x_i}(1-p)^{1-x_i}=p^{\sum_{i=1}^{n}x_i}(1-p)^{n-\sum_{i=1}^{n}x_i}$$

我们需找未知参数的估计值使得样本出现的概率最大.

取对数，并关于 p 求导，令其等于 0，即得如下方程：

$$\frac{\partial\ln L(p)}{\partial p}=\frac{\sum_{i=1}^{n}x_i}{p}-\frac{n-\sum_{i=1}^{n}x_i}{1-p}=0 .$$

解得 $p=\sum_{i=1}^{n}x_i$，故最大似然估计为 $\hat{p}=\frac{1}{n}\sum_{i=1}^{n}X_i=\bar{X}$.

例 9.1.3　设 $X_1,\cdots,X_n$ 是来自泊松总体 $P(\lambda)$ 的样本，试求 λ 的最大似然估计.

解　样本出现的概率为

$$L(\lambda)=P(X_1=x_1,\cdots,X_n=x_n;\lambda)=\prod_{i=1}^{n}p(x_i;\lambda)=\mathrm{e}^{-n\lambda}\lambda^{n\bar{x}}\prod_{i=1}^{n}\frac{1}{x_i\,!},$$

取对数并令关于 λ 的导数等于 0，可得

$$\frac{\partial\ln L(\lambda)}{\partial\lambda}=-n+\frac{n\bar{x}}{\lambda}=0 ,$$

即 $\hat{\lambda}=\bar{X}$.

对于泊松总体而言，矩估计与最大似然估计的结果一样，其实很多总体的矩估计与最大似然估计的结果一样. 人类追求的终极目标就是公平与效率，不管路径如何，其最终目的是一样的，同样，我们追求的最终目标是找到一个最佳统计量，尽管方法不一样，但如果最佳结果存在则一样.

可见，对于离散总体，设有样本观测值 $x_1,\cdots,x_n$，则样本观测值出现的概率，一般依赖于某个或某些参数，用 θ 表示. 将该概率看作 θ 函数，用 $L(\theta)$ 表示，即

$$L(\theta)=P(X_1=x_1,\cdots,X_n=x_n;\theta),$$

最大似然估计就是找 θ 的估计值使得 $L(\theta)$ 最大.

定义 9.1.2　设总体 X 的概率函数为 $f(x;\theta)$, $\theta\in\Theta$ 是一个未知参数或几个未知参数组成的参数向量，$X_1,\cdots,X_n$ 为来自总体 X 的样本，将样本的联合概率函数看成 θ 的函数，用

$L(\theta;x_1,\cdots,x_n)$ 表示，简记为 $L(\theta)$，称为样本的似然函数，即

$$L(\theta)=L(\theta;x_1,\cdots,x_n)=\prod_{i=1}^{n}f(x_i,\theta).$$

如果某统计量 $\hat{\theta}=\hat{\theta}(X_1,\cdots,X_n)$ 满足

$$L(\hat{\theta})=\max_{\theta\in\Theta}L(\theta),$$

则称 $\hat{\theta}=\hat{\theta}(X_1,\cdots,X_n)$ 是 θ 的最大似然估计，简记为 MLE (Maximum Likelihood Estimate).

由于 $\ln x$ 是 x 的单调增函数，因此对数似然函数 $\ln L(\theta)$ 达到最大与似然函数 $L(\theta)$ 达到最大是等价的. 另外，由于在对数似然函数中加上任何仅依赖于样本观测值 $x_1,\cdots,x_n$ 而与 θ 无关的常数都不影响最值的位置或针对不同 θ 的对数似然函数的差，故它可以从对数似然函数中去掉. 当 $L(\theta)$ 是可微函数时，$L(\theta)$ 的极大值点一定是驻点，从而求最大似然估计往往借助于求似然方程（组）$\dfrac{\partial\ln L(\theta)}{\partial\theta}=0$ 的解得到，而后利用最大值点的条件进行验证.

最大似然估计的本质是样本来自使样本出现可能性最大的那个总体，而似然函数可以衡量样本出现概率 $P(X_1=x_1,\cdots,X_n=x_n)$ 的大小，即

$$\prod_{i=1}^{n}f(x_i,\theta)\mathrm{d}x_i=P(X_1=x_1,\cdots,X_n=x_n;\theta),$$

因此需找出未知参数的估计值，使得似然函数达到最大，即样本出现的概率最大.

例 9.1.4 对于正态总体 $N(\mu,\sigma^2)$，$\theta=(\mu,\theta^2)$ 是二维参数，设有样本 $X_1,\cdots,X_n$，则似然函数及其对数分别为

$$L(\mu,\sigma^2)=\prod_{i=1}^{n}\left\{\frac{1}{\sqrt{2\pi}\sigma}\exp\left(-\frac{(x_i-\mu)^2}{2\sigma^2}\right)\right\}=(2\pi\sigma^2)^{-\frac{n}{2}}\exp\left\{-\frac{1}{2\sigma^2}\sum_{i=1}^{n}(x_i-\mu)^2\right\},$$

$$\ln L(\mu,\sigma^2)=-\frac{1}{2\sigma^2}\sum_{i=1}^{n}(x_i-\mu)^2-\frac{n}{2}\ln(\sigma^2)-\frac{n}{2}\ln(2\pi).$$

将 $\ln L(\mu,\sigma^2)$ 分别关于两个变量求偏导，并令其为 0，则有

$$\frac{\partial\ln L(\mu,\sigma^2)}{\partial\mu}=\frac{1}{\sigma^2}\sum_{i=1}^{n}(x_i-\mu)=0,$$

$$\frac{\partial\ln L(\mu,\sigma^2)}{\partial\sigma^2}=\frac{1}{2\sigma^4}\sum_{i=1}^{n}(x_i-\mu)^2-\frac{n}{2\sigma^2}=0.$$

解对数似然方程组可得最大似然估计为

$$\hat{\mu}=\bar{X},\quad \widehat{\sigma^2}=\frac{1}{n}\sum_{i=1}^{n}(X_i-\bar{X})^2=S^{*2}.$$

利用二阶导数矩阵的非正定性可以说明上述估计使得似然函数取得最大值.

当 μ 已知时，

$$E(\widehat{\sigma^2})=\frac{1}{n}\sum_{i=1}^{n}E(X_i-\mu)^2=\frac{1}{n}\sum_{i=1}^{n}D(X_i)=\sigma^2,\quad D(\widehat{\sigma^2})=\frac{1}{n^2}\sum_{i=1}^{n}D(X_i-\mu)^2 .$$

由 $\frac{X_i-\mu}{\sigma}\sim N(0,1),\ \left(\frac{X_i-\mu}{\sigma}\right)^2\sim\chi^2(1)$ 得

$$D\left[\left(\frac{X_i-\mu}{\sigma}\right)^2\right]=2,\quad D(X_i-\mu)^2=2\sigma^4 .$$

故 $D(\widehat{\sigma^2})=\frac{2}{n}\sigma^4$.

例 9.1.5 （2013 数 1, 3）设总体 X 的概率密度为 $f(x;\theta)=\frac{\theta^2}{x^3}\mathrm{e}^{-\frac{\theta}{x}},x>0$，其中 θ 为未知参数且大于 0，$X_1,\cdots,X_n$ 为来自总体 X 的简单随机样本.（1）求 θ 的矩估计量；（2）求 θ 的最大似然估计量.

解 （1）

$$EX=\int_0^{+\infty}\frac{\theta^2}{x^3}\mathrm{e}^{-\frac{\theta}{x}}x\mathrm{d}x=\theta\mathrm{e}^{-\frac{\theta}{x}}\Big|_0^{+\infty}=\theta ,$$

于是

$$EX=\frac{1}{n}\sum_{i=1}^{n}X_i=\bar{X} ,$$

则 θ 的矩估计量 $\hat{\theta}=\bar{X}$.

（2）似然函数为

$$L(\theta)=\prod_{i=1}^{n}f(x_i,\theta)=\frac{\theta^{2n}}{(x_1x_2\cdots x_n)^3}\exp\left\{-\theta\sum_{i=1}^{n}\frac{1}{x_i}\right\},x_1,x_2,\cdots,x_n>0 .$$

当 $x_1,x_2,\cdots,x_n>0$ 时，取对数得

$$\ln L(\theta)=2n\ln\theta-3\ln(x_1x_2\cdots x_n)-\exp-\theta\sum_{i=1}^{n}\frac{1}{x_i} .$$

对 θ 求导并等于 0 得

$$\frac{\mathrm{d}\ln L(\theta)}{\mathrm{d}\theta}=\frac{2n}{\theta}-\sum_{i=1}^{n}\frac{1}{x_i}=0\Rightarrow\theta=\frac{2n}{\sum_{i=1}^{n}\frac{1}{x_i}} ,$$

即 $\hat{\theta}=\frac{2n}{\sum_{i=1}^{n}\frac{1}{X_i}}$.

最大似然估计有一个简单而有用的性质：如果 $\hat{\theta}$ 是 θ 的最大似然估计，则对任一函数 $g(\theta)$，其最大似然估计为 $g(\hat{\theta})$. 该性质称为**最大似然估计的不变性**，从而使一些复杂结构参数的最大似然估计的获得变得容易了.

对对数似然函数求最值或对数似然方程组求解，除了一些简单形式可得到显式解，常常需要用数值方法求近似解.

9.1.4 估计量的评价标准

任何人都可给出参数的估计，而点估计有各种不同的求法，如果不对估计的好坏加以评价，并对其进行合理优化，我们不可能找到一个优良估计量. 为了在不同的点估计间进行比较，就必须给出点估计好坏的评价标准. 日常生活中，我们经常说，张三比李四白，但李四比张三高，同样，对同一估计量使用不同的评价标准可能会得到完全不同的结论. 因此，在评价某一个估计好坏时，首先要说明是在哪一个标准下，否则所论好坏毫无意义.

1）相合性（一致性）

不管怎么说，有一个基本标准是多数估计都应该满足的，就像男士找对象有一个基本标准就是"对象是女的". 它是衡量一个估计是否可行的必要条件，这就是相合估计. 由格里纹科定理知，随着样本容量n的增大，经验分布函数越来越逼近真实分布函数，当然也应要求估计量随着n的增大越来越逼近真实参数值，即相合性. 其严格定义如下：

定义 9.1.3 设$\hat{\theta}_n$是未知参数$\theta\in\Theta$的一个估计量，n为样本容量，若对$\forall\varepsilon>0$有

$$\lim_{n\to\infty}P(|\hat{\theta}_n-\theta|\geqslant\varepsilon)=0,$$

即若当$n\to\infty$时有$\hat{\theta}_n\xrightarrow{P}\theta$，则称$\hat{\theta}_n$为$\theta$的**相合估计**.

相合性被认为是对估计的一个最基本要求. 通常，若一个估计量，无论做多少次试验，都不能把待估参数估计到任意给定的精度，那么这种估计就值得怀疑，即不满足相合性的估计不予考虑.

如果把依赖样本量n的估计量$\hat{\theta}_n$看作随机变量序列，相合性就是$\hat{\theta}_n$依概率收敛于θ，所以证明估计的相合性可应用依概率收敛的性质和各种大数定律.

定理 9.1.1 设$\hat{\theta}_n$是未知参数$\theta\in\Theta$的一个估计量，若

$$\lim_{n\to\infty}E(\hat{\theta}_n)=\theta,\quad \lim_{n\to\infty}\mathrm{var}(\hat{\theta}_n)=0,$$

则$\hat{\theta}_n$为θ的相合估计量.

证明 对任意$\varepsilon>0$，由切比雪夫不等式有

$$P(|\hat{\theta}_n-E\hat{\theta}_n|\geqslant\varepsilon/2)\leqslant\frac{4}{\varepsilon^2}\mathrm{var}(\hat{\theta}_n).$$

由$\lim\limits_{n\to\infty}E(\hat{\theta}_n)=\theta$可知，当$n$充分大时有

$$|E\hat{\theta}_n-\theta|<\varepsilon/2.$$

如果$|\hat{\theta}_n-E\hat{\theta}_n|<\varepsilon/2$，则

$$|\hat{\theta}_n-\theta|\leqslant|\hat{\theta}_n-E\hat{\theta}_n|+|E\hat{\theta}_n-\theta|<\varepsilon,$$

故
$$\{|\hat{\theta}_n-E\hat{\theta}_n|<\varepsilon/2\}\subset\{|\hat{\theta}_n-\theta|<\varepsilon\}\Leftrightarrow\{|\hat{\theta}_n-E\hat{\theta}_n|\geqslant\varepsilon/2\}\supset\{|\hat{\theta}_n-\theta|\geqslant\varepsilon\}.$$

$$P(|\hat{\theta}_n-\theta|\geqslant\varepsilon)\leqslant P(|\hat{\theta}_n-E\hat{\theta}_n|\geqslant\varepsilon/2)\leqslant\frac{4}{\varepsilon^2}\mathrm{var}(\hat{\theta}_n)\to 0(n\to+\infty).$$

定理得证.

由大数定律和定理 9.1.1 可知，矩估计一般都具有相合性，比如样本均值是总体均值的相合估计；样本标准差是总体标准差的相合估计；样本变异系数 $S/\bar{X}$ 是总体变异系数的相合估计.

例 9.1.6 设 $X_1,\cdots,X_n$ 是来自正态总体 $N(\mu,\sigma^2)$ 的样本，则由辛欣大数定律及依概率收敛的性质可知：$\bar{X}$ 是 μ 的相合估计；S^{*2} 与 S^2 是 σ^2 的相合估计，可见相合估计不唯一.

2）无偏性

相合性是对大样本而言的，而对小样本而言，需要一些其他的评价标准，无偏性就是常用的评价标准.

定义 9.1.4 设 $\hat{\theta}$ 是未知参数 $\theta\in\Theta$ 的一个估计量，若对 $\forall\theta\in\Theta$，有

$$E\hat{\theta}=\theta,$$

则称 $\hat{\theta}$ 为 θ 的**无偏估计**；否则，称为**有偏估计**. $\hat{\theta}-\theta$ 称为估计量 θ 的**偏差**.

若 $\lim\limits_{n\to\infty}E\hat{\theta}_n=\theta$，则称 $\hat{\theta}_n$ 为 θ 的**渐近无偏估计**.

对于参数 θ 的任一实值函数 $g(\theta)$，如果 $g(\theta)$ 的无偏估计量存在，也就是说有估计量 T 使得

$$E_\theta(T)=g(\theta),$$

则称 $g(\theta)$ 为**可估计函数**.

无偏性的要求可改写为 $E[\hat{\theta}-\theta]=0$，这表示无偏估计没有系统偏差，这种要求在工程技术中完全是合理的. 若估计不具有无偏性，则无论使用多少次，其平均也会与参数真值具有一定的距离，这就是系统误差，即估计方法存在一定的缺陷.

可估参数的无偏估计不一定存在，即使存在也通常不唯一，且不一定是好估计.

例 9.1.7 设 $X_1,\cdots,X_n$ 是来自某总体 X 的样本，分布是任意的，但一、二阶矩存在，记总体均值为 μ，总体方差为 σ^2，则

$$E\bar{X}=\mu，\ E(S^{*2})=\frac{n-1}{n}\sigma^2，\ E(S^2)=\sigma^2，$$

所以 $\bar{X}$ 是 μ 的无偏估计，S^{*2} 是 σ^2 的渐进无偏估计且有偏小的倾向，S^2 是 σ^2 的无偏估计. 但可以证明：S 不是 σ 的无偏估计.

证明无偏性就是求统计量的期望，本质上是计算随机变量函数的数学期望. 这类问题一般是利用数字特征的性质、重要统计量的性质以及重要统计量的数字特征来计算，并且往往需要先求统计量的分布.

3）有效性

对于两个无偏估计，可以通过比较它们方差的大小来判定优劣.

定义 9.1.5 设 $\hat{\theta},\tilde{\theta}$ 是 θ 的两个无偏估计量，若对 $\forall\theta\in\Theta$，有

$$\mathrm{var}(\hat{\theta})\leqslant\mathrm{var}(\tilde{\theta}),$$

且至少有一个 $\theta\in\Theta$ 使上述不等号严格成立，则称 $\hat{\theta}$ **比** $\tilde{\theta}$ **有效**.

有效性具有直观解释：如果估计围绕参数真值的波动越小，则估计量越好，而方差可衡量波动的大小，因此可用无偏估计量的方差度量其优劣.

设 $X_1,\cdots,X_n$ 是来自某总体 X 的样本，记总体均值为 μ，总体方差为 σ^2，则 $\hat{\mu}_1 = X_1, \hat{\mu}_2 = \bar{X}$ 都是 μ 的无偏估计. 但

$$\mathrm{var}(\hat{\mu}_1) = \sigma^2 \geqslant \frac{\sigma^2}{n} = \mathrm{var}(\hat{\mu}_2).$$

显然，只要 $n>1$，$\hat{\mu}_2$ 就比 $\hat{\mu}_1$ 有效. 这表明用全部数据的平均估计总体均值要比使用部分数据更有效. 在其他条件不变的情况下，利用的信息越多，估计的效果越好.

9.2 区间估计

参数的点估计给出了一个具体数值，便于计算和应用，但其精度、可靠性如何，点估计本身不能回答，需要由其分布函数反映. 实际上，度量估计精度的一个直观方法是给出参数的一个估计区间，如果在参数含于估计区间的概率相同的情况下估计区间越短越好，这便产生了区间估计. 这是统计学的重点，也是假设检验的基础，由此可构造小概率事件.

定义 9.2.1 设 θ 是总体的一个参数，其参数空间为 Θ，$X_1,\cdots,X_n$ 是来自总体的样本，给定一个 $\alpha(0<\alpha<1)$，若有两个统计量 $\hat{\theta}_L,\hat{\theta}_U$，对任意的 $\theta\in\Theta$，有

$$P(\hat{\theta}_L \leqslant \theta \leqslant \hat{\theta}_U) \geqslant 1-\alpha, \tag{9.2.1}$$

则称随机区间 $[\hat{\theta}_L,\hat{\theta}_U]$ 为 θ 的置信水平为 $1-\alpha$ 的**置信区间**，$\hat{\theta}_L,\hat{\theta}_U$ 分别称为**置信下限**和**置信上限**.

若 $P(\hat{\theta}_L \leqslant \theta \leqslant \hat{\theta}_U) = 1-\alpha$，则称 $[\hat{\theta}_L,\hat{\theta}_U]$ 为 θ 的置信水平为 $1-\alpha$ 的**同等置信区间**.

α 是事先所确定的一个概率值，也称为**风险值**，它是参数不在置信区间的概率. 为便于计算，在实际中我们常用同等置信区间.

置信水平 $1-\alpha$ 的频率解释为：在大量重复使用 θ 的置信区间 $[\hat{\theta}_L,\hat{\theta}_U]$ 时，由于每次得到的样本观测值不同，从而每次得到的区间估计也不一样. 对每次观察，θ 要么落进置信区间，要么没落进置信区间. 就平均而言，进行 n 次观测，大约有 $n(1-\alpha)$ 次观测值落在置信区间.

比如，用 95%的置信水平得到某班全班学生考试成绩的置信区间为[60,80]，我们不能说区间[60,80]以 95%的概率包含全班学生的平均考试成绩的真值，或者表述为全班学生的平均考试成绩以 95%的概率落在区间[60,80]. 这类表述是错误的，因为总体均值 μ 是一常数，而不是随机变量，要么落入，要么不落入，并不涉及概率. 它的真正意思是：如果做了 100 次抽样，大概 95 次找到的区间包含真值，有 5 次不包含真值.

在一些实际问题中，人们感兴趣的往往是未知参数的一个上限或下限. 比如，对某产品的平均寿命而言，自然是平均寿命越长越好，人们关心的是寿命下限；对奶粉中含有有害物质而言，自然是越少越好，人们关心的是有害物质含量的上限. 于是，我们要给出单侧区间估计

定义 9.2.2 设 $\hat{\theta}_L$ 是统计量，对给定的 $\alpha(0<\alpha<1)$ 和任意的 $\theta\in\Theta$，有

$$P(\hat{\theta}_L \leqslant \theta) \geqslant 1-\alpha, \ \forall\theta\in\Theta, \tag{9.2.2}$$

则称 $\hat{\theta}_L$ 为 θ 的置信水平为 $1-\alpha$ 的**置信下限**. 假如等号对一切 $\theta\in\Theta$ 成立，则称 $\hat{\theta}_L$ 为 θ 的置信水平为 $1-\alpha$ 的**同等置信下限**.

设 $\hat{\theta}_U$ 是统计量，对给定的 $\alpha(0<\alpha<1)$ 和任意的 $\theta\in\Theta$，有

$$P(\theta\leqslant\hat{\theta}_U)\geqslant 1-\alpha\text{，}\forall\theta\in\Theta\text{，}\tag{9.2.3}$$

则称 $\hat{\theta}_U$ 为 θ 的置信水平为 $1-\alpha$ 的**置信上限**. 假如等号对一切 $\theta\in\Theta$ 成立，则称 $\hat{\theta}_U$ 为 θ 的置信水平为 $1-\alpha$ 的**同等置信上限**.

单侧置信区间是置信区间的特殊情况. 在定义 9.2.1 中，如果令 $\hat{\theta}_U=+\infty$，则 $\hat{\theta}_L$ 为 θ 的置信水平为 $1-\alpha$ 的置信下限；如果令 $\hat{\theta}_L=-\infty$，则称 $\hat{\theta}_U$ 为 θ 的置信水平为 $1-\alpha$ 的置信上限. 今后如不特加声明，置信区间一律指同等置信区间.

构造未知参数的置信区间最常用的方法是**枢轴量法**，其步骤可以概括为如下三步：

（1）构造统计量 $G=G(X_1,\cdots,X_n;\theta)$，使得 G 满足：待估参数 θ 一定出现，不含其他未知参数，已知信息都要出现，且分布函数已知. 一般称 G 为**枢轴量**.

（2）适当选择两个常数 c,d，使得对 $\forall\alpha(0<\alpha<1)$ 成立

$$P(c\leqslant G\leqslant d)=1-\alpha\text{，}$$

满足这样条件的 c,d 具有无穷多个. 我们希望 $d-c$ 越短越好，但一般很难做到，常用的是选 $c=G_{\alpha/2}$，$d=G_{1-\alpha/2}$，即

$$P(G<c)=P(G>d)=\alpha/2\text{，}$$

其中 $G_{\alpha/2}$ 为 G 的 $\alpha/2$ 分位数.

（1）对 $c\leqslant G\leqslant d$ 变形得到置信区间 $[\hat{\theta}_L,\hat{\theta}_U]$，称为**等尾置信区间**.

上述构造置信区间的关键在于构造枢轴量，故把这种方法称为枢轴量法. 枢轴量寻找一般从 θ 的点估计出发. 在实际中，最常用的是等尾置信区间.

9.3 总体均值与方差的区间估计

正态总体是最常用的分布，本节我们讨论它的两个参数 μ,σ^2 的区间估计.

9.3.1 单个正态总体的置信区间

设 $X_1,\cdots,X_n$ 是来自总体 $N(\mu,\sigma^2)$ 的样本，$\bar{X}$，S^2 分别为样本均值和样本方差，已知给定置信水平为 $1-\alpha$.

1）均值 μ 的置信区间

（1）当 σ 已知时，

取枢轴量 $G=\dfrac{\bar{X}-\mu}{\sigma/\sqrt{n}}\sim N(0,1)$，故 $u_{\alpha/2}\leqslant\dfrac{\bar{X}-\mu}{\sigma/\sqrt{n}}\leqslant u_{1-\alpha/2}$，其中 $u_{\alpha/2}$ 为标准正态分布 $N(0,1)$ 的 $\alpha/2$ 分位数. 由于 $u_{\alpha/2}=-u_{1-\alpha/2}$，我们有

$$-u_{1-\alpha/2} \leqslant \frac{\bar{X}-\mu}{\sigma/\sqrt{n}} \leqslant u_{1-\alpha/2}.$$

变形可得同等置信区间为

$$\left[\bar{X}-u_{1-\alpha/2}\frac{\sigma}{\sqrt{n}}, \bar{X}+u_{1-\alpha/2}\frac{\sigma}{\sqrt{n}}\right]. \tag{9.3.1}$$

这是一个以 $\bar{X}$ 为中心，半径为 $u_{1-\alpha/2}\dfrac{\sigma}{\sqrt{n}}$ 的对称区间，常将其表示为

$$\bar{X} \mp u_{1-\alpha/2}\frac{\sigma}{\sqrt{n}}.$$

（2）当 σ 未知时，

取枢轴量 $G=\dfrac{\sqrt{n}(\bar{X}-\mu)}{S} \sim t(n-1)$，故 $t_{\alpha/2} \leqslant \dfrac{\bar{X}-\mu}{S/\sqrt{n}} \leqslant t_{1-\alpha/2}$. 由于 $t_{\alpha/2}=-t_{1-\alpha/2}$，我们有

$$-t_{1-\alpha/2} \leqslant \frac{\sqrt{n}(\bar{X}-\mu)}{S} \leqslant t_{1-\alpha/2}.$$

变形可得同等置信区间为

$$\left[\bar{X}-t_{1-\alpha/2}(n-1)\frac{S}{\sqrt{n}}, \bar{X}+t_{1-\alpha/2}(n-1)\frac{S}{\sqrt{n}}\right]. \tag{9.3.2}$$

在实际问题中，总体方差 σ^2 未知的情况居多，故区间（9.3.2）较区间（9.3.1）有更大的实用价值.

例 9.3.1　已知某厂生产的滚球直径 $X \sim N(\mu, 0.06)$，从某天生产的滚球中随机抽取 6 个，测得直径分别为（单位：mm）

14.6 15.1 14.9 14.8 15.2 15.1

（1）求 μ 的置信概率为 0.95 的置信区间；

（2）如果滚球直径的方差 σ^2 未知，求 μ 的置信概率为 0.95 的置信区间.

解　样本容量 $n=6$，计算 $\bar{x}=\dfrac{1}{6}\sum_{i=1}^{6}x_i=14.95$.

（1）已知 $1-\alpha=0.95$，故 $\alpha=0.05$，查表（或运用统计软件）可得 $u_{0.975}=1.96$. 将数据代入（9.3.1）可得 μ 的置信概率为 0.95 的置信区间为[14.754,15.146].

（2）$s=\sqrt{\dfrac{1}{5}\sum_{i=1}^{6}(x_i-\bar{x})^2}=\sqrt{0.051}\approx 0.2258$. 同理可得 $t_{0.975}=2.5706$. 将数据代入（9.3.2）可得 μ 的置信概率为 0.95 的置信区间为[14.713,15.187].

由同一组样本观测值，按同样的置信概率，对 μ 计算出的置信区间因 σ^2 是否已知会不一样. 这是因为：当 σ^2 已知时，我们掌握的信息多一点，在其他条件相同的情况下，对 μ 的估计精度要高一点，即表现为 μ 的置信区间短一点；反之，若 σ^2 未知，对 μ 的估计精度要低一

点，即表现为 μ 的置信区间长度要大一些. 当 σ^2 已知时，也可采用 σ^2 未知的估计方法，但精度要差一点，这种情况我们一般认为是错误的，因为本可用上的已知信息没有用上，得到的结果不是最优的.

2）σ^2 的置信区间

（1）当 μ 已知时，

取枢轴量 $G=\sum_{i=1}^{n}\frac{(X_i-\mu)^2}{\sigma^2}\sim\chi^2(n)$，对

$$\chi^2_{\alpha/2}(n)\leqslant\sum_{i=1}^{n}\frac{(X_i-\mu)^2}{\sigma^2}\leqslant\chi^2_{1-\alpha/2}(n)$$

变形可得同等置信区间为

$$\left[\sum_{i=1}^{n}(X_i-\mu)^2\Big/\chi^2_{1-\alpha/2}(n),\sum_{i=1}^{n}(X_i-\mu)^2\Big/\chi^2_{\alpha/2}(n)\right].\tag{9.3.3}$$

（2）当 μ 未知时，

取枢轴量 $G=\frac{(n-1)S^2}{\sigma^2}\sim\chi^2(n-1)$，对

$$\chi^2_{\alpha/2}(n-1)\leqslant\frac{(n-1)S^2}{\sigma^2}\leqslant\chi^2_{1-\alpha/2}(n-1)$$

变形可得同等置信区间为

$$\left[\frac{(n-1)S^2}{\chi^2_{1-\alpha/2}(n-1)},\frac{(n-1)S^2}{\chi^2_{\alpha/2}(n-1)}\right].\tag{9.3.4}$$

例 9.3.2 已知某厂生产的零件 $X\sim N(12.5,\sigma^2)$，从某天生产的零件中随机抽取 4 个，测得样本观测值为

12.6 13.4 12.8 13.2

（1）求 σ^2 的置信概率为 0.95 的置信区间.

（2）如果零件直径 μ 未知，求 σ^2 的置信概率为 0.95 的置信区间.

解 （1）样本容量 $n=4$，计算 $\sum_{i=1}^{4}(x_i-\mu)^2=1.4$. 已知 $1-\alpha=0.95$，故 $\alpha=0.05$，运用统计软件可得 $\chi^2_{\alpha/2}(4)=0.484$，$\chi^2_{1-\alpha/2}(4)=11.143$. 将数据代入（9.3.3）可得 σ^2 的置信概率为 0.95 的置信区间为 $[0.13,2.89]$.

（2）运用统计软件可得 $\chi^2_{\alpha/2}(3)=0.216$，$\chi^2_{1-\alpha/2}(3)=9.348$. 将数据代入（9.3.4）可得 σ^2 的置信概率为 0.95 的置信区间为 $[0.043,1.854]$.

9.3.2 两个正态总体的置信区间

如果两个样本是从两个总体中独立抽取的，即一个样本中的元素与另一个样本中的元素

相互独立，则称为独立样本.

设 $X_1,\cdots,X_m$ 是来自总体 $N(\mu_1,\sigma_1^2)$ 的样本，$Y_1,\cdots,Y_n$ 是来自总体 $N(\mu_2,\sigma_2^2)$ 的样本，且两样本相互独立. 记 $\overline{X},\overline{Y}$ 分别为它们的样本均值，

$$S_X^2=\frac{1}{m-1}\sum_{i=1}^{m}(X_i-\overline{X})^2，\ S_Y^2=\frac{1}{n-1}\sum_{i=1}^{n}(Y_i-\overline{Y})^2$$

分别为它们的样本方差，下面讨论两个均值差和两个方差比的置信区间.

1）$\mu_1-\mu_2$ 的置信区间

（1）σ_1^2,σ_2^2 已知时，

取 $G=\dfrac{\overline{X}-\overline{Y}-(\mu_1-\mu_2)}{\sqrt{\dfrac{\sigma_1^2}{m}+\dfrac{\sigma_2^2}{n}}}\sim N(0,1)$（$\mu_1-\mu_2$ 整体是待估参数），沿用前面的方法可得 $\mu_1-\mu_2$ 的 $1-\alpha$ 同等置信区间为

$$\left[\overline{X}-\overline{Y}-u_{1-\alpha/2}\sqrt{\frac{\sigma_1^2}{m}+\frac{\sigma_2^2}{n}},\overline{X}-\overline{Y}+u_{1-\alpha/2}\sqrt{\frac{\sigma_1^2}{m}+\frac{\sigma_2^2}{n}}\right]. \tag{9.3.5}$$

（2）$\sigma_1^2=\sigma_2^2=\sigma^2$ 未知时，

因为 $\dfrac{\overline{X}-\overline{Y}-(\mu_1-\mu_2)}{\sqrt{\dfrac{\sigma^2}{m}+\dfrac{\sigma^2}{n}}}\sim N(0,1)$，$\dfrac{(m-1)S_X^2}{\sigma^2}\sim\chi^2(m-1)$，$\dfrac{(n-1)S_Y^2}{\sigma^2}\sim\chi^2(n-1)$，且相互独立，

所以

$$\frac{(m-1)S_X^2+(n-1)S_Y^2}{\sigma^2}\sim\chi^2(m+n-2)，$$

$$G=\sqrt{\frac{mn(m+n-2)}{m+n}}\frac{\overline{X}-\overline{Y}-(\mu_1-\mu_2)}{\sqrt{(m-1)S_X^2+(n-1)S_Y^2}}\sim t(m+n-2).$$

记 $S_w^2=\dfrac{(m-1)S_X^2+(n-1)S_Y^2}{m+n-2}$，则沿用前面的方法可得 $\mu_1-\mu_2$ 的 $1-\alpha$ 同等置信区间为

$$\left[\overline{X}-\overline{Y}-\sqrt{\frac{m+n}{mn}}S_w t_{1-\alpha/2}(m+n-2),\overline{X}-\overline{Y}+\sqrt{\frac{m+n}{mn}}S_w t_{1-\alpha/2}(m+n-2)\right]. \tag{9.3.6}$$

例 9.3.3 设从总体 $X\sim N(\mu_1,\sigma_1^2)$ 和 $Y\sim N(\mu_2,\sigma_2^2)$ 中分别抽取容量为 $n_1=10$，$n_2=15$ 的独立样本，可计算 $\overline{x}=82$，$s_x^2=56.5$，$\overline{y}=76$，$s_y^2=52.4$.

（1）若已知 $\sigma_1^2=64,\ \sigma_2^2=49$，求 $\mu_1-\mu_2$ 的置信水平为 95%的置信区间；

（2）若已知 $\sigma_1^2=\sigma_2^2$，求 $\mu_1-\mu_2$ 的置信水平为 95%的置信区间.

解 经计算

$$\overline{x}-\overline{y}=6，\ u_{0.975}=1.96，\ s_w^2=\frac{9\times56.5+14\times52.4}{10+15-2}=54.0043，\ t_{0.975}(23)=2.0687.$$

（1）在 σ_1^2,σ_2^2 已知时，

由（9.3.5）式可知，$\mu_1-\mu_2$ 的置信水平为 95%的置信区间为

$$\left[6-1.96\sqrt{\frac{64}{10}+\frac{49}{15}},6+1.96\sqrt{\frac{64}{10}+\frac{49}{15}}\right]=[-0.0939,12.0939].$$

（2）在已知 $\sigma_1^2=\sigma_2^2$ 时，

由（9.3.6）式可知，$\mu_1-\mu_2$ 的置信水平为 95%的置信区间为

$$\left[6-2.0687\sqrt{54.0043}\sqrt{\frac{10+15}{10\times15}},6+2.0687\sqrt{54.0043}\sqrt{\frac{10+15}{10\times15}}\right]=[-0.2063,12.2063].$$

（3）$\sigma_2^2/\sigma_1^2=\theta$ 已知时，

同上，$\overline{X}-\overline{Y}\sim N\left(\mu_1-\mu_2,\sigma_1^2\left(\frac{1}{m}+\frac{\theta}{n}\right)\right)$，$\frac{(m-1)S_X^2}{\sigma_1^2}+\frac{(n-1)S_Y^2}{\sigma_2^2}\sim\chi^2(m+n-2)$，且两者相互独立，仍可构造 t 分布，即枢轴量

$$G=\sqrt{\frac{mn(m+n-2)}{m\theta+n}}\cdot\frac{\overline{X}-\overline{Y}-(\mu_1-\mu_2)}{\sqrt{(m-1)S_X^2+(n-1)S_Y^2/\theta}}\sim t(m+n-2).$$

记 $S_t^2=\frac{(m-1)S_X^2+(n-1)S_Y^2/\theta}{m+n-2}$，则沿用前面方法可得 $\mu_1-\mu_2$ 的 $1-\alpha$ 同等置信区间为

$$\left[\overline{X}-\overline{Y}-\sqrt{\frac{m\theta+n}{mn}}S_t t_{1-\alpha/2}(m+n-2),\overline{X}-\overline{Y}+\sqrt{\frac{m\theta+n}{mn}}S_t t_{1-\alpha/2}(m+n-2)\right].$$

（4）当 m,n 很大时的近似置信区间，

我们有 $\frac{\overline{X}-\overline{Y}-(\mu_1-\mu_2)}{\sqrt{\frac{S_X^2}{m}+\frac{S_Y^2}{n}}}\sim N(0,1)$，则 $\mu_1-\mu_2$ 的 $1-\alpha$ 近似置信区间为

$$\left[\overline{X}-\overline{Y}-u_{1-\alpha/2}\sqrt{\frac{S_X^2}{m}+\frac{S_X^2}{n}},\overline{X}-\overline{Y}+u_{1-\alpha/2}\sqrt{\frac{S_X^2}{m}+\frac{S_X^2}{n}}\right]. \tag{9.3.7}$$

（5）一般情况下的近似置信区间，

当 m,n 并不都很大时，可采用如下近似方法：令 $S_0^2=\frac{S_X^2}{m}+\frac{S_Y^2}{n}$，取枢轴量

$$G=\frac{\overline{X}-\overline{Y}-(\mu_1-\mu_2)}{\sqrt{\frac{S_X^2}{m}+\frac{S_Y^2}{n}}},$$

研究表明，它与自由度为 l 的 t 分布很近似，其中 l 由公式 $l=\frac{S_0^4}{\frac{S_X^4}{m^2(m-1)}+\frac{S_Y^4}{n^2(n-1)}}$ 决定，l 一般

不为整数，可以取与 l 最接近的整数代之. 于是 $G \dot{\sim} t(l)$，从而 $\mu_1-\mu_2$ 的 $1-\alpha$ 近似置信区间为

$$[\bar{X}-\bar{Y}-S_0 t_{1-\alpha/2}(l), \bar{X}-\bar{Y}+S_0 t_{1-\alpha/2}(l)]. \tag{9.3.8}$$

例 9.3.4 为比较两个小麦品种的产量，选择 18 块条件相似的试验田，采用相同的耕作方式,结果播种甲品种的 8 块试验田的单位面积产品和播种乙品种的 10 块试验田的单位面积产量（单位：kg）分别为：

甲品种：628 583 510 554 612 523 530 615

乙品种：535 433 398 470 567 480 498 560 503 426

假定每个品种的单位面积产量均服从正态分布，试求这两个品种平均单位面积产量差的置信区间（取 α=0.05）.

解 以 $x,\cdots,x_8$ 记甲品种的单位面积产量，$y_1,\cdots,y_{10}$ 记乙品种的单位面积产品，由样本数据可得

$$\bar{x}=569.38,\ s_x^2=2140.55,\ m=8；\ \bar{y}=487.00,\ s_y^2=3256.22,\ n=10，$$

下面分两种情况讨论.

（1）若已知两个品种单位面积产量的标准差相同，可采用二样本 t 区间，

$$s_w=\sqrt{\frac{(m-1)s_x^2+(n-1)s_y^2}{m+n-2}}=52.4880，\quad t_{0.975}(16)=2.1199.$$

将数据代入（9.3.6）可得 $\mu_1-\mu_2$ 的 $1-\alpha$ 同等置信区间为 $[29.60,135.16]$.

（2）若两个品种的单位面积的方差不等，则可采用近似 t 区间.

$$s_0^2=\frac{s_x^2}{m}+\frac{s_y^2}{n}=589.44，\quad l=15.99\approx 16.$$

将数据代入（9.3.8）可得 $\mu_1-\mu_2$ 的 $1-\alpha$ 同等置信区间为

$$[30.91,133.85].$$

2）σ_1^2/σ_2^2 的置信区间

（1）μ_1,μ_2 已知时，

由于 $F=\dfrac{\sum\limits_{i=1}^{m}(X_i-\mu_1)^2\Big/m\sigma_1^2}{\sum\limits_{i=1}^{n}(Y_i-\mu_2)^2\Big/n\sigma_2^2}\sim F(m,n)$，故 σ_1^2/σ_2^2 的 $1-\alpha$ 置信区间为

$$\left[\frac{n\sum\limits_{i=1}^{m}(X_i-\mu_1)^2}{m\sum\limits_{i=1}^{n}(Y_i-\mu_2)^2}\frac{1}{F_{1-\alpha/2}(m,n)},\frac{n\sum\limits_{i=1}^{m}(X_i-\mu_1)^2}{m\sum\limits_{i=1}^{n}(Y_i-\mu_2)^2}\frac{1}{F_{\alpha/2}(m,n)}\right]. \tag{9.3.9}$$

（2）μ_1,μ_2 未知时，

由于 $\frac{(m-1)S_X^2}{\sigma_1^2} \sim \chi^2(m-1)$，$\frac{(n-1)S_Y^2}{\sigma_2^2} \sim \chi^2(n-1)$，且相互独立，故取枢轴量 $F = \frac{S_X^2/\sigma_1^2}{S_Y^2/\sigma_2^2} \sim F(m-1,n-1)$，故给定置信水平 $1-\alpha$，由

$$P\left(F_{\alpha/2}(m-1,n-1) \leqslant \frac{S_X^2/\sigma_1^2}{S_Y^2/\sigma_2^2} \leqslant F_{1-\alpha/2}(m-1,n-1)\right) = 1-\alpha$$

可得 σ_1^2/σ_2^2 的 $1-\alpha$ 置信区间为

$$\left[\frac{S_X^2}{S_Y^2}\frac{1}{F_{1-\alpha/2}(m-1,n-1)}, \frac{S_X^2}{S_Y^2}\frac{1}{F_{\alpha/2}(m-1,n-1)}\right]. \tag{9.3.10}$$

例 9.3.5 为了研究男女学生在生活费支出（单位：元）上的差异，在某大学随机抽取了 25 名男生和 25 名女生，得到下面的结果：

男学生：$\bar{x} = 520,\ s_x^2 = 260$；

女学生：$\bar{y} = 480,\ s_y^2 = 280$.

试以 90%的置信水平估计男女学生生活费支出方差比的置信区间.

解 根据自由度 $m = 25-1 = 24$，$n = 25-1 = 24$，可得

$$F_{0.05}(24,24) = 1.98，\ F_{0.95}(24,24) = 0.505 .$$

根据（9.3.10）可得

$$\left[\frac{260}{280}\frac{1}{1.98}, \frac{260}{280}\frac{1}{0.505}\right] = [0.47, 1.84].$$

例 9.3.6 两台机床生产同一型号的滚珠，从甲机床、乙机床生产的滚珠中分别抽取 8 个、9 个，测得这些滚珠的直径（mm）如下：

甲机床：15.0 14.8 15.2 15.4 14.9 15.1 15.2 14.8

乙机床：15.2 15.0 14.8 15.1 15.0 14.6 14.8 15.1 14.5

设两台机床生产的滚珠直径服从正态分布，

（1）求两台机床生产滚珠直径均值差 $\mu_1 - \mu_2$ 的 $1-\alpha = 0.90$ 同等置信区间.

① 已知两台机床生产的滚珠直径的标准差分别是 $\sigma_1 = 0.18$，$\sigma_2 = 0.24$；

② $\sigma_1 = \sigma_2$ 未知.

（2）求两台机床生产滚珠直径方差比 σ_1^2/σ_2^2 的 $1-\alpha = 0.90$ 同等置信区间.

① 已知两台机床生产的滚珠直径的均值分别是 $\mu_1 = 15.0$，$\mu_2 = 14.9$；

② μ_1, μ_2 未知.

解 （1）经计算

$m = 8,\ n = 9$；$\bar{x} = 15.05,\ \bar{y} = 14.9$；$s_x^2 = 0.0457,\ s_y^2 = 0.0575$；$s_w = 0.228$，$u_{0.95} = 1.645$，$t_{0.95} = 1.753$.

① 将数据代入（9.3.5）得置信区间为 $[-0.018, 0.318]$.

② 将数据代入（9.3.6）得置信区间为 $[-0.044, 0.344]$.

（2）经计算

$$\sum_{i=1}^{8}(x_i-\mu_1)^2=0.34,\ \sum_{i=1}^{9}(y_i-\mu_2)^2=0.46\ ,$$

$$F_{0.05}(8,9)=0.295,\ F_{0.95}(8,9)=3.23\ ;\ \ F_{0.05}(7,8)=0.268,\ F_{0.95}(7,8)=3.50\ .$$

① 将数据代入（9.3.9）得置信区间为[0.257,2.819].

② 将数据代入（9.3.10）得置信区间为[0.227,2.966].

9.3.3 大样本总体均值的置信区间

值得注意的是，当总体不是正态分布，σ^2已知，但为大样本时，由中心极限定理可知，样本均值$\bar{X}$的抽样分布为正态分布，且其数学期望为μ，方差为$\dfrac{\sigma^2}{n}$，而样本均值经过标准化后的随机变量服从正态分布，即

$$U=\frac{\bar{X}-\mu}{\sigma/\sqrt{n}}\sim N(0,1)\ ,$$

这时，总体均值置信区间仍为（9.3.1）.

如果总体方差σ^2未知，则在大样本条件下，（9.3.1）式中的总体方差σ^2可用样本方差S^2代替，这时总体均值μ在$1-\alpha$的置信区间可以写为

$$\bar{X}\mp u_{1-\alpha/2}\frac{S}{\sqrt{n}}\ . \tag{9.3.11}$$

例 9.3.7 一家保险公司收集到 36 投保人组成的随机样本，得到每个投保人的年龄（周岁）数据如下：

23 35 39 27 36 44 36 42 46 43 31 33
42 53 45 54 47 24 34 28 39 36 44 40
39 49 38 34 48 50 34 39 45 48 45 32

试建立投保人年龄 90%的置信区间.

解 已知，$n=36$，$1-\alpha=90\%$，$u_{1-\alpha/2}=1.645$. 由于总体方差未知，但为大样本，可以用样本方差来代替总体方差.

根据样本数据计算的样本均值和标准差如下：

$$\bar{x}=\frac{1}{n}\sum_{i=1}^{n}x_i=39.5\ ,\quad s=\sqrt{\frac{1}{n-1}\sum_{i=1}^{n}(x_i-\bar{x})^2}=7.77\ .$$

根据（9.3.11）式有

$$\bar{x}\mp u_{1-\alpha/2}\frac{s}{\sqrt{n}}=39.5\mp1.645\times\frac{7.77}{\sqrt{36}}=39.5\mp2.13\ ,$$

即[37.37,41.63]，则投保人年龄 90%的置信区间为[37.37,41.63].

如果两个总体不服从正态分布，但都为大样本，根据抽样分布的知识可知，

$$U=\frac{\overline{X}-\overline{Y}-(\mu_1-\mu_2)}{\sqrt{\dfrac{\sigma_1^2}{m}+\dfrac{\sigma_2^2}{n}}}\sim N(0,1).$$

当两个总体方差 σ_1^2,σ_2^2 都已知时，两个总体均值之差 $\mu_1-\mu_2$ 的 $1-\alpha$ 同等置信区间为（9.3.5）；

当两个总体方差 σ_1^2,σ_2^2 都未知时，可用两个样本方差 S_X^2,S_Y^2 来代替，这时两个总体均值之差 $\mu_1-\mu_2$ 的 $1-\alpha$ 同等置信区间为（9.3.12），即

$$\overline{X}-\overline{Y}\mp u_{1-\alpha/2}\sqrt{\frac{S_X^2}{m}+\frac{S_Y^2}{n}}.\qquad(9.3.12)$$

例 9.3.8　某地区教育委员会想估计两所中学的学生高考时的英语平均分数之差，为此在这两所中学独立抽取两个随机样本，有关数据如下：

中学 1：$m=46$，$\overline{x}=86$，$s_x=5.8$；

中学 2：$n=33$，$\overline{y}=78$，$s_y=7.2$.

试建立这两所中学高考英语平均分数之差 95%的置信区间.

解　根据（9.3.12）式得

$$\overline{x}-\overline{y}\mp u_{1-\alpha/2}\sqrt{\frac{s_x^2}{m}+\frac{s_y^2}{n}}=(86-78)\mp 1.96\times\sqrt{\frac{5.8^2}{46}+\frac{7.2^2}{33}}=8\mp 2.97,$$

即 [5.03,10.97]，则这两所中学高考英语平均分数之差 95%的置信区间为 [5.03,10.97].

注意，至于何为大样本，没有统一的标准，不同的读者可能有着不同的判别标准. 确定样本量是否够大的一般经验规则为：

区间 $p\pm 2\sqrt{p(1-p)/2}$ 中不包含 0 或 1；

或者要求 $np\geqslant 5$ 和 $n(1-p)\geqslant 5$；

或者 $n\geqslant 30$.

9.4　总体比例的置信区间

这里只讨论大样本情况下总体比例 π 的估计问题. 当样本量足够大，比例 p 的抽样分布可用正态分布近似.

1）单个总体比例的区间估计

由于 p 的数学期望为 $E(p)=\pi$，方差为 $\sigma_p^2=\dfrac{\pi(1-\pi)}{n}$，故样本比例标准化后的随机变量服从标准正态分布，即

$$U=\frac{p-\pi}{\sqrt{\dfrac{\pi(1-\pi)}{n}}}\sim N(0,1).$$

与总体均值的区间估计类似，可得总体比例 π 在 $1-\alpha$ 置信水平下的置信区间为

$$\left[p-u_{1-\alpha/2}\sqrt{\frac{\pi(1-\pi)}{n}},\ p+u_{1-\alpha/2}\sqrt{\frac{\pi(1-\pi)}{n}}\right]. \tag{9.4.1}$$

用（9.4.1）式区间总体比例 π 的置信区间时，π 应该已知，但实际问题中 π 恰好是要估计的，所以用样本比例 p 代替 π，这时（9.4.1）式变为

$$\left[p-u_{1-\alpha/2}\sqrt{\frac{p(1-p)}{n}},\ p+u_{1-\alpha/2}\sqrt{\frac{p(1-p)}{n}}\right], \tag{9.4.2}$$

其中 α 为显著性水平，$u_{1-\alpha/2}$ 是标准正态分布的 $1-\alpha/2$ 分位数，$u_{1-\alpha/2}\sqrt{\frac{p(1-p)}{n}}$ 是估计总体比例时的估计误差.

（9.4.2）式也可简写为

$$p\mp u_{1-\alpha/2}\sqrt{\frac{p(1-p)}{n}}. \tag{9.4.3}$$

例 9.4.1 某城市想要估计下岗职工中女性所占的比例，随机抽取了 100 个下岗职工，其中 65 人为女职工. 试以 95%的置信水平估计该城市下岗职工中女性比例的置信区间.

解 已知 $n=100$，$u_{1-\alpha/2}=1.96$，样本比例 $p=\frac{65}{100}=0.65$，由（9.4.3）式得

$$p\mp u_{1-\alpha/2}\sqrt{\frac{p(1-p)}{n}}=65\%\mp1.96\times\sqrt{\frac{0.65\times(1-0.65)}{100}}=65\%\mp9.35\%=(55.65\%,74.35\%),$$

所以该城市下岗职工中女性比例 95%的置信区间为 $(55.65\%,74.35\%)$.

2）两个总体比例之差的区间估计

根据抽样分布的知识，从两个二项总体中抽出两个独立的样本，则两个样本比率之差的抽样分布服从正态分布. 同样，将两个样本的比例之差标准化后，则服从标准正态分布，即

$$U=\frac{(p_1-p_2)-(\pi_1-\pi_2)}{\sqrt{\frac{\pi_1(1-\pi_1)}{n_1}+\frac{\pi_2(1-\pi_2)}{n_2}}}\sim N(0,1).$$

由于两个总体比例 π_1,π_2 通常是未知的，可用样本比例 p_1,p_2 代替. 因此，根据正态分布建立的两个总体比例之差 $\pi_1-\pi_2$ 在 $1-\alpha$ 置信水平下的置信区间为

$$p_1-p_2\mp u_{1-\alpha/2}\sqrt{\frac{p_1(1-p_1)}{n_1}+\frac{p_2(1-p_2)}{n_2}}. \tag{9.4.4}$$

例 9.4.2 在某个电视节目的收视率调查中，在农村随机调查了 400 人，有 32%的人收看了该节目；在城市随机调查了 500 人，有 45%的人收看了该节目. 试以 95%的置信水平估计城市与农村收视率差别的置信区间.

解 设城市收视率为 $p_1 = 0.45$，农村收视率为 $p_2 = 0.32$．当 $\alpha = 0.05$ 时，$u_{0.975} = 1.96$，因此置信区间为

$$p_1 - p_2 \mp u_{1-\alpha/2}\sqrt{\frac{p_1(1-p_1)}{n_1} + \frac{p_2(1-p_2)}{n_2}}$$

$$= (0.45 - 0.35) \mp 1.96\sqrt{\frac{0.45(1-0.45)}{500} + \frac{0.32(1-0.32)}{400}} = 13\% \mp 6.32\% .$$

所以城市与农村收视率差别的置信区间为 $[6.68\%, 19.32\%]$．

9.5 单侧置信区间

单侧置信区间的构造原理同双侧置信区间一样，只需将双侧置信区间的上下限中的 $\alpha/2$ 改为 α，就得到相应的单侧置信上下限了．

对于正态总体 X，若均值 μ，方差 σ^2 均为未知，设 $X_1,\cdots,X_n$ 是一个样本，由 $G = \dfrac{\sqrt{n}(\bar{X} - \mu)}{S} \sim t(n-1)$ 有

$$P\left(\frac{\sqrt{n}(\bar{X} - \mu)}{S} \leqslant t_{1-\alpha}(n-1)\right) = 1-\alpha，\ P\left(\mu \geqslant \bar{X} - \frac{S}{\sqrt{n}} t_{1-\alpha}(n-1)\right) = 1-\alpha，$$

于是得到 μ 的置信水平为 $1-\alpha$ 的单侧置信区间为

$$\left[\bar{X} - \frac{S}{\sqrt{n}} t_{1-\alpha}(n-1), +\infty\right). \tag{9.5.1}$$

又由 $\dfrac{(n-1)S^2}{\sigma^2} \sim \chi^2(n-1)$ 可得

$$P\left(\frac{(n-1)S^2}{\sigma^2} \geqslant \chi^2_{1-\alpha}(n-1)\right) = 1-\alpha，$$

于是得到 σ^2 的置信水平为 $1-\alpha$ 的单侧置信区间为

$$\left(0, \frac{(n-1)S^2}{\chi^2_{1-\alpha}(n-1)}\right]. \tag{9.5.2}$$

例 9.5.1 从一批电灯中随机地取 5 只作寿命试验，测得寿命（单位：h）为

1050 1100 1120 1250 1280

设电灯寿命服从正态分布，求电灯寿命平均值的置信水平为 0.95 的单侧置信下限．

解 $1-\alpha = 0.95$，$n = 5$，$t_{1-\alpha}(n-1) = t_{0.95}(4) = 2.1318$，$\bar{x} = 1160$，$s^2 = 9950$，由（9.5.1）式求得单侧置信下限为

$$\hat{\mu}_L = \bar{x} - \frac{s}{\sqrt{n}} t_{1-\alpha}(n-1) = 1065 .$$

9.6　样本量的确定

在进行参数估计之前，首先应该确定一个适当的样本量，就是抽取一个多大的样本来估计总体参数. 人们总是希望提高估计的可靠度，但在一定的样本量下，要提高可靠度，就会扩大置信区间，而过宽的置信区间对实际估计没有任何意义. 比如，我们说某大学毕业生第一年工资在 4～4.1 万，置信区间并不宽，但可靠度不高；如果说某大学毕业生第一年工资在 0～20 万，尽管很可靠，但置信区间太宽了. 要想缩小置信区间，又不降低可靠度，只能增加样本量，但是样本量的增加会受到很多限制，比如调查费用和工作量等. 因此，如何确定一个适当的样本量是抽样估计中需要考虑的问题. 通常，样本量的确定和可以容忍的置信区间的宽度以及对此区间设置的置信水平具有一定的关系.

1）估计总体均值时样本量的确定

前面已经讲过，当正态总体的方差已知时，总体均值的置信区间由样本均值 $\bar{X}$ 和估计误差 $u_{1-\alpha/2}\dfrac{\sigma}{\sqrt{n}}$ 两部分组成. 一旦确定了置信水平 $1-\alpha$，$u_{1-\alpha/2}$ 就确定了，进而可确定任一希望的估计误差所需的样本量. 令 E 代表所希望达到的估计误差，即 $E=u_{1-\alpha/2}\dfrac{\sigma}{\sqrt{n}}$，则

$$n=\frac{(u_{1-\alpha/2})^2\sigma^2}{E^2}. \tag{9.6.1}$$

如果能求出 σ 的具体值，就可用上面的公式计算所需的样本量. 但在实际问题中，如果 σ 的值未知，则可用类似的样本标准差代替，也可用试验调查的方法，选择一个初始样本，以该样本的样本标准差作为 σ 的估计.

需要说明的是：由（9.3.1）式计算出的样本量不一定是整数，通常将样本量取成较大的整数，即小数点后面的数值一律进位成整数，如 90.1 也取为 91，这就是样本量的**取整法则**.

例 9.6.1　拥有统计学学士学位的大学毕业生年薪的标准差大约为 2000 元，假定要估计年薪 95%的置信区间，希望估计误差为 400 元，应抽取多大的样本量？

解　已知 $\sigma=2000$，$E=400$，$u_{1-\alpha/2}=1.96$，故

$$n=\frac{(u_{1-\alpha/2})^2\sigma^2}{E^2}=\frac{1.96^2\times 2000^2}{400^2}=96.04\approx 97,$$

即应抽取 97 人作为样本.

2）估计总体比例时样本量的确定

与估计总体均值时样本量的确定方法类似，在重复抽样或无限总体抽样条件下，估计总体比率置信区间的估计误差为 $u_{1-\alpha/2}\sqrt{\dfrac{\pi(1-\pi)}{n}}$. 一旦确定了 $1-\alpha$，$u_{1-\alpha/2}$ 就确定了. 对于给定的总体标准差 σ，就可以确定任一希望的估计误差所需要的样本量. 令 E 代表所希望达到的估计误差，即 $E=u_{1-\alpha/2}\sqrt{\dfrac{\pi(1-\pi)}{n}}$，则

$$n=\frac{(u_{1-\alpha/2})^2\pi(1-\pi)}{E^2},\tag{9.6.2}$$

其中估计误差 E 必须使用者事先确定，大多数情况下，一般取 $E<0.1$. $u_{1-\alpha/2}$ 可由置信水平确定. 如果能求出 π 的具体值，则可由（9.3.2）式计算所需的样本量. 在实际应用中，如果 π 未知，常用样本比例 p 代替. 当 π 的值无法知道，通常取 $\pi(1-\pi)$ 最大时的 0.5.

例 9.6.2　根据以往统计，某种产品的合格率约为 90%，现要求估计误差为 5%，在 95% 的置信区间下，应抽取多少个产品作为样本？

解　已知 $\pi=0.9$，$E=0.05$，$u_{1-\alpha/2}=1.96$，所以

$$n=\frac{(u_{1-\alpha/2})^2\pi(1-\pi)}{E^2}=\frac{1.96^2\times0.9\times(1-0.9)}{0.05^2}=138.3\approx139,$$

即应抽取 139 个产品作为样本.

习题 9

1. 设总体 $X\sim\begin{pmatrix}-1 & 0 & 2\\ 2\theta & \theta & 1-3\theta\end{pmatrix}$，其中 $0<\theta<\frac{1}{3}$ 为待估参数，求 θ 的矩估计.

2.（2006 数 1，3）设总体的概率密度为 $f(x,\theta)=\begin{cases}\theta, & 0<x<1\\ 1-\theta, & 1\leqslant x<2\\ 0, & \text{其他}\end{cases}$，其中 θ 为未知参数 $(0<\theta<1)$，$X_1,\cdots,X_n$ 为来自总体 X 的简单随机样本，记 N 为样本值 $x_1,x_2,\cdots,x_n$ 中小于 1 的个数，求：

（1）θ 的矩估计；

（2）θ 的最大似然估计.

3.（2007 数 1，3）设总体 X 概率密度为 $f(x,\theta)=\begin{cases}\dfrac{1}{2\theta}, & 0<x<\theta\\ \dfrac{1}{2(1-\theta)}, & \theta\leqslant x<1\\ 0, & \text{其他}\end{cases}$，其中参数 θ $(0<\theta<1)$，$X_1,\cdots,X_n$ 为来自总体 X 的简单随机样本，$\bar{X}$ 为样本均值.

（1）求参数 θ 的矩估计量；

（2）判断 $4\bar{X}^2$ 是否为 θ^2 的无偏估计量，并说明理由.

4.（2003 数 1）设总体 X 的概率密度为 $f(x,\theta)=\begin{cases}2\mathrm{e}^{-2(x-\theta)}, & x>\theta\\ 0, & x\leqslant\theta\end{cases}$，其中 $\theta>0$ 是未知参数. 从总体 X 中抽取简单随机样本 $X_1,\cdots,X_n$，记 $\hat{\theta}=\min(X_1,\cdots,X_n)$.

（1）求总体 X 的分布函数 $F(x)$；

（2）求统计量 $\hat{\theta}$ 的分布函数 $F_{\hat{\theta}}(x)$；

（3）如果用$\hat{\theta}$作为θ的估计量，讨论它是否具有无偏性.

5. 设总体$X \sim N(\mu,1)$，X_1, X_2是从总体X中抽取的一个样本，验证下面三个估计量：

$$\hat{\mu}_1=\frac{2}{3}X_1+\frac{1}{3}X_2，\ \hat{\mu}_2=\frac{1}{4}X_1+\frac{3}{4}X_2，\ \hat{\mu}_3=\frac{1}{2}X_1+\frac{1}{2}X_2$$

都是μ的无偏估计，并求出每个估计量的方差，问哪个方差更小？

6. 无偏估计量一定比有偏估计量好么？为什么？

7. 用某仪器间接测量温度，重复测量5次，得（单位：度）

1250 1256 1245 1260 1275

假定重复测得所得温度$X \sim N(\mu,\sigma^2)$，求总体温度真值μ的0.95置信区间.

（1）根据以往长期经验，已知测量标准方差$\sigma=11$；

（2）σ未知时.

8. 从一批钢索中抽样10根，测得其折断力X的观测值为：

578 572 570 568 572 570 570 596 584 572

（1）若$X \sim N(580,\sigma^2)$，求σ^2, σ的置信概率为0.95的置信区间；

（2）若$X \sim N(\mu,\sigma^2)$，求σ^2, σ的置信概率为0.95的置信区间.

9. 假定到某地旅游的一个游客的消费额$X \sim N(\mu,\sigma^2)$，且$\sigma=500$（元），现要对该地区每一个游客的平均消费额μ进行估计，为了能以不小于0.95的置信概率，确信这估计的绝对误差小于50元，问至少需要随机调查多少个游客？

10　假设检验

参数估计能够解决未知参数的估计问题，但在实际问题中还有很多仅用参数估计是不能解决的统计问题，这就需要引入统计推断的另一个重要问题——假设检验问题. 假设检验在许多领域中都有应用，它与参数估计类似，但角度不同. 参数估计是利用样本信息推断未知的总体参数，而假设检验则是先提出一个假设值，然后利用样本信息判断这一假设是否成立，如果对总体参数提出假设，就是分布参数的假设检验.

本章主要讨论分布参数的假设检验、分布拟合优度检验和关联性检验.

10.1　假设检验的基本问题

假设检验问题是统计推断的另一类重要问题. 如何利用样本对一个具体的假设进行检验?其基本原理就是人们在实际问题中经常采用的实际推断原理:“小概率事件在一次试验中几乎是不可能发生的，如果发生了，矛盾，否定原假设”.

10.1.1　假设检验的基本思想与概念

在现实生活中，人们经常需要对某个“假设”作出判断，确定它是真的还是假的. 比如，张三自称学习成绩很好，我们需要检验这个结论是否正确；某制药厂声称感冒新药的治愈率达 90%，药监局需要检验这个结论是否正确等. 在研究领域，研究者在检验一种新理论时，需要提出一种自己认为正确的看法，即假设. 一个假设的提出总是以一定的理论为基础，但这些理由通常又不是充分的，因而产生了“检验”的需求，也就是要进行判断. 比如，在新药研发中，研究人员需要判断新药是否比原有药物更有效.

下面结合实例来说明假设检验的基本思想.

例 10.1.1　某车间用一台包装机包装葡萄糖，包得的袋装糖重是一个随机变量，它服从正态分布. 当机器正常时，其均值为 0.5 kg，标准差为 0.015 kg. 某日开工后为检验包装机是否正常，随机抽取它所包装的糖 9 袋，称得净重为（kg）:

0.497 0.506 0.518 0.524 0.498 0.511 0.520 0.515 0.512

问机器是否正常工作?

分析　分别用 μ 和 σ 表示这一天袋装糖重总体 X 的均值和标准差，由长期实践可知标准差较稳定，故 $X \sim N(\mu, 0.015^2)$，其中 μ 未知. 根据样本判断 μ 是否等于 0.5，首先提出两个对立假设 $H_0: \mu = \mu_0 = 0.5$ 和 $H_1: \mu \neq \mu_0 = 0.5$.

由于要检验的是总体均值，故可借助于样本均值来判断. 因为 $\overline{X}$ 是 μ 的一个优良估计量且 $U = \dfrac{\overline{X} - \mu_0}{\sigma / \sqrt{n}} \sim N(0,1)$，所以若 H_0 为真，则 $|\overline{X} - \mu_0|$ 不应太大，可选定一个适当正数 c，一般

选 $c=u_{1-\alpha/2}$，其中 $0<\alpha<1$. 当观测值满足 $\left|\dfrac{\overline{X}-\mu_0}{\sigma/\sqrt{n}}\right| \geqslant c$ 时，拒绝假设 H_0，即认为机器工作正常；反之不能拒绝 H_0，也可简称为接受 H_1.

假设检验过程如下：

若取定 $\alpha=0.05$，则 $c=u_{1-\alpha/2}=u_{0.975}=1.96$.

又已知 $n=9,\ \sigma=0.015$，由样本算得 $\overline{x}=0.511$，即有 $\left|\dfrac{\overline{x}-\mu_0}{\sigma/\sqrt{n}}\right|=2.2>1.96$，于是拒绝假设 H_0，认为包装机工作不正常.

在假设检验中，常把一个被检验的假设称为**原假设**，用 H_0 表示. 通常将不应轻易加以否定的假设作为原假设. 当 H_0 被否定时而接受的假设称为**备择假设**，用 H_1 表示. 确定原假设和备择假设在假设检验中十分重要，它直接关系到检验的结论，下面给出几点假设的认识.

（1）原假设与备择假设是一个完备事件组，而且相互对立.

（2）在建立假设时，通常先确定备择假设，然后确定原假设，这是因为备择假设是人们所关心的，是想予以支持或证实的，因而比较清楚，容易确定. 由于原假设与备择假设是对立的，只要确定了备择假设，也就确定了原假设.

（3）在假设检验中，等号"="总是放在原假设上. 将等号放在原假设上是因为研究者想涵盖备择假设 H_1 不出现的所有情况.

（4）尽管根据定义通常能确定两个假设的内容，但它们的本质都带有一定的主观性，因为研究者想要证实和反对的结论最终取决于研究者本人的意志. 所以，在面对同一问题时，由于研究者的研究目的不同，甚至可能提出截然相反的原假设和备择假设.

（5）假设检验的目的主要是搜集证据拒绝原假设. 这与法庭上对被告定罪类似：我们关心的、想证实的是被告有罪，因此被告有罪作为备择假设，被告无罪作为原假设，这也符合"通常将不应轻易加以否定的假设作为原假设". 因为人一般都是无罪的，而有罪的惩罚很严厉，甚至是不可挽回的 ——死刑.

由样本对原假设进行判断总是通过一个统计量完成的，该统计量称为**检验统计量**. 当检验统计量取某个区域 W 中的值时，我们拒绝原假设 H_0，则称区域 W 为**拒绝域**，拒绝域的边界点称为**临界点**.

通常我们将注意力集中在拒绝域上，正如数学上我们不能用一个例子去证明一个结论一样，我们也不能用一个样本来证明假设是正确的，但可以用一个例子去推翻一个命题，因此从逻辑上看，注重拒绝域是适当的. 事实上，在拒绝原假设和接受原假设之间存在一个模糊域，因此 $\overline{W}$ 称为**保留域**更恰当. 为了简单起见，我们习惯上称 $\overline{W}$ 为接受域.

假设检验的依据是小概率事件在一次试验中很难发生，但很难发生不等于不发生，因而假设检验作出的结论有可能是错误的，错误有两类：

（1）当原假设 H_0 为真，观测值却落入拒绝域，而作出了拒绝 H_0 的判断，称为**第一类错误**，又叫**弃真错误**、**α 错误**. 犯第一类错误的概率记为 α，即

$$\alpha=P(\text{拒绝}H_0\mid H_0\text{为真}),$$

也称为显著性水平，它是人们事先指定犯第一类错误概率的最大允许值.

在确定了显著性水平 α 后，就可根据 α 值的大小确定拒绝域的边界，从而确定拒绝域的

大小.

（2）当原假设 H_0 不真，而观测值没有落入拒绝域，作出了没有拒绝 H_0 的判断，称为**第二类错误**，又叫**存伪错误**. 犯第二类错误的概率记为 β，即

$$\beta = P(\text{没有拒绝}H_0 \mid H_1\text{为真}).$$

自然，人们都希望犯这两类错误的概率越小越好，但当样本容量 n 一定时，若减少犯第一类错误的概率，则犯第二类错误的概率往往会增大；若减少犯第二类错误的概率，则犯第一类错误的概率往往会增大. 这就像在区间估计中，你要想增大估计的可靠性，就会使区间变宽而降低精度；你要想提高精度，就要求估计区间变得很窄，而这样估计的可靠性就会打折扣. 若要使犯两类错误的概率都减小，除非增加样本容量. 只对犯第一类错误的概率加以控制，而不考虑犯第二类错误的概率的检验，称为**显著性检验**. 但是，样本容量不可能没有限制，否则就失去抽样调查的意义了，因此在假设中，就有一个对两类错误进行控制的问题.

一般来说，哪类错误带来的后果越严重，危害越大，在假设检验中就应当把那一类错误作为首要的控制目标. 例如，对于食品和药品检测，存伪错误会给人们带来重大损失，甚至生命的代价，因此应严控存伪错误；但对于衣服检测，存伪错误基本没有什么损失，但弃真错误会造成资源的浪费，因此应严控弃真错误. 但在假设检验中，大家都在执行一个原则，即首先控制 α 错误原则. 原因主要有两点：一方面，大家都在执行一个统一的原则，讨论问题比较方便，但这还不是主要的；最主要的原因是，从实用的观点看，原假设是什么往往很明确，而备择假设是什么往往比较模糊. 显然，对于一个含义明确的假设和一个含义模糊的假设，我们更愿意接受前者.

确定了显著性水平 α 就等于控制了第一类错误的概率，但犯第二类错误的概率 β 却是不确定的. 在拒绝原假设时，人们犯错误的概率不会超过给定的显著性水平 α. 但当样本观测显示没有充分理由拒绝原假设，便难以确切知道犯第二类错误的概率. 因此，在假设检验中，采用“不拒绝 H_0”，而不采用“接受 H_0”，这种说法实质上并未给出明确结论，在多数场合，避免了第二类错误发生的风险，因为“接受 H_0”所得结论的可靠性将由第二类错误的概率 β 来测定，而 β 的控制又相对复杂.

10.1.2 假设检验的一般步骤

下面我们叙述假设检验的基本步骤.

（1）由实际问题提出原假设 H_0（与备择假设 H_1），通常将不应轻易加以否定的假设作为原假设，为了简单起见，可省略 H_1.

（2）构造检验统计量，与构造枢轴量的方法一致.

（3）根据问题要求确定显著性水平 α，进而得到拒绝域，即构造小概率事件.

（4）由样本观测值计算统计量的观测值，看是否属于拒绝域，即判断小概率事件在一次试验中是否发生，从而对 H_0 作出判断，若小概率事件发生，则否定 H_0，反之则否.

假设检验运用了两个思想：

（1）**反证法思想**：先假定这个“假设”成立，然后运用已知理论推导，如果推出一个不合理现象，则表明原来的“假设”不正确，即否定原假设；如果由此没有导出不合理现象，则不能拒绝原假设，也可以说，接受原假设.

（2）**小概率原理**　小概率事件在一次试验中几乎是不可能发生的，这就区别于纯数学中的反证法，前面说的不合理现象，并不是逻辑中绝的对矛盾，而是基于人们在实践中广泛应用的小概率原理.

例 10.1.2　某切割机在正常工作时，切割每段金属棒的平均长度为 10.5cm，标准差是 0.15cm，现从一批产品中随机抽取 15 段进行测量，其结果如下：

10.4 10.6 10.1 10.4 10.5 10.3 10.3 10.2 10.9 10.6 10.8 10.5 10.7 10.2 10.7

假定切割长度服从正态分布，且标准差没有变化，试问该机工作是否正常?

解　这是一个假设检验问题，总体 $X \sim N(\mu,\sigma^2)$，$\sigma = 0.15$.

（1）原假设和备择假设分别为：$H_0: \mu = 10.5;\ H_1: \mu \neq 10.5$.

（2）构造小概率事件.

因为 $n = 15$，$\bar{x} = 10.48$，取 $\alpha = 0.05$，则 $\left|\dfrac{\bar{x}-\mu_0}{\sigma/\sqrt{n}}\right| \geqslant u_{1-\alpha/2}$.

（3）判断小概率事件是否发生.

由于

$$\left|\frac{\bar{x}-\mu_0}{\sigma/\sqrt{n}}\right| = \left|\frac{10.48-10.5}{0.15/\sqrt{15}}\right| = 0.516 < u_{0.975} = 1.96,$$

即小概率事件没发生，所以接受 H_0，认为该机工作正常.

从假设检验的原理看，不拒绝原假设意味着我们所构造的小概率事件没有发生，但可能还有其他与原假设矛盾的小概率事件，我们无法证实这些小概率事件不会发生. 因此，我们把假设检验中“接受 H_0”应理解为“在显著水平 α 下没有发现充分证据反对 H_0”，这只是习惯叫法，而不是“接受原假设 H_0”，因为我们无法证明原假设是真的. 这与法庭上对被告定罪一样，这时总是先假定被告无罪（原假设），然后看证据是否能判定被告有罪（备择假设）. 如果证据不充分，我们不能说被告一定清白，只是说目前证据还无法认定被告有罪. 而如果证据充分，我们则可以得到被告有罪的定论. 注意，在无罪推定中，如果不能证明被告有罪，则认为被告无罪，释放，这是文明社会的通用做法，即宁可放掉一千个罪犯，也决不冤枉一个好人. 在有罪推定中，如果不能证明被告无罪，则认为被告有罪，即宁可冤枉一千个好人，也不放过一个罪犯. 由于被告往往是原告主观意志的产物，容易导致诬陷，故我们应坚持无罪推定，谁主张谁举证.

10.1.3　检验的 p 值

假设检验的结论通常很简单，在给定的显著水平下，不是拒绝原假设，就是保留原假设. 然而会出现这样的情况，在一个较大的显著水平（比如 $\alpha = 0.05$）下得到拒绝原假设，而在一个较小的显著水平（比如 $\alpha = 0.01$）却得到相反的结论. 这种情况在理论上很容易解释：因为显著水平变小后会导致检验的拒绝域变小，于是原来落在拒绝域中的观测值就可能落入保留域（通称为接受域），但这种情况会带来麻烦. 假如一个人主张显著水平 $\alpha = 0.05$，而另一个人主张 $\alpha = 0.01$，则这两个人会得到相反的结论. 以上讨论的假设检验方法称为临界值法，下面介绍 p 值检验法.

定义 10.1.1 在一个假设检验问题中，利用观测值能够做出拒绝原假设的最小显著水平称为检验的 p 值（probability value）.

可见，p 值是假设检验中犯错误的实际概率，而显著性水平 α 是人们能接受犯错误的最大概率，具有主观性. 引进检验的 p 值概念的好处有：

（1）结论客观，避免了事先确定显著水平；

（2）由检验的 p 值与人们心目中的显著水平 α 进行比较，可以很容易地做出检验结论.

用 p 值决策的准则是：

如果 $p \leqslant \alpha$，则在显著水平 α 下拒绝 H_0；

如果 $p > \alpha$，则在显著水平 α 下不拒绝 H_0.

p 值法比临界值法给出了有关拒绝域的更多信息. 基于 p 值，研究者可以使用任意希望的显著性水平来做计算. 现在的统计软件中对假设检验问题一般都会给出检验的 p 值，我们只需将 p 与 α 比较大小即可确定是否拒绝 H_0. p 值表示反对原假设 H_0 的依据的强度，p 值越小，反对 H_0 的依据越强，越充分. 特别值得注意的是，当 p 值稍微大于显著水平时，即样本落入保留域时，我们应该慎重.

一般地，若 $p \leqslant 0.01$，称**推断拒绝 H_0 的依据很强或称检验是高度显著的**；

若 $0.01 < p \leqslant 0.05$，称**推断拒绝 H_0 的依据强或称检验是显著的**；

若 $0.05 < p \leqslant 0.1$，称**推断拒绝 H_0 的依据弱或称检验是不显著的**；

若 $p > 0.1$，一般说**没有拒绝 H_0**.

在很多杂志和技术报告中，许多研究者在讲述假设检验的结果时，一般不明显地论及显著水平和临界值，而是简单地引入假设检验的 p 值，让读者利用它评价拒绝原假设依据的强度，进而做出判断.

10.2 正态总体参数假设检验

本节对正态总体参数检验分别进行讨论.

10.2.1 单个正态总体参数假设检验

1）关于 μ 的假设检验问题

设样本 $X_1,\cdots,X_n$ 来自总体 $N(\mu,\sigma^2)$，考虑如下三种关于 μ 的假设检验问题：

（i）$H_0: \mu \leqslant \mu_0 \text{ vs } H_1: \mu > \mu_0$；

（ii）$H_0: \mu \geqslant \mu_0 \text{ vs } H_1: \mu < \mu_0$；

（iii）$H_0: \mu = \mu_0 \text{ vs } H_1: \mu \neq \mu_0$.

一般而言，这三种假设所采用的检验统计量相同，差别在于拒绝域上：（i）、（ii）为单侧检验；（iii）为双侧检验. 其中（i）也称为右侧检验；（ii）也称为左侧检验. 识别单侧与双侧检验有益于以后构造拒绝域.

（1）σ 已知时的 u 检验.

构造检验统计量与构造枢轴量的方法一样，故检验统计量 $U = \dfrac{\overline{X} - \mu_0}{\sigma/\sqrt{n}} \sim N(0,1)$.

① 对于单侧检验（i），直觉告诉我们，当样本均值 $\overline{X}$ 不超过 μ_0 时应接受原假设，且 $\overline{X}$ 越小越应该接受原假设；当样本均值 $\overline{X}$ 超过 μ_0 时，应拒绝原假设. 可是由于随机性的存在，如果 $\overline{X}$ 比 μ_0 大一点就拒绝原假设似乎不恰当，只有当 $\overline{X}$ 超过 μ_0 一定程度时拒绝原假设才是恰当的.

由于 $P\left(u_{1-\alpha} \leqslant \dfrac{\overline{X}-\mu_0}{\sigma/\sqrt{n}}\right)=\alpha$，故 $u_{1-\alpha} \leqslant \dfrac{\overline{X}-\mu_0}{\sigma/\sqrt{n}}$ 成立时，拒绝原假设，因此拒绝域

$$W=\left\{(X_1,\cdots,X_n): u_{1-\alpha} \leqslant \frac{\overline{X}-\mu_0}{\sigma/\sqrt{n}}\right\},$$

即 $W=\{u_{1-\alpha} \leqslant U\}$.

② 对于单侧检验（ii），直觉告诉我们，当样本均值 $\overline{X}$ 小于 μ_0 时，应拒绝原假设，可是由于随机性的存在，只有当 $\overline{X}$ 小于 μ_0 一定程度时拒绝原假设才是恰当的. 由于 $P\left(\dfrac{\overline{X}-\mu_0}{\sigma/\sqrt{n}} \leqslant u_\alpha\right)=\alpha$，故 $\dfrac{\overline{X}-\mu_0}{\sigma/\sqrt{n}} \leqslant u_\alpha$ 成立时，拒绝原假设，由于 $u_\alpha=-u_{1-\alpha}$，因此拒绝域

$$W=\{U \leqslant -u_{1-\alpha}\}.$$

③ 对于双侧检验（iii），由于 $P\left(\left|\dfrac{\overline{X}-\mu}{\sigma/\sqrt{n}}\right| \geqslant u_{1-\alpha/2}\right)=\alpha$，因此

$$W=\{|U| \geqslant u_{1-\alpha/2}\}.$$

注意，在单侧检验中，统计量是以原假设最不利的情况计算的. 例如，当检验 $H_0: \mu \leqslant \mu_0$，$\mu=\mu_0$ 是 μ 可能出现的最大值.

例 10.2.1 某厂生产的合金强度服从正态分布 $N(\theta,4^2)$，其中 θ 的设计值为不低于 110（Pa）. 为了保证质量，该厂每天对生产情况进行例行检查，以判断生产是否正常进行. 某天从生产中随机抽取 25 块合金，测得强度值为 $x_1,\cdots,x_{25}$，其均值为 $\bar{x}=108$（Pa），若取 $\alpha=0.05$，问当日生产是否正常？

解 提出原假设 $H_0: \theta \geqslant 110$，由于 $P\left(\dfrac{\overline{X}-110}{4/\sqrt{25}} \leqslant -1.645\right)=0.05$，则

$$\bar{x}=108 \leqslant 110-1.645 \times 0.8=108.684,$$

即小概率事件发生了，矛盾，所以拒绝原假设，即认为该日生产不正常.

例 10.2.2 某砖厂生产的砖其抗拉强度 X 服从正态分布 $N(\mu,1.21)$，现从该厂产品中随机抽取 6 块，测得抗拉强度如下：

32.56 29.66 31.64 30.00 31.87 31.03

检验这批砖的平均抗拉强度为 32.50 是否成立，取显著性水平 $\alpha=0.05$.

解 提出原假设 $H_0: \mu=\mu_0=32.50$，由于

$$\left|\frac{\bar{x}-\mu_0}{\sigma/\sqrt{n}}\right|=\left|\frac{31.1267-32.50}{1.1/\sqrt{6}}\right|=3.0582>u_{1-\alpha/2}=1.96,$$

所以拒绝原假设，即这批砖的平均抗拉强度为 32.50 不成立.

(2) **σ 未知时的 t 检验.**

选用检验统计量 $t=\dfrac{\sqrt{n}(\bar{X}-\mu)}{S}\sim t(n-1)$，同 u 检验推导过程一致，可得

对于单侧检验（i），拒绝域 $W=\{t_{1-\alpha}\leqslant t\}$；

对于单侧检验（ii），拒绝域 $W=\{t\leqslant -t_{1-\alpha}\}$；

对于双侧检验（iii），拒绝域 $W=\{|t|\geqslant t_{1-\alpha/2}\}$.

例 10.2.3 一种汽车配件的平均长度要求为 12 cm，高于或低于该标准均被认为是不合格的. 汽车生产企业在购进配件时，通常是招标，然后对中标的配件提供商提供样品进行检验，以决定是否购进. 现对一个配件提供商提供的 10 个样本进行检验，结果如下：

12.2 10.8 12.0 11.8 11.9 12.4 11.3 12.2 12.0 12.3

假设该供货商生产的配件服从正态分布，在 0.05 的显著性水平下，检验该供货商提供配件是否符合要求.

解 依题意建立如下原假设和备注假设：

$$H_0:\mu=12 \text{ vs } H_1:\mu\neq 12.$$

根据样本数据计算得 $\bar{x}=11.89$，$s=0.4932$. 计算检验统计量：

$$t=\frac{\bar{x}-\mu_0}{s/\sqrt{n}}=\frac{11.89-12}{0.4932/\sqrt{10}}=-0.7053.$$

由于 $|t|=0.7053<t_{0.975}(9)=2.262$，所以不能拒绝原假设，样本提供的证据还不足以推翻原假设.

t 检验的 p 值可由 Excel 计算，步骤如下：

① 进入 Excel 界面，直接点击“f_x”（插入函数）命令.

② 在函数分类中点击“统计”，并在函数名菜单下选择“TDIST”，然后单击“确定”.

③ 在出现的对话框“X”栏中输入计算出 t 的绝对值“0.7053”. 在“Degfreedom”(自由度)栏中，输入本例自由度“9”. 在“Tails”栏中，输入“2”，表明双侧检验，如果是单侧检验输入“1”. 如图 10.2.1 所示.

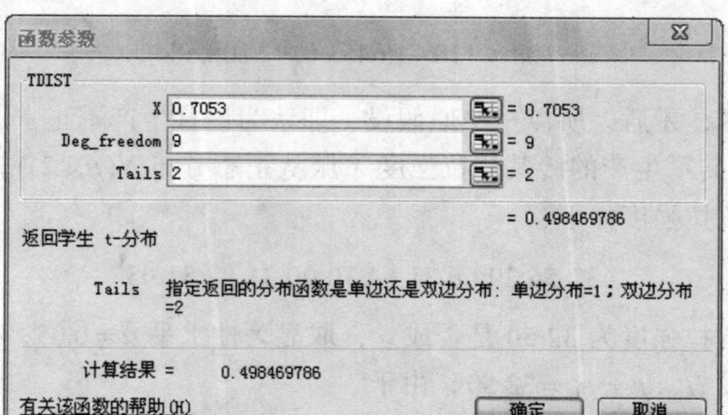

图 10.2.1 Excel 计算 t 分布的 p 值

Excel 计算的 p 值结果为 0.498469786. 由于 $p=0.498469786>0.05$，所以不能拒绝原假设.

利用 SPSS 的“单样本 T 检验”可以直接计算出 p 值，步骤如下：

① 选择“分析（Analyze）”→“比较均值（Compare Means）”→“单一样本 T 检验（One-Sample T Test）”命令. 将右边列表框内的“纤度”选项移入右边“检验变量（Test Variables）”列表框，“检验值”选项框中填入：12. 如图 10.2.2 所示.

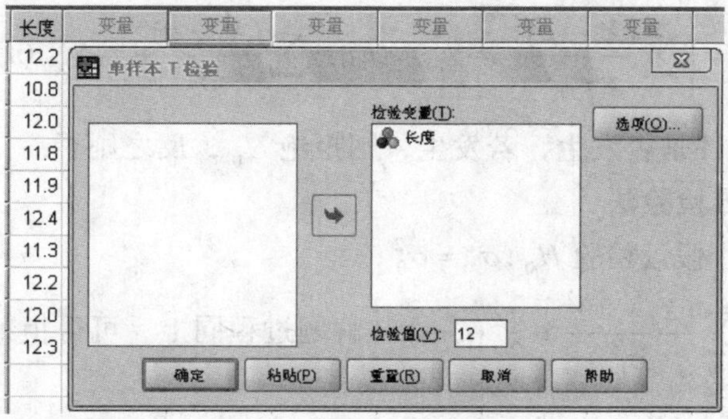

图 10.2.2 SPSS 单样本 T 检验

② 单击“确定（OK）”按钮. 输出结果见表 10.2.1 ~ 10.2.2：

表 10.2.1 单样本统计量

单个样本统计量				
	N	均值	标准差	均值的标准误
长度	10	11.890	0.4932	0.1560

表 10.2.2 单样本 T 检验

单个样本检验						
	检验值 = 12					
	t	df	Sig.(双侧)	均值差值	差分的 95% 置信区间	
					下限	上限
长度	−0.705	9	0.498	−0.1100	−0.463	0.243

由表 10.2.2 可知，Sig=0.498 > 0.05，故不拒绝原假设，也可以认为该供货商提供配件符合要求.

2）关于σ^2的假设检验问题

设 $X_1,\cdots,X_n$ 是来自总体 $N(\mu,\sigma^2)$ 的样本，考虑如下关于 σ^2 的假设检验问题：

（iv）$H_0:\sigma^2=\sigma_0^2 \text{ vs } H_1:\sigma^2\neq\sigma_0^2$.

（1）已知期望 μ，假设检验 $H_0:\sigma^2=\sigma_0^2$.

我们将解题步骤具体化为：

① 提出假设 $H_0:\sigma^2=\sigma_0^2$.

② 给出检验统计量 $\chi^2=\sum\limits_{i=1}^{n}\dfrac{(X_i-\mu)^2}{\sigma_0^2}\sim\chi^2(n)$.

③ 构造小概率事件，

$$P\left(\sum_{i=1}^{n}\frac{(X_i-\mu)^2}{\sigma_0^2}\geqslant \chi^2_{1-\alpha/2}(n),\ 或\sum_{i=1}^{n}\frac{(X_i-\mu)^2}{\sigma_0^2}\leqslant \chi^2_{\alpha/2}(n)\right)=1-\alpha .$$

即拒绝域为

$$W=\left(\sum_{i=1}^{n}\frac{(X_i-\mu)^2}{\sigma_0^2}\geqslant \chi^2_{1-\alpha/2}(n),或\sum_{i=1}^{n}\frac{(X_i-\mu)^2}{\sigma_0^2}\leqslant \chi^2_{\alpha/2}(n)\right).$$

④ 判断小概率事件是否发生，若发生，则拒绝 H_0，反之则否.

这种方法称为**卡方检验法**.

（2）**未知期望 μ，假设检验 $H_0:\sigma^2=\sigma_0^2$**.

构造检验统计量 $\sum_{i=1}^{n}\frac{(X_i-\bar{X})^2}{\sigma_0^2}\sim\chi^2(n-1)$，解题过程同上，可得拒绝域为

$$W=\left(\sum_{i=1}^{n}\frac{(X_i-\bar{X})^2}{\sigma_0^2}\geqslant \chi^2_{1-\alpha/2}(n-1),\ 或\sum_{i=1}^{n}\frac{(X_i-\bar{X})^2}{\sigma_0^2}\leqslant \chi^2_{\alpha/2}(n-1)\right).$$

例 10.2.4 某涤纶厂生产的纤维纤度（纤维的粗细程度）在正常条件下，服从正态分布 $N(1.405,0.048^2)$，某日随机地抽取 5 根纤维，测得纤度为

1.32 1.55 1.36 1.40 1.44

问这一天涤纶纤度总体 X 的均方差是否正常？（ $\alpha=0.05$ ）

解 提出假设 $H_0:\sigma^2=\sigma_0^2=0.048^2$.

① 因为

$$\sum_{i=1}^{5}\frac{(x_i-\mu)^2}{\sigma_0^2}=13.683>\chi^2_{0.975}(5)=12.833,$$

所以拒绝 H_0，即这一天涤纶纤度 X 的均方差可以认为不正常.

② 如果期望 μ 未知，因为

$$\sum_{i=1}^{5}\frac{(x_i-\bar{x})^2}{\sigma_0^2}=13.51>\chi^2_{0.975}(4)=11.143,$$

所以拒绝 H_0，即这一天涤纶纤度 X 的均方差可以认为不正常.

10.2.2 两个正态总体参数假设检验

在假设检验中，有时不仅需要检验总体的均值，而且还需要检验总体的方差. 例如，在产品质量检验中，方差反映了产品的稳定性，方差大，说明产品性能不稳定，波动大；在经济生活中，居民的平均收入说明收入达到的一般水平，而收入的方差则反映了收入分配差异的情况；在投资中，收益率的方差是评价投资风险的重要依据.

设 $X_1,\cdots,X_m$ 是来自总体 $N(\mu_1,\sigma_1^2)$ 的样本，$Y_1,\cdots,Y_n$ 是来自总体 $N(\mu_2,\sigma_2^2)$ 的样本，且两样本相互独立，记 $\bar{X},\bar{Y}$ 分别为它们的样本均值，

$$S_X^2=\frac{1}{m-1}\sum_{i=1}^{m}(X_i-\bar{X})^2,\quad S_Y^2=\frac{1}{n-1}\sum_{i=1}^{n}(Y_i-\bar{Y})^2$$

分别为它们的样本方差，下面讨论两个均值差和两个方差比的假设检验.

1）假设检验 $H_0:\mu_1-\mu_2=\mu$

（1）σ_1^2,σ_2^2 已知时，

取检验统计量 $U=\dfrac{\bar{X}-\bar{Y}-(\mu_1-\mu_2)}{\sqrt{\dfrac{\sigma_1^2}{m}+\dfrac{\sigma_2^2}{n}}}\sim N(0,1)$，可得拒绝域为

$$W=\{|U|\geqslant u_{1-\alpha/2}\}.$$

（2）$\sigma_1^2=\sigma_2^2=\sigma^2$ 未知时，

取检验统计量 $t=\dfrac{\bar{X}-\bar{Y}-(\mu_1-\mu_2)}{S_w\sqrt{\dfrac{1}{m}+\dfrac{1}{n}}}\sim t(m+n-2)$，可得拒绝域为

$$W=\{|t|\geqslant t_{1-\alpha/2}(m+n-2)\}.$$

例 10.2.5　卷烟厂甲、乙分别生产两种香烟，现分别对两种烟的尼古丁含量做 6 次测量，结果为

甲厂：25 28 23 26 29 22

乙厂：28 23 30 35 21 27

若香烟中尼古丁的含量服从正态分布且方差相等，问这两种香烟中尼古丁含量有无显著差异（$\alpha=0.05$）.

解　提出假设 $H_0:\mu_1-\mu_2=0$，

$$t=\frac{\bar{x}-\bar{y}-(\mu_1-\mu_2)}{s_w\sqrt{\dfrac{1}{m}+\dfrac{1}{n}}}=\frac{25.5000-27.3333}{\sqrt{\dfrac{37.5000+125.3333}{6+6-2}}\sqrt{\dfrac{1}{6}+\dfrac{1}{6}}}=-0.5564.$$

因为 $|t|=0.5564<t_{0.975}(10)=2.2281$，所以接受 H_0，即认为两种香烟中尼古丁含量无显著差异.

下面利用 Excel 软件进行统计分析，操作步骤如下：

（1）选择“数据分析”→“t-检验：双样本等方差假设”．在打开的对话框中，“假设平均差”输入：0，“变量 1 的区域”输入：A2:A7，“变量 2 的区域”输入：B2:B7. 如图 10.2.3 所示.

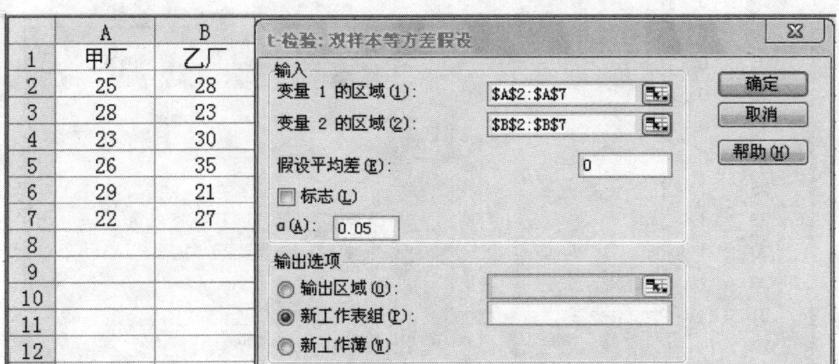

图 10.2.3　Excel 双样本等方差 t 检验

（2）单击“确定”按钮，得表 10.2.3.

表 10.2.3　双样本等方差 t-检验结果

t-检验：双样本等方差假设		
	变量 1	变量 2
平均数	25.5	27.33333333
方差	7.5	25.06666667
观测值	6	6
合并方差	16.28333333	
假设平均差	0	
df	10	
t Stat	− 0.786919678	
P(T<=t)单尾	0.224788104	
t 单尾临界	1.812461102	
P(T<=t)双尾	0.449576207	
t 双尾临界	2.228138842	

结果分析：

（1）这是双边检验，因此需将 t Stat 与 t 双尾临界的大小进行比较，由于 0.786919678<2.228138842，故以 0.05 的显著性水平接受原假设.

（2）由于双边检验的 $p = 0.449576207 > 0.05$，故接受原假设，即认为两种香烟中尼古丁含量无显著差异.

下面利用 SPSS 软件进行统计分析，操作步骤如下：

（1）选择“分析（Analyze）”→“比较均值（Compare Means）”→“独立样本 T 检验”命令. 将右边列表框内的“含量”选项移入右边“检验变量（Test Variables）”列表框，“组别”移入右边“分组变量”列表框. 如图 10.2.4 所示.

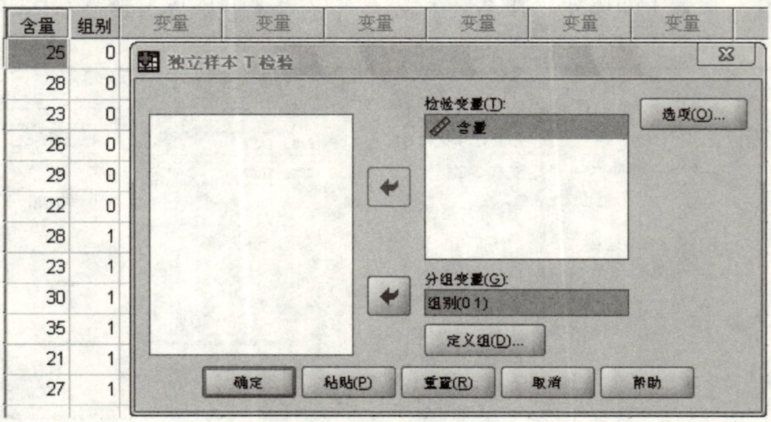

图 10.2.4　SPSS 独立样本 T 检验

（2）单击“确定”按钮，得表 10.2.4 ~ 10.2.5.

表 10.2.4 组统计量

组统计量					
	组别	N	均值	标准差	均值的标准误差
含量	0	6	25.50	2.739	1.118
	1	6	27.33	5.007	2.044

表 10.2.5 独立样本 T 检验

独立样本检验										
		方差齐性的 Levene 检验		均值差值的 t 检验						
									差分的 95% 置信区间	
		F	Sig.	t	df	Sig.（双侧）	均值差值	标准误差值	下限	上限
含量	假设方差相等	1.250	.290	－.787	10	.450	－1.833	2.330	－7.024	3.358
	假设方差不相等			－.787	7.746	.455	－1.833	2.330	－7.237	3.570

由表 10.2.5 可知，方差齐性的 Levene 检验（非参数检验）Sig.= 0.290 > 0.05，故接受原假设，认为两组样本方差相等. 由于“假设方差相等”的双侧检验 Sig.= 0.450 > 0.05，故接受原假设，认为两种香烟中尼古丁含量无显著差异.

2）两个正态总体方差比 $\sigma_1^2/\sigma_2^2=\sigma$ 的 F 检验

（1）μ_1,μ_2 已知，

由于统计量

$$F=\frac{\frac{1}{m\sigma_1^2}\sum_{i=1}^{n_1}(X_i-\mu_1)}{\frac{1}{n\sigma_2^2}\sum_{i=1}^{n_1}(Y_i-\mu_2)}\sim F(m,n),$$

给定显著性水平 α，可得拒绝域为

$$W=\{F\leqslant F_{\alpha/2}(m,n),\text{或}F\geqslant F_{1-\alpha/2}(m,n)\}.$$

（2）u_1,μ_2 未知，

由于 $\frac{(m-1)S_X^2}{\sigma_1^2}\sim\chi^2(m-1)$，$\frac{(n-1)S_Y^2}{\sigma_2^2}\sim\chi^2(n-1)$ 且相互独立，故取检验统计量

$$F=\frac{S_X^2/\sigma_1^2}{S_Y^2/\sigma_2^2}\sim F(m-1,n-1),$$

给定显著性水平 α，可得拒绝域为

$$W=\{F\leqslant F_{\alpha/2}(m-1,n-1),\text{或}F\geqslant F_{1-\alpha/2}(m-1,n-1)\}.$$

例 10.2.6　在例 10.2.5 中，我们假设了两种烟的尼古丁含量的方差相等（方差相等称为**方差齐性**）．现在利用原始数据在显著性水平 $\alpha=0.05$ 下检验这种“假定”是否符合理：

（1）已知 $\mu_1=25,\mu_2=27$；

（2）μ_1,μ_2 未知．

解　提出假设 $H_0:\dfrac{\sigma_1^2}{\sigma_2^2}=1$，即 $\sigma_1^2=\sigma_2^2$．

（1）构造统计量：

$$F=\frac{\dfrac{1}{m}\sum_{i=1}^{n_1}(X_i-\mu_1)}{\dfrac{1}{n}\sum_{i=1}^{n_1}(Y_i-\mu_2)}\sim F(m,n).$$

将原始数据代入可得 $F=0.3095$．由于

$$F_{0.025}(6,6)=0.1718<F=0.3095<F_{0.975}(6,6)=5.8198,$$

所以不拒绝 H_0，也可认为接受 H_0，即认为方差相等是合理的．

（2）构造统计量：

$$F=\frac{S_X^2}{S_Y^2}\sim F(m-1,n-1).$$

将原始数据代入可得 $F=0.2992$．由于

$$F_{0.025}(6,6)=0.1399<F=0.2992<F_{0.975}(6,6)=7.1464,$$

所以不拒绝 H_0，也可认为接受 H_0，即认为方差相等是合理的．

下面利用 Excel 软件进行统计分析，操作步骤如下：

（1）选择“数据分析”→“F-检验 双样本方差分析”．在打开的对话框中，“变量 1 的区域”输入：A2:A7，“变量 2 的区域”输入：B2:B7；“α”输入：0.05．如图 10.2.5 所示．

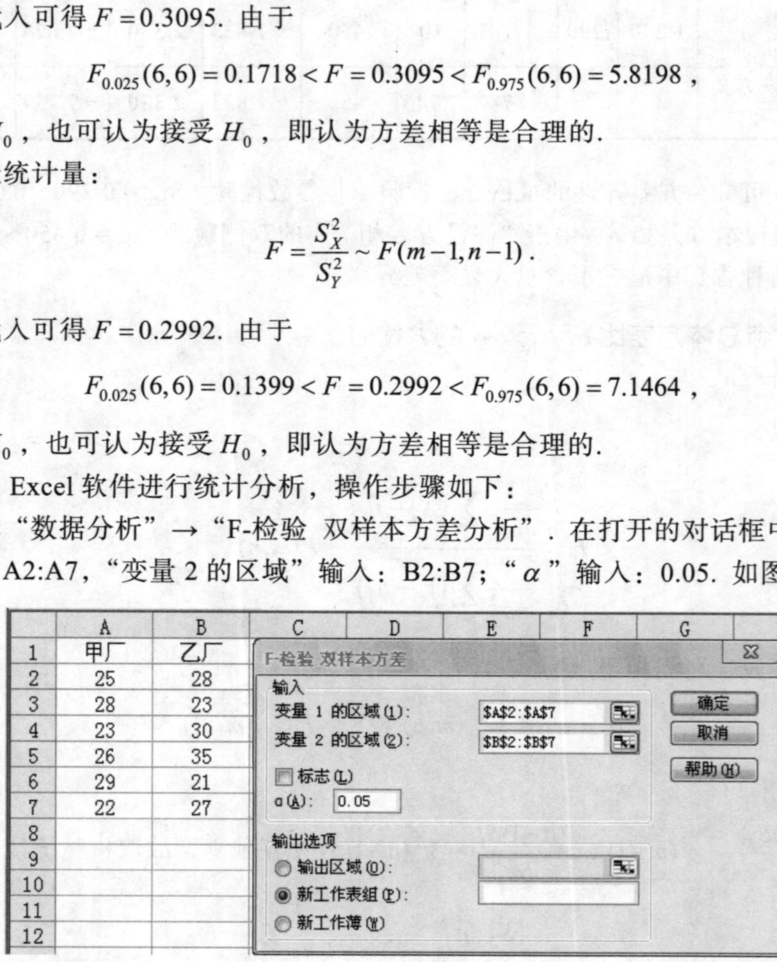

图 10.2.5　Excel F 检验：双样本方差

（2）单击“确定”按钮，得表 10.2.6.

表 10.2.6 F-检验 双样本方差分析

F-检验 双样本方差分析		
	变量 1	变量 2
平均	25.5	27.33333333
方差	7.5	25.06666667
观测值	6	6
df	5	5
F	0.299202128	
P(F<=f) 单尾	0.105729766	
F 单尾临界	0.1980069	

结果分析：

（1）这是单侧检验，原假设 $H_0:\sigma_1^2 \leqslant \sigma_2^2$，因此需将“F”与“F 单尾临界”的大小进行比较，由于 0.299202128 > 0.1980069，故接受原假设.

（2）由于单侧检验的 $p = 0.105729766 > 0.05$，故接受原假设，即认为甲厂香烟中尼古丁含量小于等于乙厂香烟方差.

我们也可见，在原假设 $H_0:\sigma_1^2 = \sigma_2^2$ 时，检验的 p 值肯定大于等于 0.105729766，故接受原假设，认为两厂香烟中尼古丁含量无显著差异.

思考：如何解释例 10.2.5 中单侧检验与双侧检验的结果？

在两个正态总体的假设检验中有一点值得注意：若参数 $\mu_1,\mu_2,\sigma_1^2,\sigma_2^2$ 均未知，为了检验 μ_1,μ_2 有无显著差异，我们可先检验方差 σ_1^2,σ_2^2 是否有显著差异. 然后在是否接受 $\sigma_1^2=\sigma_2^2$ 的基础上，进一步检验 $\mu_1=\mu_2$.

10.2.3 单侧检验中假设的建立

在单侧检验的问题中，如何建立假设是一个需要考虑的问题. 对于同一问题的同一数据，如果采用不同的假设，可能会得到相反的结论. 这种情况可以从下面的例子中得以说明.

例 10.2.7 某种灯泡的质量标准时平均工作寿命不得低于 1 000 小时. 已知灯泡的批量产品工作寿命服从正态分布，且标准差为 100 小时. 商店欲从工厂进货，随机抽取 81 个灯泡检测，测得 $\bar{x}=990$ 小时，问商店是否决定购进这批灯泡（$\alpha=0.05$）？

解 这里可以有两种假设.

（1）认为该厂灯泡不会低于规定的质量标准，故检验 $\mu \geqslant 1000$ 是否成立.

$$H_0:\mu \geqslant 1000 \quad \text{vs} \quad H_1 < 1000 .$$

这是左侧检验，检验统计量

$$u=\frac{990-1000}{100/\sqrt{81}}=-0.9 .$$

而 $u_{0.95}=1.645$，由于 $u=-0.9>-u_{0.95}=-1.645$，所以不能拒绝 H_0，即可以认为该厂生产的灯泡达到了规定的质量.

（2）认为该厂灯泡可能低于规定的质量标准，故检验 $\mu\leqslant 1000$ 是否成立.

$$H_0:\mu\leqslant 1000 \quad \text{vs} \quad H_1>1000\ .$$

由于 $u=-0.9<u_{0.95}=1.645$，所以不能拒绝 H_0，即可以认为该厂生产的灯泡没有达到规定的质量.

于是，同一问题的推断似乎出现了矛盾的结论. 其实，这也是统计推断的一种特点，它不能简单地采用非此即彼的逻辑.

第一种情况假设的背景是，从过去的历史记录看，该灯泡厂有着良好的声誉，质量一贯很好，于是选择 $H_0:\mu\geqslant 1000$ 作为原假设. 这样做，对灯泡厂是有利的，因为这使得达到质量标准的产品只以很低的概率 α 被拒收. 虽然这会使商店面临不合格品的风险，但厂家良好的记录显示这种可能性很低.

第二种情况假设的背景是，从过去的历史记录看，该灯泡厂的质量不是很好，于是选择 $H_0:\mu\leqslant 1000$ 作为原假设. 这样做表明商店要求有较强的证据才能相信这批产品达到了质量标准，可以达到至少把 $100(1-\alpha)$ 的不合格品拒之门外的目的. 这就好像一个人一向表现不好，则必须有显著好的表现，才能相信他确有进步.

由此可见，对于同一问题，由于对背景的了解不同而采用了不同的态度，具体是通过选择假设来体现的，这样，就不难理解前面表现出的矛盾了. 当产品质量一向很好时，稍差的样本并不能成为否定总体的证据；当产品质量一向不好时，合格的样本也不能成为肯定总体的证据，出发点不同，并无矛盾可言.

当然，现实中，我们不可能对所有背景都有所了解，如何提出假设，特别是单侧假设的方向，便成为一个问题. 但遗憾的是，这没有固定的统一标准. 假设的确定与检验问题的性质和检验者的目的具有一定的关系，也与检验人员的知识和水平有关. 一般情况下，在假设检验中，把希望证明的命题放在备择假设上，而把原有的、传统的观点放在原假设上，这样可以更好地体现假设检验的价值. 试想一下，如果我们完全认可原有的结论，就没有假设检验的必要的，正是对原有结论的怀疑，才去进行调查，希望用事实推翻已有结论，带来新结论. 由于推翻原假设需要检验统计量落入拒绝域中，而这是小概率事件，在一次试验中是不可能发生的，如果发生了，就认为拒绝原假设，得出新结论，所以在一次试验中，原假设具有优势，没有拒绝原假设，并不能说明备择假设是错误的，而是现在还没有足够的证据表明原假设成立.

10.3　总体比例检验

比例值总是介于 0 与 1 之间，在实际问题中，常常用于检验总体比例是否为某个假定值 π_0，例如，一批种子的发芽率，全部产品中的合格比率. 民意调查中也常常遇到比例检验问题，因为调查内容总是和比例有关. 在民主社会，国家领导人由不同的投票方式选举产生，假如只有两个政治候选人，得票率超过 50%将在选举中获胜，所以选举前的民意调查中可以提供如何与对手竞争的重要信息. 如果某候选人的支持率为 48%，这与 50%是有差异的，此差异是由于抽样的随机性带来的，还是该候选人的支持率确实低于竞争对手？候选人的竞选团队可以统计假设检验，分析民意调查所提供的信息，分析竞选的走势.

10.3.1 单个总体比例的检验

比例 p 可看作某事件发生的概率，即可看作两点分布 $B(1,p)$ 中的参数. 做 n 次独立试验，该事件发生的次数记为 x，则 $x \sim B(n,p)$. 我们可以根据 x 检验关于 p 的一些假设. 先考虑下面的单边假设检验问题：

$$H_0: p \leqslant p_0 \ \text{vs} \ H_0: p > p_0. \tag{10.3.1}$$

直观上看，一个显然的检验方法是取拒绝域 $W=\{x \geqslant c\}$. 由于 x 只能取整数，故 c 可限制在非负整数中且可能无穷多个. 在这种情况下，给定显著水平 α，我们可以找一个 c_0，使得

$$\alpha_1=\sum_{i=c_0}^{n}\binom{n}{i}p_0^i(1-p_0)^{n-i} > \alpha > \sum_{i=c_0+1}^{n}\binom{n}{i}p_0^i(1-p_0)^{n-i}=\alpha_2 .$$

于是，若取 $c=c_0$，这相当于把检验的显著性水平提高了一些，由 α 提高到 α_1；若取 $c=c_0+1$，这相当于把检验的显著性水平降低了一些，由 α 降低到 α_2. 因为后者可保证

$$P(x \geqslant c_0+1; p_0)=\sum_{i=c_0+1}^{n}\binom{n}{i}p_0^i(1-p_0)^{n-i} \leqslant \alpha ,$$

故取 $c=c_0+1$.

对检验问题

$$H_0: p \geqslant p_0 \ \text{vs} \ H_0: p < p_0, \tag{10.3.2}$$

处理方法类似，检验拒绝域 $W=\{x \leqslant c\}$，其中 c 为满足

$$\sum_{i=0}^{c}\binom{n}{i}p_0^i(1-p_0)^{n-i} \leqslant \alpha$$

的最大正整数.

对检验问题

$$H_0: p = p_0 \ \text{vs} \ H_0: p \neq p_0, \tag{10.3.3}$$

检验的拒绝域为 $W=\{x \leqslant c_1, 或 x \geqslant c_2\}$，其中 c_1 为满足

$$\sum_{i=0}^{c_1}\binom{n}{i}p_0^i(1-p_0)^{n-i} \leqslant \frac{\alpha}{2}$$

的最大整数，c_2 为满足

$$\sum_{i=c_2}^{n}\binom{n}{i}p_0^i(1-p_0)^{n-i} \leqslant \frac{\alpha}{2}$$

的最小整数.

在样本量大的情况下，比如 $np>5, nq>5$，可以把二项分布问题转换为正态分布问题近似地求解，取检验统计量

$$U=\frac{\overline{X}-p_0}{\sqrt{\frac{p_0(1-p_0)}{n}}} \sim N(0,1), \tag{10.3.4}$$

其中 $\overline{X}$ 为样本比例，p_0 为总体比例.

例 10.3.1 某市随机抽取了 400 名居民，发现 57 人年龄在 65 岁以上，于是研究机构声称，某市老年人口（65 岁以上）所占的比例为 14.7%，这个调查结论对么？（$\alpha=0.05$）

解 取原假设 $H_0: p_0=14.7$，由于

$$\overline{x}=\frac{57}{400}=0.1425, \quad u=\frac{\overline{x}-p_0}{\sqrt{\frac{p_0(1-p_0)}{n}}}=\frac{0.1425-0.147}{\sqrt{\frac{0.147\times(1-0.147)}{400}}}=-0.254,$$

这是一个双侧检验，当 $\alpha=0.05$ 时，$u_{1-\alpha/2}=1.96$. 由于 $0.254<1.96$，不能拒绝 H_0，可以认为调查结果支持了该市老年人口所占比例为 14.7%的结论.

10.3.2 两个总体比例之差的检验

设两个总体服从二项分布，这两个总体中具有某种特征单位数的比例分别为 π_1,π_2，但它们未知，可以用样本比例 p_1,p_2 代替.

1）检验两个总体比例相等的假设

原假设 $H_0:\pi_1-\pi_2=0$.

由于两个总体的比例 π_1,π_2 是未知的，需要利用样本的比例 p_1,p_2 来估计. 在原假设成立的条件下，比例 $\pi_1=\pi_2=\pi$ 的最佳估计量是将两个样本合并后得到的比例估计值 p，即

$$p=\frac{x_1+x_2}{n_1+n_2}=\frac{n_1p_1+n_2p_2}{n_1+n_2}$$

其中 x_1 表示样本 n_1 中具有某种特征的单位数，x_2 表示样本 n_2 中具有某种特征的单位数.

这时，两个样本比例之差 p_1-p_2 抽样分布的标准差的最佳估计为

$$\sigma_{p_1-p_2}=\sqrt{\frac{\pi_1(1-\pi_1)}{n_1}+\frac{\pi_2(1-\pi_2)}{n_2}}=\sqrt{\frac{p(1-p)}{n_1}+\frac{p(1-p)}{n_2}}=\sqrt{p(1-p)\left(\frac{1}{n_1}+\frac{1}{n_2}\right)}.$$

在大样本条件下，检验统计量

$$U=\frac{p_1-p_2}{\sqrt{p(1-p)\left(\frac{1}{n_1}+\frac{1}{n_2}\right)}} \sim N(0,1). \tag{10.3.5}$$

2）检验两个总体之差不为零的假设

当 $\pi_1-\pi_2=d_0\neq 0$ 条件下，两个样本比例之差 p_1-p_2 近似服从以 $\pi_1-\pi_2$ 为期望，

$\frac{p_1(1-p_1)}{n_1}+\frac{p_2(1-p_2)}{n_2}$ 为方差的正态分布，因此检验统计量

$$U=\frac{(p_1-p_2)-(\pi_1-\pi_2)}{\sqrt{\frac{p_1(1-p_1)}{n_1}+\frac{p_2(1-p_2)}{n_2}}}\sim N(0,1). \tag{10.3.6}$$

例 10.3.2 一所大学准备采取一项学生在宿舍上网收费的措施. 为了了解男女学生对这一措施的看法是否存在差异，分别抽取 200 名男生和 200 名女生进行调查，其中一个问题是："你是否赞成上网收费的措施？" 其中男生表示赞成的比例为 27%，女生的赞成比例为 35%. 调查者认为，男生中赞成的比例明显低于女生. 取显著性水平 $\alpha=0.05$，样本提供的证据是否支持调查者的看法？

解 设 π_1 表示男生中赞成的比例，π_2 表示女生中赞成的比例. 依题意提出原假设和备择假设为

$$H_0:\pi_1-\pi_2\geqslant 0 \quad \text{vs} \quad H_1:\pi_1-\pi_2<0.$$

两个样本的比例分别为 $p_1=27\%$， $p_2=35\%$.

由于这里是检验"男生中表示赞成的比例显著低于女生"，而不是检验"二者的差值是多少"，所以选择（10.3.5）作为检验统计量.

首先计算两个样本的合并比例：

$$p=\frac{n_1p_1+n_2p_2}{n_1+n_2}=\frac{200\times0.27+200\times0.35}{200+200}=0.31.$$

计算检验统计量为

$$u=\frac{p_1-p_2}{\sqrt{p(1-p)\left(\frac{1}{n_1}+\frac{1}{n_2}\right)}}=\frac{0.27-0.35}{\sqrt{0.31\times(1-0.31)\left(\frac{1}{200}+\frac{1}{200}\right)}}=-1.72976.$$

由于 $u=-1.72976<-u_{0.95}=-1.645$，所以拒绝原假设，样本提供的证据是支持调查者的看法的.

10.4 分布拟合优度检验

前面讨论的参数假设检验，基本上都是事先假定总体的分布类型已知且都认为服从正态分布. 但有些时候，事先不知道总体服从什么分布，这就需要对总体的分布形式 $F(x)$ 进行假设检验，这种检验称为分布的**拟合优度检验**，它们是一类非参数检验问题. 非参数检验泛指"对分布类型已知的统计进行参数检验"之外的所有检验方法.

10.4.1 卡方检验

卡方检验（Chi-Square Test），也称为**卡方拟合优度检验**，它是K. Pearson提出的一种最常用的非参数检验方法，用于检验样本数据是否与某种概率分布的理论数值相符合，进而推断样本数据是不是来自该分布的样本的问题.

卡方检验的**基本思想**：比较理论频数和实际频数的吻合程度或拟合优度. 实际频数是实计数，是指实验或者调查中得到的计数数据；理论频数是根据概率原理、某种理论或者经验次数分布所计算出来的次数.

卡方检验的基本步骤如下：

（1）提出原假设 $H_0: F(x)=F_0(x,\theta)$，其中 F_0 分布形式已知，参数 θ 未知.

（2）构造统计量.

按数据规模进行分组为 $(c_{i-1},c_i]$，$i=1,\cdots,r$，其中 $c_0=0$，c_r 的理论值为 ∞. 令 n_i 表示 $(c_{i-1},c_i]$ 中的频数，当分组数据的组距 $d_i=c_i-c_{i-1}$ 相等时，每组频率为 $\frac{n_i}{n}$；当组矩不等时，需计算消除组距因素影响后的标准化频率 $r_i=\frac{n_i}{nd_i}$. 在理论分布为真的情况下，分组区间 $(c_{i-1},c_i]$ 应该出现的次数

$$E_i=n[F_0(c_i,\hat{\theta})-F_0(c_{i-1},\hat{\theta})],\ i=1,\cdots,r-1,\quad E_0=nF_0(c_0,\hat{\theta}),\quad E_r=n[1-F_0(c_0,\hat{\theta})],$$

其中 n 为样本容量，$\hat{\theta}$ 是未知参数的极大似然估计值，E_i 称为**理论频数**.

构造统计量 $Q=\sum_{i=1}^{r}\frac{(n_i-E_i)^2}{E_i}$，当 n 充分大（一般为 $\geqslant 50$）时，$Q\sim\chi^2(r-k-1)$，k 为未知数的个数，表达了实际观测结果和理论期望结果的相互差异的总和.

（3）求临界值 $\chi^2_{1-\alpha}(r-k-1)$.

在原假设为真的情况下，表示相互差异的 Q 值较小，说明观测频数分布与期望频数分布比较接近. 如果 Q 过分大，说明观测频数分布与期望频数分布存在较大差距，就拒绝 H_0，拒绝域的形式为 $Q\geqslant C$（常数）. 给定显著水平 α，

$$P\{当\ H_0\ 为真时拒绝\ H_0\}=P_{H_0}(Q\geq\chi^2_{1-\alpha}(r-k-1))=\alpha.$$

（4）求观察值 Q 并作出判断.

如果 $Q>\chi^2_{1-\alpha}(r-k-1)$，则拒绝原假设，即选择的分布不可以拟合总体分布，更合适的说法是数据与假设符合（拟合）的程度不好，这也是“拟合优度检验的由来”. χ^2 拟合检验中，样本容量 n 要足够大，一般应大于50，E_i 不太小，一般不小于5个，否则将个数较少的组合并.

SPSS自动计算卡方统计量的观测值，并依据卡方分布表计算观测值所对应的概率 p 值. 如果卡方分布的概率 p 值小于显著水平 α，应拒绝原假设，认为样本所属总体的分布与指定的理论分布存在显著差异；如果卡方分布的概率 p 值大于显著水平 α，则不应拒绝原假设，认为样本所属总体的分布与指定的理论分布无显著差异.

10.4.2　K-S 检验

由于卡方拟合优度检验需要将样本空间分成不相交的子集，包含了较多的主观因素，特别是对于连续型总体，有可能会由于子集划分的不同而导致对同一样本得到对立的检验结果，而 K-S 检验在一定程度上克服了卡方检验的缺点，是比卡方检验更精确的一种非参数检验.

K-S 检验也是一种拟合优度检验，可利用样本数据推断总体是否服从某一理论分布. K-S 检验是将观测量的累积分布函数（经验分布函数）与某个确定的理论分布函数相比较，以检

验一个样本是不是来自某指定的分布．

K-S 检验的理论基础是 Kolmogorov 定理：

设总体分布 $F(x)$ 连续，经验分布函数为 $F_n(x)$，则 $\sqrt{n}D_n=\sqrt{n}\sup\limits_{x\in\mathbf{R}}|F_n(x)-F(x)|$ 的极限分布为

$$K(x)=\begin{cases}\sum\limits_{k=-\infty}^{+\infty}(-1)^k\mathrm{e}^{-2k^2x^2}, & x>0\\ 0, & x\leqslant 0\end{cases}.$$

K-S检验的基本原理是：分别作出已知理论分布下的累计频率分布及观察的累计频率分布，然后对两者进行比较，确定两种分布的最大差异．如果样本服从理论分布，则最大差异值不应太高，否则就应拒绝原假设．其原假设 H_0 为：样本来自总体的分布与指定的理论分布无显著差异．

具体检验步骤如下：

（1）提出原假设 $H_0: X$ 具有分布函数 $F(X)=F_0(x)$．

（2）确定 α,n．查表得 $D_{n,\alpha}=k_\alpha(n)/\sqrt{n}$，其中 $k_\alpha(n)$ 是上侧 α 分位数．

（3）H_0 的拒绝域为 $D_n\geqslant D_{n,\alpha}$．

（4）列出K氏检验计算表，计算 D_n．若 $D_n\geqslant D_{n,\alpha}$，则拒绝 H_0，反之则否．

具体计算 D_n 时，由于 $F_n(x)$ 为阶梯函数，所以

$$D_n=\max_{1\leqslant k\leqslant n}\{|F_n(x_{(k)})-F_0(x_{(k)})|,|F_n(x_{(k+1)})-F_0(x_{(k)})|\}.$$

D 统计量也称为 K-S 检验统计量．在小样本下，原假设成立时，D 统计量服从 Kolmogorov 分布；在大样本下，原假设成立时，$\sqrt{n}D$ 近似服从 $K(x)$ 分布．

SPSS 的理论分布主要包括正态分布、均匀分布、指数分布、泊松分布等，并可自动计算检验统计量 D 的值和它所对应的概率 p 值．如果 D 统计量的概率 p 值小于显著性水平 α，则应拒绝原假设，认为样本来自的总体与指定的分布有显著性差异；如果 p 大于显著性水平 α，则接受原假设，认为样本来自的总体与理论分布没有显著性差异．

例 10.4.1　某日观测到的流星出现的 30 个时间间隔为（单位：分钟）：

1.289 0.102 1.206 3.120 1.278 0.020 0.783 0.603 1.048 0.011
0.389 0.141 1.640 0.787 0.338 0.336 0.288 1.226 0.227 0.018
2.433 0.150 0.005 1.481 0.311 0.100 1.171 0.079 0.216 2.056

能否表明该间隔服从指数分布？

SPSS 操作步骤如下：

（1）选择“分析”→“非参数检验”→“1-样本K-S命令”．

（2）在“单样本Kolmogorov-Smirnov检验”对话框中，将变量“时间间隔”移入检验变量列表．在下面的“检验分布”选项中，选定“指数分布”，在右侧的“精确检验”对话框中选择“精确”，在“选项”对话框中，选中“描述性”，点击确定．

SPSS输出结果见表 10.4.1、10.4.2：

表 10.4.1 描述性统计量

时间间隔	N	均值	标准差	极小值	极大值
	30	.76173	.796566	.005	3.120

表 10.4.2 单样本 Kolmogorov–Smirnov 检验

		时间间隔
N		30
指数参数.[a,b]	均值	.76173
最极端差别	绝对值	.142
	正	.142
	负	−.118
Kolmogorov-Smirnov Z		.776
渐近显著性(双侧)		.584
精确显著性（双侧）		.537
点概率		.000
a. 检验分布为指数分布.		
b. 根据数据计算得到.		

精确显著性（双侧）检验 $p=0.537>\alpha=0.05$，在显著性水平 $\alpha=0.05$ 下，不能拒绝原假设，可以认为该间隔服从指数分布.

例 10.4.2 在进行选拔性测验时（如高考），由于是一种难度测验，期望学生的测验分数呈现正态分布，而出现比较极端分数的学生比较少，从而有利于甄别和选拔. 因此，分析某次考试的成绩分布是否符合选拔性测验的选拔目的，一个重要参考指标之一就是看成绩是否符合正态分布规律. 利用例 3.1.1 中数据，检验数学成绩是否服从正态分布.

SPSS 输出结果见表 10.4.3（在画茎叶图时会自动给出正态检验）:

表 10.4.3 正态检验

Tests of Normality						
	Kolmogorov-Smirnova			Shapiro-Wilk		
	Statistic	df	Sig.	Statistic	df	Sig.
数学	.143	30	.118	.964	30	.391
a. Lilliefors Significance Correction						

由于 K-S 检验的 $p=0.118>0.05$，故在显著性水平 $\alpha=0.05$ 下，不能拒绝原假设，即不能拒绝数学成绩服从正态分布，但由于 0.118 比较小，故也不能接受原假设. 其实这种情况是不能给出明确结论的，有待进一步检验.

10.5 关联性检验

通过调查表得到的调查数据一般都是属性数据，即在许多调查研究中，得到的信息是样本中个体的分类，而不是定量变量的值，我们经常会需要考察这两个分类变量是否存在联系. 例如，在某次调查中，根据人们是否抽烟进行分类，研究肺癌与吸烟的关系，称为独立性（无关联性）检验.

10.5.1 卡方统计量

卡方统计量可以用于测定两个分类变量之间的相关程度. 若用 f_o 表示观测值频数，用 f_e 表示期望值频数，则

$$\chi^2=\sum\frac{(f_o-f_e)^2}{f_e}\sim\chi^2(R-1),$$

其中 R 为分类变量的个数.

卡方统计量描述了观测值和期望值的接近程度，两者越接近，$|f_o-f_e|$ 越小，从而计算的卡方值也越小，反之则否. 卡方检验正是通过对卡方分布中的临界值进行比较，做出是否拒绝原假设的统计决策.

例10.5.1 1912年4月15日，豪华巨轮泰坦尼克号与冰山相撞沉没. 当时，船上共有2208人，其中男性1738人，女性470人. 海难发生后，幸存718人，其中男性374人，女性344人，以 $\alpha=0.1$ 的显著性水平检验存活状况是否与性别有关.

解 假定 H_0:观测频数与期望频数已知.

将计算过程列成表 10.5.1.

表 10.5.1 卡方计算表

性别	观测频数 f_o	期望频数 f_e
男性	374	$718\div2208\times1738=565$
女性	344	$718\div2208\times470=153$
$\chi^2=\sum\frac{(f_o-f_e)^2}{f_e}=303$		

由于分类变量的个数为 $R=2$，所以卡方统计量的自由度为 2−1=1. 经查表可得 $\chi^2_{0.9}(1)=2.706$，因为 $\chi^2=303\gg\chi^2_{0.9}(1)$，故拒绝 H_0，且接受对立假设 H_1，表明存活状况与性别显著相关.

也可利用 Excel 直接计算 p 值，操作步骤如下：

（1）将观测值输入一列，将期望值输入一列.

（2）选择“插入”→“函数”. 在函数分类中选择“统计”，在函数名称中选“CHITEST”，点击“确定”.

（3）在对话框“Actual_rang”中输入观测数据，在对话框“Expected_rang”中输入期望数据，如图10.5.1所示.

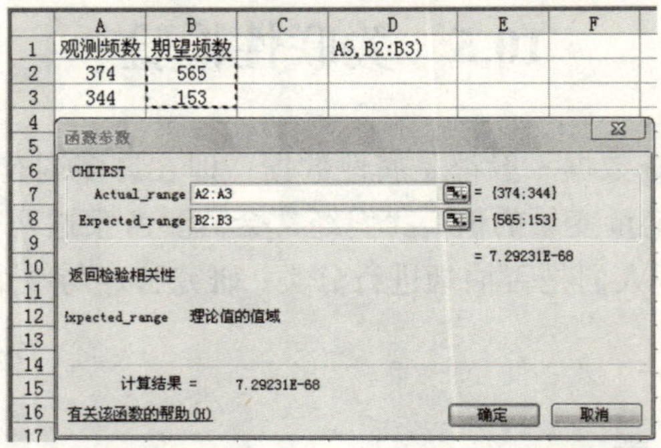

图 10.5.1　CHITEST 检验参数对话框

得到 p 值为 7.2923×10^{-68}，接近于 0.由于 $p<\alpha$，所以拒绝原假设.

10.5.2　列联表检验

例 10.5.2　为了探讨吸烟与慢性支气管炎有无关系，调查了 339 人，情况见表 10.5.2.

表 10.5.2　吸烟与慢性支气管炎的关系调查表

	患慢性支气管炎	未患慢性支气管炎
吸烟	43	162
不吸烟	13	121

设想有两个随机变量：X 表示吸烟与否，Y 表示患慢性支气管炎与否. 检验吸烟与患慢性支气管炎有无关系，即检验 X 与 Y 是否无关联.

上述例子涉及的问题就是属性数据分析问题. 属性数据一般都汇总为表格 ——列联表后，再进一步分析. 对属性数据进行分析，将达到以下几方面的目的：

（1）产生汇总分类数据 ——列联表.

（2）检验属性变量间的独立性（无关联性）.

（3）计算属性变量间的关联性统计量.

（4）对高维数据进行分层分析和建模.

列联表（contingency table）是由两个以上的属性变量进行交叉分类的频数分布表. 表 10.5.2 就是列联表. 具有两个或多个分类变量的列联表称为**交叉表**. 具有两个变量的列联表称为**双向表**，具有三个变量的表称为**三向表**，依次类推. 当双向表中的两个变量都仅有两个水平时，这种特殊的表称为 2×2 表. 表 10.5.3 给出了交叉表的基本形式.

表 10.5.3　交叉表的形式

		列				
		第 1 列	第 2 列	…	第 c 列	行边缘频数
行	第 1 行	n_{11}	n_{12}	…	n_{1c}	n_{1+}
	第 2 行	n_{21}	n_{22}	…	n_{2c}	n_{2+}
	…	…	…	…	…	…
	第 r 行	n_{r1}	n_{r2}	…	n_{rc}	n_{r+}
	列边缘频数	n_{+1}	n_{+2}	…	n_{+c}	n_{++}

其中 $n_{i+}=\sum_j n_{ij}$ ，$n_{+j}=\sum_i n_{ij}$ ，$n_{++}=\sum_{i,j} n_{ij}$ 为观测总个数.

这是一张具有 r 行和 c 列的一般列联表，称为 $r\times c$ **表**，其中第 i 行第 j 列的单元表示为单元$_{ij}$. 交叉表同给出在所有行变量和列变量的组合中的观测个数，表中的总观测个数用 n 表示，在单元$_{ij}$ 中的观测个数表示为 n_{ij} ，称为**单元频数**.

在收集属性数据时，通常不仅为了了解每个单元频数，也想知道形成列联表的行和列变量间是否有某种相关，即一个变量取不同数值时，另一个变量的分布是否有显著的不同，这就是属性变量关联性分析的内容.

用统计学术语来说：**提出原假设 H_0：行变量与列变量无关联性**.

假设两属性的列联表如 10.5.3，如果行变量与列变量无关联性，则列联表中各行的相对分布应近似相等，即不同的 $i(i=1,2,\cdots,r)$ ，以下频率应近似相等：

$$\frac{n_{ij}}{n_{i+}}\approx\frac{n_{+j}}{n}\ (j=1,2,\cdots,c),$$

或等价有

$$n_{ij}\approx\frac{n_{i+}n_{+j}}{n}\overset{\text{def}}{=}m_{ij}\ (j=1,2,\cdots,c).$$

上式右端的 m_{ij} 也称为列联表中第 (i,j) 单元在无关联性假设下的**期望频数**，而 n_{ij} 是列联表中第 (i,j) 单元的观测频数.

一个通常使用的检验是卡方检验，检验统计量为

$$\chi^2=\sum_{i=1}^{r}\sum_{j=1}^{c}\frac{(n_{ij}-m_{ij})^2}{m_{ij}}.$$

在原假设成立的情况下，当观测数据较大时，检验统计量近似服从自由度为 $(r-1)\times(c-1)$ 的卡方分布. 并且观测频数 n_{ij} 和期望频数 m_{ij} 应该比较接近，大的卡方值是极端情况，所以通过计算卡方统计量及显著性概率值 p，即可对原假设进行检验.

如果没有空单元，即所有单元频数都不为 0，并且所有单元的期望频数均大于 5，那么卡方检验是合理的；如果这两个条件有一个不满足，卡方检验也许就是不合理的. 如果期望频数过小，会造成对卡方统计量的高估，从而导致不适当地拒绝原假设 H_0 的结论. 处理的方法是将较小的期望频数合并，这样便可得到合理的结论.

通过列联表分析，可以判断两个分类变量之间是否独立，而当拒绝原假设之后，却无法进一步了解两个分类变量以及分类变量各个状态（取值）之间的相关关系，此时应用对应分析方法可以有效地解决这个问题.

对于例 10.5.2，利用 SPSS 软件进行关联性分析（操作方法在后面例题中将详细给出），结果如下　Chi Square 一行，其值为 7.4688， p 值为 0.0063. 所以应拒绝原假设，作出结论：吸烟与患慢性支气管炎是有关联的.

卡方分布对两个分类变量之间的相关性进行统计检验，如果两个变量之间存在联系，它们之间的相关程度有多大呢？主要利用相关系数测定相关程度.

（1）φ **相关系数**是描述 2×2 列联表数据相关程度最常用的一种相关系数，计算公式为

$$\varphi=\sqrt{\chi^2/n},$$

其中 χ^2 是计算出的 χ^2 值，n 为列联表的总频数，即样本量. 实际上，φ 相关系数的取值范围在 0～1，且 φ 的绝对值越大，说明两变量的相关程度越高.

（2）**列联相关系数**，简称 c 系数，主要用于大于 2×2 列联表的情况，计算公式为

$$c=\sqrt{\frac{\chi^2}{\chi^2+n}}.$$

当列联表中两个变量相互独立时，系数 $c=0$，但不可能大于1，其可能最大值依赖列联表的行数 r 和列数 c，且随之增大而增大.

（3）由于 φ 相关系数无上限，c 系数小于1，克莱默（Gramer）提出了 V **相关系数**，计算公式为

$$V=\sqrt{\frac{\chi^2}{n\times\min[(r-1),(c-1)]}}$$

当两个变量相互独立时，$V=0$，当两个变量完全相关时，$V=1$，所以 $0\leqslant V\leqslant 1$ 如果列联表中有一维为 2，即 $\min[(r-1),(c-1)]=1$，则 V 值等于 φ 值.

10.5.3　Fisher 精确检验

Fisher 精确检验最初是针对 2×2 这种特殊的列联表提出的，当卡方检验的条件不满足时，我们可以考虑 Fisher 精确检验，这种检验是建立在超几何分布的基础上，对单元频数小的表来说，特别适合.

例 10.5.3　比较两种工艺对产品质量是否有影响，对其产品进行抽样检查，结果见表 10.5.4.

表 10.5.4　两种工艺下产品质量的抽查结果

	合格	不合格	小计
工艺 1	3	4	7
工艺 2	6	4	10
小计	9	8	17

因抽查的产品数量 n 少，虽然单元频数 n_{ij} 均大于 0，但期望频数大多数小于 5，故卡方检验不适合，应使用 Fisher 精确检验.

原假设 H_0：工艺和产品质量无关联性的条件.

在原假设 H_0 成立的条件下，当总频数和边缘小计固定时，抽查的观测频数 n_{ij} 总共有 8 种可能：

$$\begin{pmatrix}a&b\\c&d\end{pmatrix}=\begin{pmatrix}0&7\\9&1\end{pmatrix},\begin{pmatrix}1&6\\8&2\end{pmatrix},\begin{pmatrix}2&5\\7&3\end{pmatrix},\begin{pmatrix}3&4\\6&4\end{pmatrix},\begin{pmatrix}4&3\\5&5\end{pmatrix},\begin{pmatrix}5&2\\4&6\end{pmatrix},\begin{pmatrix}6&1\\3&7\end{pmatrix},\begin{pmatrix}7&0\\2&8\end{pmatrix}.$$

利用超几何分布，可计算每种可能结果出现的概率：

$$P\left\{\begin{pmatrix}a&b\\c&d\end{pmatrix}\right\}=\frac{\dfrac{n!}{a!b!c!d!}}{C_n^{a+b}C_n^{a+c}}.$$

计算结果如下：

$$p_1 = 0.0004113,\ p_2 = 0.0129580,\ p_3 = 0.103660,\ p_4 = 0.302343,$$
$$p_5 = 0.362812,\ p_6 = 0.181406,\ p_7 = 0.034554,\ p_8 = 0.001851.$$

由以上结果可以看出，结果 1, 2, 7, 8 出现的概率为小概率事件，如果发生，则认为原假设不成立，反之则接受原假设. 本次试验中，出现的结果为 4，其发生的概率为 0.302343，较大，故可接受原假设，即认为工艺和产品质量无关联性.

下面给出两侧检验和单侧检验的 p 值计算公式：

两侧检验 $p = \sum_{p_i \leqslant p_4} p_i = 0.637$；

左侧检验 $p = \sum_{a \leqslant n_{11}} p_i = \sum_{a \leqslant 3} p_i = 0.419$；

右侧检验 $p = \sum_{a \geqslant n_{11}} p_i = \sum_{a \geqslant 3} p_i = 0.883$.

以上 p 值都支持工艺和产品质量无关联的假设.

由于 p 值显著大于 0.1，故接受原假设，即工艺和产品质量无关联.

例 10.5.4 某大学全校公选课"描述统计"所有学生的性别和专业见表 10.5.5，用 SPSS 软件生成列联表，并检验性别与专业有无关联.

表 10.5.5 "描述统计"课程中学生的性别和专业

编号	性别	是否统计专业	编号	性别	是否统计专业
1	男	是	11	男	否
2	男	否	12	女	是
3	女	是	13	男	是
4	男	否	14	男	是
5	女	是	15	男	否
6	女	是	16	女	是
7	男	否	17	男	是
8	男	否	18	男	否
9	男	是	19	女	否
10	女	是	20	男	是

SPSS 操作步骤如下：

（1）首先输入"性别"、"是否统计专业"的数据，选择"分析"→"描述统计"→"交叉表命令".

（2）在交叉表对话框中，将"性别"、"是否统计专业"分别移入行、列变量列表中，在右侧"精确检验"对话框中选择"精确"，在"统计量"对话框中选中"卡方"，在"单元格"对话框中，将"计数"下"观察值"、"期望值"选中、并将"百分比"下"行"、"列"、"总计"选中，确定.

SPSS 输出的交叉表见表 10.5.6：

表 10.5.6　交叉制表

性别* 是否统计专业 交叉制表					
			是否统计专业		合计
			否	是	
性别	女	计数	1	6	7
		期望的计数	2.8	4.2	7.0
		性别中的%	14.3%	85.7%	100.0%
		是否统计专业中的%	12.5%	50.0%	35.0%
		总数的%	5.0%	30.0%	35.0%
	男	计数	7	6	13
		期望的计数	5.2	7.8	13.0
		性别中的%	53.8%	46.2%	100.0%
		是否统计专业中的%	87.5%	50.0%	65.0%
		总数的%	35.0%	30.0%	65.0%
合计		计数	8	12	20
		期望的计数	8.0	12.0	20.0
		性别中的%	40.0%	60.0%	100.0%
		是否统计专业中的%	100.0%	100.0%	100.0%
		总数的%	40.0%	60.0%	100.0%

计数一行是单元频数，结果显示，女生中非统计专业有 1 人，统计专业有 6 人；男生中非统计专业有 7 人，统计专业有 6 人.

期望的计数一行给出了相应的期望频数.

性别中的%一行表示单元频数在该行中所占观测数的百分比，结果显示：女生中统计专业人数占 $\frac{6}{7}=85.7\%$，男生中统计专业人数占 46.2%.

是否统计专业中的%一行表示单元频数在该列中所占观测数的百分比，结果显示：非统计专业学生中女生占 $\frac{1}{8}=12.5\%$，男生占 87.5%；统计专业学生中女生占 $\frac{6}{12}=50\%$，男生占 50%.

总数的%一行表示该单元频数占总观测个数的百分数，如统计专业女生占总数的 $\frac{6}{20}=30\%$.

表中合计是行总和与列总和，结果显示：20 名学生中女生 7 人，男生 13 人，分别占总数的 35%，65%；非统计专业有 8 人，统计专业有 12 人，分别占总数的 40%，60%.

SPSS 输出的关联性检验结果见表 10.5.7：

表 10.5.7 关联性卡方检验

卡方检验					
	值	df	渐进 Sig.（双侧）	精确 Sig.（双侧）	精确 Sig.（单侧）
Pearson 卡方	2.967[a]	1	.085		
连续校正[b]	1.548	1	.213		
似然比	3.234	1	.072		
Fisher 的精确检验				.158	.106
线性和线性组合	2.819	1	.093		
有效案例中的 N	20				
a. 2 单元格(50.0%)的期望计数少于 5. 最小期望计数为 2.80.					
b. 仅对 2×2 表计算					

从卡方检验表中可以看到，在显著性水平 $\alpha = 0.05$ 下，无论哪种检验方式，都有 $p > \alpha$，不能拒绝原假设，即有 95%的把握认为选修“描述统计”课程的学生就读专业与性别不相关联.

习题 10

1. 从甲地发送一个讯号到乙地，设乙地接受到的讯号值是一个服从正态分布 $N(\mu, 0.2^2)$ 的随机变量，其中 μ 为甲地发送的真实讯号值. 现甲地重复发送同一讯号 5 次，乙地接受到的讯号值为

$$8.05\ 8.15\ 8.20\ 8.10\ 8.25$$

设接受方有理由猜测甲地发送的讯号值为 8，问能否接受该猜测？$\alpha = 0.05$.

2. 从一批保险丝中抽取10根试验其熔化时间，结果为

$$43\ 65\ 75\ 78\ 71\ 59\ 57\ 69\ 55\ 57$$

若熔化时间服从正态分布，问在显著水平 $\alpha = 0.05$ 下，可否认为熔化时间的标准差为 9?

3. 某工厂用自动包装机包装葡萄糖，规定标准重为袋净重500克，现随机地抽取10袋，测得各袋净重（g）为

$$495\ 510\ 505\ 498\ 503\ 492\ 502\ 505\ 497\ 506$$

设每袋净重服从正态分布 $X \sim N(\mu, \sigma^2)$，则

（1）包装机工作是否正常（取显著水平 $\alpha = 0.05$）？

① 已知每袋葡萄糖净重的标准差 $\sigma = 5\,\text{g}$； ② 未知 σ.

（2）能否否定每袋葡萄糖净重的标准差 $\sigma = 5\,\text{g}$，（取显著水平 $\alpha = 0.05$）？

① 已知每袋葡萄糖净重的均值 $\mu = 500\,\text{g}$； ② 未知 μ.

4. 一骰子掷了120次，得结果见表10.1：

表 10.1　骰子出现次数

点数	1	2	3	4	5	6
出现的次数	23	26	21	20	15	16

试在显著性水平 $\alpha = 0.05$ 下检验这颗骰子是否均匀?

5. 两台机床生产同一零件，已知其外径均服从正态分布. 现从中抽测零件外径（单位：mm）为：

第一台　41.5 42.3 41.7 43.1 42.4 42.2 41.8 43.0 42.9

第二台　34.5 38.2 34.2 34.1 35.1 33.8

如果取显著性水平 $\alpha = 0.10$，试问：

（1）两车床生产的零件外径精度是否存在显著性差异?

（2）假定两总体均值 $\mu_1 = 42, \mu_2 = 34$，此时两台机床生产的零件外径精度是否存在显著性差异?

6. 一种以休闲和娱乐为主题的杂志，声称其读者群中有80%为女性. 为检验这一说法是否属实，某研究部分抽取了由200人组成的一个随机样本，发现有146个女性经常阅读该杂志. 分别取显著性水平 $\alpha = 0.05$ 和 $\alpha = 0.01$，检验该杂志读者群中女性的比率是否为80%，它们的 p 值各是多少?

7. 啤酒生产企业采用自动生产线灌装啤酒，每瓶的装填量为640ml，但由于受某些不可控因素的影响，每瓶的装填量会有差异. 此时，不仅每瓶的平均装填量很重要，装填量的方差 σ^2 也很重要. 如果 σ^2 很大，会出现装填量太多或太少的情况，这样要么企业不划算，要么消费者不满意. 假定生产标准规定每瓶填装量的标准差等于4ml. 企业质检部门抽取了10瓶啤酒进行检验，得到样本标准差为 $s = 3.8$ ml. 试以0.10的显著性水平检验填装量的标准差是否符合要求.

8. 一种原料来自三个不同的地区，原料质量被分成三个不同等级. 从这批原料中随机抽取500件进行检验，数据见表10.2.

表 10.2

	一级	二级	三级
甲地区	52	64	24
乙地区	60	59	52
丙地区	50	65	74

试检验各个地区和原料质量之间是否存在依赖关系.

9. 某商业中心有5 000部电话，在上班的第一小时内打电话的人数和次数记录在表10.3中.

表 10.3

打电话次数 (x)	0	1	2	3	4	5	6	7	≥8
相应的人数 (N_i)	1875	1816	906	303	82	15	1	2	0

请检验打电话的次数是否符合 Poisson 分布.

11　方差分析

方差分析（Analysis of Variance, ANOVA）是 20 世纪 20 年代发展起来的一种统计方法，它是由英国统计学家费希尔（R. A. Fisher）在进行试验设计时为解释数据而首先引进. 目前，这种分析方法广泛应用于分析心理学、生物学、工程和医学的试验数据. 方差分析，又称**变异数分析或 F 检验**，通过检验两个及两个以上总体均值是否相等来判断分类型自变量对数值型因变量是否有显著性差异，本质上研究的是变量之间的关系. 这与后面介绍的回归分析方法有许多相同之处，但又有本质区别. 在研究一个或多个分类自变量与一个数值型因变量之间关系时，方差分析就是其中主要方法之一.

本章主要介绍单因素方差分析和双因素方差分析.

11.1　方差分析引论

在工农业生产和科学试验中，经常要处理试验数据. 例如在农业生产中，需要考察种子、土质、肥料、雨水、耕作技术等的不同对农作物产量有无显著差异. 我们经常发现，试验条件不一样，得到的试验结果不同，甚至有时在相同的试验条件下，也会得到不同的试验结果. 那么,自然要问,试验结果之间的差异到底由什么原因引起的呢？是试验条件不同引起的呢？还是试验随机误差引起的呢？方差分析就是处理这类问题的一种数学方法.

例 11.1.1　5 种油菜品种分别在 4 块试验田上的亩产量见表 11.1.1.

表 11.1.1　5 种油菜品种在 4 块试验田的亩产量　　单位：kg

品种 \ 田块	1	2	3	4
A_1	256	220	280	298
A_2	244	300	290	275
A_3	250	277	230	322
A_4	288	280	315	259
A_5	206	212	220	212

试问：不同的油菜品种对平均亩产量影响是否显著？

本例中，我们比较的是不同油菜品种对平均亩产量影响是否相同. 为此，把油菜品种称为**因素**，记为 A，不同的品种称为因素 A 的 5 个水平，记为 $A_1,\cdots,A_5$，使用品种 A_i 的亩产量用 $y_{ij}, i=1,\cdots,5, j=1,\cdots,4$. 我们的目的是比较 5 种油菜品种下平均亩产量是否相等. 如果采用一般的假设检验，一次只能研究两个总体，要检验 5 个总体的均值是否相等，需要做 10 次检验. 很明显，做这样的两两比较十分烦琐，要进行 10 次. 如果 $\alpha=0.05$，每次检验犯第一类错误的概率都是 0.05，作多次检验会使得犯第一类错误的概率相应增加. 检验完成时，犯第一类错误的概率为$1-(1-\alpha)^{10}=0.4013$. 为此需要做一些基本假定，把研究问题归结为一个统计问题，即方差分析. 一般来说，随着增加个体显著性检验的次数，偶然因素导致差别的可能性也会增加，而方差分析方法则是同时考虑所有样本，因此排除了错误累积的可能，从而避免拒绝一个真实的原假设. 可见，与前面的假设检验相比，方差分析不仅可以提高检验的效率，同时由于它是将所有样本信息结合在一起，也增加了分析的可靠性.

在方差分析中，所要检验的对象称为**因素**或**因子**（factor）. 通常把工农业生产和科学试验中的结果，如产品的性能、品牌等统称为**指标**，影响指标的因素用$A,B,C,\cdots$表示. 因素在试验中所取的不同状态称为**水平**或**处理**（treatment），因素A的不同水平用$A_1,A_2,\cdots$表示. 每个因子水平下得到的样本数据称为**观测值**.

方差分析是通过比较方差的方式对不同总体的某些参数进行假设检验，可用于：两个或多个样本均值的比较；分析两个或多个因素间的交互作用；回归方程的线性假设检验；两样本的方差齐性检验等.

在只有一个因素的方差分析（单因素方差分析）中，涉及两个变量：一个是分类型自变量，另一个是数值型因变量. 例如，在上面的例子中，要研究油菜品种对平均亩产量的影响，这里的品种就是自变量，它是一个分类型变量，品种$A_1,\cdots,A_5$就是品种这个自变量的具体取值. 而亩产量是一个数值型变量，不同的亩产量就是因变量的取值. 方差分析要研究的就是品种对亩产量是否有显著性影响.

为了研究分类型自变量对数值型因变量的影响，需要从数据误差来源的分析入手. 在方差分析中，数据的误差使用平方和来表示. 反映全部数据误差的大小称为**总平方和**，它反映了全部观测值的离散状况；反映组内误差大小的平方和称为**组内平方和**，也称为**误差平方和**或**残差平方和**，它反映了每个样本内各观测值的离散状况；反映组间误差大小的平方称为**组间平方和**，也称为**因素平方和**，它反映了样本均值之间的差异程度.

方差分析的**基本思想**是：首先从数量上将因素对指标的影响和误差对指标的影响加以区分并作出估计，然后将它们进行比较，从而作出因素对指标的影响是否显著或因素各水平之间的差异是否显著的推断.

例如，从表 11.1.1 可以看到，20 个数据不尽相同，这种差异可能由两方面原因引起，一是油菜品种的影响，这种由不同水平造成的差异称为**系统性差异**；另一种是随机因素的影响，同一油菜品种在不同地块的亩产量由于各种随机因素而导致亩产量不同，这种由随机因素造成的差异，称为**随机性差异**. 如果不同水平对结果没有影响，如油菜品种对亩产量没有影响，那么水平之间的方差中，也仅仅有随机性差异，而没有系统性差异，它与水平内部方差应该接近，两个方差之比应接近 1；反之，如果水平对结果有影响，则水平间的方差不仅有随机性差异，也有系统性差异，它会大于水平内方差，两个方差之比就会大于 1，当这个比值大到一定程度，即达到某个临界点，就可以作出判断，认为不同水平之间存在显著性差异.

在方差分析中，通常要有以下假定：

（1）处理效应与环境效应（误差）的可加性：这就要求样本具有独立性.

（2）分布的正态性：随机误差独立同分布于正态分布，这是因为F检验只有在这一假定上才能正确进行. 也就是说，对于因素的每一个水平，其观测值是来自正态总体的简单随机样本. 例如，在例11.1.1中，每个品种的亩产量必须服从正态分布.

（3）方差的一致性：试验处理的误差都是同质的. 例如，在例11.1.1中，每个品种的亩产量的方差必须相等.

多数试验资料都可以满足以上三个基本假定，因而方差分析能做出有效推断. 但是，有些试验资料不满足这三个基本假定，为了使所获试验资料满足基本假定，在分析前可选择地采用以下一些措施：

（1）剔除某些表现“特殊”的观测值、处理水平或重复记录.

（2）将总试验误差的方差分解为几个较为同质的试验误差的方差.

（3）扩大样本，因为平均数比单个观测值更易做成正态分布，故抽取大样本求其平均数，再以这些平均数进行方差分析，可以减少各种不符合基本假定因素的影响.

（4）采用适当的数据变换，然后用转化后数据进行方差分析.

在上述假定成立的前提下，要分析自变量对因变量是否有影响，形式上也就转化为检验自变量的各个水平（总体）的均值是否相等. 例如，判断油菜品种对亩产量是否有显著影响，实际上就是检验具有相同方差的5个正态总体的均值是否相等. 尽管不知道5个总体的均值，但可以通过样本数据来检验它们是否相等，因此检验总体均值是否相等就等价于检验样本均值是否相等.

11.2 单因素方差分析

在一项试验中，如果让一个因素的水平变化，其他因素水平保持不变，这样的试验称为**单因素试验**. 处理单因素试验的统计推断问题称为**单因素方差分析**或**一元方差分析**，旨在分析该因素对样本的观测值是否产生影响，各因素水平的样本容量可以相等，也可以不相等. 本节主要介绍单因素方差分析.

11.2.1 单因素方差分析

设有一单因素试验，因素 A 有 r 个不同水平 $A_1,\cdots,A_r$，在水平 A_i 下的试验结果 $y_i \sim N(\mu_i,\sigma^2), i=1,\cdots,r$ 且相互独立. 每个水平 A_i 重复做了 n_i 次试验，所得试验结果 $y_{ij}, j=1,\cdots,n_i$，y_{ij} 表示因素 A 的第 i 水平 A_i 在第 j 次重复试验的**响应值**，则

$$y_{ij}=\mu+\alpha_i+\varepsilon_{ij}, i=1,2,\cdots,r, j=1,\cdots,n_i, \tag{11.2.1}$$

其中 α_i 表示因素 A 在第 i 水平的**主效应**，μ 表示响应的**总均值**，$\sum_{i=1}^{r} n_i\alpha_i=0$，**随机误差** ε_{ij} 独立同分布于 $N(0,\sigma^2)$.

因素 A 的水平对响应 y 是否有显著影响的问题就变为检验假设

$$H_0:\alpha_1=\cdots=\alpha_r=0 \quad \text{vs} \quad H_1:\alpha_1,\cdots,\alpha_r \text{至少有一个不为 } 0$$

是否成立的问题.

由于随机误差的存在，在“相同”条件下做试验其响应不尽相同，它们的波动大小反映了随机误差的大小. 随机误差有时会干扰试验者的视线，甚至会产生误导，一个好的试验设

计应大大降低随机误差的干扰，体现统计试验设计的魅力.

1）离差平方和分解

一组数据的素质，大概可以视其方差而定：方差越小，品质越高. 方差分析将多组数据内部的总变异分解为组内、组间变异两部分，一般情况下，组内变异反映的是随机变异，组间变异反映了随机变异和可能起影响作用的研究因素.

$$
\begin{aligned}
S_T^2 &= \sum_{i=1}^{r}\sum_{j=1}^{n_i}(y_{ij}-\overline{y})^2 = \sum_{i=1}^{r}\sum_{j=1}^{n_i}(y_{ij}-\overline{y}_i+\overline{y}_i-\overline{y})^2 \\
&= \sum_{i=1}^{r}\sum_{j=1}^{n_i}(y_{ij}-\overline{y}_i)^2+\sum_{i=1}^{r}n_i(\overline{y}_i-\overline{y})^2+2\sum_{i=1}^{r}\sum_{j=1}^{n_i}(y_{ij}-\overline{y}_i)(\overline{y}_i-\overline{y}) \\
&= \sum_{i=1}^{r}\sum_{j=1}^{n_i}(y_{ij}-\overline{y}_i)^2+\sum_{i=1}^{r}n_i(\overline{y}_i-\overline{y})^2 = S_e^2+S_A^2,
\end{aligned}
$$

其中 S_T^2 表示响应值的总波动，称为**总离差平方和、总平方和**；S_e^2,S_A^2 分别称为**误差平方和**和**因素 A 的离差平方和**，S_e^2 反映了试验误差引起响应值的波动，也称为**组内平方和**，而 S_A^2 反映了因素 A 水平改变引起的响应值的波动，也称为**组间平方和**.

$S_T^2=S_e^2+S_A^2$ 称为**离差平方和分解公式**.

2）显著性检验

由于 $y_{ij}\sim N(\mu_i,\sigma^2)$，$\overline{y}_i\sim N\left(\mu_i,\dfrac{\sigma^2}{n_i}\right),i=1,\cdots,r$ 及 $\overline{y}\sim N\left(\mu,\dfrac{\sigma^2}{n}\right)$，我们可得

$$
E(S_e^2)=E[\sum_{i=1}^{r}\sum_{j=1}^{n_i}(y_{ij}-\overline{y}_i)^2]=\sum_{i=1}^{r}(n_i-1)\sigma^2=(n-r)\sigma^2,
$$

$$
E(S_A^2)=E[\sum_{i=1}^{r}n_i(\overline{y}_i-\overline{y})^2]=\sum_{i=1}^{r}n_i\alpha_i^2+(r-1)\sigma^2.
$$

当 H_0 成立时，$\dfrac{1}{\sigma^2}S_e^2\sim\chi^2(n-r),\ \dfrac{1}{\sigma^2}S_A^2\sim\chi^2(r-1)$，且相互独立，故

$$
F_A=\frac{S_A^2/(r-1)}{S_e^2/(n-r)}\sim F(r-1,n-r)
$$

给定显著水平 α，拒绝域 $W=\{F_A\geqslant F_{1-\alpha}(r-1,n-r)\}$.

将以上分析过程列为方差分析表，见表 11.2.1.

表 11.2.1　方差分析表

方差来源	离差平方和	自由度	平均离差平方和	F 值	显著性
因素	S_A^2	$r-1$	$S_A^2/(r-1)$	$F_A=\dfrac{S_A^2/(r-1)}{S_e^2/(n-r)}$	
误差	S_e^2	$n-r$	$S_e^2/(n-r)$		
总合	S_T^2	$n-1$			

3）关系强度的测量

实际上，只要组间平方和不等于零，就表明两个变量之间有关系，只是是否显著的问题. 当组间平方和比组内平方和大到一定程度时，就意味着两个变量之间的关系显著，大得越多，表明它们之间的关系就越强，反之则否. 那么怎么度量它们的关系强度呢？可以用组间平方和 S_A^2 占总平方和 S_T^2 的比例大小来反映，这一比例记为 R^2，表明自变量对因变量的影响效应占总效应的比例，即

$$R^2 = \frac{S_A^2}{S_T^2} = \frac{\text{组间平方和}}{\text{总平方和}},$$

其中平方根 R 就可以用来测量两个变量之间的关系强度.

4）多重比较

若 F 检验显著，只表明整个说来因素各水平之间存在显著差异，但并未指明哪些水平间存在显著性差异，因而还必须进一步对水平进行比较，即所谓的多重比较. 在 $r\ (r>2)$ 个水平均值中同时比较任意两个水平均值间有无显著差异的问题称为**多重比较**. 多重比较就是要以显著水平 α 同时检验如下 $\frac{r(r-1)}{2}$ 个假设：

$$H_0^{ij}: \mu_i = \mu_j,\ 1 \leqslant i < j \leqslant r,$$

直观上看当 H_0^{ij} 成立时，$|\overline{y}_i - \overline{y}_j|$ 不应过大，因此拒绝域具有如下形式：

$$W = \bigcup_{1\leqslant i<j\leqslant r} \{|\overline{y}_i - \overline{y}_j| \geqslant c_{ij}\}，\text{且满足 } P(W) = \alpha .$$

在一项试验中，如果指标值大好，通常选取平均指标高的所对应的水平作为较好的方法，指标值小的情况类似. 当这个水平之间存在显著差异时，这样做会取得良好的效果，但当两个水平之间的差异不显著时，从中选择容易操作的水平作为较好的方法，会更经济划算.

多重比较常方法有许多种，这里介绍由费希尔提出的最小显著差异方法（least significant difference），缩写为 LSD，

$$LSD = t_{1-\alpha/2}\sqrt{MSE\left(\frac{1}{n_i}+\frac{1}{n_j}\right)}$$

其中 $t_{1-\alpha/2}$ 为 t 分布的临界值，自由度为 $n-k$，这里的 k 是因素中水平的个数；MSE 为组内方差；n_i, n_j 分别是第 i 个样本和第 j 个样本的样本量.

如果 $|\overline{y}_i - \overline{y}_j| > LSD$，则拒绝 H_0，认为 A_i, A_j 的差异显著，反之则否.

11.2.2 利用 Excel 与 SPSS 进行实例分析

例 11.2.1 为比较五种品牌合成木板的耐久性，对每个品牌取四个样品做摩擦试验，测量磨损掉的板材量，磨损量小的品牌质量是较好的. 木板磨损数据见表 11.1.2.

试用方差分析方法分析五种品牌的平均磨损量是否有显著差异.

表 11.2.2 五种不同品牌的合成木板磨损数据

品牌 1	品牌 2	品牌 3	品牌 4	品牌 5
2.2	2.2	2.2	2.4	2.3
2.1	2.3	2.0	2.7	2.5
2.4	2.4	1.9	2.6	2.3
2.5	2.6	2.1	2.7	2.4

解 对数据进行方差分析可使用 Excel 和 SPSS 软件.

(1)利用 Excel 实现单因素方差分析.

在 Excel 中，单因素方差分析的数据组织方式是：由三个或三个以上的按列（按行）排列的相邻数据区域组成，每列或每行代表一个样本.

① 选择"工具"下列菜单，并选择"数据分析"选项.

② 在分析工具中选择"单因素方差分析"，然后单击"确定".

③ 当对话框出现时，在"输入区域"方框中输入数据单元格区域 A2：E5；在"α"方框内输入 0.05（可根据需要确定）；在"输出选项"方框中选择"输出区域"，并输入目标区域. 结果如图 11.2.1 所示.

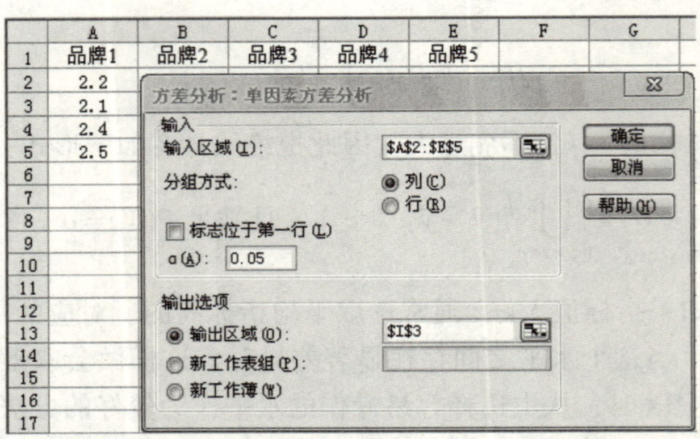

图 11.2.1 方差分析：单因素方差分析对话框

④ 单击"确定"后，得到输出结果，见表 11.2.3.

表 11.2.3 Excel 输出的单因素方差分析结果

方差分析：单因素方差分析						
SUMMARY						
组	观测数	求和	平均	方差		
列 1	4	9.2	2.3	0.033333		
列 2	4	9.5	2.375	0.029167		
列 3	4	8.2	2.05	0.016667		
列 4	4	10.4	2.6	0.02		
列 5	4	9.5	2.375	0.009167		
方差分析						
差异源	SS	df	MS	F	P-value	F crit
组间	0.623	4	0.15575	7.188462	0.001932	3.055568
组内	0.325	15	0.021667			
总计	0.948	19				

表中“SUMMARY”部分是有关样本的一些描述统计量，它们可以作为方差分析的参考信息.“方差分析”部分为方差分析表，其中 SS 表示平方和，df 为自由度，MS 表示均方，F 为检验统计量，P-value 为用于检验的 p 值，F crit 为给定的 α 水平下的临界值.

在进行决策时，可以直接利用方差分析表中的 p 值与显著性水平 α 的值进行比较. 若 $p<\alpha$，则拒绝 H_0，反之则否. 本例中 $p=0.001932<\alpha=0.05$，所以拒绝 H_0，认为五种品牌的平均磨损量有显著差异.

$R^2=\dfrac{0.623}{0.948}=0.6572$，表明品牌对磨损量的影响效应占总效应的 65.72%，也就是说，品牌对磨损量差异的解释的比例达到了 65.72%，而其他因素（残差变量）所解释的比例为 34.28%.

Excel 的方差分析结果比较简单，如果想进一步分析，可借助 SPSS.

（2）利用 SPSS 实现单因素方差分析

在 SPSS 中，单因素方差分析的数据组织方式是：先把各个水平的样本数据（分析变量、定量变量、数值型数据）放在一列中，另一列（Factor、因素、分组变量、分类变量、分类数据）标明这些数据分别属于哪个水平的样本（通过因素的不同取值来区分水平的样本）.

① 启动 SPSS 软件，选择分析（Analyze）|比较均值（Compare Means）|单因素 ANOVA（One-Way ANOVA）命令，打开“单因素 ANOVA”对话框，将左侧列表中的“mosun”移入“因变量列表（Dependent List）”框，将“pinpai”选入“因子(Factor)”文本框. 如图 11.2.2 所示.

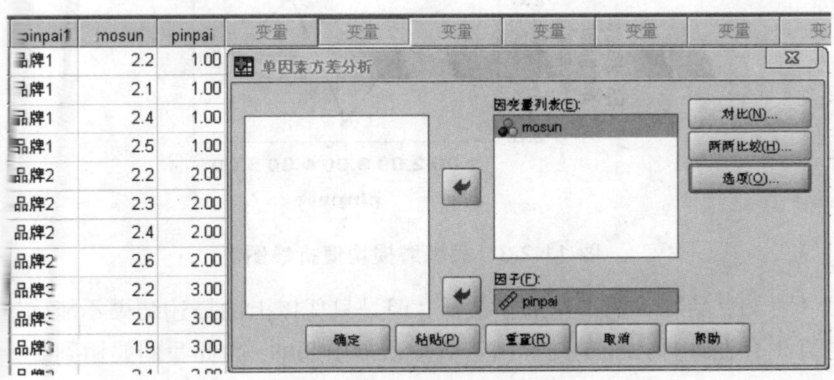

图 11.2.2 SPSS 单因素方差分析

② 单击“两两比较”按钮，在出现的对话框中，选中复选框“假定方差齐性的 LSD”，“未假定方差齐性的 Tamhane’ s T2”.

③ 单击“选项（Optitions）”按钮，在出现的对话框中选中“描述性（Descriptive）”复选框和“方差同质性检验（Homogeneity-of-variance）”复选框，单击“继续（Continue）”和“确定（OK）”按钮.

在 SPSS 中，我们也可采用如下方式进行方差分析：

① 选择“分析（Analyze）”→“一般线性模型（General Linear Models，GLM）”→“单变量”，打开“单变量”对话框，将左侧列表中的“mosun”移入“因变量”列表框，将“pinpai”移入“固定因子”文本框.

② 单击“两两比较”按钮，在出现的对话框中，选中复选框“假定方差齐性的 LSD”，“未假定方差齐性的 Tamhane’s T2”. 单击“选项（Optitions）”按钮，在出现的对话框中选中“描述性（Descriptive）”复选框和“差同质性检验(Homogeneity-of-variance)”复选框，将显著性水平改为 0.1，单击“继续（Continue）”和“确定（Ok）”按钮.

方差齐性检验：要求用 Leven 统计量进行方差一致性检验，该方法不依赖于正态假设，即不要求样本一定服从正态分布.

部分运行结果如下：

表 11.2.4 方差齐次检验

Test of Homogeneity of Variances			
mosun			
Levene Statistic	df1	df2	Sig.
.696	4	15	.606

由表 11.2.4 可知，方差齐性 Levene 检验，这是一种非参数检验方法，与 F 检验类似，但不依赖于正态性假设，比 F 检验更稳健. 从检验结果看 Sig = 0.606 > 0.1，未违反方差同构假定，可认为方差齐次.

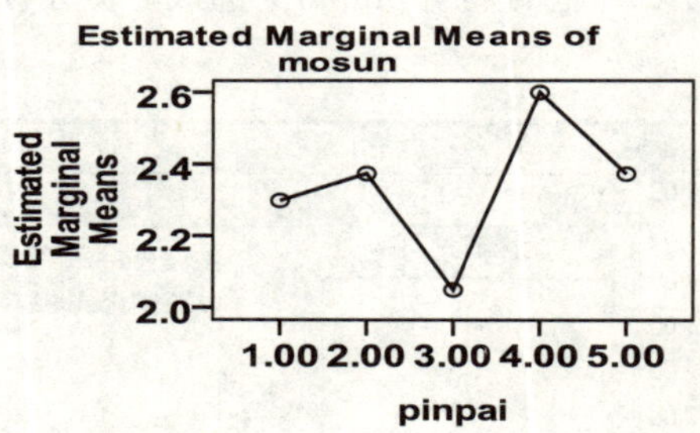

图 11.2.3 品牌磨损均值折线图

由图 11.2.3 可知，品牌 3 的平均磨损最低，但是只凭以上的描述结果不能确定磨损量平均值的差别是否真正存在差异，还是纯粹由于偶然误差引起的. 为此我们要用到统计检验方法.

表 11.2.5 SPSS 方差分析表

ANOVA					
mosun					
	Sum of Squares	df	Mean Square	F	Sig.
Between Groups	.623	4	.156	7.188	.002
Within Groups	.325	15	.022		
Total	.948	19			

由表 11.2.5 知，用于判定组间方差和组内方差是否存在显著差异的 $F = 7.188$，用于判定该差异是否显著的 $p = 0.002 < 0.05$，所以应拒绝总体均值相等的原假设，即在显著性水平

$\alpha=0.05$下各个品牌的平均磨损量有显著差异.

表 11.2.6 SPSS 多重方差分析

Multiple Comparisons							
Dependent Variable:mosun							
	(I) pinpai	(J) pinpai	Mean Difference (I-J)	Std. Error	Sig.	90% Confidence Interval	
						Lower Bound	Upper Bound
LSD	1.00	2.00	−.0750	.1041	.482	−.257	.107
		3.00	.2500*	.1041	.030	.068	.432
		4.00	−.3000*	.1041	.011	−.482	−.118
		5.00	−.0750	.1041	.482	−.257	.107
	2.00	1.00	.0750	.1041	.482	−.107	.257
		3.00	.3250*	.1041	.007	.143	.507
		4.00	−.2250*	.1041	.047	−.407	−.043
		5.00	.0000	.1041	1.000	−.182	.182
	3.00	1.00	−.2500*	.1041	.030	−.432	−.068
		2.00	−.3250*	.1041	.007	−.507	−.143
		4.00	−.5500*	.1041	.000	−.732	−.368
		5.00	−.3250*	.1041	.007	−.507	−.143
	4.00	1.00	.3000*	.1041	.011	.118	.482
		2.00	.2250*	.1041	.047	.043	.407
		3.00	.5500*	.1041	.000	.368	.732
		5.00	.2250*	.1041	.047	.043	.407
	5.00	1.00	.0750	.1041	.482	−.107	.257
		2.00	.0000	.1041	1.000	−.182	.182
		3.00	.3250*	.1041	.007	.143	.507
		4.00	−.2250*	.1041	.047	−.407	−.043
*. The mean difference is significant at the 0.1 level.							

由表 11.2.6 可知品牌 1 与品牌 3，4 显著差异，与品牌 2，5 没有显著差异. 品牌 2 与品牌 3，4 显著差异，与品牌 1，5 没有显著差异. 品牌 3 与其他品牌都有显著差异，其他可类似分析

① 品牌 3 的平均磨损情况明显的比其余四种品牌的平均磨损情况要好.

② 品牌 4 的平均磨损情况明显的比其余四种品牌的平均磨损情况要差.

③ 从平均磨损情况看，品牌 1，2，5 彼此无显著差异，但比品牌 4 明显的好，比品牌 3 明显的差.

这些差异直观上看是合理的，因为在最初概括数据时就已经注意到了，但现在就知道这些差异比纯粹的随机误差要大. 如果不做统计检验就只能知道它们似乎不同，但不知道有多大把握说明真的有差异.

11.3 两因素方差分析

单因素方差分析讨论了影响指标Y的因素只有一个时的统计推断问题，但在实践中，影响指标的因素往往是多个，例如，分析影响彩电销售量的因素时，需要考虑品牌、销售地区、价格、质量等多个因素的影响. 当方差分析中涉及两个分类型自变量时，称为**两因素方差分析**（双因素方差分析）.

本节主要介绍两因素方差分析.

11.3.1 两因素方差分析

所谓交互作用就是因素各水平之间的一种联合搭配作用. 一般在两因素试验中，如果一个因素A对指标的影响与另一因素B取什么水平有关，则称这两个因素A,B有**交互作用**. 这种关系越密切，交互作用就越大，我们用$A\times B$表示A,B的交互作用.

对于两因素情况，采用最简单的设计——**全面试验**，即两个因素的所有可能水平都搭配做试验. 设有两个因素A,B，因素A有r个水平$A_1,\cdots,A_r$，因素B有s个水平$B_1,\cdots,B_s$，在A,B的每一种组合水平(A_i,B_j)下做l次试验，试验结果为$y_{ij}, i=1,\cdots,r, j=1,\cdots,s$且相互独立，这样共得到$rs$个试验结果（见表 11.3.1）. 试问，$A,B$，$A\times B$对响应$y$是否有显著影响？对于显著的因素，显著差异存在哪些水平对？交互作用显著时，因素的哪些水平搭配较好？

表 11.3.1

A \ B	B_1	B_2	…	B_s
A_1	$y_{111},y_{112},\cdots,y_{11l}$	$y_{121},y_{122},\cdots,y_{12l}$	…	$y_{1s1},y_{1s2},\cdots,y_{1sl}$
A_2	$y_{211},y_{212},\cdots,y_{21l}$	$y_{221},y_{222},\cdots,y_{22l}$	…	$y_{2s1},y_{2s2},\cdots,y_{2sl}$
⋮	⋮	⋮		⋮
A_r	$y_{r11},y_{r12},\cdots,y_{r1l}$	$y_{r21},y_{r22},\cdots,y_{r2l}$	…	$y_{rs1},y_{rs2},\cdots,y_{rsl}$

记

$$\overline{y}_{ij\cdot}=\frac{1}{l}\sum_{k=1}^{l}y_{ijk}\ ,\quad \overline{y}_{i\cdot\cdot}=\frac{1}{sl}\sum_{j=1}^{s}\sum_{k=1}^{l}y_{ijk}\ ,\quad \overline{y}_{\cdot j\cdot}=\frac{1}{rl}\sum_{i=1}^{r}\sum_{k=1}^{l}y_{ijk}\ ,\quad \overline{y}=\frac{1}{rsl}\sum_{i=1}^{r}\sum_{j=1}^{s}\sum_{k=1}^{l}y_{ijk}\ ,$$

则两因素等重复试验方差分析的数学模型为

$$y_{ijk}=\mu+\alpha_i+\beta_j+\delta_{ij}+\varepsilon_{ijk}\ ,\ i=1,\cdots,r,j=1,\cdots,s,k=1,\cdots,t\ , \tag{11.3.1}$$

其中ε_{ijk}独立同分布于正态分布$N(0,\sigma^2)$，α_i表示因素A第i水平A_i的主效应，β_j表示因素B第j水平的主效应，δ_{ij}表示A_iB_j搭配交互作用$A\times B$的效应，满足

$$\sum_{i=1}^{r}\alpha_i=0,\ \sum_{j=1}^{s}\beta_j=0,\ \sum_{i=1}^{r}\sum_{j=1}^{s}\delta_{ij}=0\ .$$

因此$A,B,A\times B$影响是否显著的问题就转化为检验假设

$$H_{01}:\alpha_1=\alpha_2=\cdots=\alpha_r=0\ \text{vs}\ H_{11}:\alpha_1,\alpha_2,\cdots,\alpha_r\ 至少一个不为\ 0,$$

$$H_{02}:\beta_1=\beta_2=\cdots=\beta_r=0 \text{ vs } H_{12}:\beta_1,\beta_2,\cdots,\beta_r \text{至少一个不为} 0,$$

$$H_{03}:\delta_{11}=\delta_{12}=\cdots=\delta_{rs}=0 \text{ vs } H_{13}:\delta_{11},\delta_{12},\cdots,\delta_{rs} \text{至少一个不为} 0,$$

是否成立的问题.

与单因素方差分析类似，首先做离差平方和的分解，即

$$S_T^2=S_e^2+S_A^2+S_B^2+S_{A\times B}^2,$$

这就是平方和分解公式，其中

$$S_T^2=\sum_{i=1}^{r}\sum_{j=1}^{s}\sum_{k=1}^{l}(y_{ijk}-\overline{y})^2,\quad S_A^2=sl\sum_{i=1}^{r}(\overline{y}_{i\cdot\cdot}-\overline{y})^2,\quad S_B^2=rl\sum_{j=1}^{s}(\overline{y}_{\cdot j\cdot}-\overline{y})^2,$$

$$S_{A\times B}^2=l\sum_{i=1}^{r}\sum_{j=1}^{s}(\overline{y}_{ij\cdot}-\overline{y}_{i\cdot\cdot}-\overline{y}_{\cdot j\cdot}+\overline{y})^2,\quad S_e^2=\sum_{i=1}^{r}\sum_{j=1}^{s}\sum_{k=1}^{l}(y_{ijk}-\overline{y}_{ij\cdot})^2.$$

记 $f_T=rsl-1$ $f_A=r-1$，$f_B=s-1$，$f_{A\times B}=(r-1)(s-1)$，$f_e=rs(l-1)$，可以证明，在 H_{01},H_{02},H_{03} 成立的条件下，

$$F_A=\frac{S_A^2/f_A}{S_e^2/f_e}\sim F(f_A,f_e),\quad F_B=\frac{S_B^2/f_B}{S_e^2/f_e}\sim F(f_B,f_e),\quad F_{A\times B}=\frac{S_{A\times B}^2/f_{A\times B}}{S_e^2/f_e}\sim F(f_{A\times B},f_e).$$

对给定显著水平 α，

若 $F_A\geqslant F_{1-\alpha}(f_A,f_e)$，则因素 A 影响显著；

若 $F_B\geqslant F_{1-\alpha}(f_B,f_e)$，则因素 B 影响显著；

若 $F_{A\times B}\geqslant F_{1-\alpha}(f_{A\times B},f_e)$，则交互作用 $A\times B$ 影响显著.

当 $l=1$ 时，两因素等重复试验方差分析也称为**两因素不重复试验方差分析**，此时 $S_{A\times B}^2=0$，不存在交互作用.

11.3.2 利用 Excel 与 SPSS 进行实例分析

例 11.3.1 在水稻试验问题中，我们考察的因素有水稻品种 A 和施肥量 B，考察的指标为水稻的产量 Y. 设因素 A 有三个水平：A_1（窄叶青），A_2（珍珠矮），A_3（江二矮）；因素 B 有四个水平：B_1（无肥），B_2（低肥），B_3（中肥），B_4（高肥）. 对这 12 种搭配的每一种在两块试验田上做试验. 每一块试验田分为 12 块面积相同的小田，随机地安排 12 种搭配条件进行试验. 小田的产量数据见表 11.3.2.

表 11.3.2 水稻的产量数据

因素 A / 因素 B	B_1（无肥）	B_2（低肥）	B_3（中肥）	B_4（高肥）
A_1（窄叶青）	19.3，19.2	24.0，27.3	26.0，28.5	27.8，28.5
A_2（珍珠矮）	21.7，22.6	27.5，30.3	29.0，28.7	30.2，29.8
A_3（江二矮）	20.0，20.1	24.2，27.3	24.5，27.1	28.1，27.7

请对数据进行方差分析，回答以下问题：（显著性水平 α=0.05）

（1）不同稻种对产量是否有显著影响？哪些稻种更好些？

（2）不同的施肥量对产量是否有明显的影响？最合适的施肥量是多少？

（3）稻种和施肥量对产量的影响哪个更大些？

（4）稻种和施肥量有无交互作用？

（5）使产量达到最高的生产条件是什么？

解　由于双因素方差分析计算复杂，我们可以直接利用 Excel 和 SPSS 实现双因素方差分析.

（1）利用 Excel 实现双因素方差分析.

① 选择“工具”下拉菜单，并选择“数据分析”选项.

② 在分析工具中选择“方差分析：可重复双因素分析”，然后单击“确定”.

③ 当对话框出现时，在“输入区域”方框中输入数据单元格区域 A1：E7；在“α”方框内输入 0.05（可根据需要确定）；在“每一个样本的行数”方框内输入 2；在“输出选项”方框中选择“输出区域”，并输入目标区域. 结果如图 11.3.1 所示.

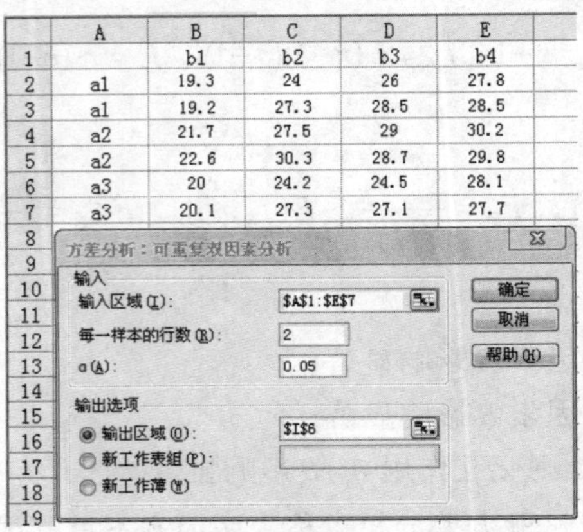

图 11.3.1　方差分析：可重复双因素分析

④ 单击“确定”后，得到输出结果（见表 11.3.3～11.3.4）.

表 11.3.3　方差分析 SUMMARY 表

方差分析：可重复双因素分析					
SUMMARY	b1	b2	b3	b4	总计
a1					
观测数	2	2	2	2	8
求和	38.5	51.3	54.5	56.3	200.6
平均	19.25	25.65	27.25	28.15	25.075
方差	0.005	5.445	3.125	0.245	15.10214
a2					
观测数	2	2	2	2	8
求和	44.3	57.8	57.7	60	219.8
平均	22.15	28.9	28.85	30	27.475
方差	0.405	3.92	0.045	0.08	11.67929
a3					
观测数	2	2	2	2	8
求和	40.1	51.5	51.6	55.8	199
平均	20.05	25.75	25.8	27.9	24.875
方差	0.005	4.805	3.38	0.08	10.91071
总计					
观测数	6	6	6	6	
求和	122.9	160.6	163.8	172.1	
平均	20.48333	26.76667	27.3	28.68333	
方差	1.877667	5.566667	3.172	1.133667	

表 11.3.4 方差分析表

方差分析						
差异源	SS	df	MS	F	P-value	F crit
样本	33.49333	2	16.74667	9.329619	0.003595	3.885294
列	238.5883	3	79.52944	44.3061	9.11E-07	3.490295
交互	3.716667	6	0.619444	0.345094	0.899507	2.99612
内部	21.54	12	1.795			
总计	297.3383	23				

注：无重复双因素分析步骤同单因素方差分析，只需将第（2）步中“单因素方差分析”改为“方差分析：无重复双因素分析”即可.

根据方差分析表可得：

① 因素 a 的 $F = 9.329619$，$p = 0.003595 < 0.05$，在显著性水平 $\alpha = 0.05$ 下不同稻种的平均产量有显著差异，最好的稻种是 A_2.

② 因素 b 的 $F = 44.3061$，$p = 9.11\text{E}-07 < 0.05$，在显著性水平 $\alpha = 0.05$ 下不同施肥量的平均产量有显著差异，最佳的施肥量为 B_4.

③ 因为 $9.11\text{E}-07 < 0.003595$，所以施肥量比不同稻种对产量影响更大.

④ 因素 a*b 的 $F = 0.345094$，$p = 0.899507 > 0.05$，在显著性水平 $\alpha = 0.05$ 下两因素无交互作用.

（2）利用 SPSS 实现双因素方差分析.

① 启动 SPSS，选择“分析”→“一般线性模型”→“单变量”，将左侧列表中“y”移入“因变量”，“a”，“b”移入“固定因子”文本框. 如图 11.3.2 所示.

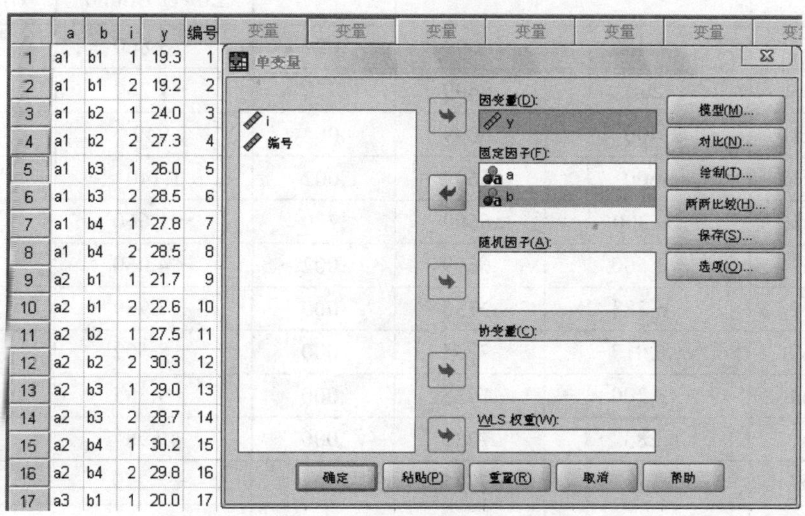

图 11.3.2 SPSS 单变量对话框

② 单击“两两比较”按钮，在出现的对话框中，选中复选框“假定方差齐性的 LSD”，“未假定方差齐性的 Tamhane's T2”.

③ 单击“选项（Optitions）”按钮，在出现的对话框中选中“描述性（Descriptive）”复选框和“方差同质性检验(Homogeneity-of-variance)”复选框，单击“继续（Continue）”和“确定（OK）”按钮.

部分输出结果见表 11.3.5 ~ 11.3.6 和图 11.3.4.

表 11.3.5　SPSS 水稻产量数据的方差分析表

Tests of Between-Subjects Effects					
Dependent Variable:y					
Source	Type III Sum of Squares	df	Mean Square	F	Sig.
Corrected Model	275.798[a]	11	25.073	13.968	.000
Intercept	15985.682	1	15985.682	8905.672	.000
a	33.493	2	16.747	9.330	.004
b	238.588	3	79.529	44.306	.000
a * b	3.717	6	.619	.345	.900
Error	21.540	12	1.795		
Total	16283.020	24			
Corrected Total	297.338	23			
a. R Squared = .928 (Adjusted R Squared = .861)					

表 11.3.6　SPSS 水稻产量数据的相互比较分析表

Multiple Comparisons						
y　LSD						
(I) a	(J) a	Mean Difference (I-J)	Std. Error	Sig.	95% Confidence Interval	
					Lower Bound	Upper Bound
a1	a2	−2.400*	.6699	.004	−3.860	−.940
	a3	.200	.6699	.770	−1.260	1.660
a2	a1	2.400*	.6699	.004	.940	3.860
	a3	2.600*	.6699	.002	1.140	4.060
a3	a1	−.200	.6699	.770	−1.660	1.260
	a2	−2.600*	.6699	.002	−4.060	−1.140
b1	b2	−6.283*	.7735	.000	−7.969	−4.598
	b3	−6.817*	.7735	.000	−8.502	−5.131
	b4	−8.200*	.7735	.000	−9.885	−6.515
b2	b1	6.283*	.7735	.000	4.598	7.969
	b3	−.533	.7735	.504	−2.219	1.152
	b4	−1.917*	.7735	.029	−3.602	−.231
b3	b1	6.817*	.7735	.000	5.131	8.502
	b2	.533	.7735	.504	−1.152	2.219
	b4	−1.383	.7735	.099	−3.069	.302
b4	b1	8.200*	.7735	.000	6.515	9.885
	b2	1.917*	.7735	.029	.231	3.602
	b3	1.383	.7735	.099	−.302	3.069

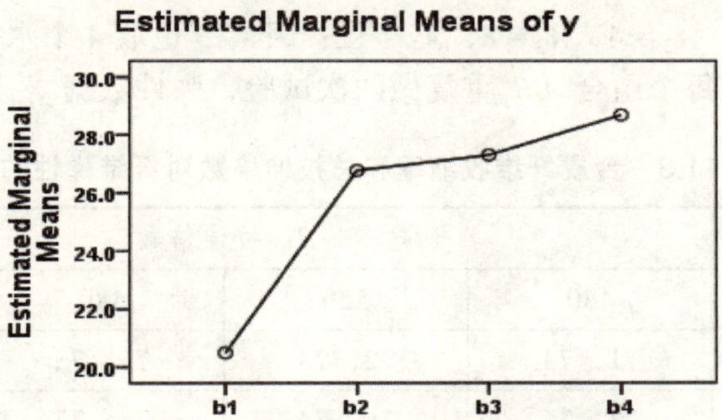

图 11.3.4 水稻品种和施肥量的平均产量

由表 11.3.1 可知，因素 a 与因素 b 的显著性水平 Sig<0.05，故拒绝原假设，即因素 a 与 b 对平均产量有显著影响；交互作用 a * b 的显著性水平 Sig = 0.9>0.05，故接受原假设，即交互作用 a * b 对平均产量没有显著影响，因此在分析时，可不考虑交互作用.

图 11.3.4 反映了水稻品种和施肥量的平均产量. 三条线基本平行，没有交叉，说明水稻品种和施肥量不存在交互影响. 从图形可以看出，产量最高的生产条件为 a_2 和 b_4. 决策是多目标的，我们不仅要考虑产量最高，还要考虑经济成本及可操作性，故也可考虑次优生产条件 a_2 和 b_3，因为因素 b_3,b_4 无显著差异.

习题 11

1. 单因素方差分析与两因素方差分析有什么异同？

2. 重复测量方差分析中的重复测量设计有什么优缺点？

3. 以下是三个地区家庭人口数的抽样调查数据，见表 11.1：

表 11.1 三个地区家庭人口数（个）

甲地	2	6	4	13	5	8	4	6		
乙地	6	4	4	1	8	2	12	1	5	2
丙地	2	1	3	3	1	7	1	4	2	

试用方差分析方法分析三个地区的家庭平均人口数是否有显著差异（$\alpha=0.10$）.

4. 已知某大学大一至大三学生每周锻炼时间调查数据见表 11.2.

表 11.2 大学生每周锻炼时间（小时）

大一	7	7	5	7	5	3	4	7	5	6
大二	4	3	5	6	6	6	7	7	6	6
大三	5	5	8	5	4	6	6	7	5	3

在显著水平为 0.05 的情况下检验学生年级对每周锻炼时间是否有显著影响.

5. 考虑合成纤维收缩率（因素 A）和总拉伸倍数（因素 B）对纤维弹性 y 的影响. 因素

A 取 4 个水平：$A_1 = 0$，$A_2 = 4$，$A_3 = 8$，$A_4 = 12$；因素 B 也取 4 个水平：$B_1 = 460$，$B_2 = 520$，$B_3 = 580$，$B_4 = 640$. 在每个组合 A_iB_j 重复做两次试验，弹性数据 y_{ijt} 见表 11.3

表 11.3　合成纤维收缩率和总拉伸倍数对纤维弹性的影响

A：收缩率	B：拉伸倍数			
	460	520	580	640
0	71，73	72，73	75，73	77，75
4	73，75	76，74	78，77	74，74
8	76，73	79，77	74，75	74，73
12	75，73	73，72	70，71	69，69

请对数据进行方差分析，回答以下问题（显著性水平 $\alpha = 0.05$）：

（1）收缩率（因素 A）、拉伸倍数（因素 B）对弹性 y 有无显著性影响?

（2）因素 A 和因素 B 是否有交互作用?

（3）使纤维弹性达到最大的生产是什么?

12 相关与回归分析

方差分析是研究分类型自变量与数值型因变量之间关系的分析方法，本章主要介绍数值型自变量与数值型因变量之间关系的分析方法，这就是相关与回归分析. 相关与回归分析是确定两种或两种以上变量间相互依赖的定量关系的一种统计分析方法，可分为：

（1）按照涉及变量的多少，如果研究的是两个变量之间的关系，称为**简单相关回归分析**；如果研究的是两个以上变量之间的关系，称为**多元相关与回归分析**.

（2）按照变量之间的关系类型，可分为**线性和非线性相关与回归分析**.

本章首先介绍变量间的统计关系，然后介绍一元与多元线性回归分析，案例主要运用目前国内流行的 Excel 实现，所讲述的方法都结合实例介绍软件的实施过程.

12.1 变量间的统计关系

考察变量之间的数量关系是现代科学方法的基本手段，起源于伽利略，随后在物理学和工程学得到广泛应用并取得了巨大成功. 从 18 世纪开始，这种方法逐渐影响到几乎所有学科. 分析的基本程序为：确认需要研究的变量→获取变量的一系列观察值→研究这些观测值之间的关系→建立变量之间的关系.

本节由变量间的关系，引申出社会经济与自然科学等现象中的相关与回归问题，并扼要介绍回归分析的由来及主要研究内容.

12.1.1 两个变量的相关关系

世间万物皆有联系，社会经济和自然科学等现象之间的相互联系和制约也是一个普遍规律，例如蝴蝶效应. 由于可以用变量来衡量这些现象，因此现象之间的联系就可利用变量之间的关系进行衡量.

我们熟悉的是变量之间的函数关系 $y = f(x)$，即这两个变量之间存在**因果关系**，可以认为解释变量 x 决定了被解释变量 y 的取值. 例如，一个保险公司承保汽车 5 万辆，每辆保费收入 1000 元，则该保险公司承保该项业务总收入为 5000 万元. 如果把承保总收入记为 y，承保汽车辆数为 x，则 $y = 1000x$，x, y 两个变量间完全表现为一种**确定性的关系**，即**函数关系**. 物理学中的自由落体距离公式、初等数学中许多计算公式都是变量间的函数关系.

然而，在现实世界中，还有不少情况是两个事物之间有着密切的联系，但它们密切的关联程度并没有达到一个可以完全确定另一个的程度. 下面，我们看几个例子.

（1）父亲与儿子身高之间的关系. 一般来说，父子身高是同向变化的，但儿子身高受多种因素影响，比如母亲的身高、后天营养和锻炼等，所以很难用父亲的身高准确预测儿子的身高. 只能说，在一般情况下，父亲身高越高，儿子身高也越高.

（2）男性身高与收入之间的关系. 一般来说，男性身高越高，身体越强壮，形象越好. 心理学上的研究也表明，身材高大的人常常被认为是强大、自信和有战胜对手的能力. 因此高个子在工作升迁和工资待遇上普遍比矮个子占优势，获得的收入也越高. 但是，身高并不能完全确定收入，收入受很多因素影响，如智商、家庭背景、运气等. 身高与收入的关系反应的只是平均值，而对于社会精英人物来说，这一关系似乎不那么有效，故只能说，在一般情况下，男性身高越高，收入也越高.

（3）粮食产量 y 与施肥量 x 之间有着密切的关系. 在一定范围内，施肥量越多，粮食产量越高. 但是，施肥量并不能完全确定粮食产量，因为粮食产量还与其他因素的影响有关，如降雨量、温度、害虫、田间管理水平等.

（4）在某固定年份居民收入 x 和消费额 y 之间的关系. 一般来说，居民收入越高，其消费额也越高，但影响消费的因素很多，比如消费习惯、心理因素、物价水平等. 这样变量 y 与变量 x 就是一种非确定的关系.

以上变量间关系的一个共同特点就是它们之间具有密切关系，但不是一种确定关系. 由于问题的复杂性，使得另外一个或一些变量具有一定的随机性，因此当一个或一些变量取定值后，不能以确定值与之对应. 在统计推断中，我们把上述具有密切关系，但又不能由某一个或某一些变量唯一确定另外一个变量的关系，称为变量之间的**统计关系**或**相关关系**.

相关关系虽然不能用函数关系式精确表达，但变量之间并非毫无规律可循，它们遵循统计规律，相关与回归分析正是描述和探求这种规律的统计分析方法. 但是确定性关系和相关关系之间并非有不可逾越的鸿沟. 由于测量误差等原因，确定性关系在实际中往往通过相关关系表现出来，而当对事物内部规律的了解更加深入时，相关关系又可能转化为确定性关系.

这种统计关系规律性的研究是统计学中的主要研究对象. 现代统计学关于统计关系的研究已形成两个重要分支：**相关分析**和**回归分析**. 它们相互结合和渗透，但研究的侧重点和应用面不同，主要区别是：

（1）在回归分析中，变量 y 是因变量，处在被解释的特殊地位，但在相关分析中，变量 x,y 处于平等的地位，即研究变量 y 与变量 x 的密切程度与研究变量 x 与变量 y 的密切程度是一回事.

（2）在回归分析中，因变量 y 是随机变量，自变量 x 是确定变量，但在相关分析中，因变量 y 是随机变量，自变量 x 可以是随机变量，也可以是确定变量.

（3）相关分析研究是为了刻画两类变量间线性相关的密切程度，而回归分析不仅可以揭示变量 x 对变量 y 的影响大小，还可以由回归方程进行预测和控制.

相关分析的目的就是为了揭示变量之间的相关关系，回归分析则是明确变量之间相关性的基础上，侧重变量之间的因果关系，以模型构建的方式对因变量进行预测或估计. 由于相关分析与回归分析的研究侧重点不同，所以它们的研究方法也大不相同. 目前，回归分析已经成为现代统计学中应用最广泛、研究最活跃的一个独立分支.

思考：女性胖瘦与收入的统计关系是什么？

12.1.2 相关关系的描述、测度与检验

在进行相关关系分析中，首先需要绘制散点图来判断变量之间的关系形态，如果是线性关系，则可以利用相关系数来测度两个变量之间的关系强度，然后对相关系数进行显著性检验，以判断样本所反映的关系是否代表两个总体上的关系.

1）散点图

通常，研究相关问题首先要收集与它有关的n组样本数据$(x_i,y_i),i=1,\cdots,n$，用直观方式把这些数据展示出来可以帮助我们对数据获得清晰的整体映象. 定性分析是利用图表方法对变量之间的关系进行解释的方法，在两个变量关系的研究中，最常用的是散点图.

对于两个变量x,y，通过观察或试验可得到若干组数据，记为$(x_i,y_i),i=1,\cdots,n$. 用坐标轴的横轴代表变量x，纵轴代表变量y，每组数据(x_i,y_i)在坐标系中用一个点表示，n组数据在坐标系中形成n个点，称为**散点**，由坐标及其散点形成的二维数据图称为**散点图**. 在绘制散点图时应注意以下几点：

（1）要注意对数据进行正确的分层，否则可能作出错误的判断.

（2）观察是否有异常点或离群点的出现，对于异常点，就查明发生的原因，慎重处理.

（3）当收集到的数据较多时，易出现重复数据，在制图过程中，可用双重圈、多重圈或在点的右上方注明重复次数.

（4）相关分析所得的结论应注意数据的取值范围.

散点分析的局限性在于，受相关程度高低的影响，相关度越低，预测效果越差. 由于缺乏客观的统一判定标准，关于可靠性较低，在散点分析中也只能说是一种定性判断.

2）相关系数

通过散点图可以判断两个变量之间有无相关关系，并对变量的关系形态作出大致描述，但散点图不能反映变量之间的关系强度，因此，为准确度量两个变量之间的关系强度，需要计算相关系数.

观测数据$(x_i,y_i),i=1,2,\cdots,n$的**样本相关系数**

$$r=\frac{\sum_{i=1}^{n}(x_i-\overline{x})(y_i-\overline{y})}{\sqrt{\sum_{i=1}^{n}(x_i-\overline{x})^2}\sqrt{\sum_{i=1}^{n}(y_i-\overline{y})^2}}=\frac{\sum_{i=1}^{n}x_iy_i-n\overline{x}.\overline{y}}{\sqrt{\left(\sum_{i=1}^{n}x_i^2-n\overline{x}^2\right)}\sqrt{\left(\sum_{i=1}^{n}y_i^2-n\overline{y}^2\right)}},$$

其中$\overline{x}=\frac{1}{n}\sum_{i=1}^{n}x_i$. 按上述公式计算的相关系数也称为**线性相关系数**，或称为 Pearson **相关系数**，它可以定量描述两个变量X,Y之间的线性关系密切程度.

相关系数的性质可总结如下：

（1）相关系数$-1\leqslant r\leqslant 1$. 当$r=\pm 1$时，说明变量X,Y完全线性相关，即X,Y之间存在确定的线性函数关系，这时所有数对$(x_i,y_i),i=1,2,\cdots,n$严格落在一条直线上. 当$r=0$时，说明变量X,Y完全没有线性相关关系，数据点的分布一般是不规则的. 当$0<|r|<1$时，说明变量X,Y之间存在一定线性关系. 若$0<r\leqslant 1$，表明X,Y之间存在正线性相关关系；若$-1\leqslant r<0$，表明X,Y之间存在负线性相关关系.

（2）r具有对称性. X,Y之间的相关系数r_{XY}与Y,X之间的相关系数r_{YX}相等，即$r_{XY}=r_{YX}$.

（3）r数值大小与X,Y的原点及尺度无关，改变X,Y的数据原点及计量尺度，并不改变r的数值大小.

（4）r仅仅是X,Y之间的线性关系的一个度量，它并不描述非线性关系. $r=0$仅说明变量X,Y没有线性相关关系，并不说明变量之间没有任何关系，它们之间可能存在非线性关系.

变量之间的非线性相关程度较大时，就可能会导致 $r=0$，因此，当 $r=0$ 或很小，不能轻易得出两个变量之间不存在相关关系的结论，而应结合散点图做出合理解释.

（5）相关系数 $r\neq 0$ 不一定意味着 X,Y 一定有因果关系. 必须强调的是，如果两个变量在统计意义下具有显著的线性相关关系，它们之间的真实关系依然有下列三种可能：

第一，虚假相关，即从观测的统计数据来看存在相关关系，但实际上两个变量相互独立、互不影响或者受到某个共同变量的影响，可记为 $X-Y$.

第二，统计相关，实际上也相关，可记为 $X\leftrightarrow Y$. 两个变量之间的关系是“鸡生蛋，蛋生鸡”的关系.

第三，存在实际的因果关系，前者是对其他变量发生影响的变量，后者是我们希望解释说明的变量，可记为 $X\to Y$. 区分因果关系中的被解释变量与解释变量不是一个简单的问题，比如公鸡打鸣和太阳东升的关系. 在科学证据不足的情况下，有充分的理由认为是公鸡叫醒了太阳，所谓是“雄鸡一唱天下白”，因为古时候，人们发现公鸡一打鸣，太阳才上山. 现在人们知道，这是不科学的.

严格来说，两个变量之间线性相关系数要求两个变量的联合分布是二维正态分布. 当变量不满足正态分布要求时，或者所研究的变量不是数量型变量时，线性相关系数的相关分析就不宜使用，这时可以用 Spearman 等级相关系数做出相关性分析. 对于样本容量为 n 的随机变量 X,Y，如果 X,Y 的取值可分为 n 个等级，而且样本 n 个单位分别不重复地属于 X,Y 的不同等级，没有两个单位取相同等级的情况，用 d_i 表示样本单位属于 X 的等级与 Y 的等级的级差. Spearman 等级相关系数的计算公式为

$$r_s=1-\frac{6\sum d_i^2}{n(n^2-1)}.$$

样本等级相关系数的取值范围是 $-1\leqslant r_s\leqslant 1$. 当 $r_s=1$，说明样本等级完全正相关；当 $r_s=-1$，说明样本等级完全负相关；当 $r_s=0$，说明样本等级不相关；当 $0<r_s<1$ 时，r_s 越接近 1，正相关程度越高；当 $-1<r_s<0$ 时，r_s 越接近 -1，负相关程度越高.

等级相关系数主要适用于变量值表现为等级的变量. 但是，对于变量值表现为数值的变量，如果无法假定为正态分布，或者其中有一个变量只能用等级表现时，有时也可以用等级相关系数分析其相关性.

3）相关关系的显著性检验

一般相关系数 r 越接近 ±1，表明线性关系越密切，r 越接近 0 表明线性关系越不密切，但想要确定相关系数多大才能用线性回归方程来描述变量之间的相关关系并不容易，这就需要考察样本相关系数的可靠性，也就是显著性检验.

为了对样本相关系数 r 的显著性进行检验，需要考察 r 的抽样分布. r 的抽样分布随着总体相关系数 ρ 和样本量 n 的大小而变化. 当样本数据来自正态总体，随着 n 的增大，r 的抽样分布趋于正态分布，尤其在总体相关系数 ρ 很小或接近 0 时，趋于正态分布的趋势更加明显. 如果远离 0，除非 n 很大，否则，r 的抽样分布是有偏的. 比如 $\rho=0.98$，r 的值会以 0.98 为中心向两个方向变化：一个方向是变换以 1 为限，全距为 0.02；另一个方向是以 -1 为限，全距为 1.98，这两个方向变化的全距不等. 因此 r 的分布不可能对称，而呈现左偏.

总之，当 ρ 为较大的正值，r 呈现左偏分布；当 ρ 为较大的负值，r 呈现右偏分布；只有当 ρ 接近 0，且样本容量 n 很大时，才能认为 r 接近正态分布. 然而，以样本 r 来估计 ρ，总是假设 r 为正态分布，这一假设可能会带来严重后果.

如果 r 服从正态分布的假设成立，则利用正态分布检验，但对 r 正态性假设具有很大风险，故实际中常用的方法是费希尔提出的 t 检验. 该检验可以用于小样本，也可以用于大样本，原理如下：

（1）建立原假设和备择假设：$H_0: r = 0 \leftrightarrow H_1: r \neq 0$.

（2）构造相关系数 r 的统计量 $t = \dfrac{r}{\sqrt{1-r^2}}\sqrt{n-2} \sim t(n-2)$.

（3）统计决策. 给定显著水平 α，如果 $|t| > t_{1-\alpha/2}(n-2)$ 时，拒绝原假设，表示 x, y 之间相关程度显著，才能用线性回归方程描述两个变量间的关系.

例 12.1.1 假设一保险公司希望确定居民住宅区火灾损失额与该住户到最近消防站的距离之间的相关关系，以便准确给出保险金额. 表 12.1.1 列出了 15 起火灾事故损失额和火灾发生地到最近消防站的距离，试分析两者的关系.

表 12.1.1 火灾损失表

距消防站 x(km)	3.4	1.8	4.6	2.3	3.1	5.5	0.7	3.0
火灾损失 y(千元)	26.2	17.8	31.3	23.1	27.5	36.0	14.1	22.3
距消防站 x(km)	2.6	4.3	2.1	1.1	6.1	4.8	3.8	
火灾损失 y(千元)	19.6	31.3	24.0	17.3	43.2	36.4	26.1	

解 为了直观地发现样本数据的分布规律，我们把 (x_i, y_i) 看作平面直角坐标系中的点，画出 n 个样本点的散点图，接着给出两变量的定量关系.

(1) 利用 Excel 研究变量的关系.

首先，利用 Excel 绘制散点图并拟合曲线.

① 在“火灾与家庭损失.xls”工作表中，选取 x 和 y 的所有数据 A1:B15，然后单击工具栏中“图表向导”按钮 . 在“图标类型”框中选择“XY 散点图”，在“字图表类型”框中选择“散点图. 比较成对的数值”，如图 12.1.1 所示.

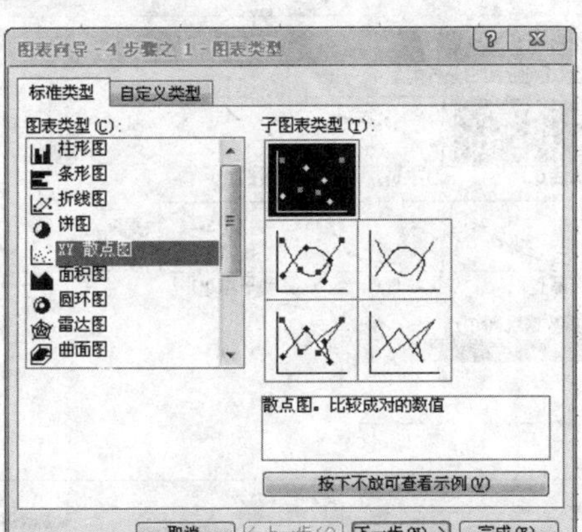

图 12.1.1 图表向导–4 步骤之 1

② 单击“下一步”，进入“图表向导-4 步骤之 2”选取图表源数据．由于在启动“图表向导”前，已经选取了图表源数据，所以预览框中已经可以看到正确的 XY 散点图．凭借肉眼就可以判断 15 个点分布在一条直线的两侧．

③ 单击“下一步”，进入“图表向导-4 步骤之 3”设置图表选项．在“标题”选项卡中，在“数值 X 轴”文本框中输入“距离”，在“数值 Y 轴”文本框中输入“火灾损失”，如图 12.1.2 所示．

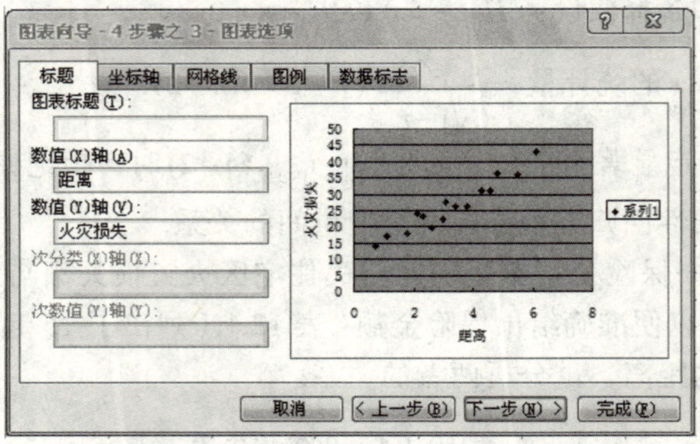

图 12.1.2　图表向导-4 步骤之 3

④ 单击“下一步”，进入“图表向导-4 步骤之 4”，用于决定将图表安排在何处．

⑤ 完成各步骤的设置后，单击“完成”．

⑥ 单击“绘图区”，按“Delete”键删除灰色背景和表格．

⑦ 选中画好的散点图，单击菜单栏中“图表”→“添加趋势线”，或者用鼠标单击任意一个数据点，激活散点图，再单击鼠标右键，打开快捷菜单，单击“添加趋势线”，打开“添加趋势线”对话框，如图 12.1.3 所示．之所以采用添加趋势线，而不是回归分析模块来得到拟合直线，是因为在提出基于概率论与数理统计的回归模型之前，科学家和工程师已经习惯于对散点图拟合合适的曲线方程，所采用的算法就是最小二乘法．早期发展的拟合方法，后来发展出检验误差影响的回归理论和算法，才算形成完整的回归分析体系．在“类型”选项卡中，保留默认的“线性 L”，在“选项”选项卡中，单击选中“显示公式”和“显示 R 平方值”．

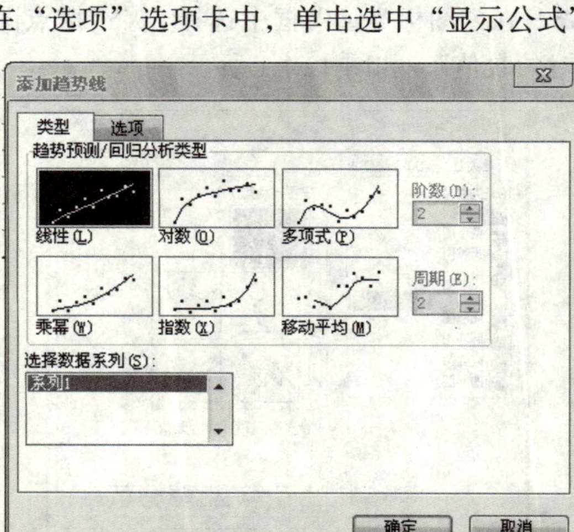

图 12.1.3　“添加趋势线”对话框

⑧ 单击"确定"，便得拟合线，即回归直线和一元回归方程，如图 12.1.4 所示.

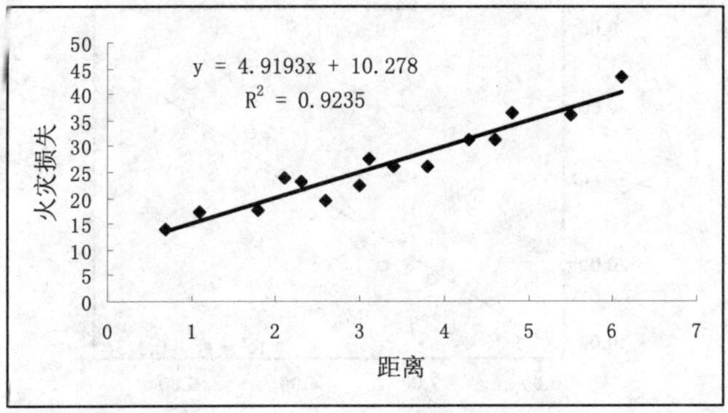

图 12.1.4 火灾损失额与距离散点图

经计算，相关系数 $r = 0.961$，表明 x, y 之间存在显著线性关系，拟合直线为

$$y = 10.278 + 4.919x.$$

下面计算火灾损失额与距离的相关系数.

① 选择"工具"下拉菜单，并选择"数据分析"选项.

② 在分析工具中选择"相关系数"，单后单击"确定".

③ 当"相关系数"对话框出现时，在"输入区域"方框中输入数据区域 A1：B15；分组方式选择"逐列"；在"输出选项"中选择输出区域. 结果如图 12.1.5 所示.

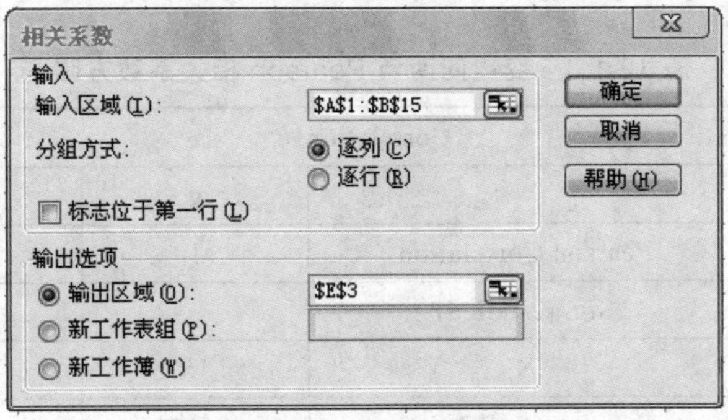

图 12.1.5 相关系数对话框

④ 单击"确定"按钮，可得表 12.1.2.

表 12.1.2 火灾损失额与距离的相关系数

	列 1	列 2
列 1	1	
列 2	0.960978	1

(2) 利用 SPSS 研究变量的关系.

在 SPSS17.0 中文版中，选择"图形"→"旧对话框"→"散点/点状"→"简单分布"→"定义"，将变量[x],[y]依次选入"x 轴，y 轴"条形框中. 右单击画好的散点图，添加拟合线，结果如图 12.1.6 所示.

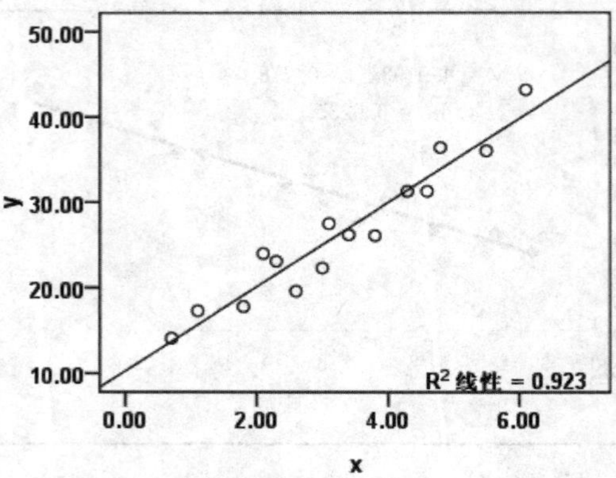

图 12.1.6　火灾损失额与距离散点图

从散点图中可以看出，火灾损失与距离有着非常明显的直线相关趋势，并且从图中可以看出，没有影响过强的异常点，因此可放心地进行相关分析；如果有过强点，可考虑曲线回归分析或其他相关分析.

下面用 SPSS 软件计算样本相关系数，具体步骤如下：

① 选择“分析（Analyze）”→“相关（Correlate）”→“双变量（Bivarite）”命令.

② 将左边[x]、[y]选项移入右边“变量（Variable）列表框”中，选中“Pearson 复选框”，单击“确定（OK）”按钮.

结果见表 12.1.3.

表 12.1.3　变量间两两 Pearson 相关系数方阵

Correlations			
		y	x
y	Pearson Correlation	1	.961**
	Sig. (2-tailed)		.000
	N	15	15
x	Pearson Correlation	.961**	1
	Sig. (2-tailed)	.000	
	N	15	15
**. Correlation is significant at the 0.01 level (2-tailed).			

由表 12.1.3 可知，相关系数为 0.961，显著线性正相关.

12.1.3　回归分析

变量间的统计关系不能用确定的函数关系表示，但在平均意义下具有一定的定量关系表达式，寻找这种关系就是**回归分析**的主要任务. 此处的统计关系是指：当给定 x 时，y 的值不能确定，只能通过一定的概率分布来描述，于是我们称给定 x 时 y 的条件数学期望

$f(x)=E(y|x)$为随机变量y对x的**回归函数**. 它从平均意义上刻画了变量x,y之间的统计规律. 回归分析是研究变量间相关关系的一门学科，它通过客观事物中变量的大量观察或试验获得的数据，去寻找隐藏在数据背后的相关关系，给出它们的表达式——**回归函数的估计**.

回归分析的内容主要有 4 个方面，如图 12.1.7 所示.

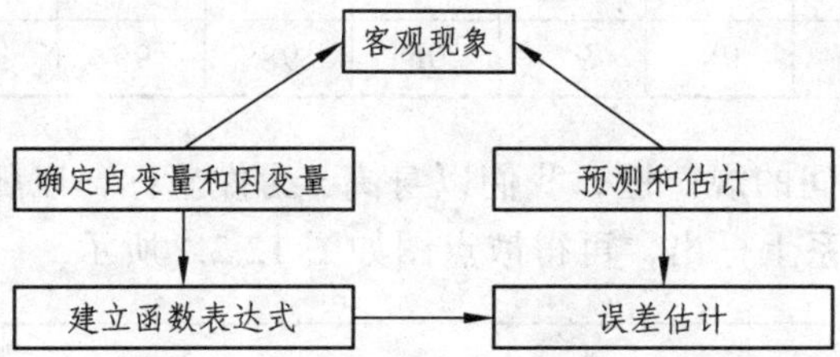

图 12.1.7　回归分析的主要内容

“回归”英文为“regression”,是 19 世纪末由英国生物学家兼统计学家高尔顿（Francis Galton）在研究人类遗传问题时提出. 为了研究父代与子代身高的关系，高尔顿收集了 1078 对父亲及其一子身高的数据. 用X表示父亲的身高，Y表示儿子身高，单位为英寸（1 英寸=2.54cm）. 将这 1078 对数据标在坐标系上，他发现散点图大致呈直线，总趋势是父亲身高增加时，儿子的身高也倾向增加，这与我们的常识是一致的，但随着研究的深入，他发现了有趣的“回归现象”，即向平均数回归. 如果父亲身高为 72 英寸时，儿子的平均身高仅为 71 英寸；如果父亲的身高为 64 英寸，儿子的平均身高竟为 68 英寸. 高尔顿对此解释是：大自然具有一种约束力，使人的身高在一定时期内相对稳定而不产生两极分化，即高个子人的后代相对父母矮点，矮个子人的后代相对父母高点，总之后代要回归到正常状态（平均身高）. 正是子代身高有回到正常身高的这种趋势，才能使人类身高在一定时间内相对稳定，没出现两极分化现象，这在一定程度上说明了生物学中“种”的稳定性.

用他的数据，可计算出儿子身高Y与父亲身高X的经验关系为

$$Y=34+0.5X,$$

它代表一直线，人们称为**回归直线**. 当然，这个经验回归直线反映了父子身高两个变量相关关系中具有回归效应的一种特殊情况，对更多的相关关系，并非都如此. 特别涉及多个自变量时，回归效应便不存在，因此“回归分析”一词并不恰当，但它已用很久，实在没有改变的必要与可能.

12.2　一元线性回归分析

一元线性回归是描述两个变量之间统计关系最简单的回归模型，但通过一元线性回归模型的建立过程，可以了解回归分析的基本统计思想及它在实际问题中的应用原理.

12.2.1　一元线性回归模型

例 12.1.1　现从 16 名成年女子测得数据见表 12.2.1.

表 12.2.1　身高 x 与腿长 y 观测数据（单位：厘米）

x	143	145	146	147	149	150	153	154
y	88	85	88	91	92	93	93	95
x	155	156	157	158	159	160	162	164
y	96	98	97	96	98	99	100	102

为了研究这些数据之间的规律性，我们以身高 x 为横坐标，以腿长 y 为纵坐标，将这些数据点 (x_i, y_i) 在平面坐标系上标出，可得散点图如图 12.2.1 所示.

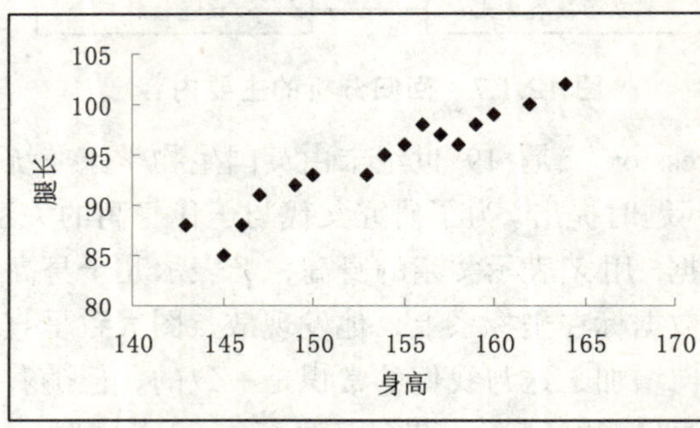

图 12.2.1　身高与腿长散点图

从图 12.2.1 中看到，这些数据大致落在一条直线附近，这说明变量 x 与 y 之间的关系大致可以看作直线关系. 但这些点又不都在一条直线上，说明腿长 y 除了受身高 x 影响外，还受到其他许多因素的影响，因此 y 与 x 之间的关系可假定为如下关系式：

$$y = \beta_0 + \beta_1 x + \varepsilon \text{，}$$

其中 β_0, β_1 为待定系数，误差项 ε 为其他随机因素对 y 的影响. x 是非随机的可精确观测的，ε 是均值为 0 的随机变量，常假定为正态分布 $N(0, \sigma^2)$，是不可观测的.

一元线性回归模型的基本假设如下：

$$y_i = \beta_0 + \beta_1 x_i + \varepsilon_i,\ i = 1, \cdots, n \text{，} \tag{12.2.1}$$

其中 β_0, β_1 为待定系数，误差项 ε_i 独立同分布于正态分布 $N(0, \sigma^2)$.

由此可见，$y_i \sim N(\beta_0 + \beta_1 x_i, \sigma^2)$，$i = 1, \cdots, n$，即从变量的属性看，每一个 y_i 都是随机变量，我们得到实际观测值只是这个随机变量的一次实现.

为简化问题，假定 X 不是随机变量，对 y_i 取期望运算可得到

$$E(y_i) = \beta_0 + \beta_1 x_i,\ i = 1, \cdots, n \text{，}$$

即

$$E(Y) = \beta_0 + \beta_1 X . \tag{12.2.2}$$

式（12.2.2）在平面坐标系上的图像是一条直线，可以称为**回归直线**，其中 β_1 是直线的斜率，表示 X 每增加一单位时候 EY 的增加量.

在实际的回归分析中，必须根据观测到的数据来估计 β_0, β_1 的取值 $\hat{\beta}_0, \hat{\beta}_1$，称由此得到的方程

$$\hat{y}=\hat{\beta}_0+\hat{\beta}_1 x$$

为 Y 关于 X 的一元线性回归方程.

1）回归系数的最小二乘估计

在得到观测值 $(x_1,y_1),\cdots,(x_n,y_n)$ 后，从数值计算角度看，由于存在误差项，（12.1.1）不是普通意义上的线性方程组. 实际上，这组关系式中只有两个未知数，但观测值的数量可以达到几十个. 也就是说，所有这些数据形成方程组的基本特点是方程的个数多于未知数，通常采用**普通最小二乘法**（ordinary least square,OLS）对 β_0,β_1 进行估计. 其准则就是：

对每一对样本观测值 (x_i,y_i)，观测值 y_i 与拟合值 $\hat{y}_i=E(y_i)$ 的离差平方和最小. 这样，估计 β_0,β_1 的问题就转化为一个最优化问题，即求 $\hat{\beta}_0,\hat{\beta}_1$ 使得偏差平方和

$$Q(\beta_0,\beta_1)=\sum_{i=1}^{n}(y_i-\beta_0-\beta_1 x_i)^2$$

最小.

令 Q 关于 β_0,β_1 的偏导等于 0，

$$\begin{cases}\left.\dfrac{\partial Q}{\partial \beta_0}\right|_{\beta_0=\hat{\beta}_0}=-2\sum\limits_{i=1}^{n}(y_i-\hat{\beta}_0-\hat{\beta}_1 x_i)=0,\\ \left.\dfrac{\partial Q}{\partial \beta_1}\right|_{\beta_1=\hat{\beta}_1}=-2\sum\limits_{i=1}^{n}(y_i-\hat{\beta}_0-\hat{\beta}_1 x_i)x_i=0.\end{cases}$$

这组方程称为**正规方程组**. 解得最小二乘估计为

$$\hat{\beta}_0=\overline{y}-\hat{\beta}_1\overline{x},\hat{\beta}_1=\frac{\sum\limits_{i=1}^{n}(x_i-\overline{x})(y_i-\overline{y})}{\sum\limits_{i=1}^{n}(x_i-\overline{x})^2}. \quad (12.2.3)$$

记 $L_{xy}=\sum\limits_{i=1}^{n}(x_i-\overline{x})(y_i-\overline{y})=\sum\limits_{i=1}^{n}x_i y_i-n\overline{x}\overline{y}$，$L_{xx}=\sum\limits_{i=1}^{n}(x_i-\overline{x})^2$，则（12.2.3）可简写为

$$\hat{\beta}_0=\overline{y}-\hat{\beta}_1\overline{x},\hat{\beta}_1=\frac{L_{xy}}{L_{xx}}=r\sqrt{\frac{L_{xx}}{L_{yy}}}. \quad (12.2.4)$$

在得到回归系数的估计之后，自然要关心回归方程计算的预测值与观测值 y_i 之间的差异，这个差异称为**残差**，记为

$$\hat{\varepsilon}_i=y_i-\hat{y}_i, i=1,\cdots,n.$$

$\hat{\varepsilon}_i$ 是误差项的估计量，服从正态分布. 最小二乘估计就是最小化残差平方和.

定理 12.2.1 在模型（12.2.1）中，有

（1）$\hat{\beta}_0\sim N\left(\beta_0,\left(\dfrac{1}{n}+\dfrac{\overline{x}^2}{L_{xx}}\right)\sigma^2\right)$，$\hat{\beta}_1\sim N\left(\beta_1,\dfrac{\sigma^2}{L_{xx}}\right)$；

（2）$\mathrm{cov}(\hat{\beta}_0,\hat{\beta}_1)=-\dfrac{\overline{x}^2}{L_{xx}}\sigma^2$；

（3）在给定 x_0， $\hat{y}_0=\hat{\beta}_0+\hat{\beta}_1x_0 \sim N\left(\beta_0+\beta_1x_0,\left(\frac{1}{n}+\frac{(x_0-\overline{x})^2}{L_{xx}}\right)\sigma^2\right)$.

定理 12.2.1 说明， $\hat{\beta}_0,\hat{\beta}_1$ 分别为 β_0,β_1 的无偏估计； $\hat{y}_0$ 是 $y_0=\beta_0+\beta_1x_0+\varepsilon$ 的无偏估计；除 $\overline{x}=0$ 外， $\hat{\beta}_0,\hat{\beta}_1$ 是相关的. 要提高 $\hat{\beta}_0,\hat{\beta}_1$ 的估计精度（即降低它们的方差），就要求 n, L_{xx} 大（即要求数据 $x_1,\cdots,x_n$ 分散）.

2）显著性检验

从回归系数的最小二乘估计可以给出回归方程 $\hat{y}=\hat{\beta}_0+\hat{\beta}_1x$. 但回归方程不一定有意义，如果 $\beta_1=0$，不管 x 如何变化， $E(y)$ 都不随 x 变化，这时回归方程就没有意义，称回归方程**不显著**；如果 $\beta_1\neq 0$，称回归方程**显著**.

综上，我们要对回归方程做显著性检验：

$$H_0:\beta_1=0 \text{ vs } H_1:\beta_1\neq 0.$$

采用方差分析的思想，我们从数据研究各个 y_i 不同的原因. 首先引入记号： $\hat{y}_i=\hat{\beta}_0+\hat{\beta}_1x_i$ 称为**回归值**， $y_i-\hat{y}_i$ 称为**残差**.

数据总的波动用总偏差平方和 $S_T=\sum(y_i-\overline{y})^2$ 刻画. 为什么使用平方和来刻画 y 的观测值所表达的信息呢？可以这样认为， y 既然是变量，取值必然不同，把所有取值对均值差异作为变动的描述是合理的. 平方和的形式能保证得到完美的数学结果，也便于应用. 所以回归分析上主要使用平方和. 这种分析逻辑与方差分析是一致的. 推导检验统计量的依据是**总平方和分解公式**

$$S_T=S_R+S_e，其中 S_R=\sum(\hat{y}_i-\overline{y})^2，\quad S_e=\sum(y_i-\hat{y}_i)^2.$$

S_R 称为**回归平方和**，表示 y 的回归值和总平均值之间的差异， S_e 称为**残差平方和**，它是回归方程所不能解释的变量 y 的取值波动.

定理 12.2.2 在模型（12.2.1）中，则在上述记号下，有：

（1） $S_e/\sigma^2 \sim \chi^2(n-2)$；

（2）在 H_0 成立条件下，则有 $S_R/\sigma^2 \sim \chi^2(1)$；

（3） $S_R,S_e,\overline{y}$ 相互独立.

我们可以考虑采用 $F=\dfrac{S_R}{S_e/(n-2)}$ 作为检验统计量. 在 $\beta_1=0$ 时， $F\sim F(1,n-2)$，故给定显著水平 α，拒绝域为 $F\geqslant F_{1-\alpha}(1,n-2)$.

拟合优度用于检验回归方程对样本观测值的拟合程度. 在线性回归中，样本决定系数 $R^2=S_R/S_T$ 的取值在区间 $[0,1]$，越接近 1 表明回归拟合效果越好. 与 F 检验相比， R^2 可以更直观地反映回归拟合的效果，但是不能作为严格的显著性检验.

在实际应用中，决定系数 R^2 多大，才能通过拟合优度检验？这要视具体情况来定. 但要注意，拟合优度并不是检验模型优劣的唯一标准，有时为了使模型在结构上有较合理的经济解释， $R^2=0.7$ 左右，我们也对模型持以肯定的态度. R^2 与回归方程中自变量的数目以及样本容量 n 有关，当样本容量 n 与自变量个数接近时， R^2 易接近 1，其中隐含了一些虚假成分. 因此我们在由 R^2 决定模型优劣时，一定要慎重. 为了使模型参数估计更有效，样本容量 n 应

大于解释变量个数 p，这告诉我们在收集数据时应尽可能多地收集一些样本数据.

3）估计与预测

建立回归模型的目的是为了应用，而预测是回归模型最重要的应用. 当回归方程经过检验是显著后，就可用来作估计和预测.

（1）当 $x=x_0$ 时，x_0 与 $x_1,\cdots,x_n$ 都不相同，寻找均值 $E(y_0)=\beta_0+\beta_1x_0$ 的点估计和区间估计，这是**估计问题**.

当 $x=x_0$ 时，y_0 是一个随机变量，我们经常对该分布的均值给出估计，其中一个直观的估计是 $\hat{y}_0=\hat{E}(y_0)=\hat{\beta}_0+\hat{\beta}_1x_0$. 为了得到 $E(y_0)$ 的区间估计，需要知道 $\hat{y}_0$ 的分布，由定理 12.2.1，

$$\hat{y}_0=\hat{\beta}_0+\hat{\beta}_1x_0\sim N\left(\beta_0+\beta_1x_0,\left(\frac{1}{n}+\frac{(x_0-\overline{x})^2}{L_{xx}}\right)\sigma^2\right).$$

又由定理 12.2.2，可知 $S_e/\sigma^2\sim\chi^2(n-2)$ 且与 $\hat{y}_0$ 相互独立，记 $\hat{\sigma}^2=\dfrac{S_e}{n-2}$，则

$$\frac{(\hat{y}_0-Ey_0)\bigg/\sqrt{\dfrac{1}{n}+\dfrac{(x_0-\overline{x})^2}{L_{xx}}}\sigma}{\sqrt{\dfrac{S_e}{\sigma^2(n-2)}}}=\frac{\hat{y}_0-Ey_0}{\sqrt{\dfrac{1}{n}+\dfrac{(x_0-\overline{x})^2}{L_{xx}}}\hat{\sigma}}\sim t(n-2).$$

于是 $E(y_0)$ 的置信区间为

$$[\hat{y}_0-\delta_0,\hat{y}_0+\delta_0]，其中\ \delta_0=t_{1-\alpha/2}(n-1)\sqrt{\frac{1}{n}+\frac{(x_0-\overline{x})^2}{L_{xx}}}\hat{\sigma}.$$

（2）当 $x=x_0$ 时，y_0 的观测值在什么范围内？由于 y_0 是随机变量，为此只能求一个区间，使 $P(|y_0-\hat{y}_0|\leqslant\delta)=1-\alpha$，称区间 $[\hat{y}_0-\delta,\hat{y}_0+\delta]$ 为 y_0 的概率为 $1-\alpha$ 的**预测区间**，这是**预测问题**.

事实上，$y_0=E(y_0)+\varepsilon$，通常假定 $\varepsilon\sim N(0,\sigma^2)$，因此 y_0 的最可能取值仍为 $\hat{y}_0$. 由于 y_0，$\hat{y}_0$ 相互独立，故

$$y_0-\hat{y}_0\sim N\left(0,\left(1+\frac{1}{n}+\frac{(x_0-\overline{x})^2}{L_{xx}}\right)\sigma^2\right),$$

因此

$$\frac{y_0-\hat{y}_0}{\sqrt{1+\dfrac{1}{n}+\dfrac{(x_0-\overline{x})^2}{L_{xx}}}\hat{\sigma}}\sim t(n-2).$$

则 y_0 的预测区间为

$$[\hat{y}_0-\delta,\hat{y}_0+\delta],$$

其中 $\delta=t_{1-\alpha/2}(n-2)\sqrt{1+\dfrac{1}{n}+\dfrac{(x_0-\overline{x})^2}{L_{xx}}}\hat{\sigma}$.

12.2.2 基于 Excel 的实例分析

回归分析的计算量较大，用手工计算几乎是不可能的，因此，在实际分析中，回归的计

算完全依赖于计算机. 除专门的统计软件外, 为大多数人所熟悉的 Excel 也有回归分析功能. 下面结合例 12.1.1, 说明用 Excel 进行回归的具体步骤.

例 12.2.1 续　用 Excel 进行回归分析的步骤

(1) 选择 "工具" 下拉菜单, 并选择 "数据分析" 选项.

(2) 在分析工具中选择 "回归", 单后单击 "确定".

(3) 当 "回归" 对话框出现时, 在 "Y 值输入区域" 方框中输入数据区域 A2:A17; 在 "X 值输入区域" 方框中输入数据区域 B2:B17; 在 "置信度" 选项中给出所需的数值. 这里采用默认值 95%; 在 "输出选项" 中选择输出区域; 在 "残差" 中选择所需的选项. 结果如图 12.2.2 所示.

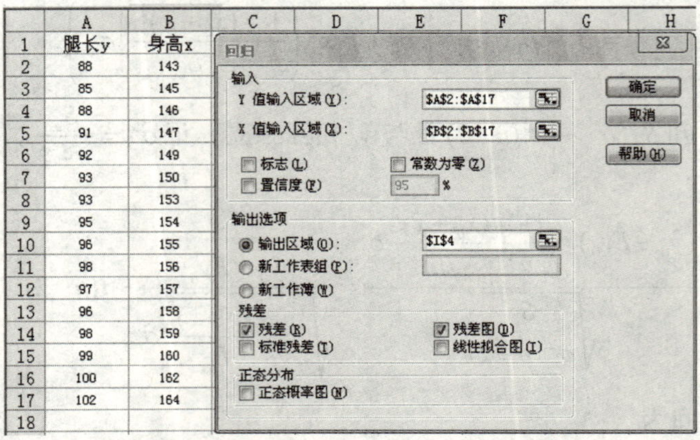

图 12.2.2　用 Excl 进行回归分析的步骤

(4) 单击 "确定" 后得到下面的结果, 见表 12.2.2 和图 12.2.3.

表 12.2.2　Excel 输出的回归分析结果

SUMMARY OUTPUT					
回归统计					
Multiple R	0.96342506				
R Square	0.928187846				
Adjusted R Square	0.923058406				
标准误差	1.320488116				
观测值	16				
方差分析					
	df	SS	MS	F	Significance F
回归分析	1	315.52586	315.52586	180.9531	2.13116E-09
残差	14	24.411644	1.7436889		
总计	15	339.9375			
	Coefficients	标准误差	t Stat	P-value	Lower 95%
Intercept	−16.07298073	8.2218746	−1.954905	0.070861	−33.70714778
X Variable 1	0.719352194	0.053476	13.45188		0.604657666

续表 12.2.2

RESIDUAL OUTPUT

观测值	预测 Y	残差
1	86.79438294	1.2056171
2	88.23308733	−3.233087
3	88.95243952	−0.95244
4	89.67179172	1.3282083
5	91.1104961	0.8895039
6	91.8298483	1.1701517
7	93.98790488	−0.987905
8	94.70725707	0.2927429
9	95.42660927	0.5733907
10	96.14596146	1.8540385
11	96.86531365	0.1346863
12	97.58466585	−1.584666
13	98.30401804	−0.304018
14	99.02337023	−0.02337
15	100.4620746	−0.462075
16	101.900779	0.099221

Excel输出的回归结果包括以下几部分.

第一部分是“回归统计”，这部分给出了回归分析中的一些常用统计量，包括相关系数（Multiple R）、判定系数（R Square）、调整的判定系数（Adjusted R Square）、标准误差、观测值的个数. 本例中，判定系数=0.928187846，说明在腿长的变差中，有 92.8187846%可以由腿长和身高之间的线性关系来解释，或者说，在腿长的变动中，有 92.8187846%是由身高决定的. 可见，两者具有较强的线性关系.

第二部分是“方差分析”，这部分给出的是回归分析的方差分析表，包括自由度（df）、回归平方和、残差平方和、总平方和（SS）、回归、残差的均方（MS）、检验统计量（F）、F检验的显著性水平（Significance F）.“方差分析”部分的主要作用是对回归方差的线性关系进行显著性检验. 本例中，Significance F=2.13116E-09 < 0.05，则拒绝原假设，表明因变量 y 和自变量 x 之间有显著线性关系.

第三部分是回归参数估计的有关内容，包括回归方程的截距（Intercept）、斜率（X Variable 1）、截距和斜率的标准误差、用于回归系数的 t 统计量（t Stat）和 p 值（P-value），以及截距和斜率的置信区间（Lower 95%和 Upper 95%）等. 在本例中，截距的 P-value=0.070861，所以在 $\alpha = 0.05$ 情况下，不能拒绝原假设，在 $\alpha = 0.1$ 的情况下，拒绝原假设. 此处，建议采用 $\alpha = 0.1$，即认为截距是显著的. 斜率的 P-value=2.13E-09 < 0.05，所以拒绝原假设，认为斜率是显著的. 回归方程为

$$y = 0.719352194x - 16.07298073.$$

此外，还有“残差分析”部分.

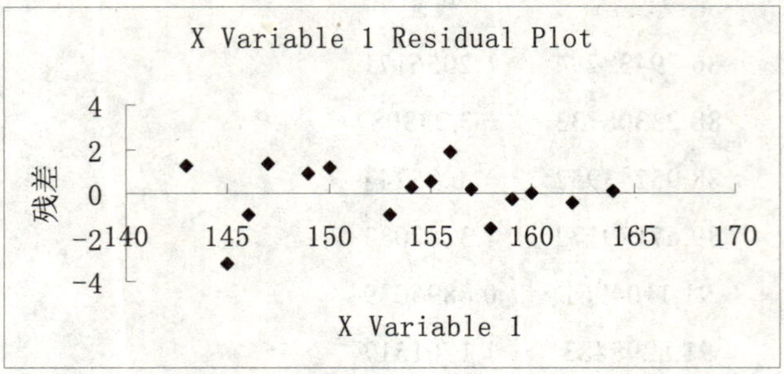

图 12.2.3　残差图

由残差图 12.2.3 可看出，各残差基本位于一条水平带中间，这表明关于腿长和身高回归的线性假定以及对误差项 ε 的假定是成立的.

12.3　多元线性回归分析

一元线性回归只是讨论因变量和一个自变量之间的线性关系，但是，由于社会经济的复杂性，一个经济变量可能会同多个经济变量相联系. 例如，消费者对某种商品的需求量不仅受收入水平的影响，还取决于商品的价格和消费习惯等. 因此，有必要研究多元线性回归分析. 本节讨论的重点主要放在多元回归的计算机输出结果及其应用上.

12. 3. 1　多元线性回归模型

考虑多元线性回归模型

$$y = X\beta + \varepsilon,\ E\varepsilon = 0,\ \operatorname{cov}(\varepsilon) = \sigma^2 I_n \tag{12.3.1}$$

参数 β, σ^2 的估计问题，其中

$$y = \begin{pmatrix} y_1 \\ y_2 \\ \vdots \\ y_n \end{pmatrix},\quad X = \begin{pmatrix} 1 & x_{11} & x_{12} & \cdots & x_{1p} \\ 1 & x_{21} & x_{22} & \cdots & x_{2p} \\ \vdots & \vdots & \vdots & & \vdots \\ 1 & x_{n1} & x_{n2} & \cdots & x_{np} \end{pmatrix},\quad \beta = \begin{pmatrix} \beta_0 \\ \beta_1 \\ \vdots \\ \beta_p \end{pmatrix},\quad \varepsilon = \begin{pmatrix} \varepsilon_1 \\ \varepsilon_2 \\ \vdots \\ \varepsilon_n \end{pmatrix}.$$

随机变量 y 称为**观测向量**. 矩阵 X 为 $n\times(p+1)$ 矩阵，称为**回归设计矩阵或资料矩阵**；在实际中，X 的元素是预先设定并可以控制的，人的主观因素可作用于其中，因此称为设计矩阵. β 为**未知参数向量**，ε 为**随机误差向量**.

与一元线性回归模型的估计方法一样，可以用残差平方和和最小准则，即最小二乘法取估计模型的回归参数，即寻找 β 的估计使 $\varepsilon = y - X\beta$ 的长度平方达到最小.

$$Q(\beta) = \|y - X\beta\|^2 = (y - X\beta)^{\mathrm T}(y - X\beta) = y^{\mathrm T}y - 2y^{\mathrm T}X\beta + \beta^{\mathrm T}X^{\mathrm T}X\beta.$$

求导可得
$$\frac{\partial Q(\beta)}{\partial \beta} = -2X^{\mathrm{T}}y + 2X^{\mathrm{T}}X\beta = 0 ,$$
即
$$X^{\mathrm{T}}X\beta = X^{\mathrm{T}}y ,$$
称为**正规方程**.

此方程有唯一解的充要条件是 $X^{\mathrm{T}}X$ 的秩为 $p+1$，即 $R(X) = p+1$.

唯一解 $\hat{\beta} = (X^{\mathrm{T}}X)^{-1}X'y$ 称为 β 的**最小二乘估计**（LSE）.

经验线性回归方程 $\hat{y} = \hat{\beta}X$ 是否逼真刻画了 y 与 $X_1,\cdots X_p$ 的真实关系, 还需进一步做统计分析.

对总离差平方和分解得
$$\sum_{i=1}^{n}(y_i - \overline{y})^2 = \sum_{i=1}^{n}(\hat{y}_i - \overline{y})^2 + \sum_{i=1}^{n}(y_i - \hat{y})^2 ,$$
简记为
$$\mathrm{SST} = \mathrm{SSR} + \mathrm{SSE} .$$

定理 12.3.1 对于线性模型（12.3.1），假设误差向量 $\varepsilon \sim N(0,\sigma^2 I)$，则
$$\hat{\beta} \sim N(\beta,\sigma^2(X'X)^{-1}) ,\quad \frac{\mathrm{SSE}}{\sigma^2} \sim \chi^2_{n-p-1} ,\quad \frac{\text{(SST-SSE)}}{\sigma^2} \sim \chi^2_p ,\quad \frac{\text{(SST-SSE)}/m}{\mathrm{SSE}/(n-p-1)} \sim F_{m,n-p-1} .$$

回归方程的显著性检验就是检验原假设
$$H_0 : \beta_1 = \cdots = \beta_{p-1} = 0 .$$
由定理 12.3.1 构造检验统计量
$$F = \frac{\text{(SST-SSE)}/p}{\mathrm{SSE}/(n-p-1)} ,$$
当 H_0 成立时，$F \sim F(p,n-p-1)$. 对给定显著水平 α，当 $F > F_{1-\alpha}(p,n-p-1)$ 时拒绝 H_0，表明随机变量 y 与 $x_1,\cdots,x_{p-1}$ 有线性关系，否则接受 H_0.

在多元线性回归中, 回归方程的显著性并不意味着每个自变量对 y 的影响都显著, 因此我们总想从回归方程中剔除次要的变量, 重新建立更为简单的回归方程, 所以就要对每个自变量进行显著性检验.

假设 $H_0 : \beta_j = 0, j = 1,\cdots,p-1$.

显然，$\hat{\beta} \sim N(\beta,\sigma^2(X'X)^{-1})$. 记 $(X'X)^{-1} = (c_{ij})$，$i,j = 1,\cdots,p-1$，于是有 $E\hat{\beta}_j = \beta_j$，$\mathrm{var}(\hat{\beta}_j) = c_{ii}\sigma^2$，即
$$\hat{\beta}_j \sim N(\beta_j, c_{jj}\sigma^2) .$$

据此可以构造统计量 $t_j = \dfrac{\hat{\beta}_j}{\sqrt{c_{jj}}\hat{\sigma}}$，其中 $\hat{\sigma} = \sqrt{\dfrac{\sum\limits_{i=1}^{n}(y_i - \hat{y}_i)^2}{n-p}}$.

当 H_0 成立时，$t_j \sim t(n-p-1)$. 设显著性水平为 α，当 $|t_j| \geqslant t_{1-\alpha/2}$ 时拒绝 H_0，认为 β_j 显著不为 0，即 x_j 对 y 的线性效果显著，反之则否.

由 $P(|(\hat{\beta}_j-\beta_j)\sqrt{c_{jj}}\big/\hat{\sigma}|<t_{1-\alpha/2})=1-\alpha$ 可得 β_j 的置信区间为 $1-\alpha$ 的置信区间为

$$(\hat{\beta}_j-t_{1-\alpha/2}\,\hat{\sigma}\big/\sqrt{c_{jj}}\,,\hat{\beta}_j+t_{1-\alpha/2}\,\hat{\sigma}\big/\sqrt{c_{jj}}).$$

12.3.2　基于 Excel 的实例分析

例 12.3.1　十个地区某种商品的需求量与其价格以及消费者收入的资料，见表 12.3.1，推算若价格在 40 百元、消费者收入为 1700 万元时，该商品的需求量.

表 12.3.1　十个地区某商品的需求量与相关资料

地区编号	需求量 y(吨)	价格 x_1（百元）	收入 x_2（万元）
1	5919	23.56	762
2	6545	24.44	912
3	6236	32.07	1067
4	6470	32.46	1116
5	6740	31.15	1190
6	6440	34.14	1292
7	6800	35.3	1434
8	7240	38.7	1596
9	7571	39.63	1800
10	7068	46.68	1930

解　首先建立 y 与 x_1,x_2 的二元线性回归方程，Excel 软件操作步骤如下.

（1）选择“数据分析”选项，在分析工具中选择“回归”，然后单击“确定”.

（2）当“回归”对话框出现时，在“Y 值输入区域”方框中输入数据区域 A2:B11；在“X 值输入区域”方框中输入数据区域 C2:D11；在“置信度”选项中给出所需的数值，这里采用默认值 95%；在“输出选项”中选择输出区域；在“残差”中选择所需的选项. 结果如图 12.3.1 所示.

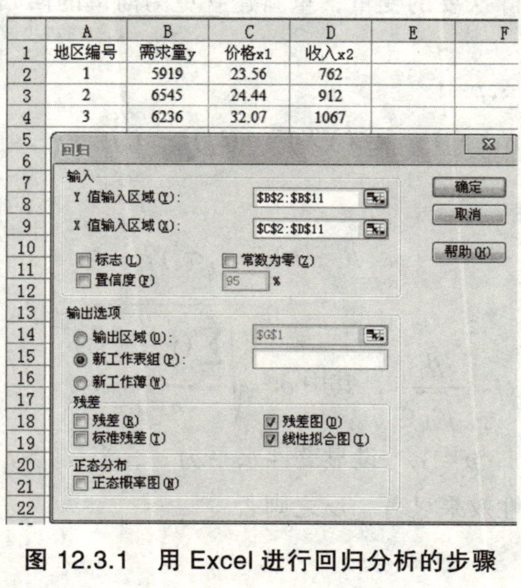

图 12.3.1　用 Excel 进行回归分析的步骤

（3）单击“确定”后得到下面的结果，见表 12.3.2.

表 12.3.2 Excel 输出的回归分析结果

SUMMARY OUTPUT

回归统计	
Multiple R	0.949555791
R Square	0.9016562
Adjusted R Square	0.873557972
标准误差	174.4818309
观测值	10

方差分析

	df	SS	MS	F	Significance F
回归分析	2	1953856	976928	32.0894	0.000298273
残差	7	213107.4	30443.9		
总计	9	2166963			

	Coefficients	标准误差	t Stat	P-value	Lower 95%	Upper 95%
Intercept	6265.553007	402.6472	15.5609	1.1E-06	5313.443621	7217.66239
X Variable 1	−97.99258955	32.0857	−3.0541	0.01848	−173.8632228	−22.121956
X Variable 2	2.86340211	0.585761	4.88835	0.00178	1.478298143	4.24850608

RESIDUAL OUTPUT

观测值	预测 Y	残差
1	6138.760005	−219.76
2	6482.036842	62.96316
3	6178.180711	57.81929
4	6280.270305	189.7297
5	6620.532353	119.4676
6	6619.601525	−179.602
7	6912.533221	−112.533
8	7043.229558	196.7704
9	7536.230481	34.76952
10	7217.624998	−149.625

从回归分析中看到，样本决定系数 $R^2=0.9017$，从相对水平上看，回归方程能够减少因变量 y 的 90.17%的方差波动.

从方差分析表中看到，$F=32.0894$，显著性 $\mathrm{Sig}\approx 0.0003$，说明 x_1,x_2 从整体上对 y 有十分显著的影响，即回归方程高度显著.

从 Coefficients 系数表中得到回归方程

$$\hat{y}=6265.5530-97.9925x_1+2.8634x_2,$$

这说明商品需求量与价格和收入都有关. 相对来说，价格每增加 1 百元，商品需求量平均就减少 97.9925 吨，而收入每增加 1 万元，商品需求量平均就增加 2.8634 吨.

回归系数 β_1 的检验 t 值为 – 3.0541，显著性 $\text{Sig}\approx 0.0185<\alpha=0.05$. 回归系数 β_2 的检验 t 值为 4.8884，显著性 $\text{Sig}\approx 0.0018<\alpha=0.05$，即显著性水平 $\alpha=0.05$ 时，两个回归系数均显著.

β_1 的置信度 95%的区间估计为（ – 173.8632, – 22.1220），β_2 的置信度 95%的区间估计为 (1.4783,4.2485).

若价格在 40 百元、消费者收入为 1700 万元时，该商品的需求量为

$$6265.5530-97.9925\times 40+2.8634\times 1700=7213.633\text{（吨）}.$$

习题 12

1. 确定性关系和统计关系的区别是什么？

2. 一元线性回归模型有哪些基本假定？

3. 在研究甘肃农村人均消费水平的问题中，把人均消费额记作 y，人均收入记作 x，收集到 1978—2011 年的样本数据 $(x_i,y_i),i=1,2,\cdots,n$，见表 12.1.

表 12.1 甘肃省农村居民 1978—2011 消费支出（元）

年份	消费	收入	年份	消费	收入
1978	88.18	100.93	1995	915.25	880.34
1979	96.69	111.57	1996	986.34	1 100.59
1980	125.54	153.41	1997	976.27	1210
1981	135.23	158.63	1998	939.55	1 393.05
1982	141.05	174.16	1999	944.9	1 412.98
1983	162.68	213.06	2000	1084	1 428.7
1984	178.39	221.05	2001	1 127.37	1 508.61
1985	204.61	257	2002	1 153.29	1 590.3
1986	232.79	282.89	2003	1 336.85	1 673
1987	252.84	302.82	2004	1 464.34	1 852
1988	276.98	345.14	2005	1 819.58	1 980
1989	296.38	375.8	2006	1 855.49	2 134
1990	339.24	430.99	2007	2 017.21	2 328.92
1991	403.41	446.42	2008	2 400.95	2 723.8
1992	419.68	489.47	2009	2 766.45	2 980.1
1993	537.76	550.83	2010	2942	3 424.65
1994	674.17	723.73	2011	3 664.9	3 909.37

试建立一元线性回归模型并给出相应的分析.

4. 已知 20 个家庭父母和女儿的身高数据见表 12.2，试根据数据建立多元回归模型.

表 12.2 20 个家庭父母和女儿身高数据

编号	父亲身高	母亲身高	女孩身高	编号	父亲身高	母亲身高	女孩身高
1	165	155	162	11	178	165	171
2	178	175	176	12	178	165	171
3	167	161	164	13	164	156	160
4	176	153	164	14	169	170	170
5	181	178	179	15	173	156	164
6	171	165	168	16	178	152	164
7	170	168	169	17	171	165	168
8	171	150	168	18	181	178	179
9	179	169	174	19	170	166	168
10	181	153	166	20	168	150	158

5. 用表 12.3 的数据建立 GDP 与 x_1, x_2 的回归（$GDP = x_1+x_2+x_3$），对得到的二元回归方程 $\hat{y} = 2914.5+0.607\ x_1+1.709\ x_2$，你能够合理地解释两个回归系数吗？

表 12.3

年份	GDP	第一产业增加值 x_1	第二产业增加值 x_2	第三产业增加值 x_3
1990	18 547.9	5 017.0	7 717.4	5 813.5
1991	21 617.8	5 288.6	9 102.2	7 227.0
1992	26 638.1	5 800.0	11 699.5	9 138.6
1993	34 634.4	6 882.1	16 428.5	11 323.8
1994	46 759.4	9 457.2	22 372.2	14 930.0
1995	58 478.1	11 993.0	28 537.9	17 947.2
1996	67 884.6	13 844.2	33 612.9	20 427.5
1997	74 462.6	14 211.2	37 222.7	23 028.7
1998	78 345.2	14 552.4	38 619.3	25 173.5
1999	82 067.5	14 472.0	40 557.8	27 037.7
2000	89 468.1	14 628.2	44 935.3	29 904.6
2001	97 314.8	15 411.8	48 750.0	33 153.0
2002	105 172.3	16 117.3	52 980.2	36 074.8
2003	117 390.2	16 928.1	61 274.1	39 188.0
2004	136 875.9	20 768.1	72 387.2	43 720.6

13 时间序列分析与预测

运用时间数列和动态分析方法，对社会经济现象的永恒运动及其过程给予显示、观察和研究，揭示其发展演变轨迹、趋势及规律性，对社会经济的宏观调控与微观管理都有着深刻的意义.

时间数列是一种统计数列，它是将反映某类现象在时间上变化和发展的一系列指标数值，按其时间先后顺序排列而形成的统计数列. 由于时间数列表现了现象在时间上的动态变化，故又称为动态数列.

时间数列由两个基本要素构成：一是时间名称，即现象所属的时间；二是指标数值，即表明现象特点的各项指标数值.

由于时间数列可以反映社会经济现象的发展过程及其规律性，所以在统计分析中具有重要的作用：

(1) 对于不同时期的社会经济现象，就其发展水平、发展变化方向及发展速度进行研究，可以从中找寻各个历史阶段现象发展的特点和变化的数量特征.

(2) 分析不同时期现象内部的结构及其变化，客观现象之间的比例及依存关系的变化，预估现象的变动趋势.

(3) 通过分析研究，揭示社会经济现象的某种演变规律,有利于实现宏观调控.

本章内容先是对时间数列的意义、种类和编制原则进行说明，接着对时间数列的基础指标、比较指标、平均指标及其计算与分析进行阐述，并对现象的趋势分析方法围绕长期趋势分析、季节变动分析和循环波动分析等方面进行讲解.

13.1 时间序列的描述性分析

从统计意义上讲，时间序列就是将某一指标在不同时间上的不同数值，按时间先后顺序排列而成的数列，主要用于描述现象随时间发展变化的状况. 对时间序列进行描述性分析，主要是计算增长量和增长率. 本节首先对时间序列进行了概述，接着介绍增长量和增长率的计算和分析方法，其中包括增长量、同比增长量、一般增长率、平均增长率和年度化增长率等.

13.1.1 时间序列概述

人类为了观测周围的世界，常常依时间发展的先后顺序进行观测. 这些观测到的数据具有较独特的性质，即将来的数据通常以某种随机的方式依赖于当前观测到的数据，这种相依性为通过过去预测未来提供了可能. 时间序列分析就是估算和研究某一时间序列在长期变动过程中所存在的统计规律性.

1）时间序列概念

最早的时间序列分析可追溯到 7000 年前的古埃及，当时古埃及人为了农业生产一直关注尼罗河泛滥规律并把尼罗河涨落的情况逐天记录下来，这就构成了时间序列. 通过对此时间序列的直观观察，他们发现尼罗河的泛滥及其规律. 当天狼星第一次和太阳同时升起的那一天之后，再过200天左右，尼罗河就开始泛滥，持续80天左右，洪水过后，土地肥沃，随意播种就可丰收. 由于掌握了尼罗河的泛滥规律，古埃及农业发展迅速，解放了大量劳动力，进而创造了古埃及文明.

像古埃及人一样，按照时间序列把随机事件发展变化的过程记录下就构成了一个**时间序列**. 对时间序列进行观察、研究，寻找它发展变化的规律，预测它未来的走势就是**时间序列分析**.

在时间序列中，我们用 t_i 表示现象所属的时间，x_i 表示现象在不同时间上的观测值. 若观测的时间范围为 $t_1,\cdots,t_n$，相应的观测值表示为 $x_1,\cdots,x_n$，记为 $\{x_t, t=1,2,\cdots,n\}$，其中 x_1 称为最初发展水平，x_n 为最末发展水平；若将整个观测时期内的各观测值与某特定时期 t_0 作比较时，时间 t 可表示为 $t_0,t_1,\cdots,t_n$，相应的观测值表示为 $x_0,x_1,\cdots,x_n$，其中 x_0 为基期水平，x_n 称为报告期水平.

值得注意的是时间顺序中的“时间”也可以具有不同的物理意义，比如长度、速度等，即时间序列只强调顺序的重要性，而并非强调必须以时间顺序排序. 例如，气压随着高度的增加而变化，这里的“高度”就可以看作“时间”. 另外，时间序列也是所研究系统的历史行为的客观记录，因而它包含了系统结构特征及运行规律. 所以，我们可以通过对时间序列进行研究来认识所研究系统的结构特征（如周期波动的周期、振幅、趋势等），揭示其运行规律，进而用以预测，控制其行为，修正和重新设计系统，使之按照新的结构运行.

时间序列在统计分析中具有重要作用. 时间序列可以描述现象的发展状态、结果、变化方向、速度和幅度，并可以揭示现象变动的规律，从而对事物未来的发展做出科学的预测.

2）时间序列的编制原则

在时间序列中，每个指标所涉及的时间长度叫做**时期**，它可以是日、月、季度、年或者更长的时期，主要根据研究的目的而定. 为了使得时间序列便于分析，在收集时间序列数据时，应遵循以下原则：

（1）时间长短应前后一致，以利于比较. 对于时间长度和间隔，一般取决于客观现象本身和研究目的的需要. 若现象的发展状态比较稳定，时间跨度可长一点，反之则否.

（2）范围应统一. 总体范围一般指地区范围、分组范围、产品范围等. 如果总体范围发生了变化，必须将资料进行适当的调整，以求总体范围统一，否则不能对比分析.

（3）经济内容应统一. 同名称的指标，随着历史条件发生重大变化，在内容上可能会引起很大变动，面对这种情况，在编制时间序列数据时，要进行调查，以保证其可比性.

（4）计算方法、计算价格、计量单位应统一.

3）时间序列数据的特点

（1）序列中的数据或数据点的位置依赖时间，但不一定是时间 t 的严格函数.

（2）每一时刻上的取值或数据点的位置具有一定的随机性，不能完全用历史值准确预测.

（3）前后时刻数据或数据点的位置有一定的相关性，即**系统的动态规律性**.

（4）从整体上看，时间序列往往呈现某种趋势或周期性.

在时间序列问题中，数据的时间顺序是很重要的，不能调换，时间序列的一个显著特征就是记录的相依性.

4）时间序列分析的基本思想

时间序列分析的**基本思想**是：事件的发展都具有一定的惯性，用统计语言描述就是序列值之间存在一定的相关关系，且这种相关关系具有某种统计规律. 时域分析的重点就是寻找这种规律，并拟合出适当的数学模型来描述这种规律，进而利用拟合模型来预测序列未来走势.

对社会经济现象进行解释时，应遵循**公平原则与效率原则**，两者的完美统一就是人们追求的终极目标. 对自然现象进行解释时，应遵循自然规律，因为自然规律是永恒的，不以人的意志而改变.

13.1.2　时间序列的水平指标

1）发展水平

发展水平就是时间序列中每一指标的具体数值，又称为**发展量**，它反映了社会经济现象在某一时期或某一时点上的规模和水平. 在统计分析中，发展水平一般用“增加到”、“增加为”、“降低到”、“降低为”等文字表述.

平均发展水平又称为**动态平均数**、**序时平均数**，是指时间序列中各时期或各时点上的发展水平的平均数，用来表示一段时期内的一般水平. 例如，某高校 2010 年，2011 年，2012 年的招生人数分别为 3 000 人，3 500 人，4 000 人，则这三年共招生 10 500 人，平均每年招生 3 500 人，这 3 500 人就是一个动态平均数，它反映了这三年招生的一般水平.

如果时间序列的时间间隔相等，不妨设为 1，则序时平均数 $\bar{x}=\dfrac{\sum x_i}{n}$.

如果时间序列的时间间隔不相等，不妨设时间间隔分别为 $\Delta t_1,\cdots,\Delta t_n$，

（1）假定只是在发生变动时才登记，则序时平均数 $\bar{x}=\dfrac{\sum\limits_{i=1}^{n}\Delta t_i x_i}{\sum \Delta t_i}$；

（2）假定指标值在两个时间点之间的变动是均匀的，则序时平均数 $\bar{x}=\dfrac{\sum\limits_{i=1}^{n}\left(\dfrac{x_{i-1}+x_i}{2}\right)\Delta t_i}{\sum \Delta t_i}$.

例 13.1.1　某酒业某年 10 月份的产品库存变动记录资料见表 13.1.1.

表 13.1.1　某酒业某年 10 月份的产品库存变动　　单位：吨

日期	10.1	10.4	10.9	10.15	10.19	10.26	11.1
库存量	38	42	39	38	28	25	10

则 10 月份平均库存量为

$$\bar{x}=\frac{\sum\limits_{i=1}^{n}\Delta t_i x_i}{\sum \Delta t_i}=\frac{38\times3+42\times5+39\times6+38\times4+28\times7+25\times6}{3+5+6+4+7+6}=\frac{1056}{31}=34.06\text{（吨）}.$$

例 13.1.2　某县某储蓄所 2012 年居民存款余额见表 13.1.2.

表 13.1.2 某储蓄所 2012 年居民存款余额 单位：万元

日期	1.1	4.1	8.1	11.1	12.31
存款余额	520	360	300	420	560

则该储蓄所 2012 年居民平均存款余额为

$$\overline{x}=\frac{\sum_{i=1}^{n}\left(\frac{x_{i-1}+x_i}{2}\right)\Delta t_i}{\sum \Delta t_i}=\frac{\frac{520+360}{2}\times 3+\frac{360+300}{2}\times 4+\frac{300+420}{2}\times 3+\frac{420+560}{2}\times 2}{3+4+3+2}=391.67\text{（万元）}.$$

2）增长量

增长量的计算公式如下：

$$\text{增长量}=\text{报告期水平}-\text{基期水平}.$$

差值为正数表示增加量，差值为负值表示减少量. 由于基期的不同，增长量可分为以下两种：

（1）**累积增长量**，又称为定基增长量，是报告期水平与某一固定时期水平之差，用符号表示为 $x_1-x_0, x_2-x_0, \cdots, x_n-x_0$.

（2）逐期增长量是以前一期水平为基期而计算的增长量，它等于报告期水平与前期水平之差，用符号表示为 $x_1-x_0, x_2-x_1, \cdots, x_n-x_{n-1}$.

3）年距增长量

年距增长量又称为**同比增长量**，在统计分析中，为了消除季节变动的影响，经常以计算可比口径的年距增长量来反映不同年份相同季节的实际变动情况，计算公式为

$$\text{同比增长量}=\text{本期发展水平}-\text{去年同期发展水平}.$$

13.1.3 时间序列的速度指标

对社会经济现象发展变动的快慢程度进行研究，就要计算速度指标. 下面分别介绍它们的计算方法.

1）一般增长率

增长率也称为**增长速度**，它是增长量与基期数量之比. 由于用于对比的基期不同，增长率的计算公式可分为两种：

（1）**环比增长率**是增长量与前一时期数量之比，也称为环比增长速度，计算公式为

$$\text{环比增长率}\ G_i=\frac{x_i-x_{i-1}}{x_{i-1}}=\frac{x_i}{x_{i-1}}-1, i=1,2,\cdots,n.$$

（2）**定基增长率**是增长量与某一固定时期数量之比，也称为定基增长速度，计算公式为

$$\text{定基增长率}\ G_i=\frac{x_i-x_0}{x_0}=\frac{x_i}{x_0}-1, i=1,2,\cdots,n,$$

其中 x_0 为固定时期的数量.

2）平均增长率

平均增长率用于描述现象在整个观察期内平均增长的程度，其计算方法主要是几何平均法，计算公式为

$$\overline{G}=\left(\prod\frac{x_i}{x_{i-1}}\right)^{1/n}-1=\left(\frac{x_n}{x_0}\right)^{1/n}-1, i=1,\cdots,n$$

其中$\overline{G}$为平均增长率，$\frac{x_i}{x_{i-1}}$为环比值，n为环比值的个数.

3）年度化增长率

增长率或平均增长率可根据年度数据计算，也可以根据月度数据计算. 但是，如果所观察的时间跨度多于一年，那么用年度增长率就显得有用了. 将增长率统一换算为年增长率，可使得各增长率具有相同的比较基础.

当增长率以年来表示时，则变为年度化增长率或年率，计算公式为

$$G_A=\left(\frac{x_i}{x_{i-1}}\right)^{m/n}-1,$$

其中G_A为年度化增长率，m为一年中时期个数，n为所跨的时期总数.

如果月份数据被年度化，则$m=12$；如果季度数据被年度化，则$m=4$.

例 13.1.3　甘肃天水 2006—2010 人均 GDP 见表 13.1.3.

表 13.1.3　天水 2006—2010 年人均 GDP　　单位：元

年份	2006	2007	2008	2009	2010
人均 GDP	4738	5550	6626	7584	9202

试计算逐期增长量、累积增长量、环比增长率、定基增长率（2006 年为基）和年平均增长率.

解　根据定义，可得计算结果见表 13.1.4.

表 13.1.4　天水人均 GDP 增长量与增长率计算表

年份	2006	2007	2008	2009	2010
人均 GDP	4738	5550	6626	7584	9202
逐期增长量	—	812	1076	958	1618
累积增长量	—	812	1888	2846	4464
环比增长率（%）	—	17.14	19.39	14.46	21.33
定基增长率（%）	—	17.14	39.85	60.07	94.22

2006—2010 年，甘肃天水人均 GDP 年平均增长率为：

$$\bar{G}=\left(\prod\frac{x_i}{x_{i-1}}\right)^{1/n}-1=\left(\frac{x_n}{x_0}\right)^{1/n}-1=\left(\frac{9202}{4738}\right)^{1/4}-1=18.05\%.$$

例 13.1.4　已知某地区 2002 年的如下数据，计算年度化增长率

（1）1 季度的社会商品零售额为 5000 万元，2 季度为 5500 万元.

（2）1 月份的国内生产总值为 20 亿元，7 月份为 25 亿元.

解　（1）这里为季度数据，所以取 $m=4$，从 1 季度到 2 季度所跨的时期总数为 1，所以 $n=1$，年度化增长率为

$$G_A=\left(\frac{5500}{5000}\right)^{4/1}-1=46.41\%.$$

（2）这里为月份数据，所以 $m=12$，从 1 月到 7 月所跨的时期总数为 6，所以 $n=6$，年度化增长率为

$$G_A=\left(\frac{25}{20}\right)^{12/6}-1=56.25\%.$$

增长率的计算和分析都比较简单，在实际分析中要注意以下两个问题：

（1）当时间序列中观测值出现 0 或负数时，计算增长率要么不符合数学公理，要么无法解释其实际意义，因此，在这种情况下，不宜计算增长率，适宜直接用绝对数进行分析.

（2）在有些情况下，不能单纯就增长率论增长率，要注意增长率与绝对水平的结合分析. 例如，2010 年天水人均 GDP 增长率高达 21.33%，而上海的人均 GDP 增长率很低，但我们不能说天水人均 GDP 比上海好很多，因为上海人均 GDP 突破了 7 万元，而天水人均 GDP 还不到 1 万元，它们根本不在一个水平上.

13.2　时间序列及其构成因素

13.2.1　时间序列的构成因素

客观事物随着时间推移而发展变化，是受多种因素共同影响的结果. 在诸多影响因素中，有的是长期起作用的，对事物的变化发挥着决定性作用；有的只是短期起作用，或者只是偶然发挥非决定性的作用. 例如，公司产品的销售量受经济增长、企业经营不断改进等长期稳定因素影响，同时也可能受偶然自然灾害、新的政策出台等非长期因素影响. 在分析时间序列的变动规律时，事实上不可能将每一个影响因素都一一划分开来，分别去作精确分析，但是可以按照对现象变化影响的类型，将众多影响因素划分为若干种时间序列的构成要素，然后对这几类构成要素分别进行分析，以揭示时间序列的变动规律性. 影响时间序列的构成因素通常可归纳为四种：长期趋势（secular trend)、季节变动（seasonar fluctuation）、循环变动（cyclical variation）、不规则变动（irregular variation）.

包含了长期趋势、季节变动、循环变动、不规则变动的时间序列，如图 13.2.1 所示.

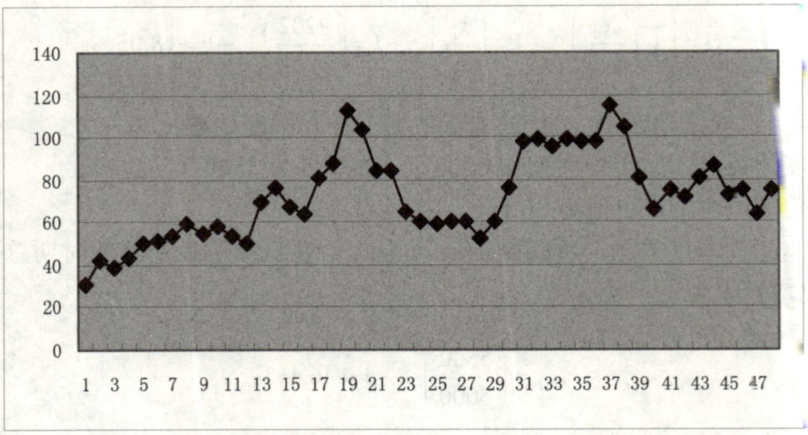

图 13.2.1　包含四个因素的时间序列图形

1）长期趋势

长期趋势是指现象在一段相当长的时期内所表现的沿着某一方向的持续发展变化. 长期趋势可能呈现为不断增长的态势，也可能呈现为不断降低的趋势，还可能呈现为不变的水平趋势. 长期趋势是受某种长期起根本性作用的因素影响的结果. 例如，中国改革开放以来经济持续增长，表现为国内生产总值逐年增长的态势；又如，人口总量的变化通常呈现出某种长期的趋势. 线性和非线性长期趋势的图形分别如图 13.2.2（a）和（b）所示

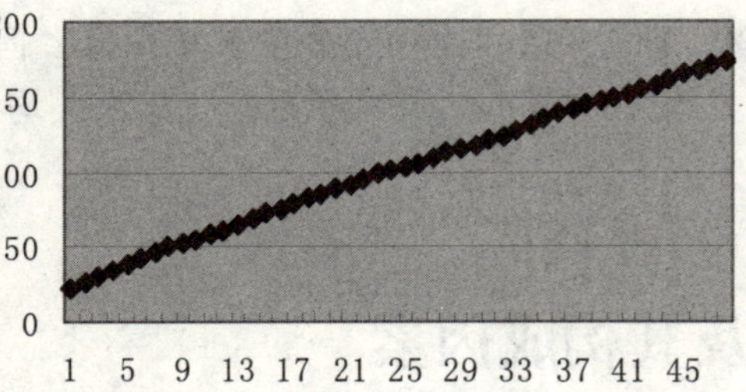

（a）线性长期趋势的图形

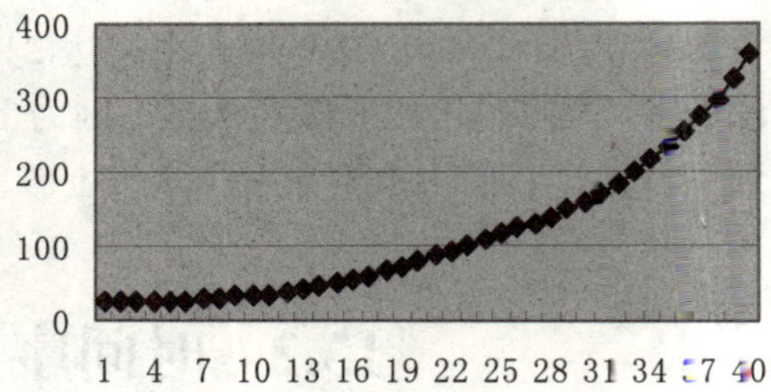

（b）非线性长期趋势的图形

图 13.2.2　长期趋势的图形

2）季节变动

本来意义上的季节变动是指受自然因素的影响，在一年中随季节的更替而发生的有规律的变动. 现在对季节变动的概念有了扩展，对一年内由于社会、政治、经济、自然因素的影响，形成的以一定时期为周期的有规则的重复变动，都可称为季节变动. 形成季节周期的原因，一方面是自然界季节变化对现象产生影响而形成的周期性规律，例如，农业产品的生产、某些商品的销售量变动、旅游交通的流量都可能呈现出季节性的周期变动；另一方面也有人为因素，由于制度、习惯、法规、法律等对事物产生影响而形成的周期性规律，例如，在春节、国庆节、圣诞节等节假日，社会消费品零售总额及旅游人数都会比平时大量增加. 如图 13.2.3 所示是一年内随季节变动的一种态势的图形.

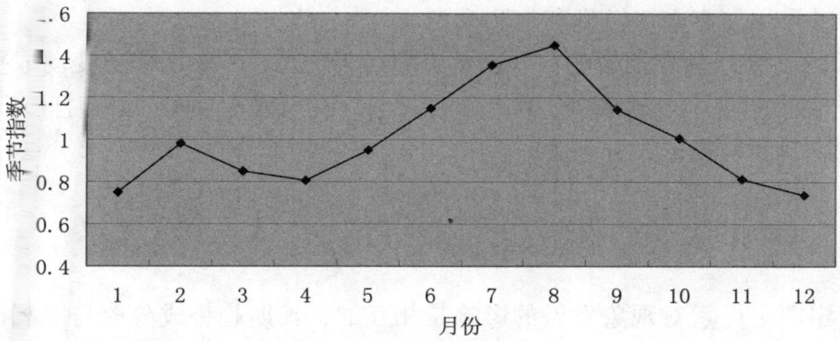

图 13.2.3　季节变动的图形

3）循环变动

循环变动指在较长时间内呈现出的波峰波谷交替的变动，通常是以若干年（或季、月）为一定周期的有一定规律性的周期波动. 时间序列有时呈现出沿着长期趋势的上下波动，扩张与紧缩、波峰与波谷相交替，这种时间间隔超过一年的环绕长期趋势涨落相间的波动，可归结为循环变动. 循环变动与长期趋势不同，它不是单一方向的持续变动，是有涨有落的交替波动. 循环变动与季节变动也不同，循环变动的周期长短很不一致，不像季节变动那样有明显的按月或按季的固定周期规律，循环变动的规律性不甚明显，通常隐藏在长期趋势中，较难以识别. 如图 13.2.4 所示是若干年中循环变动态势的一种图形.

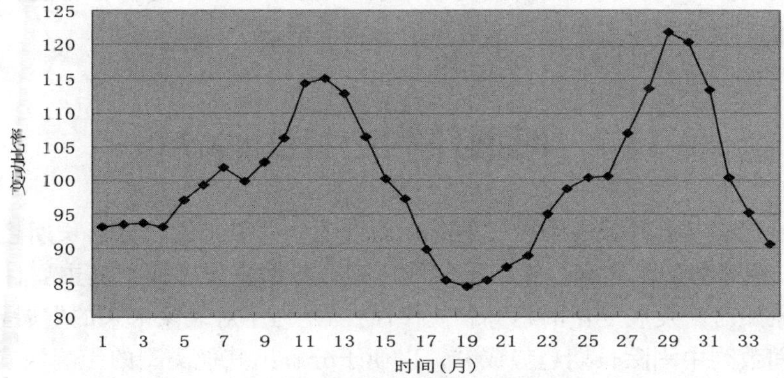

图 13.2.4　循环变动的图形

4）不规则变动

不规则变动是时间序列分离了长期趋势、季节变动、循环变动以后的波动，是由那些影响时间序列的短期的、不可预期的和不重复出现的众多偶然因素引起的，呈现为无规则的随机变动.

时间序列的变动一般都是由以上四种构成要素或其中一部分要素形成的. 时间序列分析的任务之一，就是对序列中的这几种构成要素进行统计测定和分析，从中划分出各种要素的具体作用，揭示其变动的规律和特征，为认识和预测事物的发展提供依据.

13.2.2　时间序列构成因素的组合模型

形成时间序列变动的四类构成因素，按照它们的影响方式的不同，可以设定为不同的组合模型，其中最常用的有乘法模型和加法模型.

以 Y 表示时间序列的变量数值；T 表示长期趋势成分；S 表示季节变动成分；C 表示循环变动成分；I 表示不规则变动成分；下标 $t(t=1, 2, \cdots, n)$表示时间，n 为时间序列的项数. 乘法模型和加法模型的表现形式分别为

乘法模型

$$Y_t = T_s \cdot S_t \cdot C_s \cdot I_t . \tag{13.2.1}$$

乘法模型是假定四个因素对现象发展的影响是相互的，长期趋势成分取与 Y 相同计量单位的绝对量，以长期趋势为基础，其余成分则均以比率（相对量）表示.

加法模型

$$Y_t = T_s + S_t + C_s + I_t . \tag{13.2.2}$$

加法模型是假定四个因素的影响是独立的，每个成分均以与 Y 相同计量单位的绝对量来表示.

需要说明的是，时间序列组合模型中包含了四类因素，这是时间序列的完备模式，但是并不是在每个时间序列中这四类因素都同时存在. 一般来说，在时间序列中长期趋势是经常存在的，季节变动因素和循环变动因素则不一定存在. 当季节变动成分或循环变动成分不存在时，在乘法模型中的 S 或 C 取值为 1，在加法模型中的 S 或 C 取值为 0. 有时也把长期趋势和循环变动合并称为趋势-循环因素. 要分别研究各种构成因素的变动规律以及对时间序列的影响，就需要从时间序列中把各种构成因素分解出来. 只有这样，才能识别某种构成因素是否存在，也才能分别描述各种构成因素的变动规律.

13.3　时间序列趋势变动分析

时间序列的长期趋势是就一个较长的时期而言的，一般来说，分析长期趋势所选的时期越长越好. 对长期趋势的测定和分析，是时间序列分析的重要工作，其主要目的有三个：一是为了认识现象随时间发展变化的趋势和规律性；二是为了对现象未来的发展趋势作出预测；三是为了从时间数列中剔除长期趋势成分，以便于分解出其他类型的影响因素. 时间序列长期趋势的测定方法有许多种，最常用的有移动平均法、指数平滑法和趋势模型法等.

13.3.1　测定长期趋势的移动平均法

移动平均法的基本原理，是通过移动平均消除时间序列中的不规则变动和其他变动，从而揭示出时间序列的长期趋势. 所谓移动平均，是选择一定的用于平均的时距项数 K，采用对序列逐项递移的方式，对原序列递移的 K 项计算一系列序时平均数，由这些序时平均数所形成的新序列，在一定程度上消除或削弱了原序列中由于短期偶然因素引起的不规则变动和其他成分，对原序列的波动起到一定的修匀作用，从而呈现出现象在较长时期的发展趋势. 这种移动平均值也是对现象发展趋势的预测值.

例 13.3.1 表 13.3.1 为某市某客运站旅客运输量及其三次移动平均和五次移动平均的计算结果：

表 13.3.1　某市某客运站旅客运输量　单位：万人公里

年份	季度	客运量	三次移动平均		五次移动平均	
			指标值	逐期增长	指标值	逐期增长
2011	一	100	—	—	—	—
	二	95	97.0	—	—	—
	三	98	100.0	3.0	102.0	—
	四	107	105.0	5.0	103.0	1.0
2012	一	110	107.3	2.3	105.4	2.4
	二	105	107.3	0.0	108.8	3.4
	三	107	109.0	1.7	112.0	3.2
	四	115	115.0	8.0	113.0	2.0
2013	一	123	117.7	2.7	116.0	3.0
	二	115	119.3	1.6	119.6	3.6
	三	120	120.0	0.7	—	—
	四	125	—	—	—	—

在表 13.3.1 中，三项移动平均和五项移动平均的结果都表现出一定的周期性波动，这是因为移动平均值序列还受到季节波动的影响. 为消除季节变动，可对表 13.3.1 中的序列作四次移动平均，结果见表 13.3.2.

表 13.3.2　某客运站旅客运输量四次移动平均计算表　单位：万人公里

年份	季度	客运量	四次移动平均	移正平均	逐期增长
2011	一	100			
	二	95	100.00		
	三	98	102.50	101.250	
	四	107	105.00	103.750	2.500
2012	一	110	107.25	106.125	2.375
	二	105	109.25	108.250	2.125
	三	107	112.50	110.875	2.625
	四	115	115.00	113.750	2.875
2013	一	123	118.25	116.625	2.875
	二	115	120.75	119.500	2.875
	三	120			
	四	125			

利用 Excel 可以方便地计算移动平均数，方法是在 Excel 工作表中输入客运量数据(如 C2: C13 中)，在“工具”中的“数据分析”，点击“移动平均”，输入数据区域“C2: C13”. 若是四次移动平均，在“间隔”中输入“4”，在“输出区域”中输入指定的区域（如 F26)，点击“确定”，即得到四次移动平均的结果. 要作移正平均，只需对四次移动平均的结果再作“间隔”为“2”的移动平均即可.

用 Excel 作四次移动平均的窗口如图 13.3.1，13.3.2 所示.

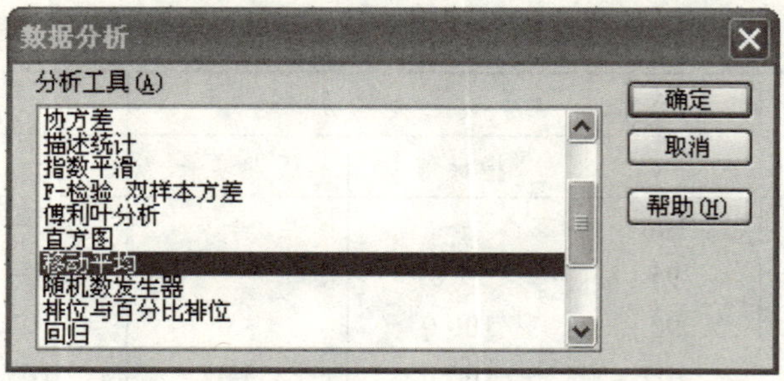

图 13.3.1　数据分析工具窗口

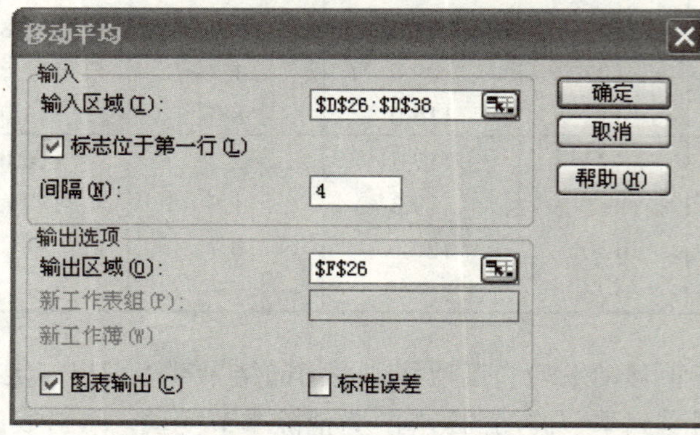

图 13.3.2　四项移动平均窗口

Excel 四次移动平均对话框 Excel 作四次移动平均的输出形式如表 13.3.3，其移动平均趋势如图 13.3.3 所示.

表 13.3.3　Excel 四项移动平均输出结果

年份	季度	客运量	四项移动平均	移正平均
2011	一	100		
	二	95		
	三	98	100.00	101.25
	四	107	102.50	103.75
2012	一	110	105.00	106.13
	二	105	107.25	108.25
	三	107	109.25	110.88
	四	115	112.50	113.75
2013	一	123	115.00	116.63
	二	115	118.25	119.50
	三	120	120.75	
	四	125		

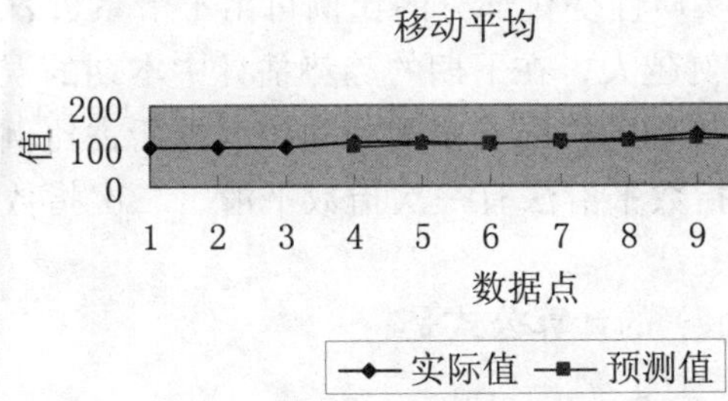

图 13.3.3 移动平均趋势图

注意 Excel 中的移动平均值和移正平均值不是放在被移动平均的中间时期的位置，而是为了预测的需要放在被平均数据的最后一期，应将其移动到适当的位置. 由例 13.3.1 可以看出，移动平均法具有如下特点：

（1）移动平均对原序列有修匀或平滑的作用，使得原序列的上下波动被削弱了，而且平均的时距项数 K 越大，对数列的修匀作用越强. 如表 13.3.1 中移动平均的不规则变动较原序列明显削弱了. 但平均值的逐期增长量还不很规则；五年移动平均进一步削弱了不规则变动，逐期增长量更接近于一个常数.

（2）移动平均时距项数 K 为奇数时，只需一次移动平均，其移动平均值作为移动平均项数的中间一期的数值；而当移动平均项数 K 为偶数时，移动平均值代表的是这偶数项的中间位置的水平，无法对正某一时期，则需再进行一次相邻两平均值的移动平均，这样才能使平均值对正某一时期，这称为移正平均，也称中心化的移动平均数.

（3）当序列包含季节变动时，移动平均时距项数 K 应与季节变动长度一致（如 4 个季度或 12 个月），才能消除其季节变动；若序列包含周期变动时，平均时距项数应和周期长度基本一致，才能较好地消除周期波动.

（4）移动平均以后，其序列的项数较原序列减少，当 K 为奇数时，新序列首尾各减少 $\frac{K-1}{2}$ 项，K 为偶数时，首尾各减少 $\frac{K}{2}$ 项. 所以移动平均会使原序列失去部分信息，而且平均项数越大，失去的信息越多. 因此，移动平均的项数不宜过大.

13.3.2 测定长期趋势的指数平滑法

移动平均对消除季节等影响有独特的作用，所得趋势值比以某种函数形式所代表的趋势更能反映现象本身的趋势特征. 但是移动平均也有不足，主要是对于不含季节因素的趋势序列，每一期的移动平均值实际上都只包含了 K 个数据的信息，而没有将历史数据信息充分反映到趋势值或预测值中. 指数平滑法可以弥补移动平均法的不足，能够充分利用所有的数据信息，同时又体现近期数据对未来预测影响作用更大的特点.

指数平滑法通过计算一系列指数平滑值消除不规则变动，揭示现象的基本趋势. 用指数平滑法确定趋势估计值的基本思想是：如果第 t 期趋势估计值与第 t 期实际值完全一致，两者之间没有误差，则可以将第 t 期趋势估计值直接作为第 $t+1$ 期的趋势估计值；如果两者之间有误差，则这种误差可理解为由两部分组成：一部分是不规则随机误差，另一部分是现象从第 $t-1$ 期到第 t 期的实质性变化. 为了合理估计趋势值，就要剔除不规则随机误差，反映出现象的实质性变化. 误差中属于现象实质性变化部分的比例可由平滑系数σ决定，σ值越大，即认为误差中现象实质性变化的比例越大，在下期的趋势估计中本期的误差就保留得越多；反之，σ值越小，则认为误差中不规则随机因素引起的随机误差所占比例越大，在下期的趋势估计中本期误差就剔除得越多. 指数平滑法有一次指数平滑、二次指数平滑、三次指数平滑等，这里只介绍一次指数平滑法.

一次指数平滑值（用S_t 表示）的计算公式是：

$$S_t = S_{t-1} + \alpha(y_t - S_{t-1}) , \tag{13.3.1}$$

式中S_t为第t期的指数平滑值；S_{t-1}为第$t-1$期的指数平滑值；y_t为第t期的实际观测值；α为平滑系数，其值介于$0 \sim 1$；$t = 1,2,\cdots,n$.

显然，指数平滑具有递推性质，各期指数平滑值均在上期平滑值的基础上递推而得. 由公式（13.3.1）可知：第t期的指数平滑值S_t,是在第（$t-1$）期指数平滑值S_{t-1}的基础上，加上第t期实际观测值y_t与作为第t期趋势估计值的第（$t-1$）期指数平滑值S_{t-1}间误差的一部分组合而成.

公式（13.3.1）也可改写为

$$S_t = \alpha y_t + (1-\alpha)S_{t-1} . \tag{13.3.2}$$

可以看出，第t期的预测值等于第t期的实际值与第t期预测值的加权平均值. 指数平滑法是加权平均的一种特殊形式. 将公式（13.3.2)展开，可得

$$\begin{aligned} S_t &= \alpha y_t + (1-\alpha)S_{t-1} = \alpha y_t + (1-\alpha)[\alpha y_{t-1} + (1-\alpha)S_{t-2}] \\ &= \alpha y_t + \alpha(1-\alpha)y_{t-1} + (1-\alpha)^2 S_{t-2} = \alpha y_t + \alpha(1-\alpha)y_{t-1} + (1-\alpha)^2[\alpha y_{t-2} + (1-\alpha)S_{t-3}] \\ &= \alpha y_t + \alpha(1-\alpha)y_{t-1} + \alpha(1-\alpha)^2 y_{t-2} + (1-\alpha)^3 S_{t-3} = \cdots \\ &= \alpha y_t + \alpha(1-\alpha)y_{t-1} + \alpha(1-\alpha)^2 y_{t-2} + \cdots + \alpha(1-\alpha)^{t-1} y_1 + (1-\alpha)^t S_0 \\ &= \alpha \sum_{j=0}^{t-1} (1-\alpha)^j y_{t-j} + (1-\alpha)^t S_0 , \end{aligned}$$

式中S_0称为初始值，序列项数较多时，初始值对平滑值的影响不大，故可设定为$S_0 = y_1$. 由于α是介于 0 与 1 之间的小数，随着时间t增大，最后一项系数$(1-\alpha)^t$几乎为零，将此略去后，有：

$$S_t = \alpha \sum_{j=0}^{t-1} (1-\alpha)^j y_{t-j} . \tag{13.3.3}$$

可见，指数平滑值实质上是各期观测值的加权平均数（权数和为 1)，各期权数呈指数递减形式，故称为指数平滑. 第t期平滑值包含了第t期及以前所有数据的信息，但又对不同时期的数据给予不同的权数，越是近期的数据，给予的权数越大. 由于是平均值，对序列具有平滑修匀作用，能消除不规则变动的影响；又由于对各期数据赋予不同的权数，体现了对各期数据的不同重视程度. 正是由于指数平滑的这些特点，使该方法有极为广泛的应用场合，特别适合于一些趋势形态比较特殊、不大适合拟合某种曲线的序列.

指数平滑法中，α的取值不同，计算出的平滑值会有较大差异. 平滑系数α值的选择没

有固定的模式，应视研究的目的任务和对象的性质特点来决定. 一般说来，平滑系数 α 的选择需要考虑以下几个方面：

（1）α 值越小，对序列的平滑作用越强，对时间序列变化的反映越慢，因而序列中随机波动较大时，为了消除随机波动的影响，可选择较小的 α 值，使序列受随机波动的影响较小；α 值越大，对序列的平滑作用越弱，对时间序列变化的反映越快，因而为了反映出序列的变动状况，可选择较大的 α 值，使数据的变化很快反映出来.

（2）如果对将来趋势的估计主要依靠近期信息，α 值宜选择得大一些；如果希望充分重视历史信息，α 值宜选择得小一些.

（3）看对初始值的重视程度，如果对初始值正确性的把握不大，希望减小初始值的影响，则 α 值宜大些；反之，对初始值正确性的把握性较大，希望突出初始值的影响，则 α 值宜小些.

（4）通常可选取几种不同的 α 数值进行比较，最后选择使实际值和估计值均方误差最小的 α 值.

例 13.3.2 对表 13.3.1 中某市某客运站旅客运输量作指数平滑，指数平滑值的计算可利用 Excel 中的“数据分析”.

方法是：进入 Excel 工作簿，点击“工具”→“数据分析”→“指数平滑”，根据对话框提示输入原始数据区域、阻尼系数(注：这里的阻尼系数指 $1-\alpha$)、输出区域等即可. 但注意 Excel 中指数平滑值的位置是按($t-1$)期的平滑值作为 t 期趋势估计值处理的. 分别取 α 为 0.1, 0.3 和 0.7，计算的客运量指数平滑值见表 13.3.4.

表 13.3.4 某客运站旅客运输量指数平滑值计算结果 单位：万人公里

年份	季度	客运量	客运量指数平滑值		
			$\alpha=0.1$	$\alpha=0.3$	$\alpha=0.7$
2011	一	100	—	—	—
	二	95	100.00	100.00	100.00
	三	98	99.50	98.50	96.50
	四	107	99.35	98.35	97.55
2012	一	110	100.12	100.95	104.17
	二	105	101.10	103.66	108.25
	三	107	101.49	104.06	105.97
	四	115	102.04	104.94	106.69
2013	一	123	103.34	107.96	112.51
	二	115	105.31	112.47	119.85
	三	120	106.27	113.23	116.46
	四	125	107.65	115.26	118.94

三种不同平滑系数修匀作用的比较如图 13.3.3 所示.

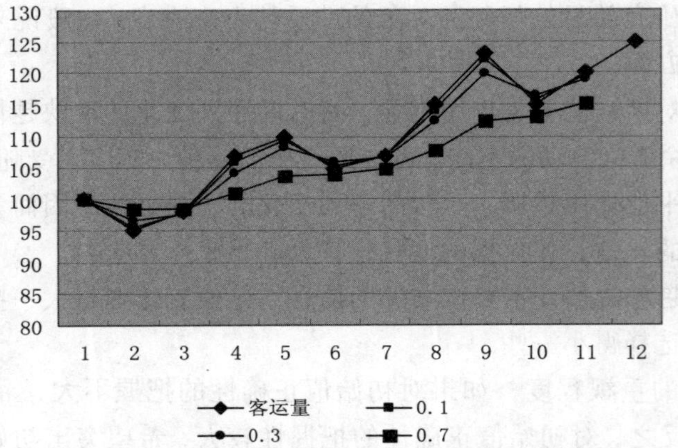

图 13.3.3　不同平滑系数对序列平滑作用的比较

13.3.3　测定长期趋势的模型法

时间序列的长期趋势可分为线性趋势和非线性趋势. 当时间序列的长期趋势近似地呈现为直线而发展，每期的增减数量大致相同时，则称时间序列具有线性趋势. 线性趋势的特点是其变化率或趋势线的斜率基本保持不变. 当时间序列在各时期的变动随时间而异，各时期的变化率或趋势线的斜率有明显变动但又有一定规律时，现象的长期趋势将不再是线性的，这时现象的长期趋势可能是非线性趋势. 对于线性趋势和非线性趋势可以分别用不同的模型去拟合.

1）线性趋势的模型法

线性趋势的模型法，是利用线性回归的方法对原时间序列拟合线性方程，消除其他成分变动，从而揭示出序列长期线性趋势的方法. 线性趋势方程的一般形式为

$$\hat{y}_t = a + bt \,, \tag{13.3.4}$$

式中 $\hat{y}_t$ 为时间序列 y_t 的趋势值；t 为时间的标号；α 为截距项，是当 $t=0$ 时 $\hat{y}_t$ 的初始值；b 为趋势线的斜率，表示当时间 t 变动一个单位时，趋势值 $\hat{y}_t$ 的平均变动数量.

通常可以利用第 7 章中最小二乘法去估计线性趋势方程的参数 α 和 b，即

$$\hat{b} = \frac{n\sum ty - \sum t\sum y}{n\sum t^2 - \left(\sum t\right)^2}\,,\quad \hat{a} = \frac{\sum y - \hat{b}\sum t}{n}\,, \tag{13.3.5}$$

式中 n 为时间序列的项数，即时期的个数；$\hat{a}$ 和 $\hat{b}$ 分别为线性趋势方程参数 α 和 b 的最小二乘估计值；y 为时间序列中各时期的实际观测值.

用时间序列数据估计的线性趋势方程及参数，还应当用第 12 章介绍的线性回归方程的检验方法检验其统计显著性.

例 13.3.3　对表 13.3.1 中旅客运输量，可作线性趋势方程拟合.

由公式（13.3.5)可得

$$\hat{b} = \frac{n\sum ty - \sum t\sum y}{n\sum t^2 - \left(\sum t\right)^2} = 2.503497\,,\quad \hat{a} = \frac{\sum y - \hat{b}\sum t}{n} = 93.72727\,.$$

所以，线性趋势方程为

$$\hat{y}_t = 93.72727 + 2.503497\,t\,.$$

线性趋势方程拟合的计算也可以利用 Excel 实现. 在 Excel 工作表中（如在 B2：B13）输入客运量数据 y，并输入时间序号 t（如在 A2: A13 中输入 1，2，…，12），在“工具”的“数据分析”中点击“回归”，在对话框的“y 值输入区域”输入“B2: B13”，在 x 值输入区域输入“A2: A13”，在“输出区域”中输入指定位置（如 D2），点击“确定”即得回归结果，输出的结果见表 13.3.5.

表 13.3.5　Excel 趋势方程拟合结果

t	客运量		SUMMARY OUTPUT								
1	100										
2	95		回归统计								
3	98		Multiple	0.921262							
4	107		R Square	0.848723							
5	110		Adjusted	0.833596							
6	105		标准误差	3.996852							
7	107		观测值	12							
8	115										
9	123		方差分析								
10	115			df	SS	MS	F	gnificance F			
11	120		回归分析	1	896.2517	896.2517	56.10401	2.09E-05			
12	125		残差	10	159.7483	15.97483					
			总计	11	1056						
				Coefficien	标准误差	t Stat	P-value	Lower 95%	Upper 95%	下限 95.0%	上限 95.0%
			Intercept	93.72727	2.459892	38.10219	3.7E-12	88.24629	99.20825	88.24629	99.20825
			t	2.503497	0.334234	7.490261	2.09E-05	1.758778	3.248215	1.758778	3.248215

各时期的实际观测值与模型拟合值的图形，如图 13.3.4 所示：

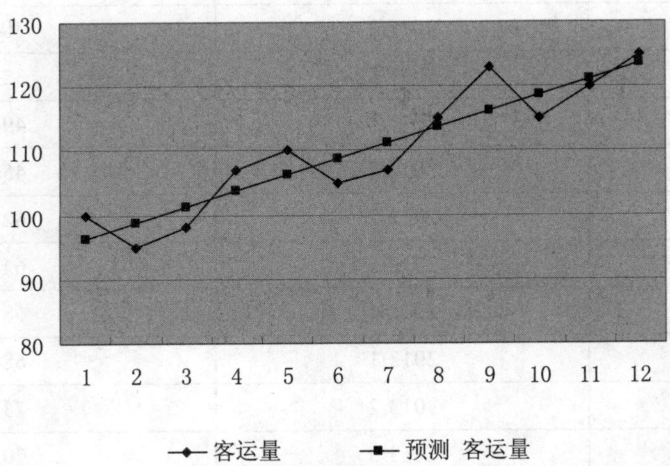

图 13.3.4　实际观测值与模型拟合值的图形

由 Excel 输出结果中可见，可决系数为 $R^2 = 0.848723$，估计的斜率系数 $\hat{b}$ 的 t 统计量为 7.490261，明显大于 t 统计量的临界值；p 值为 2.09E-05，这说明“旅客运输量”的线性趋势是较为明显的.

模型拟合的趋势方程具有延伸外推的功能，可用于对未来时期现象的趋势值作出预测. 例如，在上例中，可预测该客运站 2008 年一季度的客运量为

$$\hat{y}_{13}=93.72727+2.503497\times 13=126.2727（万人公里）.$$

2）非线性趋势的方程拟合法

事实上，现象的长期趋势并不一定呈现为线性趋势，也就是说，现象变动的变化率或趋势线的斜率在一个较长的时期内不一定保持不变. 有规律的非线性趋势，常呈现为某种形态的曲线变化，又称为曲线趋势.

现象的非线性趋势变动的形式多种多样，例如，可能为抛物线型、指数曲线型、修正指数曲线型、Gomperte 曲线型、Logistic 曲线型等，各种类型曲线的拟合方法各不相同. 这里只介绍较常用的抛物线型和指数曲线型.

（1）抛物线型. 当现象的长期趋势近似于二次抛物线形态时，可拟合为如下二次曲线方程：

$$\hat{y}_t = a+bt+ct^2, \tag{13.3.6}$$

式中 $\hat{y}_t$ 为时间序列 y_t 的趋势值；t 为时间的标号；a,b,c 为参数.

拟合抛物线型的曲线方程，需要估计其参数 a,b,c，可将 t 和 t^2 分别视为两个自变量，按多元线性回归的方式用最小二乘法估计其参数.

【例 13.3.4】 表 13.3.6 中的 y 为某企业各季度某种产品销售量，由图 13.3.6 销售量的散点图可以观察出类似于抛物线，可用抛物线方程拟合其长期趋势.

表 13.3.6 某企业某种产品销售量及有关数据 单位：万件

序号 t	时间（年/季）	销售量 y
1	2011/1	928
2	2011/2	2845
3	2011/3	3238
4	2011/4	4942
5	2012/1	4555
6	2012/2	6278
7	2012/3	6485
8	2012/4	6852
9	2013/1	6849
10	2013/2	7317
11	2013/3	7023
12	2013/4	6980

为了简化计算，可以将时间序号 t 设定为以中点为原点，即取最中间的时间序号为 0，则中点以前的时间序号分别为 –1, –2, …, 中点以后的时间序号分别为 1, 2, …；也可直接以 t 和 t^2 为解释变量，用 Excel 中多元回归分析的方法估计抛物线型的趋势方程的参数. 对于本例，可在 Excel 工作表中输入“销售量”（如 D2: D13 中），“t 值”（如 B2: B13 中），并生成

“t^2”值（如 C2: C13 中）. 在“工具”的“数据分析”中选择“回归”，在对话框的“y 值输入区域”输入“D2: D13”，在 x 值输入区域输入“B2: C13”（注意这里涵盖了“t 值”和“t^2 值”），在“输出区域”中输入指定位置（如 F1），点击“确定”即得回归结果，输出结果见表 13.3.7.

表 13.3.7　抛物线型趋势的估计

	A	B	C	D	E	F	G	H	I	J	K	L	M	N
1	时间（年/季）	t	t2	销售量y		SUMMARY OUTPUT								
2	2011-1	1	1	928										
3	2011-2	2	4	2845		回归统计								
4	2011-3	3	9	3238		Multiple	0.986459							
5	2011-4	4	16	4942		R Square	0.973102							
6	2012-1	5	25	4555		Adjusted	0.967125							
7	2012-2	6	36	6278		标准误差	375.0485							
8	2012-3	7	49	6485		观测值	12							
9	2012-4	8	64	6852										
10	2013-1	9	81	6849		方差分析								
11	2013-2	10	100	7317			df	SS	MS	F	gnificance F			
12	2013-3	11	121	7023		回归分析	2	45798816	22899408	162.7981	8.59E-08			
13	2013-4	12	144	6980		残差	9	1265953	140661.4					
14						总计	11	47064769						
15														
16							Coefficien	标准误差	t Stat	P-value	Lower 95%	Upper 95%	下限 95.0%	上限 95.0%
17						Intercept	-201.727	387.6235	-0.52042	0.615329	-1078.59	675.1379	-1078.59	675.1379
18						t	1450.03	137.0936	10.57693	2.24E-06	1139.903	1760.157	1139.903	1760.157
19						t2	-71.3686	10.266	-6.95194	6.67E-05	-94.5919	-48.1453	-94.5919	-48.1453

也就是说，该企业某种产品销售量的二次曲线方程为

$$\hat{y}_t = -201.72 + 1450.03t - 71.37t^2 .$$

销售量原始数据与抛物线拟合曲线的图形如图 13.3.5 所示.

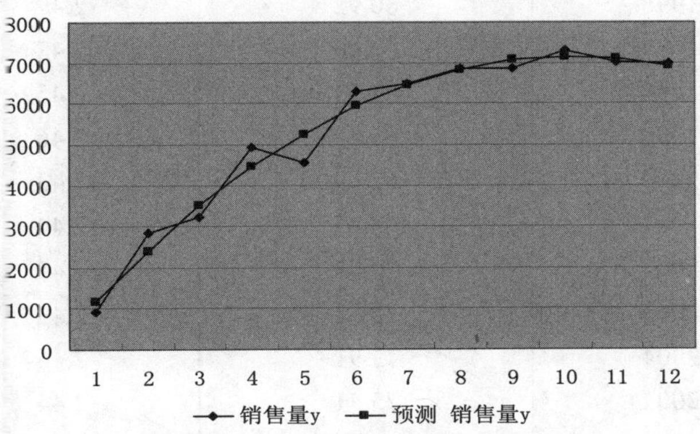

图 13.3.5　抛物线拟合曲线的图形

从表 13.3.7 还可以看出，此非线性回归的可决系数为 $R^2 = 0.973102$，修正的可决系数为 $\bar{R}^2 = 0.967125$. 而且，F 统计量为 162.7981，对应的 P 值为 8.59E－08；估计的“t”和“t^2”系数的 t 统计量分别为 10.57693 和－6.95194，其绝对值均大于 t 统计量的临界值，对应的 P 值为 2.24E－06 和 0.000667. 这说明该企业产品销售量的抛物线趋势是显著的.

当需要预测 2014 年一季度该种产品销售量时，可设定时间 $t = 13$，代入曲线方程，可估计出 2014 年一季度该产品的销售量为

$$\hat{y}_t = -201.72 + 1450.03 \times 13 - 71.37 \times 13^2 = 6587.14 \text{（万件）}.$$

（2）指数曲线型. 当现象的长期趋势每期大体上按相同的增长速度递增或递减变化时长期趋势模型可拟合为如下指数曲线方程：

$$\hat{y}_t = ab^t, \tag{13.3.7}$$

式中 $\hat{y}_t$ 为时间序列 y_t 的趋势值；t 为时间的标号；a, b 为参数.

指数曲线的特点是各期环比增长速度大体相同，或者说时间数列的逐期趋势值按一定的比率递增或递减. 公式（13.3.7)中，a, b 为未知参数，若 $b>1$，逐期趋势值随 t 的增加而递增；若 $b<1$，逐期趋势值随 t 的增加而降低.

为了估计参数 a,b，可将公式（13.3.7）两端取对数，得

$$\ln \hat{y}_t = \ln a + t\ln b.$$

设定 $y' = \ln \hat{y}_t$，$A = \ln a$，$B = \ln b$，则有

$$y' = A + Bt.$$

利用时间序列的数据，运用最小二乘法可估计出 $\ln a$ 和 $\ln b$，再取反对数即可得参数 a, b 的估计值.

例 13.3.5　表 13.3.8 为某市年末人口数量变化，可以看出其环比增长率近似于常数，可用指数曲线方程拟合其长期趋势. 为说明计算过程，把有关数据列在表 13.3.8 中.

表 13.3.8　某市年末人口数量变化

序号 t	年份	年末人口数 y_t（万人）	环比增长率（%）	y'=lny
1	1994	58.00		4.0604
2	1995	59.45	2.50	4.0851
3	1996	60.92	2.47	4.1096
4	1997	62.40	2.43	4.1336
5	1998	63.93	2.45	4.1578
6	1999	65.50	2.46	4.1821
7	2000	67.09	2.43	4.2060
8	2001	68.73	2.44	4.2302
9	2002	70.42	2.45	4.2545
10	2003	72.13	2.43	4.2785
11	2004	73.91	2.46	4.3028
12	2005	75.71	2.44	4.3269
13	2006	77.60	2.50	4.3516

用回归分析的方法计算或用 Excel 运算（其回归分析的过程及统计检验从略），可得回归系数的估计结果：

$$\hat{A} = 4.036654, \quad \hat{B} = 0.024204.$$

取反对数，得

$$\hat{a} = 56.6365, \quad \hat{b} = 1.0245.$$

所得趋势方程为

$$\ln \hat{y}_t = \ln a + t\ln b = 4.036654 + 0.024204t.$$

或者

$$\hat{y}_t = 56.6365 \times 1.0245^t.$$

长期趋势模型的拟合，需要判断现象发展的基本规律和态势，要求选择最适合的函数形

式. 事实上这是比较困难的. 在对实际的时间序列拟合其长期趋势方程时，通常可参考以下的一些做法：

（1）进行定性分析. 对所研究的现象的客观性质进行研究，分析其一般的发展规律，从而对现象长期趋势的性质做出基本的判断.

（2）描绘散布图. 根据时间序列的观测值描绘散布图，从散布图的基本态势判断现象随时间变化的大体类型.

（3）分析序列的数据特征. 如果序列各项数据的 K 次差大致为一个常数，一般来说，可考虑配合 K 次曲线；若序列的环比发展速度大体为一个常数，或序列的对数一次差大体为一个常数，可考虑配合指数曲线.

（4）分段拟合. 现象的实际变化可能非常复杂，各个阶段可能有不同的变化规律，这时可将序列分段考察，分别拟合不同的曲线趋势.

（5）最小偏差分析. 当序列有多种曲线可供选择时，可将多种曲线的拟合结果加以比较，分别计算各种曲线的偏差或估计的均方误差 s^2，以估计的均方误差最小的曲线为宜. 计算估计的均方误差 s^2 的公式为

$$s^2 = \frac{\sum (y_t - \hat{y}_t)^2}{n-k}, \tag{13.3.8}$$

式中 n 为序列项数；k 为曲线参数的个数；y_t 为序列观测值；$\hat{y}_t$ 为估计的趋势值.

13.4 季节变动分析

季节变动是指客观现象因受自然因素或社会因素的影响，而形成的在一年内有规则的周期性变动. 季节变动在现实生活中经常遇到，如商业活动中的“销售旺季”和“销售淡季”、农产品和以农产品为原料的某些工业生产的产量和销售量、旅游业的“旅游旺季”和“旅游淡季”等. 所谓季节变动不仅仅是指随一年中随四季而变动，而是泛指一年内有规律的、按一定周期（年、季、月、周、日）重复出现的变化. 季节变动的原因通常与自然条件有关，同时也可能是由于生产条件、节假日、风俗习惯等社会经济因素所致. 季节变动常会给人们的社会经济生活带来某种影响，如会影响某些商品的生产、销售与库存.

测定季节变动的意义主要在于通过分析与测定过去的季节变动规律，为当前的决策提供依据；此外，也是为了对未来现象季节变动作出预测，以便提前做出合理的安排；同时，当需要不包含季节变动因素的数据时，能够消除季节变动对时间序列的影响，以便更好地分析其他因素.

13.4.1 季节变动分析的原始资料平均法

测定季节变动的方法很多，从是否考虑长期趋势的影响看可分为两种：一是不考虑长期趋势的影响，根据原始时间序列直接测定季节变动；二是根据剔除长期趋势后的数据测定季节变动.

当时间序列的长期趋势近似于水平趋势时，测定时间序列的季节变动可以不考虑长期趋势的影响，直接用原始资料平均法. 原始资料平均法也称为同期（月或季）平均法，这是对

原始时间序列数据不剔除长期趋势因素，直接计算季节比率的方法. 其基本步骤为：

（1）计算各年同期（月或季）的平均数 $\overline{y}_i$（i 表示月份或季度，$i=1, 2, \cdots, 12$ 或 $i=1, 2, 3, 4$），其目的是消除各年同一季度（月份）数据上的不规则变动.

（2）计算全部数据的总平均数 $\overline{y}$，找出整个序列的水平趋势.

（3）计算季节比率 S_i，即

$$S_i = \frac{\overline{y}_i}{y} \text{（} i \text{ 表示月份或季度，} i=1, 2, \cdots, 12 \text{ 或 } i=1,2,3,4 \text{）} \tag{13.4.1}$$

可见，季节比率实际上是各年的同期平均数相对于整个序列平均水平变动的程度，也称为季节指数，可用相对比率或百分比表示. 在乘法模型中，季节比率有一个特性，这就是其总和等于季节周期 L（=12 或 4），或平均等于 1，即

$$\sum S_i = L \quad \text{或} \quad \overline{S} = \sum S_i / L = 1 .$$

例 13.4.1 某旅行社 2010—2013 年的经营收入及所计算的各年同月平均数和季节比率，见表 13.4.1.

表 13.4.1 某旅行社经营收入 单位：万元

月份 / 年份	1	2	3	4	5	6	7	8	9	10	11	12
2010	40	50	41	39	45	53	68	73	50	48	43	38
2011	43	52	45	41	48	65	79	86	64	60	45	41
2012	44	64	58	56	67	74	84	85	76	58	46	42
2013	55	72	62	60	70	86	98	108	87	78	63	58
同月合计	182	238	206	196	230	278	329	352	277	244	197	179
同月平均	45.5	59.5	51.5	49	57.5	69.5	82.3	88	69.3	61	49.3	44.8
季节指数%	0.75	0.98	0.85	0.81	0.95	1.15	1.36	1.45	1.14	1.01	0.81	0.74

注：各月平均值为 60.58.

表 13.4.1 中计算的季节指数说明确实存在明显的季节变动，其图形如图 13.4.1 所示.

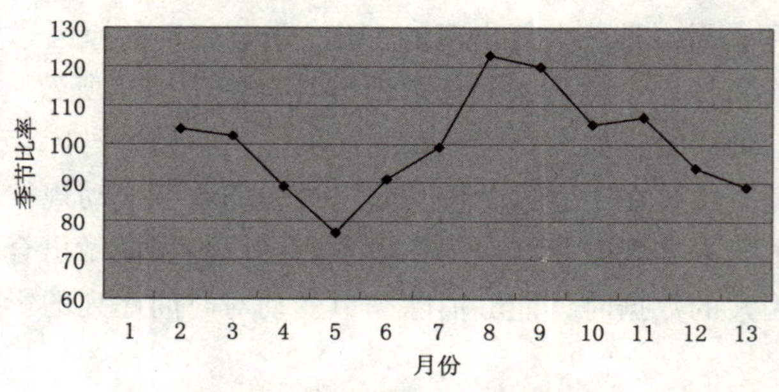

图 13.4.1 季节指数变动图形

原始资料平均法计算比较简单，但应当注意，运用此方法的基本假定前提是原时间序列没有明显的长期趋势和循环变动，通过各年同期数据的平均，可以消除不规则变动，而且当平均期间与循环周期基本一致时，也在一定程度上消除了循环波动. 当时间序列存在明显的长期趋势时，会使季节变动的分析不准确. 如存在明显的上升趋势时，年末的季节变动比率会远高于年初的季节变动比率；如存在明显的下降趋势时，年末的季节变动比率又会远低于

年初的季节变动比率．所以，只有当数列的长期趋势和循环变动不明显时，运用原始资料平均法才比较合适．

13.4.2 季节变动分析的趋势-循环剔除法

如果序列包含明显的上升（或下降）趋势或循环变动，为了更准确地计算季节指数，就应当首先设法从序列中消除趋势因素，然后再用平均的方法消除不规则变动，从而较准确地分解出季节变动成分．序列的长期趋势可用移动平均法或趋势方程拟合法测定．

假定包含季节变动的时间序列的各影响因素是乘法模型组合，其结构为

$$Y = T \cdot C \cdot S \cdot I,$$

下面以移动平均法为例，确定季节变动的方法步骤：

（1）对原序列计算平均项数等于季节周期 L(如 12 个月或 4 个季度）的中心化移动平均数，以消除季节变动 S 和不规则变动 I，所得移动平均的结果若以 M 表示，M 只包含了趋势变动 T 和循环变动 C.

（2）为了剔除原序列中的趋势变动 T 和循环变动 C，将原数列各项数据除以移动平均序列对应时间的各项数据 M，即消除趋势变动和循环变动的序列为

$$\frac{Y}{M} = \frac{T \cdot C \cdot S \cdot I}{T \cdot C} = S \cdot I. \qquad (13.4.2)$$

（3）这里的各影响因素是以乘法模型组合的，所以这里计算的 $S \cdot I$ 是比率，而不是绝对量．将消除趋势变动和循环变动的序列各年同月（或同季）的比率数据平均，以消除不规则变动 I，再分别除以全部 $S \cdot I$ 数据的总平均数，即得季节变动比率（也称季节指数）S.

（4）对季节比率的调整．季节比率的总和 $\sum S_i$ 应当等于季节周期的长度 L，如果计算的季节比率的总和接近于季节周期长度 L，则不必调整．但是，计算的季节比率的总和有时不一定等于 L，此时需要对其进行调整．调整的方法是以 $L/\sum S_i$ 作为调整系数，将其误差分摊到各期的季节比率中去，经调整的季节比率为 S^*，则

$$S^* = S_i \times \frac{L}{\sum S_i}, \quad i = 1, 2, \cdots, L. \qquad (13.4.3)$$

表 13.4.2 为某旅行社 2005—2008 年经营收入 Y 按 12 个月中心化移动平均计算的趋势和循环值 TC，以及季节比率．

表 13.4.2 旅行社经营收入季节比率计算表 单位：万元

年份	月份	1	2	3	4	5	6	7	8	9	10	11	12
2010	经营收入 Y	30.51	42.42	38.14	43.12	50.27	51.22	53.82	59.67	54.78	57.84	53.1	50.22
	移动平均 TC	—	—	—	—	—	—	50.39	53.41	56.03	58.14	60.3	63.06
	Y/TC	—	—	—	—	—	—	1.07	1.12	0.98	0.99	0.88	0.8
2011	经营收入 Y	69.67	75.75	67.63	64.23	80.47	87.89	112.6	103.6	83.78	84.42	65.4	60.31
	移动平均 TC	67.04	71.32	74.36	76.68	78.3	79.23	79.19	78.1	77.15	76.34	75	73.64
	Y/TC	1.04	1.06	0.91	0.84	1.03	1.11	1.42	1.33	1.09	1.11	0.87	0.82

续表 13.4.2

年份 \ 月份		1	2	3	4	5	6	7	8	9	10	11	12
2012	经营收入 Y	58.69	60.43	60.12	52.33	60.11	75.89	97.45	98.52	95.33	99.24	98.1	97.56
	移动平均 TC	72.51	71.67	71.94	73.04	75.02	77.93	81.84	86.04	88.75	90.19	91.4	91.82
	Y/TC	0.81	0.84	0.84	0.72	0.8	0.97	1.19	1.15	1.07	1.1	1.07	1.06
2013	经营收入 Y	115.32	104.5	81.28	65.47	75.39	71.25	81.28	86.55	73.12	75.66	63.2	74.86
	移动平均 TC	90.95	89.78	88.35	86.44	84.01	81.61	—	—	—	—	—	—
	Y/TC	1.27	1.16	0.92	0.76	0.9	0.87	—	—	—	—	—	—
同月 Y/TC 合计		3.12	3.07	2.67	2.31	2.73	2.96	3.68	3.59	3.14	3.2	2.83	2.68
同月 Y/TC 平均		1.04	1.02	0.89	0.77	0.91	0.99	1.23	1.2	1.05	1.07	0.94	0.89
季节比率（%）		104	102	89	77	91	99	123	120	105	107	94	89

13.4.3 季节变动的调整

包含有季节变动因素的时间序列，由于受季节的影响而产生波动，可能使序列的其他特征（如长期趋势）不能清晰地表现出来. 为此，经常需要从时间序列中消除季节变动的影响这称为季节变动的调整.

当已确定序列的季节指数 S_i 以后，消除季节变动的直接方法是将原序列除以季节指数，即

$$\frac{Y}{S}=\frac{T\cdot C\cdot S\cdot I}{S}=T\cdot C\cdot I. \tag{13.4.4}$$

调整后的序列即消除了季节变动的影响.

例 13.4.3 为了将某旅行社 2013 年经营收入作季节调整，利用前面用趋势剔除法计算的季节比率，计算结果列于表 13.4.3.

表 13.4.3 某旅行社 2013 年经营收入消除季节变动计算表　　单位：万元

月份	1	2	3	4	5	6	7	8	9	10	11	12
原序列 Y	58.69	60.43	60.12	52.33	60.11	75.89	97.45	98.52	95.33	99.24	98.13	97.56
季节指数(%)	104	102	89	77	91	99	123	120	105	107	94	89
消除季节变动的序列	56.43	58.99	67.59	67.63	66.07	76.93	79.34	82.25	91.04	92.9[illegible]	104.00	109.17

2013 年原数据与季节调整数据的对比如图 13.4.2 所示.

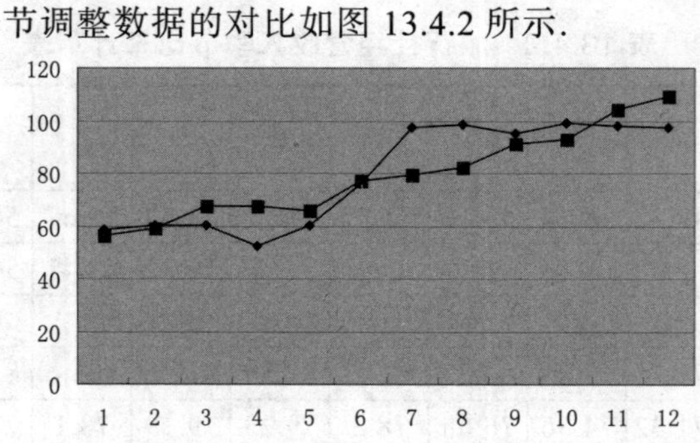

图 13.4.2 季节调整前后的图形

13.5 循环变动分析

13.5.1 循环变动及其测定目的

循环变动往往存在于一个较长的时期中，是一种周而复始的近乎规律性的变动. 循环变动不同于季节变动. 季节变动也是交替变动，但季节变动有比较固定的规律性，而且变动周期一般是一年. 而循环变动的规律不那么固定，变动的周期通常在一年以上，周期的长短、变动形态、波动的大小也不太固定. 例如，产品通常有导入期、成长期、成熟期、衰退期、替代期等经济寿命周期，人口的增长变动从长远来看也有一定的周期；又如，由于受周期性因素的影响，宏观经济的增长率可能会呈现周期性波动.

测定和分析现象的循环变动的目的是：一是从数量上揭示事物循环变动的规律性；二是深入研究不同事物周期性循环波动的内在联系，有助于分析引起循环变动的原因；三是通过对循环规律的认识，对事物今后发展做出科学的预测，为制订有效遏制循环变动不利影响的决策方案提供依据.

社会经济活动的循环变动，可能表现为其绝对水平涨落相间的交替波动，也可能表现为其增长率的波动. 由于社会经济活动经常存在一定的增长或下降的趋势变动，这时其绝对水平的循环变动往往不甚明显. 当事物的绝对水平有趋势变动，没有明显的上下波动时，其增长率也可能会呈现为有一定周期的循环波动.

13.5.2 循环变动的测定方法

由于循环变动通常隐匿在一个较长的变动过程中，成因较为复杂，而且其波动幅度和周期长度等规律不是很固定，所以在时间序列的成分分析中，循环变动的测定是比较困难的. 对许多社会经济现象循环变动的测定，不仅要依赖于统计分析，而且要靠深入的经济分析. 在实际工作中测定循环变动的方法有多种，而且不同方法得到的结论很可能有一定差异. 各种测定循环变动方法的基本思想，都是首先设法消除序列中的趋势变动和季节变动，然后再用移动平均等方法消除不规则变动，从而揭示出循环变动的规律. 测定循环变动的常用方法主要有直接法和剩余法.

1）直接法

如果研究时间序列的目的只是在于大体测定序列的循环波动特征，则在实际工作中有时可用直接法去分析其序列. 用直接法测定循环变动是通过计算序列的年距发展速度或年距增长速度，以消除或减弱趋势变动和季节变动. 具体可用以下两种方式：

（1）将每年各月（或季度）数值与上一年同期数值对比，所求得的年距发展速度序列大体可消除长期趋势和季节变动，即

$$C\cdot I_{t,i}=\frac{y_{t,i}}{y_{t-1,i}},\quad i=1,2,\cdots,12 \text{ 或 } i=1,2,3,4, \tag{13.5.1}$$

式中 t 为年份，i 为月份或季度.

（2）将每年各月（或季度）数值较上年同期增长部分除以前一年对应月份（或季度）数值，得出的年距增长速度序列也可以大致消除长期趋势和季节变动，表示循环变动，即

$$C \cdot I_{t,i} = \frac{y_{t,i} - y_{t-1,i}}{y_{t-1,i}}, \quad i = 1, 2, \cdots, 12 \text{ 或 } i = l, 2, 3, 4. \tag{13.5.2}$$

例 13.5.1　某旅行社经营收入及以 2010 年为基期计算的年距发展速度和年距增长速度见表 13.5.1.

表 13.5.1　年距发展速度与年距增长速度计算　　单位：万元

年份	月份	1	2	3	4	5	6	7	8	9	10	11	12
2010	经营收入	30.51	42.42	38.14	43.12	50.27	51.22	53.82	59.67	54.78	57.84	53.12	50.22
2011	经营收入	69.67	75.75	67.63	64.23	80.47	87.89	112.59	103.64	83.78	84.42	65.42	60.31
	年距发展(%)	228.4	178.6	177.3	149.0	160.1	171.6	209.2	173.7	152.9	146.0	123.2	120.1
	年距增长(%)	128.4	78.6	77.3	49.0	60.1	71.6	109.2	73.7	52.9	46.0	23.2	20.1
2012	经营收入	58.69	60.43	60.12	52.33	60.11	75.89	97.45	98.52	95.33	99.24	98.13	97.56
	年距发展(%)	84.2	79.8	88.9	81.5	74.7	86.4	86.6	95.1	113.8	117.6	150.0	97.56
	年距增长(%)	−15.8	−20.2	−11.1	−18.5	−25.3	−13.6	−13.4	−4.9	13.8	17.6	50.0	161.8
2013	经营收入	115.32	104.53	81.28	65.47	75.39	71.25	81.28	86.5	73.12	75.66	63.24	61.8
	年距发展(%)	196.5	173.0	135.2	125.1	125.4	93.9	83.4	87.9	76.7	76.2	64.5	74.86
	年距增长(%)	96.5	73.0	35.2	25.1	25.4	−6.1	−16.6	−12.1	−23.3	−23.8	−35.5	76.7

将年距发展速度与年距增长速度用图形表示，如图 13.5.1 所示.

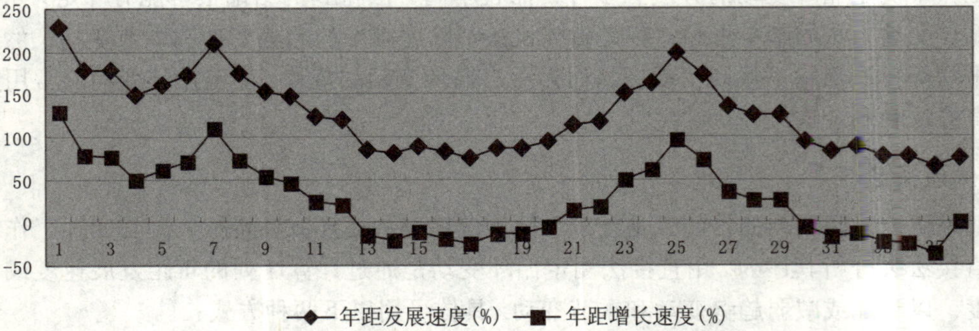

图 13.5.1　年距发展速度与年距增长速度循环波动图形

由图 13.5.1 可以看出，2010—2013 年该旅行社的经营收入大体 18 个月循环波动一次. 直接法用“年距发展速度”或“年距增长速度”去消除趋势变动和季节变动，方法较为简单易行，有利于大体上观察循环变动的态势. 但是这种方法的理论依据并不充分，只是简单地通过年距平均，往往不能完全消除长期趋势和季节变动的影响，所得结果不一定能准确描述循环变动的真实状态. 另外，用直接法消除时间序列的长期趋势的同时，也相对地放大了年度发展水平的影响，即当某一期发展水平偏低时，一方面会使得本期的 $C \cdot I$ 值偏低，另一方面又会使得下一年同期的 $C\cdot I$ 值偏高，从而可能使循环波动的幅度被拉大. 也就是说，用直接法测定的循环变动，其波动的程度在方法上可能产生一定的水平位差.

2）剩余法

剩余法又称分解法，其基本思想是用前面介绍的原理先从序列中分别分解出长期趋势和季节变动，然后再消除不规则变动成分，剩余的变动则揭示出序列的循环变动特征. 如果原序列的因素组合为 $Y=T\cdot S\cdot C\cdot I$，可以先分别消除已经分解出的季节变动 S 和长期趋势 T 或者可以同时消除季节变动 S 和长期趋势 T，即

$$\frac{Y}{T\cdot S}=\frac{T\cdot C\cdot S\cdot I}{T\cdot S}=C\cdot I\,.$$

最后将所得循环变动和不规则变动的结果 $C\cdot I$ 进行移动平均，消除不规则变动 I，即得循环变动值 C.

例 13.5.2　前面所举的某旅行社经营收入的例子，用剩余法计算其循环变动值 C 的计算过程列于表 13.5.2.

表 13.5.2　循环变动值计算表　　单位：万元

年份	月份	经营收入 Y	季节指数 S	消除季节变动的序列 $T*C*I$	趋势方程拟合值 T	循环和不规则变动 $C*I$（%）	移动平均 C（%）
		(1)	(2)	(3) =(1)/(2)	(4)	(5)=(3)/(4)	(6)
2010	1	30.51	0.983	31.04	—	—	—
	2	42.42	1.045	40.59	—	—	—
	3	38.14	0.923	41.32	—	—	—
	4	43.12	0.841	51.27	—	—	—
	5	50.27	0.934	53.82	—	—	—
	6	51.22	1.016	50.41	—	—	—
	7	53.82	1.150	46.80	50.39	92.88	—
	8	59.67	1.182	50.48	53.41	94.52	93.15
	9	54.78	1.062	51.58	56.03	92.06	93.54
	10	57.84	1.058	54.67	58.14	94.03	93.68
	11	53.12	0.928	57.24	60.28	94.96	93.20
	12	50.22	0.879	57.13	63.06	90.60	97.09
2011	1	69.67	0.983	70.87	67.04	105.72	99.32
	2	75.75	1.045	72.49	71.32	101.64	101.96
	3	67.63	0.923	73.27	74.36	98.54	99.92
	4	64.23	0.841	76.37	76.68	99.60	102.72
	5	80.47	0.934	86.16	78.30	110.03	106.27
	6	87.89	1.016	86.51	79.23	109.18	114.28

续表 13.5.2

年份	月份	经营收入	季节指数	消除季节变动的	趋势方程拟	循环和不规则	移动平均 C
		(1)	(2)	(3) =(1)/(2)	(4)	(5)=(3)/(4)	(6)
2011	7	112.59	1.150	97.90	79.19	123.63	115.03
	8	103.64	1，182	87.68	78.10	112.27	112.72
	9	83.78	1.062	78.89	77.15	102.25	106.35
	10	84.42	1.058	79.79	76.34	104.52	100.26
	11	65.42	0.928	70.50	74.99	94.01	97.23
	12	60.31	0.879	68.61	73.64	93.17	89.84
2012	1	58.69	0.983	59.70	72.51	82.34	85.40
	2	60.43	1.045	57.83	71.67	80.69	84.52
	3	60.12	0.923	65.14	71.94	90.54	85.47
	4	52.33	0.841	62.22	73.04	85.19	87.17
	5	60.11	0.934	64.36	75.02	85.79	88.94
	6	75.89	1.016	74.69	77.93	95.85	95.06
	7	97.45	1.150	84.74	81.84	103.54	98.75
	8	98.52	1.182	83.35	86.04	96.87	100.52
	9	95.33	1.062	89.76	88.76	101.13	100.67
	10	99.24	1.058	93.80	90.19	104.00	106.96
	11	98.13	0.928	105.74	91.37	115.73	113.54
	12	97.56	0.879	110.99	91.82	120.88	121.87
2013	1	115.32	0. 983	117.31	90. 95	128.99	120. 43
	2	104. 53	1. 045	100. 03	89. 78	111.42	113.36
	3	81. 28	0. 923	88.06	88.35	99. 67	100. 38
	4	65.47	0. 841	77.85	86.44	90. 06	95. 27
	5	75.39	0.934	80.72	84.01	96.08	90.69
	6	71. 25	1.016	70. 13	81.61	85.93	—
	7	81.28	1. 150	71.68	—	—	—
	8	86. 55	1. 182	73.22	—	—	—
	9	73. 12	1.062	68.85	—	—	—
	10	75. 66	1.058	71. 51	—	—	—
	11	63.24	0. 928	68. 15	—	—	—
	12	74. 86	0. 879	85. 16	—	—	—

根据表 13. 5.2 计算的循环变动值绘制的循环变动曲线图如图 13.5.2 所示．由图 13.5.2 可以看出，该旅行社的经营收入的循环波动大体 18 个月出现一次波峰或波谷．

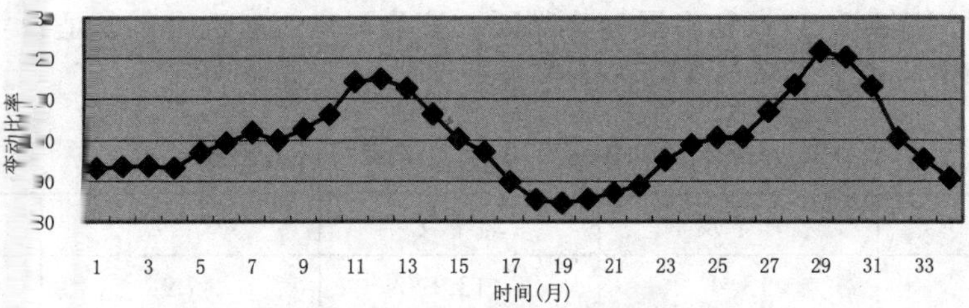

图 13.5.2　某旅行社经营收入的循环变动曲线

习题 13

1. 联系实际，举出三个时间序列的例子，并分别判断这些时间序列的性质是什么.

2. 时间序列有哪些速度分析指标？它们之间的关系是什么？

3. 甲企业近四年产品销售量分别增长了 9%, 7%, 8%, 6%, 乙企业这四年产品的次品率也正好是 9%, 7%, 8%, 6%. 这两个企业这四年的平均增长率和平均次品率的计算是否一样？为什么？

4. 测定长期趋势的移动平均法、指数平滑法和趋势拟合法各有什么特点？

5. 某汽车制造厂 2005 年产量为 30 万辆.

若规定 2006—2008 年年递增率不低于 6%，其后年递增率不低于 5%，2010 年该厂汽车产量将达到多少？

若规定 2015 年汽车产量在 2005 年的基础上翻一番，而 2009 年的增长速度可望达到 7.8%，问以后 6 年应以怎样的速度增长才能达到预定目标？

若规定 2015 年汽车产量在 2005 年的基础上翻一番，并要求每年保持 7.4%的增长速度，问能提前多少时间达到预定目标？

6. 某地区社会商品零售额 1993—1997 年期间（1992 年为基期）每年平均增长 10%，1998—2002 年期间每年平均增长 8.2%，2003—2008 年期间每年平均增长 6.8%. 问 2008 年与 1992 年相比，该地区社会商品零售额共增长多少？年平均增长速度是多少？若 2002 年社会商品零售额为 30 亿元，按此平均增长速度，2009 年的社会商品零售额应为多少？

7. 某地区国内生产总值在 1998—2000 年平均每年递增 12%，2001—2004 年平均每年递增 10%，2005—2007 年平均每年递增 8%. 试计算：

（1）该地区国内生产总值在这 10 年间的发展总速度和平均增长速度；

（2）若 2007 年的国内生产总值为 500 亿元，以后平均每年增长 6%，到 2009 年可达多少？

（3）若 2009 年的国内生产总值的计划任务为 570 亿元，一季度的季节比率为 105%，则 2009 年一季度的计划任务应为多少？

8. 某公司近 10 年间股票的每股收益如下（单位：元）：

0.64，0.73，0.94，1.14，1.33，1.53，1.67，1.68，2.10，2.50

（1）分别用移动平均法和趋势方程预测该公司下一年的收益；

（2）通过时间序列的数据和发展趋势判断，该公司是否应选择的合适投资方向.

9. 某县 2010—2013 年各季度鲜蛋销售量数据如表 13.1 所示.

表 13.1　某县 2010—2013 年各季度鲜蛋销售量　　　　单位：万 kg

年份	一季度	二季度	三季度	四季度
2010	13.1	13.9	7.9	8.6
2011	10.8	11.5	9.7	11.0
2012	14.6	17.5	16.0	18.2
2013	18.4	20.0	16.9	18.0

（1）用移动平均法消除季节变动；

（2）用指数平滑法预测长期趋势；

（3）用拟合线性模型测定长期趋势；

（4）预测 2014 年各季度鲜蛋销售量.

10. 某地区 2010—2013 年各月工业增加值的数据如表 13.2：

表 13.2

年份＼月份	1	2	3	4	5	6	7	8	9	10	11	12
2010	4.78	3.97	5.07	5.12	5.27	5.45	4.95	5.03	5.37	5.34	5.54	5.44
2011	5.18	4.61	5.69	5.71	5.90	6.05	5.65	5.76	6.14	6.14	5.47	6.55
2012	6.46	5.62	6.69	7.12	7.23	7.43	6.78	6.76	7.03	6.85	7.03	7.22
2013	6.82	5.68	7.38	7.40	7.60	7.95	7.19	7.35	7.76	7.83	8.17	8.47

（1）用原始资料平均法计算季节比率；

（2）用移动平均法分析其长期趋势；

（3）用指数平滑法分析其长期趋势.

11. 用第 10 题表中数据作以下分析：

（1）剔除长期趋势后分析其季节变动情况，并与练习题第 10 题的分析结果对比说明有何不同，为什么不同.

（2）分析是否存在循环变动.

附录 1　教材建设与教学安排

目前，高等院校很多专业，例如财务管理、会计学等，既开设“统计学”，又开设“概率论与数理统计”.两门课程联系紧密，具有很多的重合部分，但侧重点又不一样. 如何协调两者关系，一直是任课老师的难点与盲区. 本附录探讨一下两者的教材建设与教学安排.

1. 教材建设

作者任教过很多版本的“统计学”与“概率论与数理统计”，发现各有优缺点，尤其同时开设时，会遇到很多问题，比如相同教学内容部分理论体系差异太大，衔接不好. 这次，我们尝试同时编写“统计学”与“概率论与数理统计”教材，从整体上进行把握，争取解决这些问题.

“概率论与数理统计”自成体系，按照《全国硕士研究生入学统一考试数学考试大纲》要求编写，完全可以满足数学一对概率论与数理统计的要求，很多例题直接采用考研原题. 以前，由于计算机很少，而概率论与数理统计会涉及大量的、特殊的数学运算，当时为了解决此类问题，编制了各种表格，供大家查找. 但是，现在计算机很普及，软件也很方便，直接调用函数便求出随机变量的分布函数、密度函数、分位数、随机数等，所以只给出标准正态分布表等供读者参考. 其他所需内容可借助软件实现. 由于 MATLAB 是通用软件，基本上可以满足所有读者对软件的要求，因此我们在附录中给出了“MATLAB 与概率统计”供读者参考.

“统计学”自成体系，读者可以在不学习概率论与数理统计的前提下学习. 本书以培养应用型人才为目标，可以满足大多数专业对数据分析的要求. 首先，以高中概率与统计基础编写描述统计部分，然后简单给出概率论基础，侧重概率、一维随机变量和数字特征，但不涉及二维随机变量，接着讲述统计量及其分布、参数估计、假设检验. 上述内容是两门课重合部分，我们尽量采用严格的数学定义，争取与概率论与数理统计的理论体系接轨. 最后，重点讲解分析数据的一般方法、分布拟合优度检验、关联性检验、方差分析、回归分析、时间序列分析. 统计软件采用最简单和最通用的 Excel 和 SPSS，适合经管专业的学科特点.

两本书在相同教学内容部分采用相同的理论体系，只是侧重点有所区别，统计学的理论深度浅点，例题简单点，但覆盖面更广. 两本书都自成体系，可单独使用，如果同时使用，效果更好.

2. 教学安排

如果既开设“统计学”，也开设“概率论与数理统计”. 作者建议，两门课最好开在同一学期，或者先修“概率论与数理统计”. 如果条件允许，学院可安排同一老师任教；如果安排不同老师任教，最好两位老师能沟通下，分工、合作. 由于现在学时压缩严重，我们不可能按照教材全讲，而只能有所选择，相互配合.

概率论与数理统计任课老师只需按照《全国硕士研究生入学统一考试数学考试大纲》要求讲解即可，主讲概率论、统计量及其分布，参数估计. 由于数学三考生不要求估计量的评选标准、区间估计和假设检验，而经管专业就考数学三，并且经管专业还开设统计学，因此，概率论与数理统计任课老师可简单介绍假设检验. 统计学任课老师重点讲解描述统计、区间估计、假设检验、分布拟合优度检验、关联性检验、方差分析、回归分析、时间序列分析.

由于编者能力有限，时间仓促，这只是初步尝试，难免存在很多缺点和不足，欢迎大家批评指正. 我们会在再版时逐步完善，争取达到完美结合.

附录 2　用 Excel 生成标准正态分布表

利用 Excel 提供的统计函数“NORMSDIST”，可以生成标准正态分布累积概率分布表，即

$$P(Z \leqslant x)=\int_{-\infty}^{x}\frac{1}{\sqrt{2\pi}}\mathrm{e}^{-\frac{t^2}{2}}\mathrm{d}t .$$

生成标准正态分布累积概率分布表的具体操作步骤如下：

（1）将 x 的值（可根据需要确定）输入工作表 A 列，将 x 取值的尾数输入到第 1 行，形成标准正态分布表的表头，如图 2.1 所示.

	A	B	C	D	E	F	G	H	I	J	K
1	x	0	0.01	0.02	0.03	0.04	0.05	0.06	0.07	0.08	0.09
2	0										
3	0.1										
4	0.2										
5	0.3										
6	0.4										
7	0.5										
8	0.6										

图 2.1　标准正态分布表头

（2）在 B2 单元格输入公式“=NORMSDIST($A2+B$1)”，然后按住填充柄向下、向右拖动即可得到标准正态分布概率表，部分结果如下.

表 2.1　标准正态分布表

x	0	0.01	0.02	0.03	0.04	0.05	0.06	0.07	0.08	0.09
0	0.5	0.504	0.508	0.512	0.516	0.5199	0.5239	0.5279	0.5319	0.5359
0.1	0.5398	0.5438	0.5478	0.5517	0.5557	0.5596	0.5636	0.5675	0.5714	0.5753
0.2	0.5793	0.5832	0.5871	0.591	0.5948	0.5987	0.6026	0.6064	0.6103	0.6141
0.3	0.6179	0.6217	0.6255	0.6293	0.6331	0.6368	0.6406	0.6443	0.648	0.6517
0.4	0.6554	0.6591	0.6628	0.6664	0.67	0.6736	0.6772	0.6808	0.6844	0.6879
0.5	0.6915	0.695	0.6985	0.7019	0.7054	0.7088	0.7123	0.7157	0.719	0.7224
0.6	0.7257	0.7291	0.7324	0.7357	0.7389	0.7422	0.7454	0.7486	0.7517	0.7549
0.7	0.758	0.7611	0.7642	0.7673	0.7704	0.7734	0.7764	0.7794	0.7823	0.7852
0.8	0.7881	0.791	0.7939	0.7967	0.7995	0.8023	0.8051	0.8078	0.8106	0.8133
0.9	0.8159	0.8186	0.8212	0.8238	0.8264	0.8289	0.8315	0.834	0.8365	0.8389
1	0.8413	0.8438	0.8461	0.8485	0.8508	0.8531	0.8554	0.8577	0.8599	0.8621
1.1	0.8643	0.8665	0.8686	0.8708	0.8729	0.8749	0.877	0.879	0.881	0.883
1.2	0.8849	0.8869	0.8888	0.8907	0.8925	0.8944	0.8962	0.898	0.8997	0.9015
1.3	0.9032	0.9049	0.9066	0.9082	0.9099	0.9115	0.9131	0.9147	0.9162	0.9177

续表 2.1

x	0	0.01	0.02	0.03	0.04	0.05	0.06	0.07	0.08	0.09
1.4	0.9192	0.9207	0.9222	0.9236	0.9251	0.9265	0.9279	0.9292	0.9306	0.9319
1.5	0.9332	0.9345	0.9357	0.937	0.9382	0.9394	0.9406	0.9418	0.9429	0.9441
1.6	0.9452	0.9463	0.9474	0.9484	0.9495	0.9505	0.9515	0.9525	0.9535	0.9545
1.7	0.9554	0.9564	0.9573	0.9582	0.9591	0.9599	0.9608	0.9616	0.9625	0.9633
1.8	0.9641	0.9649	0.9656	0.9664	0.9671	0.9678	0.9686	0.9693	0.9699	0.9706
1.9	0.9713	0.9719	0.9726	0.9732	0.9738	0.9744	0.975	0.9756	0.9761	0.9767
2	0.9772	0.9778	0.9783	0.9788	0.9793	0.9798	0.9803	0.9808	0.9812	0.9817
2.1	0.9821	0.9826	0.983	0.9834	0.9838	0.9842	0.9846	0.985	0.9854	0.9857
2.2	0.9861	0.9864	0.9868	0.9871	0.9875	0.9878	0.9881	0.9884	0.9887	0.989
2.3	0.9893	0.9896	0.9898	0.9901	0.9904	0.9906	0.9909	0.9911	0.9913	0.9916
2.4	0.9918	0.992	0.9922	0.9925	0.9927	0.9929	0.9931	0.9932	0.9934	0.9936
2.5	0.9938	0.994	0.9941	0.9943	0.9945	0.9946	0.9948	0.9949	0.9951	0.9952
2.6	0.9953	0.9955	0.9956	0.9957	0.9959	0.996	0.9961	0.9962	0.9963	0.9964
2.7	0.9965	0.9966	0.9967	0.9968	0.9969	0.997	0.9971	0.9972	0.9973	0.9974
2.8	0.9974	0.9975	0.9976	0.9977	0.9977	0.9978	0.9979	0.9979	0.998	0.9981
2.9	0.9981	0.9982	0.9982	0.9983	0.9984	0.9984	0.9985	0.9985	0.9986	0.9986
3	0.9987	0.9987	0.9987	0.9988	0.9988	0.9989	0.9989	0.9989	0.999	0.999
3.1	0.999	0.9991	0.9991	0.9991	0.9992	0.9992	0.9992	0.9992	0.9993	0.9993
3.2	0.9993	0.9993	0.9994	0.9994	0.9994	0.9994	0.9994	0.9995	0.9995	0.9995
3.3	0.9995	0.9995	0.9995	0.9996	0.9996	0.9996	0.9996	0.9996	0.9996	0.9997
3.4	0.9997	0.9997	0.9997	0.9997	0.9997	0.9997	0.9997	0.9997	0.9997	0.9998
3.5	0.9998	0.9998	0.9998	0.9998	0.9998	0.9998	0.9998	0.9998	0.9998	0.9998
3.6	0.9998	0.9998	0.9999	0.9999	0.9999	0.9999	0.9999	0.9999	0.9999	0.9999
3.7	0.9999	0.9999	0.9999	0.9999	0.9999	0.9999	0.9999	0.9999	0.9999	0.9999
3.8	0.9999	0.9999	0.9999	0.9999	0.9999	0.9999	0.9999	0.9999	0.9999	0.9999
3.9	1	1	1	1	1	1	1	1	1	1

部分习题解答

习题 2

2.（1）资料是谁搜集的？这主要考察搜集者的实力和社会信誉度.（2）为什么目的而搜集？为了某个集团的利益而搜集的数据时值得怀疑的.（3）数据是怎样搜集的？不同方法所采集到的数据，其解释力和说服力是不同的.（4）什么时候搜集的？过时的数据，其说服力自然受到质疑.

3. 概率抽样的抽样原则为：随机原则，可以据以对总体参数进行估计. 特点为：更精确，技术含量高，调查成本高.

非概率抽样的抽样原则为：非随机原则，统计量的分布不确定，无法进行参数估计.特点为：操作简便、时效快、成本低，适用于探索性研究.

5. **回答误差**是指被调查者接受调查时给出的答案与实际不符. 导致回答误差的原因有多种，主要有理解误差、记忆误差及意识误差. 合适的设计问题；在调查时，调查者可协助被调查者一方共同完成调查，调查者方帮助解释、阐明被调查者不了解的问题，这样可减少误差.

6. **无回答误差**就是指的数据丢失，数据丢失的原因有两种，一是有意不回答. 主要指被调查者拒绝访问或拒绝就某一个问题给予回答；二是无意不回答，可被调查者不在家或者是访问者疏忽，导致数据遗漏. 减少无回答误差的方法有如下几种：

（1）访问员. 访问员必须要有相当的责任心，而且访员要有相应的学历背景，可以保证他们对于问卷的理解不出太大的偏差. 对于访问员的培训也显得非常重要，一般没有任何经验的访问员是很难完全掌握访问技巧的，特别在有难度的问卷上，没有经验或经验很少的访员一般不与采用.

（2）加强与被访者的沟通.

（3）事先通知，然后再进行正式的访问，将会极大地降低拒访率.

（4）物质奖励. 物质奖励要适度，如果过高，会使被调查者有讨好调查者的倾向，使数据的真实性产生偏差. 如果过低，则起不到应有的作用，不能降低因无回答而产生的误差.

（5）多次访问.

（6）替换. 在某个抽样单位拒绝接受采访以后，放弃该单位，寻找与其背景相同的人作为替换进入抽样总体.

习题 4

3. $G_M = \sqrt[N]{x_1 \times x_2 \times \cdots \times x_N} = \sqrt[4]{104.5\% \times 102.1\% \times 125.5\% \times 101.9\%} = 108.0787\%$，

平均收益率 = 108.0787% − 1=8.0787%.

4. $V_r = \dfrac{200-112}{200} = 0.44$，在所调查的 200 人当中，关注非商品广告的人数占 44%，异众比率还是比较大. 因此用“商品广告”来反映城市居民对广告关注的一般趋势，其代表性不是很好.

5.（1）众数为 19，中位数为 23；　　（3）平均数 24，标准差 6.652067348；

（4）偏度 1.080110357，峰度 0.772705131.

6. 依据平均价格，乙菜市场菜价高.

习题 6

4. 0.928291，0.932696. 5. 104.59%，使总成本增加 17 万元.

6. 97.72%，使总费用减少了 42.08 万元.

7. 结论 （1）由于职工人数增长 5%，而使总工资增加 25 万元；

（2）由于平均工资增长 8%，而使总工资增加 42 万元；

（3）两者综合作用，使得总工资增长了 13.4%，增加额为 67 万元.

8. 结论:（1）2001 年同 2000 年相比，该企业总的劳动生产率下降了 2.22%，下降额为 0.14 万元；

（2）由于各车间职工人数结构的变化使该企业总的劳动生产率下降了 4.75%，下降额为 0.3 万元；

（3）由于各车间劳动生产率的提高使企业总的劳动生产率提高了 2.66%，提高额为 0.16 万元.

习题 7

1.（1）$\Omega=\{x分, x\in[0,100]\}$. （2）$\Omega=\{电视台数为n, n\in \mathrm{N}(自然数)\}$.

（3）$\Omega=\{点落在x处, x\in[0,1]\}$.

2. $\{2,3,4,5\}$ $\{0,1,3,4,5,6,8,9\}$. 3. $\frac{7}{12}$. 4. $\frac{13}{21}$.

5.（1）$p=\frac{29}{90}$；（2）$q=\frac{20}{61}$. 6. $\frac{9}{64}$. 7. 78.75 8. $U(0,1)$ 9. 14166.67

习题 8

4. T_1,T_2 是统计量，T_3,T_4 不是统计量.

5. $\bar{x}=3$，$s^2=3.7778, s=1.9437$，中位数为 3.5，极差为 6.

6. $E\bar{X}=0, \operatorname{var}(\bar{X})=\frac{1}{3n}$. 7. $N\left(p,\frac{p(1-p)}{20}\right)$. 8. $\sqrt{\frac{9}{8}}$

9. 3.84. 11. $F(1,1)$ 12. $a=\frac{1}{3}, b=\sqrt{\frac{3}{2}}$

14. $f(x_1,\cdots,x_{10})=\prod_{i=1}^{10}\frac{1}{\sqrt{2\pi}\sigma}\exp\left\{-\frac{(x_i-\mu)^2}{2\sigma^2}\right\}, P(\bar{X}<\mu)=\frac{1}{2}$,至少有一人得奖的概率为 0.431.

习题 9

1. $\hat{\theta}=\frac{1}{8}(2-\bar{X})$. 3.（1）$\hat{\theta}=2\bar{X}-0.5$；（2）不是无偏估计量.

4.（1）$F(x)=\begin{cases}1-2\mathrm{e}^{-2(x-\theta)}, x>\theta\\ 0, \quad x\leqslant\theta\end{cases}$；（2）$F_{\hat{\theta}}(x)=\begin{cases}1-\mathrm{e}^{-2n(x-\theta)}, x>\theta\\ 0, \quad x\leqslant\theta\end{cases}$；（3）不具有.

5. $D\hat{\mu}_1=\frac{5}{9}, D\hat{\mu}_2=\frac{5}{8}, D\hat{\mu}_3=\frac{1}{2}$，$D\hat{\mu}_3$ 最小.

6. 不一定. 7.（1）$(1249.4,1268.6)$；（2）$(1244.2,1273.8)$.

8.（1）$\sigma^2:(44.52,280.87), \sigma:(6.67,16.76)$；（2）$\sigma^2:(35.83,252.43), \sigma:(5.99,15.89)$.

习题 10

1. 接受原假设，认为猜测成立.

2. 可以认为熔化时间的标准差为 9.

3. （1）① 接受，认为包装机工作正常；② 接受，认为包装机工作正常.

（2）① 接受，可以认为标准差 $\sigma = 5$ g；② 接受，可以认为标准差 $\sigma = 5$ g.

4. 认为均匀对称.

5. （1）拒绝，提示：由于精度可用方差衡量，故假设检验 $H_0: \sigma_1^2 = \sigma_2^2$；（2）拒绝.

6. 由 Excel 得出 $p = 0.013328$，因此，在显著性水平为 0.05 时，$p < \alpha = 0.05$，拒绝原假设；在显著性水平为 0.01 时，$p > \alpha = 0.01$，不拒绝原假设.

7. 不能拒绝原假设，填装量的标准差符合要求.

8. 各个地区和原料质量之间存在依赖关系.

9. 提示：数据集为 1875 个 0,1816 个 1，……，2 个 7.

习题 11

3. 因检验统计量 $F = 2.632794$，$p = 0.092523 < 0.10$，故在显著水平 $\alpha = 0.10$ 的水平下拒绝原假设，认为三个地区家庭平均人口有显著差异.

4. 从方差分析表可以看出，$p = 0.932273 > 0.05$，所以在显著水平 $\alpha = 0.05$ 的水平下接受原假设，即学生年级对每周锻炼时间没有显著差异.

5.（1）在 $\alpha = 0.05$ 水平下，因素 A 对指标 y 有高度显著性影响，因素 B 对指标 y 影响不显著；

（2）因素 A、因素 B 的交互作用对指标 y 有高度显著性影响；

（3）$A_3 = 8, B_2 = 520$ 条件下.

习题 12

3. 回归方程为 $\hat{y} = 0.8872x - 44.8040$，样本决定系数为 0.9851.

4. 回归方程为 $\hat{y} = 0.4225x_1 + 0.4610x_2 + 19.9518$，样本决定系数为 0.9106.

5. x_1 的回归系数 0.607 明显不合理.

参考文献

[1] 贾俊平，何晓群，金勇进. 统计学[M]. 5 版. 北京：中国人民大学出版社，2012.
[2] 贾俊平. 描述统计[M]. 北京：中国人民大学出版社，2003.
[3] 管于华. 统计学[M]. 3 版. 北京：高等教育出版社，2005.
[4] 魏艳华，王丙参. 概率论与数理统计[M]. 成都：西南交通大学出版社，2013.
[5] 茆诗松，程依明，濮晓龙. 概率论与数理统计教程[M]. 北京：高等教育出版社，2004.
[6] 袁卫，庞浩，曾五一. 统计学[M]. 3 版. 北京：高等教育出版社，2010.
[7] 张翠菊. 统计学[M]. 北京：机械工业出版社，2004.
[8] 盛骤，谢式千，潘承毅. 概率论与数理统计[M]. 北京：高等教育出版社，2008.
[9] 谢国瑞，郝志峰，汪国强. 概率论与数理统计[M]. 北京：高等教育出版社，2002.
[10] 魏艳华，王丙参，郝淑双. 统计预测与决策[M]. 成都：西南交通大学出版社，2014.
[11] 夏鸿鸣，魏艳华，王丙参. 数学建模[M]. 成都：西南交通大学出版社，2014.
[12] 李少辅，阎国军，戴宁. 概率论[M]. 北京：科学出版社，2011.
[13] 邓集贤，杨维权，司徒荣等. 概率论及数理统计[M]. 4 版. 北京：高等教育出版社，2009.
[14] 周概蓉. 概率论与数理统计[M]. 北京：高等教育出版社，2008.
[15] 曹显兵. 概率论与数理统计辅导讲义[M]. 3 版. 西安：西安交通大学出版社，2013.
[16] 李裕奇. 非参数统计方法[M]. 成都：西南交通大学出版社，2010.
[17] 吴喜之，赵博娟. 非参数统计[M]. 3 版. 北京：中国统计出版社，2009.
[18] 何晓群，刘文卿. 应用回归分析[M]. 北京：中国人民大学出版社，2000.
[19] 黄向阳，金阳，肖宇谷，等. 精算中常用的统计模型[M]. 北京：中国人民大学出版社，2009.
[20] 黄崑，骆方，刘晓娟，等. Excel 统计分析基础教程型[M]. 北京：清华大学大学出版社，2011.
[21] 叶向. 统计数据分析基础教程习题与试验指导[M]. 北京：中国人民大学出版社，2011.
[22] 于洪彦，刘金星，张洪利. Excel 统计分析与决策[M]. 2 版. 北京：高等教育出版社，2009.
[23] 陈欢歌，薛薇. 基于 Excel 的统计应用[M]. 2 版. 北京：中国人民大学出版社，2012.
[24] 朱星宇，陈勇强. SPSS 多元统计分析方法及应用[M]. 北京：清华大学大学出版社，2011
[25] 王丙参，夏鸿鸣，魏艳华. 普通本科院校的经济统计专业课程改革探讨 ——以天水师范学院为例[J]. 鸡西大学学报，2012，12(8)：6-7.
[26] 王丙参，魏艳华，宋立新. 带交易费终端资产的效用最优化[J]. 四川师范大学学报：自然科学版，2010，30(1)：45-49.
[27] 王丙参，魏艳华. 保费收取次数为负二项随机过程的风险模型[J]. 江西师范大学学报：自然科学版，2010，34(6)：604-608.
[28] 王丙参，魏艳华，戴宁. 停止损失再保险与风险模型的有限时间破产概率[J]. 江西师范大学学报：自然科学版，2013，37(2)：206-209.
[29] 王丙参，魏艳华. 个人投资与消费模型的期望效用最大化[J]. 经济数学，2013，30(3)：

68-74.

[30] 王丙参，魏艳华. 利用舍选抽样法生成随机数[J]. 重庆师范大学学报：自然科学版，2013，31(6)：86-91.

[31] 王丙参，魏艳华. 复合负二项风险模型的分布函数[J]. 统计与决策，2014.50(2)：66-69.

[32] 王丙参，魏艳华，夏鸿鸣. 因子分析方法研究渭河水质[J]. 宁夏师范学院学报，2014，35(3)：55-62.

[33] 魏艳华，王丙参. 土壤重金属污染状况的综合分析[J]. 宁夏师范学院学报. 2013，34(6)：76-81.

[34] 魏艳华，王丙参. 增删数据场合最小二乘估计算法的比较研究[J]. 河南师范大学学报：自然科学版，2011，39(1)：30-33.

[35] 魏艳华，王丙参，何万生. 利用样本分位数求逆威布尔分布参数的渐近估计[J]. 统计与决策，2011，27(16)：167-169.

[36] 魏艳华，王丙参，何万生. 利用样本分位数求指数分布参数的渐进估计[J]. 西北师范大学学报，2012，48(2)：15-18.

[37] 魏艳华，王丙参. 分组数据场合逆威布尔分布的参数估计[J]. 统计与决策，2014，50(2)：68-70.

[38] 魏艳华，王丙参，孙永辉. 分组数据场合逆威布尔分布参数贝叶斯估计的混合 Gibbs 算法[J]. 四川大学学报：自然科学版，2014，51(1)：31-39.

[39] 魏艳华，王丙参，孙永辉. 基于混合 Gibbs 算法定数截尾逆威布尔分布参数贝叶斯估计[J]. 统计与决策，2014，50(11)：12-15.

[40] 魏艳华，王丙参，王转民. 基于 ARIMA 模型的天水市粮食产量预测与决策[J]. 天水师范学院报，2014，34(2)：17-21.